高等学校物业管理专业教材

物业管理企业会计

（第2版）

宁艳杰　方燕平　主编

中国林业出版社

图书在版编目（CIP）数据

物业管理企业会计/宁艳杰，方燕平主编．－2 版．－北京：中国林业出版社，2008，8

高等学校物业管理专业教材

ISBN 978-7-5038-5045-5

Ⅰ．物…　Ⅱ．①宁…②方…　Ⅲ．物业管理-会计-高等学校-教材　Ⅳ．F293.33

中国版本图书馆 CIP 数据核字（2008）第 099687 号

中国林业出版社·教材建设与出版管理中心

策划编辑： 牛玉莲　　**责任编辑：** 杜建玲

电话： 66170109　66188720　　**传真：** 66170109

出版发行　中国林业出版社（100009　北京市西城区德内大街刘海胡同 7 号）
E-mail：jiaocaipublic@163.com　电话：（010）66184477
http：//www.cfph.com.cn

经　销　新华书店

印　刷　北京市昌平百善印刷厂

版　次　2002 年 4 月第 1 版
2008 年 8 月第 2 版

印　次　2008 年 8 月第 1 次印刷

开　本　787mm×960mm　1/16

印　张　25

字　数　444 千字

定　价　38.00 元

第 2 版前言

物业管理是随着我国房地产业的发展，特别是在住房制度改革进程中出现的一个新兴行业。行业的迅速发展迫切需要一大批具有较高科学文化素养的专业人才。为了满足专业教学的需要，我们编写了高等学校物业管理专业课程系列教材。

《物理管理企业会计》（第 2 版）是在 2002 年第 1 版《物业管理企业会计》基础上，增加了“物业管理企业财务管理”的内容。本书以新修订的 2006 年《企业会计准则》，2007 年《企业所得税法》《会计法》以及《企业财务会计报告条例》为依据（按照《企业会计核算》《企业会计制度》的具体要求），针对当前物业管理企业经营活动的特点和管理要求，对物业管理企业的各会计要素，从理论与实务的结合上进行了较为系统的阐述。

全书分上、中、下三篇，共 16 章。上篇包括 2 章，介绍了物业管理企业会计与财务的概念、特点、对象以及物业管理企业会计与财务的理论基础和基本核算方法；中篇包括第三至十二章，主要介绍了物业管理企业会计对象的核算以及会计报表的编制；下篇包括第十三至十六章，主要介绍了物业管理财务管理及财务分析的基本方法。

本书由宁艳杰主编。具体编写分工如下：第一、二、三、七、八章由宁艳杰编写，第四、五、六、九、十、十一、十二章由方燕平编写，第二、十三、十五章由吴祥纲编写，第一、十四、十六章由徐洁编写。

本书特点是比较全面、系统地阐述了物业管理企业基本业务的核算及财务管理的基本方法，有理论、有实例，操作性强；首次将 2006 年《企业会计准则》、2007 年《企业所得税法》《企业会计核算》《企业会计制度》引入具体行业会计教材之中，内容较新。本书既可作为高等院校、高职高专物业管理专业教材，也可作为物业管理企业会计人员的自学教材。

本书第 2 版在编写过程中，得到了许多物业管理公司的帮助，同时参考了近年来许多专家、学者的论著，吸取了他们许多重要论断和材料；北京林业大学班道明教授、赵绍鸿教授，北京交通大学肖孝德教授审阅全书并提出了许多宝贵意见；在出版过程中，得到了中国林业出版社的大力支持和帮助，在这里向他们和《物业管理企业会计》（第1版）编著者表示衷心的感谢。由于水平有限，可能存在许多不足之处，希望读者批评指正。

编　者

2008年2月

第 1 版前言

物业管理是随着我国房地产业的发展，特别是住房制度的改革而出现的一个新兴行业。行业的迅速发展迫切需要一大批具有较高科学文化素养的专业人才。为了满足专业教学的需要，我们编写了高等学校物业管理专业课程系列教材。

《物理管理企业会计》是以新修订的《会计法》及《企业财务会计报告条例》为依据，按照 2001 年《企业会计准则》《企业会计制度》的具体要求，针对当前物业管理企业经营活动的特点和管理要求，对物业管理企业的各会计要素，从理论与实务的结合上进行了较为系统的阐述。

全书共分 12 章。第一章总论，介绍了物业管理企业会计的概念、特点、对象以及物业管理企业会计的理论基础和基本核算方法；第二章至第十章，主要介绍了物业管理企业会计对象的核算；第十一章，介绍了物业管理企业的会计报表的编制；第十二章，介绍了物业管理财务分析的基本方法。第一、二、六、十二章由宁艳杰编写，第三、八、九、十章由方燕平编写，第四、五、七、十一章由于国红编写。

本书特点是比较全面、系统地阐述了物业管理企业基本业务的核算，有理论、有实例、操作性强。首次将 2001 年《企业会计核算》《企业会计制度》引入具体行业会计教材之中，内容较新。本书既可作为高等院校物业管理专业教材，也可作为物业管理企业会计人员自学教材 。

本书在编写过程中，得到了许多物业管理公司的帮助，同时参考了近年来许多专家、学者的论著，吸取了他们许多重要论断和材料；北方交通大学经济管理学院会计系肖孝德教授对全书进行了审阅并提出了许多宝贵意见；在出版过程中，得到了中国林业出版社的大力支持和帮助，在这里向他们表示衷心的感谢。由于我们的水平有限，可能存在许多不足之处，希望批评指正。

编著者

2002 年 1 月

目　录

下篇 物业管理企业财务管理

上　篇

总　论

第一章

物业管理企业会计与财务管理概述

随着我国房地产业的发展，大批房屋的兴建，城市房屋商品化进程的不断加快，房地产开发后期的售后服务、经营、管理的任务越来越重，与我国社会主义市场经济体制相适应的集服务、经营、管理于一体的新兴行业——物业管理应运而生。

物业管理企业是市场经济管理模式下的经营型服务性企业，属于第三产业。它起源于房地产开发企业在经营管理领域的延伸，其经营业务涉及施工、房地产、饮食、服务、商业、装修、装饰等领域，通过提供专业化、规范化、市场化、智能化的服务和管理参与国民收入的再分配。随着物业管理业的迅猛发展，物业管理企业会计也从最初的作为房地产开发企业会计的附带部分逐渐分离出来，形成具有自身鲜明特色的物业管理企业会计，并在物业管理企业经营、企业资金运用、财务管理中发挥着越来越重要的作用。

第一节　物业管理企业会计概述

一、物业管理企业会计的概念

会计是一种经济管理活动，是经济管理的重要组成部分。作为一种经济管理活动，会计与社会生产的发展有着不可分割的联系。物业管理企业会计作为物业管理的重要组成部分，是适应物业管理行业的发展和管理需要而不断发展起来的，作为物业管理企业所应用的一种专业性企业会计，在物业管理行业发展中占有越来越重要的地位。

物业管理企业会计是以货币计量为基础，采用专门的会计方法，对物业管理企业所承担的服务、经营、管理和其他经济业务活动的全过程进行连续、系统、完整的核算和监督的一种综合性管理活动，是物业管理企业经营管理的重要组成部分。

二、物业管理企业会计的特点

物业管理企业的经营业务涉及面很广，经营物业的形式各种各样，如作为居住、生产、商业活动、办公、餐饮、娱乐、医院、学校、幼儿园等不同用途的物业形式，要求物业的经营、服务、管理者针对所承接物业的特点，提供与之相适应的服务，使物业得到保值、增值，同时物业管理企业也从中得到最大的经济效益。物业管理企业会计是物业管理企业经营管理的重要组成部分，根据其行业的发展要求，体现出了具有本身特色经营服务业务核算的特点。

物业管理行业以其独有的社会化、专业化、市场化、规范化的服务与管理，得到广泛的认同并进入健康发展的轨道。物业管理企业会计作为新的行业会计也逐步被重视。目前我国物业管理企业所采用的会计核算依据是《会计法》(1999)、《企业会计制度》(2001)、《企业会计准则》(2006)，并在《房地产开发企业会计制度》的基础上，按照《物业管理企业财务管理规定》(附录一)、《物业管理企业会计核算补充规定(试行)》(附录二)规范物业管理企业的财务会计行为，加强物业管理企业的财务管理及会计核算与监督职能，增强物业管理企业的市场竞争力。

三、物业管理企业会计的对象

会计的对象是指会计作为一种管理活动所要核算和监督的内容。物业管理企业会计的对象是指在物业管理企业的各项经营、管理、服务活动中，能够用货币表现的经济活动，即参与物业管理的资金及其运动。

物业管理企业的经营资金及运动与其经营活动紧密相联。第一，作为企业必须拥有一定的经济资源，如机器设备、材料、工具、可支配的现金及银行存款等。第二，在物业经营、服务过程中有材料的消耗、机器设备的磨损、要支付员工的工资，在物业管理企业的职能部门有办公费，行政人员工资，材料、办公设备的消耗。同时，经营、服务、管理活动也取得相应的收入，如公共性服务收入，公众代办性服务收入，特约服务收入，房屋出租收入，经营停车场、游泳池等共用设施收入，对房屋共用部位、共用设施设备进行大修取得的收入。第三，物业管理企业按规定接受物业产权人、使用人或业主委员会委托的代理基金，用于房屋共同部位维修基金和共用设施设备维修基金。另外，还有企业投资者投入的资金，从银行或其他金融机构取得的各种借款，物业经营过程中的应收、应付款项以及企业自用的房屋、车辆等。这些经营资金及其运动都是物业管理企业会计的核算对象。

为了便于确认并及时、客观地反映物业管理企业的经营活动和财务收支情况，满足投资者、债权人、企业管理者了解企业财务状况和经营成果的需要，在进行会计核算中有必要将上述会计对象的抽象描述具体化，将物业管理企业会计核算内容进行最基本的划分，构成物业管理企业会计核算的基本要素，即企业会计要素：资产、负债、所有者权益、收入、费用和利润。

下面对企业会计要素的主要内容加以说明。

1. 资产

2006年《企业会计准则——基本准则》第二十条中将资产定义为："资产是指企业过去的交易或者事项形成的、由企业拥有或控制的、预期会给企业带来经济利益的资源。"资产是物业管理企业经营的物质基础和前提条件，包括各种财产、债权和其他权利。物业管理企业的资产，按其在经营过程中的流动性质分为流动资产、长期投资、固定资产、无形资产和其他资产。

2. 负债

2006年《企业会计准则——基本准则》第二十三条中将负债定义为："负债是指企业过去的交易或者事项形成的、预期会导致经济利益流出企业的现时义务。""现时义务是指企业在现行条件下已承担的义务。未来发生的交易或者事项形成的义务，不属于现时义务，不应当确认为负债。"通俗地讲，负债是企业所承担的，能以货币计量，需以资产或劳务偿付的债务；是过去的交易、事项形成的现时义务，履行该义务预期会导致经济利益流出企业。物业管理企业的负债，按偿付期限的长短可分为流动负债、长期负债。流动负债，包括短期借款、应付票据、应交税金、应付及预收款项等；长期负债，包括长期借款、应付债券、长期应付款等，对物业管理企业来说，代管基金属于长期负债。

3. 所有者权益

2006年《企业会计准则——基本准则》第二十六条规定："所有者权益是指企业资产扣除负债后由所有者享有的剩余权益。公司的所有者权益又称为股东权益。"所有者权益是指所有者在企业资产中享有的经济利益，其金额为资产减去负债后的余额。物业管理企业的所有者权益包括由投资者实际投入的资本、接受捐赠的资本以及经营过程中积累的资本增值额，即实收资本、资本公积、盈余公积、未分配利润等。

所有者权益是物业管理企业资产来源的一个主要方面，物业管理企业资产来源的另一方面是债权人提供的借款和债务，也就是债权人权益，即负债。企业有多少可供支配的资产就要承担多少相应的权益，因此构成了资产、负债、所有者权益三个会计要素之间的内在联系，用公式表示为

$$资产 = 负债 + 所有者权益$$

这一公式是会计复式记账、会计核算、编制资产负债表的理论基础，称为会计恒等式。

4. 收入

2006 年《企业会计准则——基本准则》第三十条规定：“收入是指企业在日常活动中形成的、会导致所有者权益增加的、与所有者投入资本无关的经济利益的总流入。”物业管理企业的收入是指企业从事物业管理和其他经营活动所得到的各项收入，包括主营业务收入和其他业务收入。物业管理企业的主营业务收入（经营收入）是指为物业产权人、使用人提供维修、管理和服务所取得的收入，即物业管理收入、物业经营收入、物业大修收入；其他业务收入是主营业务以外的其他经济活动取得的收入，如房屋中介代销手续费收入、废品回收收入、无形资产转让收入等。

5. 费用和成本

2006 年《企业会计准则——基本准则》第三十三条规定：“费用是指企业在日常活动中发生的、会导致所有者权益减少的、与向所有者分配利益无关的经济利益的总流出。”费用是指企业为销售商品、提供劳务等日常活动所发生的经济利益的流出；成本则是指企业为生产产品，提供劳务而发生的各种耗费。物业管理企业的费用和成本是指从事物业管理活动中，为物业产权人、使用人提供维修、管理、服务等过程中发生的各项支出，包括从事物业管理活动中的各项直接支出——主营业务成本（经营成本）、主营业务以外的其他业务活动的支出，以及在提供物业服务过程中所发生的营业费用，物业管理企业行政管理部门为组织和管理经营活动而发生的管理费用和筹资等财务活动中的财务费用。

6. 利润

2006 年《企业会计准则——基本准则》第三十七条规定：“利润是指企业在一定会计期间的经营成果。利润包括收入减去费用后的净额、直接计入当期利润的利得和损失等。”利润是物业管理企业在一定期间的经营成果，是收入与费用相抵后的盈余，包括营业利润、投资净收益和营业外收支净额。物业管理企业的营业利润是指企业在物业管理活动中取得的物业管理收入、物业经营收入、物业大修收入减去相应成本、费用后的余额。净利润最大是企业经营的目标。收入、费用与利润的内在联系用公式表示为

收入 - 费用 = 利润

这一关系式是编制利润表的理论依据。利润盈余可以增加所有者权益和资产，如果抵减后的结果是亏损，则可以发生相反方向的影响。因此，可以将以上两关系式连接起来。

资产 = 负债 + 所有者权益 + (收入 - 费用)

尽管物业管理企业经济业务繁杂，但从会计的角度来分析，其会计对象的具体内容就是资产、负债、所有者权益、收入、费用和成本、利润等会计要素。

四、物业管理企业会计核算的基本准则

会计准则一般指会计行为的规范，是会计人员从事会计工作必须遵循的基本原则。2006 年《企业会计准则——基本准则》指出：企业会计准则体系，由基本准则、具体准则和应用指南三个部分构成，包括 1 项基本准则和 38 项具体准则。对于企业会计核算的要求，以企业进行会计确认、计量和报告的基本假设和前提的方式提出，2001 年《企业会计制度》中对企业会计核算的一般原则曾作出具体阐述，物业管理企业应执行新的《企业会计准则》和《企业会计制度》的规定，按新的准则标准进行会计核算。

(一)会计核算的基本前提

会计核算的基本前提，是对会计活动的空间、期间、条件等方面所作的假定，是在市场经济条件下，开展会计工作的制约条件。物业管理企业的经济活动受社会经济环境的制约，这就需要会计人员对于复杂的会计核算的经济环境作出正确判断，只有规定了会计核算的前提条件，会计核算才能正常地进行。2006 年《企业会计准则——基本准则》规定企业会计核算的基本前提，包括会计主体、持续经营、会计分期和货币计量四个会计假设和权责发生制、会计要素、借贷记账法三个前提条件。

1. 会计主体

《企业会计准则——基本准则》总则第五条规定："企业应当对其本身发生的交易或者事项进行会计确认、计量和报告。"会计主体，是指会计工作为其服务的特定单位或组织，即会计活动界定的空间范围。某物业管理企业作为一个独立核算、自负盈亏的经营实体，通过会计工作对其自身的资金运动进行核算，会计人员要站在该企业这个特定的会计主体的立场上，对会计对象进行确认、计量、记录和报告，以便正确地反映企业的资产、负债和所有者权益等增减余额的变动情况，正确计算该企业的经营成果。

会计主体假设规定了会计核算的范围，它要求会计核算能够区分自身的经济活动与其他企业单位、投资者的经济活动，只核算企业自身能以货币计量的经济活动。会计主体具有经济上的独立性，它可以是一个企业或企业内部的各个单位，也可以是一个集团。

2．持续经营

《企业会计准则——基本准则》总则第六条规定："企业会计确认、计量和报告应当以持续经营为前提。"持续经营，是对会计活动期间所作的假设，是指企业在可以预见的将来，不会面临破产和清算，而持续不断地经营下去。作为一个会计主体，只有不断地经营下去，其经济活动所反映的信息才具有连续性。也就是说，企业在连续的经营过程中，各项资产耗用、出售或转换，承担的债务也在正常的经营过程中清偿，经营成果就会不断形成，会计核算工作才能选择和确定具体的方法，才能建立会计计量的确认原则，才能连续地记录和反映企业的各项经济业务，才能解决企业资产的计价和收益确定问题。可见，会计核算上所使用的一系列会计处理方法都是建立在持续经营的基础上，如果没有持续经营这一前提条件，一系列公认的会计准则和会计方法也会相应地丧失存在的基础。因此，物业管理企业作为一个会计主体，必须以持续经营作为前提条件。

3．会计分期

《企业会计准则——基本准则》总则第七条规定："企业应当划分会计期间，分期结算账目和编制财务会计报告。会计期间分为年度和中期。中期是指短于一个完整的会计年度的报告期间。"会计分期，是指为了定期反映企业的财务状况和经营成果，将企业持续不断的经营活动人为地划分为首尾相连的等间距的时间单位，即会计期间。会计分期假设是持续经营假设的必要补充，以便对企业的经营状况进行及时、连续的反映。我国会计期间一般按日历时间划分年度、季度和月度，起讫日期一律采用公历日期。

划分会计期间有利于经营各方在一个会计期间结束后，及时掌握企业的财务状况和经营成果，分清会计主体在各个会计期间的经营业绩，及时掌握企业的经营状况。会计期间划分的长短会影响损益的确定，一般地说，会计期间划分得愈短，反映损益的会计信息质量就愈不可靠。

4．货币计量

《企业会计准则——基本准则》总则第八条规定："企业会计应当以货币计量"。货币计量是指企业在会计核算过程中采用货币为计量单位，记录、反映企业的经营情况。在商品经济条件下，货币是商品交换的媒介，是收益实现和费用支付的直接手段。会计计量是以货币为计量单位的，以货币单位来计量企业的一切经济业务，具有更强的综合性。

货币计量实际上是对经济活动进行货币估价，而货币估价的习惯做法是以历史成本计价，采用历史成本计价，就必须假定货币本身的价值稳定不变，因此，货币计量前提实际上还包括另一个重要前提，即币值稳定前提。在持续通货膨胀的情况下，币值稳定前提将会受到冲击。我国会计核算规定以人民币为记账本位币，在有多种货币存在的条件下，要将外币折算为记账本位币，以此登记账簿，编制会计报表。

5. 权责发生制

《企业会计准则——基本准则》总则第九条规定："企业应当以权责发生制为基础进行会计确认、计量和报告。"企业的会计核算应当以权责发生制为基础，凡是当期已经实现的收入和已经发生或应当负担的费用，不论款项是否收付，都应当作为当期的收入和费用；凡是不属于当期的收入和费用，即使款项已在当期收付，也不应当作为当期的收入和费用。有时，企业发生的货币收支业务与交易或事项本身并不完全一致。例如，款项已经收到，但销售并未实现；或者款项已经支付，但并不是为本期生产经营活动而发生的。为了明确会计核算的确认基础，更真实地反映特定会计期间的财务状况和经营成果，就要求企业在会计核算过程中应当以权责发生制为基础。

收付实现制是与权责发生制相对应的一种确认基础，它是以收到或支付现金作为确认收入和费用的依据。目前，我国的行政单位采用收付实现制；事业单位除经营业务采用权责发生制外，其他业务也采用收付实现制。

6. 会计要素

《企业会计准则——基本准则》总则第十条规定："企业应当按照交易或者事项的经济特征确定会计要素。会计要素包括资产、负债、所有者权益、收入、费用和利润。"

7. 借贷记账法

《企业会计准则——基本准则》总则第十一条规定："企业应当采用借贷记账法记账。"借贷记账法是以"借""贷"二字作为记账符号，记录会计要素增减变动情况的一种复式记账法。借贷记账法是国际通行的记账方式，其理论基础是会计恒等式，即：资产 = 负债 + 所有者权益。记账的方式采用会计分录的形式。记账的规则是"有借必有贷，借贷必相等"。

（二）物业管理企业会计信息质量要求原则

为了确保会计信息质量，在进行会计核算中必须明确会计信息质量要求。2006 年《企业会计准则——基本准则》总则中规定了八条会计信息质量要求原则，对 2001 年《企业会计制度》中的十三条一般原则，即真实性原则、有用性原则、可比性原则、一致性原则、及时性原则、明晰性原则、权责发生制原则、配比原则、谨慎性原则、实际成本原则、划分收益性支出与资本性支出原则、重要性原则、实质重于形式原则进行了重新总结。2006年《企业会计准则——基本准则》为规范企业会计核算行为，使财务报告中所提供的会计信息对使用者决策有用，提出包括可靠性、相关性、可理解性、可比性、实质重于形式、重要性、谨慎性和及时性等八条原则，对企业会计信息质量要求做出了如下规定：

(1)企业应当以实际发生的交易或事项为依据进行会计确认、计量和报告，如实反映符合确认和计量要求的各项会计要素及其相关信息，保证会计信息真实可靠、内容完整。

企业提供会计信息的目的是为了满足会计信息使用者的决策需要。因此，就应做到内容真实、数字准确、资料完整。在会计核算工作中坚持以上原则，就应当在会计核算时，客观地反映企业的财务状况、经营成果和现金流量，内容保证会计信息的真实性；会计工作应当正确运用会计原则和方法，完整反映企业的实际情况；会计信息应当能够经受验证，以核实其是否真实、完整。

(2)企业提供的会计信息应当与财务会计报告使用者的经济决策需要相关，有助于财务会计报告使用者对企业过去、现在或者未来的情况做出评价或者预测。

信息的价值在于其与决策相关，有助于决策，会计信息能够反映企业的财务状况、经营成果和现金流量，以满足会计信息使用者的需要。在会计核算工作中坚持上述基本原则，就要求在收集、加工、处理和提供会计信息过程中，充分考虑会计信息使用者的信息需求。

(3)企业提供的会计信息应当清晰明了，便于财务报告使用者理解和利用。

提供会计信息的目的在于使用。要使用会计信息，首先必须了解会计信息的内涵，弄懂会计信息的内容，这就要求会计核算和财务会计报告必须清晰明了，否则，就谈不上会计信息的使用。在会计核算工作中坚持明晰性原则，会计记录应当准确、清晰，填制会计凭证、登记会计账簿必须做到依据合法，账户对应关系清楚，文字摘要完整；在编制会计报表时，项目勾稽关系清楚，项目完整，数字准确。

(4)企业提供的会计信息应当具有可比性。

同一企业不同时期发生的相同或者相似的交易或者事项，应当采用一致的会计政策，不得随意变更。确需变更的，应当在附注中说明。不同企业发生的相同或者相似的交易或者事项，应当采用规定的会计政策，确保会计信息口径一致、相互可比。

不同的企业可能处于不同行业、不同地区，经济业务发生于不同时点，为了保证会计信息能够满足决策的需要，便于比较不同企业的财务状况、经营成果和现金流量，只要是相同的交易或事项，就应当采用相同的会计处理方法。

(5)企业应当按照交易或事项的经济实质进行会计确认、计量和报告，不应仅以交易或者事项的法律形式为依据。

在实际工作中，交易或事项的外在法律形式或人为形式并不总能完全真实地反映其实质内容。所以，会计信息要想反映其所拟反映的交易或事项，就必须根据交易或事项的实质和经济现实，而不能仅仅根据它们的法律形式进行核算和反映。例如，在物业管理企业中，以融资租赁方式租入的资产，虽然从法律形式来讲企业并不拥有其所有权，但是由于租赁合同中规定的租赁期比较长，接近于该资产的使用寿命；租赁期结束时承租企业有优先购买该资产的选择权；在租赁期内承租企业有权支配资产并从中受益；企业能够控制其创造的未来经济利益。因此，会计核算中将以融资租赁方式租入的资产视为企业的资产。

(6)企业提供的会计信息应当反映与企业财务状况、经营成果和现金流量等有关的所有重要交易或者事项。

企业的会计核算应当遵循重要性原则的要求，在会计核算过程中对交易或事项应当区别其重要程度，采用不同的核算方式。对资产、负债、损益等有较大的影响，并进而影响财务会计报告使用者据以做出合理判断的重要会计事项，必须按照规定的会计方法和程序进行处理，并在财务会计报告中予以充分、准确地披露；对于次要的会计事项，在不影响会计信息真实性和不至于误导财务会计报告使用者做出正确判断的前提下，可适当简化处理。

重要性原则与会计信息成本效益直接相关。坚持重要性原则，就能够使提供会计信息的收益大于成本；反之，就会使提供会计信息的成本大于收益。在评价某项目的重要性时，很大程度上取决于会计人员的职业判断。一般来说，应当从质和量两个方面进行分析。从性质来说，当某一事项有可能对决策产生一定影响时，就属于重要项目；从数量方面来说，当某一项目的数量达到一定的规模时，就可以对决策产生影响。

(7)企业对交易或者事项进行会计确认、计量和报告应当保持应有的谨慎，不应高估资产或者收益、低估负债或者费用。

企业会计核算应当遵循谨慎性原则的要求，不得多计资产或收益、少计负债或费用，但不得计提秘密准备。要求企业在面临不确定因素的情况下做出职业判断时，应当保持必要的谨慎，既不高估资产或收益，也不低估负债或费用。例如，要求企业定期或者至少于每年年度终了，对可能发生的各项资产损失计提资产减值准备等，就充分体现了谨慎性原则。需要注意的是，谨慎性原则并不意味着企业可以任意设置各种秘密准备，否则，就属于滥用谨慎性原则，将按照对重大会计差错更正的要求进行相应的会计处理。

（8）企业对于已经发生的交易或者事项，应当及时进行会计确认、计量和报告，不得提前或延后。

会计信息的价值在于帮助所有者或者财务报告使用者做出经济决策。在会计核算过程中坚持上述基本原则，一是要求及时收集会计信息，即在经济业务发生后，及时收集整理各种原始单据；二是及时处理会计信息，即在国家统一的会计制度规定的时限内，及时编制出财务会计报告；三是及时传递会计信息，即在国家统一的会计制度规定的时限内，及时将编制出的财务会计报告传递给财务会计报告使用者。

2006 年《企业会计准则》与 2001 年《企业会计制度》中的规定相比，突出了相关性和可比性，强化重要性原则，同时将“经济实质重于法律形式”的原则纳入基本准则；对 2001 年《企业会计制度》13 个基本原则分别做了补充、完善和调整，将权责发生制原则作为会计计量要求写入会计核算基本前提，将历史成本原则、配比原则、划分收益性支出与资本性支出原则作为费用确认的前提条件。2006 年《企业会计准则》明确将“一般原则”改为“会计信息质量要求”，体现了市场经济环境的变化、会计信息需求的变化以及对会计核算行为的监管，进一步提高了会计信息的质量，有利于企业对经营前景做出正确的评价和决策。

五、物业管理企业会计的任务

会计的任务是指对会计对象进行反映和监督所要达到的目的和要求，是会计作为经济管理工作的重要组成部分应发挥的特有功能和作用。会计的任务受会计对象的制约，是会计职能的具体化。物业管理企业会计的基本任务是正确、及时地核算和监督物业管理经营过程中的经济活动和财务收支情况，加强经济管理，提高经济效益。具体内容可概括为以下几点。

（一）核算和监督各项经济业务，为管理经济提供信息

物业管理企业的经济业务涉及范围广，物业管理、物业经营、物业大修过程中的各项收入、各种耗费必须精打细算，厉行节约，合理地使用人力、物力和财力。在经营过程中发生的债权债务，款项和有价证券的收付，财产物资的收发、增减和使用，利润的形成及分配等经济业务都需要会计进行全面、连续、系统的核算和监督，为业主委员会、物业产权人、物业使用人等有关各方提供真实准确的会计信息，揭示经济活动中存在的问题，分析其原因，以利于加强和改进经营管理，提高经济效益。

（二）反映和监督物业管理企业对国家财经政策、法令、制度的执行情况，保障各方的权益

企业的各项经济活动和财务收支必须遵守和符合国家的有关政策、法令和制度。物业管理企业的各项经济活动都要通过会计进行核算，因此会计人员应以有关政策、法规等为依据实行会计监督。监督，包括对各项经济业务事前、事中、事后全过程的合理性、合法性、有效性加以监督，如审核物业管理、物业经营、物业大修中的各项收入、支出是否合理、合法，利润分配是否符合法定程序，保护各投资者、业主以及物业经管者的权益，制止非法经营、铺张浪费、侵犯投资人和业主及有关各方利益的行为。

（三）充分利用会计信息资料及有关经营信息，预测经济前景，参与经济决策

在市场经济条件下，物业管理企业具有充分的经营自主权，要增强企业自身的市场竞争能力，就必须提高企业对未来经营活动的预测和决策水平。预测和决策的依据是会计以价值形式提供的经济信息。因此，会计人员应充分利用会计核算资料及其他有关资料，预测物业管理各项经营收入、经营成本及利润的变化趋势，分析现状，提供可供选择的方案，参与经营决策。

（四）保护企业财产物资的安全完整

财产物资是物业管理企业经营管理的物质基础，会计以严密的手续和记账程序，如实地反映和监督各项财产物资的使用和保管情况，对于一切货币资金的收支，财产物资的进出、移动等，都要通过填制并审核凭证，登记账簿，定期进行财产清理等专门方法予以反映，发现转移、隐瞒、私分财物和资金等违法行为，及时揭露并进行斗争，确保财产物资的安全完整和合理使用。

第二节　物业管理企业财务管理概述

一、物业管理企业财务管理的概念

企业财务管理是组织企业财务活动、处理企业财务关系的一项经济管理工作，是企业管理的重要组成部分。企业财务活动主要体现为企业资金的筹集、投放、使用、收回及分配等一系列行为，在企业法人进行财务活动中会形成与投资者、债权人、受资者、债务人、政府部门等之间的各种经济利益关系，即企业财务关系。物业管理企业财务管理是指以物业为特定经营管理对象的企业组织筹资、投资、收益分配等财务活动。处理与各方面财务关系的综合性经济管理活动，是物业管理企业经营管理的重要组成部分。

二、物业管理企业财务管理的目标

企业财务管理的目标，取决于企业的总目标，同时受财务管理自身特点的制约。企业作为营利性的组织，其总目标可以简单地概括为生存、发展和获利。企业财务要完成筹措资金并有效地投放和使用资金的任务。企业财务决策正确与否，关系到企业总目标的实现程度。企业财务管理目标是企业总目标在财务上的集中和概括，是企业一切理财活动的基本方向。物业管理企业财务管理的目标是物业管理企业进行财务管理所要达到的最终目的，是其进行财务决策、评价财务活动的标准，是物业管理企业财务管理的出发点和归宿。

目前，有关企业财务管理的目标主要有以下三种观点。

（一）利润最大化

企业利润是企业在一定期间的经营成果，是该期间全部收入减去全部费用的差额。在市场经济中，企业获取利润的多少直接反映企业经济效益的高低，也在一定程度上反映出企业竞争能力的强弱。同时，利润是企业补充资本、扩大经营规模的源泉。因此，将利润最大化作为企业财务管理的目标是有一定意义的。但是，利润最大化目标尚存在以下几方面的问题：①它没有考虑利润发生的时间，没有考虑货币的时间价值；②利润属于绝对量概念，没有考虑利润与投入资本之间的关系，不利于进行横向和纵向的比较；③它没有考虑到风险因素的影响，片面追求利润最大化，可能以承担过高的风险为代价。

(二)资本利润率最大化或每股利润最大化

资本利润率是企业税后利润额与资本额的比率。每股利润也称每股盈余，是企业税后利润额与普通股股数的比值。以资本利润率最大化或每股利润最大化作为企业财务管理的目标，其积极意义是在利润最大化目标的基础上将利润的绝对量概念转化为可以进行比较的相对量概念，但仍没有考虑货币时间价值和风险因素的影响。

(三)企业价值最大化或股东财富最大化

股东是企业的所有者，企业价值最大化就是股东财富最大化。企业价值是企业全部资产的市场价值，它反映了企业潜在或预期的获利能力。投资者是固定在预期投资时间来评价企业价值的，这需要将未来的现金流折现到预期投资时间这一时点上，这种计算方法考虑到了货币的时间价值和风险因素的影响。企业净现金流入越大，净现金流入的实现时间越近，净现金流入的实现越确定，则企业的价值或股东财富越大。因此，将企业价值最大化或股东财富最大化作为企业财务管理的目标是比较合理的，其优点主要表现在：①该目标考虑了货币的时间价值和投资的风险价值，使企业财务决策更加合理；②追求企业市场价值最大化可促使企业资产保值、增值；③该目标有利于克服企业管理中的片面性，也有利于社会资源的合理配置。

物业管理企业财务管理的目标与一般企业财务管理的目标是一致的，是物业管理企业价值最大化或股东财富最大化。上市的物业管理企业，其价值取决于股票的市价；非上市的物业管理企业，其价值衡量在实践上是有操作难度的。在难以精确计量企业价值绝对量的情况下，物业管理企业应在日常财务活动中，通过不同财务方案对企业价值的影响进行比较分析，合理组织财务活动，正确处理财务关系。

三、物业管理企业财务管理的内容

企业财务管理的内容是企业财务管理对象的具体化。企业财务管理的对象是企业再生产过程中的资金运动。因此，企业财务管理的内容是企业资金运动所表现出来的各个方面，即资金的筹集、投放使用以及收回分配等。具体到物业管理企业，其财务管理的内容主要包括以下几点。

(一)筹资管理

筹资是企业为满足生产经营需要，筹措和集中所需资金的活动。物业管理企业要开展经营活动，首要前提是筹集一定数量的资金，这构成了资金运动的起点。在经营过程中，资金需要量不断变化，新的投资项目需要补充资金，为优化资本结构可能也需要对资金筹集渠道和方式作调整。筹资管理贯穿于企业经营的始终。企业筹集资金的渠道不同、方式不同，其资金使用风险的大小、资本成本的高低也是有区别的。物业管理企业可以通过吸收直接投资、借款、发行股票、发行债券等方式筹集资金，这就要求企业在进行筹资决策时，要权衡筹资成本和筹资风险，谋求综合资本成本的降低和财务风险的控制。

（二）投资管理

投资是企业以赢利为目的，将筹集到的资金运用于生产经营过程的活动。企业筹集到资金后，可投资于企业内部，用于购置固定资产、无形资产等，形成对内投资；也可用于购买其他企业的股票、债券或与其他企业联营，形成对外投资。企业投资管理运作的成效直接关系到企业生产经营成果的大小。任何投资都具有一定的风险性，物业管理企业应合理预测投资风险，制定出规避投资风险的策略，并在综合分析各项影响因素的基础上进行投资决策，达到投资风险和投资报酬之间的平衡。

（三）营运资金管理

营运资金是企业为满足日常营业活动的要求而垫支的资金。营运资金的周转与生产经营周期具有一致性。在一定期间内，资金周转得越快，资金的利用效率就越高，就能创造出更多的收入，获得更多的报酬。物业管理企业应加强营运资金的管理，准确分析营运资金的占用量，在保证需要的前提下，尽量减少营运资金的金额，并加速资金周转，提高资金利用效率。

（四）收益分配管理

收益是企业通过投资或资金营运活动取得的相应收入，在补偿成本费用、缴纳税金后形成的部分。广义的收益分配是指对企业各项收入进行分割和分派的过程；狭义的收益分配是指对企业净利润的分配。随着资金一次循环过程的结束，资金或者退出，或者留存企业，这对资金结构和资金规模是有影响的。物业管理企业需要全面考虑影响收益分配的因素，合理选择收益分配政策，既兼顾国家、投资者和债权人的利益，最大限度地调动各方面的积极性，又注重维护企业自身的利益，确保企业可持续发展的能力。

上述四个方面，不是相互割裂、互不相关的，而是相互联系、相互依存的。这互相联系又有一定区别的四个方面综合在一起，构成了物业管理企业财务管理的内容。

四、物业管理企业财务管理的环节

企业财务管理的环节是指企业财务管理的工作步骤与一般程序。物业管理企业财务管理工作体系主要包括以下几个环节。

（一）财务预测

财务预测是指根据财务活动的历史资料，考虑现实的要求和条件，对企业未来的财务活动和财务成果作出科学的预计和测算。物业管理企业财务预测的主要任务在于：通过预测物业管理服务市场需求情况和服务价格变化趋势，预计物业管理企业财务收支的发展变化情况，以确定其经营目标；通过测算各项生产经营方案的经济效益，为决策提供可靠的依据；通过物业管理服务各项定额和标准的测定，为编制计划、分解计划指标服务。财务预测环节主要包括明确预测目标、收集相关资料、建立预测模型、确定预测结果等步骤。

（二）财务决策

财务决策是指财务人员按照财务目标的总体要求，利用专门的方法对各种备选方案进行比较分析，并从中选出最优方案。在市场经济条件下，在财务预测的基础上进行的财务决策是财务管理工作体系的核心环节。物业管理企业财务管理效果的优劣，很大程度上取决于财务决策的成败。如物业共用部位、共用设备以及公共设施的大修和更新等一些重要事项，都需要在科学预测的基础上通过合理的具体方法进行决策。财务决策环节主要包括确定决策目标、提出备选方案、选择最优方案等步骤。

（三）财务预算

财务预算是指运用科学的技术手段和数量方法，对未来财务活动的内容及指标所进行的具体规划。财务预算是以财务预测提供的信息和财务决策确定的方案为基础编制的，是财务预测和财务决策的具体化，是控制财务活动的依据。物业管理企业编制财务预算的主要作用在于明确企业各项收支活动具体的财务目标；促使企业各部门合理使用资金，提高资金的使用效果；协调企业生产经营活动，保证财务目标的实现。财务预算环节主要包括以下几个步骤：分析财务环境，确定预算指标；协调财务能力，组织综合平衡；选择预算方法，编制财务预算。

（四）财务控制

财务控制是指企业在财务管理过程中，利用有关信息和特定手段，对财务活动施加影响或进行调节，以保证预算任务落实、预算目标的实现。物业管理企业在实施财务预算的过程中，应正确核算各项财务收支，并依据各项定额和预算指标调节即将发生的财务活动，将各项指标控制在制度和预算规定的范围内。财务控制环节的工作成效，是企业财务预算得以实现的关键所在。财务控制环节主要包括以下几个步骤：制定控制标准，分解落实责任；实行追踪控制，及时调整误差；分析执行情况，实行考核奖励。

（五）财务分析

财务分析是指以会计核算资料为依据，运用特定的方法，对企业财务活动过程及其结果进行的分析和评价。物业管理企业要根据财务报表等相关资料，采用比率分析、趋势分析等分析方法，对企业财务状况和经营成果进行评价和剖析，反映企业经营过程中的利弊得失及发展趋势，为提高经济决策水平和改进财务工作成效提供财务信息。财务分析是评价财务状况、衡量经营业绩的主要方法，也是提高工作效率、实现财务目标的重要手段。财务分析环节主要包括以下几个步骤：占有资料，掌握信息；指标对比，揭露矛盾；分析原因，明确责任；提出措施，改进工作。

第三节　物业管理企业会计与财务管理的工作组织

物业管理企业会计与财务管理的工作，在企业内部是对企业从事的物业经营、管理、服务等各项经济业务进行会计核算和监督；并对企业组织筹资、投资、收益分配等财务活动进行实施和控制。对外要向企业外部利益集团提供高质量的会计信息；处理与各方面的财务关系并进行综合性经济管理；会计与财务管理工作在物业管理企业中处于非常关键的地位。因此，在物业管理企业中，财务会计机构、财务会计人员以及财务会计制度必须严格、规范。

一、设置会计与财务管理机构

物业管理企业财务会计机构的设置与物业管理企业经营类别有着密切的关系，从目前物业管理企业机构设置与人员构成来看，物业管理企业分为两大类：

一类是管理型的物业管理企业。这类企业是由管理人员组成的、精干的物业管理公司，除管理层和专业管理部门技术骨干外，其他各项服务和保安、清洁、绿化、维修等都聘请专业化公司承担。

另一类是综合性物业管理企业。这类企业机构队伍齐全，除拥有管理人员和技术骨干外，还拥有自己的服务队伍，即保安、维修、清洁、绿化等人员一应俱全，能独立完成各项物业管理、经营、服务任务。

一般的物业管理公司在经理室的统一领导下，通常设置办公室、财务部、经营部、工程部、人事部、服务部等部门进行分工分级管理。其中财务部是进行会计核算与监督和财务管理工作的执行部门。

最能体现物业管理企业会计与财务管理特点的是综合性的有限责任公司或股份有限公司形式的物业管理公司，这类公司既有组织管理层，又有专业作业队伍，业务繁杂，经营广泛。根据其自身经营管理的需要，会计核算涉及专业领域面广，需设置独立的财务会计机构，如业务需要还应设置会计分支机构。管理型的物业管理公司由于各项服务业务都委托其他专业服务公司承担，一般只在企业管理层级设置财务会计机构。

在物业管理企业中，会计与财务管理机构的内部组成形式统一为财务部或计划财务部，是由企业的规模、企业的组建方式以及企业所担负的任务所决定的，一般分为独立核算机构和非独立核算机构。独立核算的物业管理企业有独立经营的自主权，单独在银行开户并经工商行政管理部门注册登记；单独计算盈亏，独立对外结算，定期编制并向外报送会计报表。非独立核算的物业管理公司往往是某一房地产开发公司或其他经营性质公司下设的一个报账单位，在经营上虽有一定的独立性，但不具备完全独立核算的条件，不能在银行单独开户，一般只需单独编制会计凭证、单独记账和编制会计报表，然后送会计主管部门汇总编表。

为了使物业管理企业的会计与财务管理工作有序进行，在会计与财务管理机构(财务部)内部要建立岗位责任制，明确规定财务会计人员的职责、权限和工作范围，加强互相牵制，建立内部控制制度，防止出现错账、假账，保证会计信息的质量。

二、配备财务会计人员

财务会计人员是直接从事财务会计工作的人员。在物业管理企业中，配备与工作要求相适应、具有一定素质和数量的财务会计人员，是做好会计与财务管理工作、充分发挥会计职能和财务管理作用的重要保证。

(一)财务会计人员任职条件

《中华人民共和国会计法》(以下简称《会计法》对财务会计人员应具备的职业素质及任职资格做了具体规定。物业管理企业的会计与财务管理人员应当具备以下基本条件：

(1)坚持原则，做到廉洁奉公。财务会计工作直接处理经济业务，在会计处理中必然会反映出一些经济问题，这就要求会计人员具备依法处理会计事项的素质，认真执行《会计法》《企业会计准则》《企业会计制度》《企业财务通则》《企业财务会计报告条例》等有关法制、法规，避免通同作弊，甚至走上犯罪道路。

(2)专业技术资格条件。《会计法》第三十八条中明确规定："从事会计工作的人员，必须取得会计从业资格证书。"同时规定："担任单位会计机构负责人(会计主管人员)的，除取得会计从业资格证书外，还应当具备会计师以上专业技术职务资格或者从事会计工作三年以上经历。"会计人员达到了相应的专业技术任职条件，才能为会计核算，会计资料的真实、准确和完整提供有力保障；才能正确编制和执行各项财务计划，有效参与企业预测、决策及企业各项经营管理活动。

(3)政策业务水平。要求物业管理企业的会计人员在熟悉国家财经法律、法规、方针、政策的同时，必须掌握物业管理行业的财务管理及会计核算等业务管理的有关知识。只有这样才能切实做好物业管理企业的会计核算及财务管理工作。

(二)财务会计人员岗位职责

物业管理企业的规模大小各不相同，企业内部经济业务、财务收支状况各有差异，经营管理的业务范围也不相同，因而各企业财务部门的内部管理各有特色，下面只对物业管理企业财务会计机构人员分工和岗位职责作一般性的介绍。

1．财务会计主管人员岗位职责

财务会计主管人员一般受企业会计机构负责人或总经理领导，组织安排财务部门的各项工作，贯彻检查各项财务制度、法规的落实；统筹管理，运用现有资金，加速资金周转；组织开展经济核算，降低消耗，杜绝浪费，提高经济效益。组织领导财会人员做好会计工作。做到及时、准确地提供会计信息，全面深刻地分析会计信息，为加强管理服务，当好总经理参谋。

抓好会计基础工作，健全完善各项规章制度，组织会计人员学习业务知识，提高会计人员的专业水平。

2．财务会计人员岗位职责

在物业管理企业中，会计人员岗位主要分存货与固定资产、成本与费用、往来款项三类。财务管理人员通常由财务主管与公司计划决策部门共同指定。

(1)存货与固定资产会计人员岗位职责。

负责资产类以下科目的记账工作：原材料、库存商品、低值易耗品、固定资产等，做到记账工整、账面整洁、按时结账，主动核对账目。根据领料单按部门分类汇总，作转账会计凭证。

每月对各部门物资消耗进行统计，领用低值易耗品要分部门进行登记及注销。监督仓库月末盘点工作，对账实不符进行追查，及时将核实情况向财务部门经理汇报。

(2)成本与费用会计人员岗位职责。

负责利润表中以下科目的记账工作：主营业务收入、其他业务收入、营业外收入、主营业务成本、其他业务成本、营业费用、主营业务税金及附加、财务费用、营业外支出等账户，按规定记账、对账，按时结账，完成损益表填报工作，并对每月成本和物耗情况写出分析报告。

(3)往来款项会计人员岗位职责。

负责以下科目的记账工作：应收账款、其他应收款、应付账款、其他应付款、代收款项等，按规定记账，按时结账、对账；按结算户明细分类核算，随时掌握往来结算情况，对拖欠款项及时向主管汇报并提出解决办法。

一般情况下，物业管理企业的会计人员可以采取综合记账方式，业务量少的公司，也可以对上述三个会计人员岗位兼职记账。

3. 出纳员岗位职责

一般情况下，出纳员负责企业现金、银行存款的收付款事项；每天盘点现金，做到账实相符；督促各部门将支付的款项及时报账；负责现金、银行存款日记账的登记、核对，按规定记账、结账、对账，并定期做好银行存款日记账与银行对账单的核对工作。

4. 财务管理人员岗位职责

财务管理人员参与企业组织筹资、投资、收益分配等财务活动，处理与各方面财务关系并进行综合性经济管理活动。

三、建立内部财务会计管理制度

财务会计管理是物业管理企业内部管理的中心环节，是一项有利于物业管理企业获得最大经济效益的综合性、职能性的管理工作。各企业应根据自身经济发展的要求，建立合理的、有效的内部财务会计管理制度。

1. 会计人员岗位责任制度

会计人员岗位责任制度是企业内部会计人员管理的一项重要制度，主要内容包括：

(1)会计人员工作岗位的设置，各个会计工作岗位的职责和工作标准。

(2)各会计工作岗位的人员和具体分工。

(3)会计工作岗位轮换办法。

(4)对各会计工作岗位的考核办法等。

2．账务处理程序制度

账务处理程序亦称会计核算组织程序，这项制度主要是对会计凭证、账簿、报表等会计核算流程和基本方法的规定，主要内容包括：

(1)根据国家对物业管理企业会计工作的有关规定，确定单位会计科目和明细科目的设置和使用范围。

(2)确定本单位的会计凭证格式、填制要求、审核要求、传递程序、保管要求等。

(3)确定本单位总账、明细账、现金日记账、银行存款日记账、各种辅助账等的设置、格式、登记、对账、结算、改错等要求。

(4)确定对外财务报告的种类和编制要求。同时，根据单位内部管理需要确定单位的内部会计指标体系和考核要求。

3．内部牵制制度

内部牵制制度是内部会计控制制度的重要内容之一。制定本项制度时，应当与会计人员岗位责任制度结合起来考虑，其主要内容包括内部牵制制度的原则，机构分离、职务分离、钱账分离、账物分离等；对出纳等岗位的职责和限制性规定；有关部门或有关领导对限制性岗位定期检查办法等。

4．稽核制度

稽核制度是指在会计机构内部指定专人对有关会计账证进行审核、复查的一种制度，该项制度的建立也应当结合会计人员岗位责任制一并进行考虑，主要内容包括稽核工作的组织形式和具体分工；稽核工作的职责、权限；稽核工作的程序和基本方法等。

5．财产清查制度

《会计法》规定，各单位应当建立财产清查制度，定期清查财产，以保证账实相符。物业管理企业建立财产清查制度，是保证会计核算正常进行和会计核算质量的重要措施，主要内容包括财产清查的范围，财产清查的组织领导，财产清查的期限和程序、方法、要求，财产清查中发现问题的处理程序、报批程序，对财产管理人员的奖惩制度等。

6．成本核算制度

物业管理企业的成本核算制度主要包括：成本核算对象的确定，成本核算方法和程序的确定，有关成本基础制度的制定，成本考核和成本分析等。

7. 财务会计分析制度

建立定期财务会计分析制度，检查财务会计指标落实情况，分析存在的问题和原因，提出相应的改进措施，是加强单位内部管理、不断提高经济效益的重要措施。主要内容包括财务会计分析的时间、召集形式、参加的部门和人员，财务会计分析的内容和分析方法，财务会计分析报告的编写要求等。

➢ 思考与练习

1. 物业管理企业会计的基本任务是什么？
2. 会计核算的基本前提有哪些？并简要说明其意义。
3. 会计信息质量要求有哪些？并简述其主要内容。
4. 简述物业管理企业会计对象的具体内容。
5. 简述会计要素及其具体内容。
6. 简述物业管理企业财务管理的概念。
7. 物业管理企业财务管理的目标是什么？
8. 简述物业管理企业财务管理的内容。
9. 物业管理企业财务管理工作体系主要包括哪些环节？
10. 简述物业管理企业会计与财务管理的工作基本制度。

第二章

物业管理企业会计核算与财务管理基础

第一节　物业管理企业会计核算基础

会计方法是用来反映和监督会计对象，完成会计任务的手段。会计方法包括会计核算方法、会计分析方法、会计考核方法、预测方法和会计决策方法。其中，会计核算方法是最基本、最主要的方法。

会计核算方法是对会计对象进行完整、连续、系统的反映和监督所应用的方法。物业管理企业的会计核算是根据物业经营、服务与管理过程中经济业务的具体特点，遵循企业会计核算的一般原则，适应物业管理行业特点的会计核算方法。目前，物业管理企业会计核算主要采用企业通用的专门方法，本节着重介绍设置会计科目、借贷记账法、填制和审核会计凭证、登记会计账簿和会计核算组织程序的基本内容，为进一步学好物业管理企业经济业务核算打下基础。

一、设置会计科目

设置会计科目是对会计对象具体内容进行分类核算的方法，也就是根据会计对象具体内容的不同特点和经济管理的不同要求，规定分类核算的项目，在账簿中开设相应的账户，记录和积累所需要的核算指标。

物业管理企业的会计科目及账户主要在参照《房地产开发企业会计制度》基础上，根据物业管理的特点，执行《物业管理企业会计核算补充规定（试行）》。为了满足物业管理企业经营管理的需要，完成会计核算任务，目前，会计核算中设立的会计科目见表2-1，企业也可根据自身经营业务的特点开设明细科目。

表 2-1 物业管理企业会计科目一览表

顺序号	科目名称	顺序号	科目名称
	一、资产类	31	长期待摊费用
1	库存现金	32	递延所得税资产
2	银行存款	33	待处理财产损溢
3	交易性金融资产		二、负债类
4	应收票据	34	短期借款
5	应收账款	35	交易性金融负债
6	坏账准备	36	应付票据
7	预付账款	37	应付账款
8	其他应收款	38	预收账款
9	原材料	39	应付职工薪酬
10	材料采购	40	应交税费
11	在途物资	41	应付利息
12	库存商品	42	应付股利
13	周转材料	43	其他应付款
14	材料成本差异	44	代收款项(代理业务负债)
15	待摊费用	45	递延收益
16	存货跌价准备	46	长期借款
17	长期股权投资	47	应付债券
18	长期股权投资减值准备	48	长期应付款
19	应收利息	49	专项应付款
20	应收股利	50	预计负债
21	投资性房地产	51	代管基金
22	固定资产	52	递延所得税负债
23	累计折旧		三、所有者权益
24	固定资产减值准备	53	实收资本
25	固定资产清理	54	资本公积
26	在建工程	55	盈余公积
27	工程物资	56	本年利润
28	无形资产	57	利润分配
29	无形资产减值准备	58	库存股
30	商誉		四、成本类

（续）

顺序号	科目名称	顺序号	科目名称
59	物业工程	67	其他业务成本
60	劳务成本	68	营业税金及附加(经营税金及附加)
61	研发支出	69	销售费用
	五、损益类	70	管理费用
62	主营业务收入(经营收入)	71	财务费用
63	其他业务收入	72	资产减值损失
64	投资收益	73	营业外支出
65	营业外收入	74	所得税费用
66	主营业务成本(经营成本)	75	以前年度损益调整

会计科目中代管基金、物业工程、经营收入、经营成本等科目是主要针对物业管理企业的经营特点设立的。

二、复式记账

复式记账是对每一项经济业务，都要以相等的金额同时在两个或两个以上的相关账户中进行登记的记录方法。该方法使每项经济业务所涉及的两个或两个以上的账户发生对应关系，通过账户的对应关系，可以了解和掌握经济业务的内容，检查对经济业务的会计记录是否合理、合法。

复式记账法，包括借贷记账法、增减记账法、收付记账法等。2006 年《企业会计准则——基本准则》总则中明确规定：“企业应当采用借贷记账法记账”。《企业会计制度》明文规定，中国境内的所有企业都应采用借贷记账法记账。物业管理企业的会计核算统一采用借贷记账法。

(一)借贷记账法

借贷记账法是以“借”“贷”二字作为记账符号，记录会计要素增减变动情况的一种复式记账法。其理论基础是会计恒等式，即：资产 = 负债 + 所有者权益。其账户结构为：每一账户都分为“借方”和“贷方”，一般规定账户的左方为“借方”，账户的右方为“贷方”。记账的方式采用会计分录的形式。记账的规则是“有借必有贷，借贷必相等”。在对某项经济业务进行记录时，应称为“借记某账户”或“贷记某账户”，账户反映的经济内容和账户的性质不同，其结构也不同，见表 2-2。

表 2-2 账户类型及结构

账户类型	借方	贷方	当期期末余额方向
资产类	增加	减少	一般在借方
负债类	减少	增加	一般在贷方
所有者权益类	减少	增加	贷方
成本、费用类	增加	转出	借方或无余额
收入类	转出	增加	无余额

【例 2-1】大华物业管理公司以银行存款购入卫生间洁具一批，价款15 000.00元，货已验收入库。

这笔经济业务涉及“库存商品”和“银行存款”两个账户。“库存商品”与“银行存款”均属于资产类账户，增加数记入借方，减少数记入贷方。用“T”字式账户表示如下：

(借方)	银行存款	(贷方)
		15 000.00

(借方)	库存商品	(贷方)
15 000.00		

【例 2-2】大华物业管理公司以银行存款支付前欠 A 公司货款6 000.00元。

这笔经济业务涉及“银行存款”和“应付账款”两个账户。“应付账款”属于负债类账户，减少数记入借方；“银行存款”属于资产类账户，减少数记入贷方。用“T”字式账户表示如下：

(借方)	银行存款	(贷方)
		6 000.00

(借方)	应付账款	(贷方)
6 000.00		

【例 2-3】大华物业管理公司本月行政管理部门领用物料用品，价值1 200.00元。

这笔经济业务涉及“管理费用”和“原材料”两个账户。“管理费用”属于费用类账户，增加数记入借方；“原材料”属于资产类账户，减少数记入贷方。用“T”字式账户表示如下：

(借方)	原材料	(贷方)
		1 200.00

(借方)	管理费用	(贷方)
1 200.00		

【例 2-4】经董事会批准，大华物业管理公司将盈余公积 20 000.00 元转

增实收资本。

这笔经济业务涉及“盈余公积”和“实收资本”两个账户，属于所有权益账户，“盈余公积”减少数记入借方，“实收资本”增加数记入贷方。用“T”字式账户表示如下：

(借方)	实收资本	(贷方)
		20 000.00

(借方)	盈余公积	(贷方)
20 000.00		

(二)会计分录

会计分录是指运用复式记账原理，对每项经济业务指出应登记的账户和应借、应贷金额的一种记录方式。与每项经济业务有关的账户形成应借、应贷的相互关系，账户之间的这种相互对应关系，称为账户的对应关系。存在着对应关系的账户，称为对应账户。会计分录包括了账户的名称，即会计科目、记账符号和金额三个要素，并将三者融为一体。现将上述举例的四项经济业务编制成简单的会计分录，列示如下：

【例 2-5】借：库存商品　　15 000.00
　　贷：银行存款　　15 000.00

【例 2-6】借：应付账款　　6 000.00
　　贷：银行存款　　6 000.00

【例 2-7】借：管理费用　　1 200.00
　　贷：原材料　　1 200.00

【例 2-8】借：盈余公积　　20 000.00
　　贷：实收资本　　20 000.00

会计分录也可以记录三个或三个以上账户增减变化情况，形成“一借多贷”或“多借一贷”的会计分录，这种分录被称为复合会计分录，举例如下：

【例 2-9】大华物业管理公司购进卫生洁具一批，价值 20 000.00 元，已预付货款 6 000.00 元，货已收到，验收入库，现以银行存款支付 14 000.00元。

这笔经济业务涉及“库存商品”“银行存款”“预付账款”三个账户。“库存商品”“银行存款”“预付账款”属于资产类账户，增加数记入借方，减少数记入贷方。这项经济业务的会计分录如下所示。

借：库存商品　　20 000.00
　贷：预付账款　　6 000.00
　　　银行存款　　14 000.00

【例 2-10】大华物业管理公司应收取远达公司房屋租金共计 12 000. 00 元，其中 8 000. 00 元收取支票一张，存入银行，另外 4 000. 00 元尚未收到。

这笔业务涉及“银行存款”“应收账款”“经营收入”三个账户。“银行存款”“应收账款”属于资产类账户，增加数记入借方；“经营收入”属于收入类账户，增加数记入贷方。这项经济业务的会计分录如下所示。

借：银行存款　　8 000. 00

　　应收账款　　4 000. 00

　　贷：经营收入　　12 000. 00

(三) 试算平衡

试算平衡是根据会计基本等式和借贷记账法的记账规则，来检查各类账户的登记是否正确的一种方法。

根据会计基本等式，无论企业经济如何变化，企业的资产总额和负债及所有者权益总额总是相等的，也就是资产类账户的期末借方余额合计数与负债及所有者权益类账户期末贷方余额的合计数是相等的。根据借贷记账法的记账规则，所有账户借方本期发生额合计必然等于所有账户贷方本期发生额合计。因此，账户之间的平衡关系可用公式表示为

所有账户期末借方余额合计 = 所有账户期末贷方余额合计

所有账户借方本期发生额合计 = 所有账户贷方本期发生额合计

三、填制和审核凭证

会计凭证是用来记录经济业务、明确经济责任、在法律上具有证明效力、作为记账依据的书面证明，是会计核算的重要会计资料。按其填制的程序和用途不同，分为原始凭证和记账凭证。

(一) 原始凭证

原始凭证是在经济业务事项发生时，由经办人员直接取得或填制，用以表明某项经济业务事项已经发生或完成的情况，明确有关经济责任的一种原始凭据。

1. 原始凭证的种类

原始凭证的种类很多，按来源不同，分为外来原始凭证和自制原始凭证；按填制方法不同，分为一次凭证和累计凭证。

外来原始凭证是指在经济业务完成时，从其他单位或个人取得的凭证，如购买商品或材料时，从供货单位取得的发票，支付各种费用时，从外单位或个人取得的收据等。

自制原始凭证是由本单位经办业务的部门或经办人在执行或完成经济业务时填制的，如由仓库保管人员在验收原材料时填制的收料单，领用和发出材料时填制的领料单，支付工资时填制的工资单等。

一次凭证是在一项经济业务或若干同类经济业务完成时一次填制的凭证。它可以是外来原始凭证，也可以是自制原始凭证，如发票、收据等。

累计凭证是在一定时期内连续记录同类经济业务的原始凭证，一般是自制原始凭证，如限额领料单、发料凭证汇总表等。

2．原始凭证的基本要素

各种原始凭证反映不同的经济业务内容，因此，原始凭证的格式及包含的内容是各不相同的。但是，无论哪种原始凭证，都应具备下列基本内容（即应具备的要素）：

(1)原始凭证的名称。

(2)填制凭证的日期。

(3)凭证的编号。

(4)填制和接受凭证的单位名称。

(5)经济业务内容的扼要说明。

(6)经济业务的实物数量、单价、金额。

(7)填制单位及有关人员的签章。

3．原始凭证的填制与审核

原始凭证作为重要的会计记录、会计资料，在填制过程中必须做到以下几点要求：

(1)真实可靠，即实事求是地填写经济业务，使凭证所记载的经济业务必须与实际情况完全符合。

(2)内容完整，即按照规定的格式和内容逐项填写。同时由经办业务的部门和人员在凭证上签章，对凭证的真实性、合法性负责。

(3)填制及时，即及时填制原始凭证，这是正确记录经济业务执行和完成情况的一个重要条件。

(4)书写清楚，即原始凭证上的文字和数字必须填写清楚，若填写错误，应按规定的办法更正，不得任意挖、擦、刮、补。

原始凭证填制完毕后，应按照规定程序，及时送交财会部门，以便审核并编制记账凭证。

审核原始凭证是财会部门的一项重要工作。为确保会计核算资料的真实、合法、准确，应对原始凭证进行严格审核。

(1)合规性审核，即以有关政策、法令、制度为依据，审核原始凭证所反映的经济业务是否合法，是否真实可靠。

(2)完整性审核，即检查凭证的基本内容是否填写齐全，书写是否清楚，有无涂改、挖补痕迹。有无经办人员签章，外来凭证是否加盖公章等。

(3)技术性审核，即检查原始凭证的摘要、数字金额是否填写正确。

(二)记账凭证

记账凭证是由财会部门根据审核过的原始凭证编制的，用以确定经济业务记入的会计科目的金额，并作为登记账簿的根据。

1. 记账凭证的种类

记账凭证在使用过程中，可根据本单位的经济业务情况采用具有通用性的记账凭证，见表2-3；货币资金收付业务量较多的单位往往对货币资金的收付业务编制专用的记账凭证，见表2-4，表2-5，表2-6。

收款凭证是用以反映货币资金收入业务的记账凭证，根据货币资金收入业务的原始凭证填制而成。

付款凭证是用以反映货币资金支出业务的记账凭证，根据货币资金支出业务的原始凭证填制而成。

转账凭证是用以反映与货币资金收付无关的转账业务的凭证，根据有关转账业务的原始凭证或记账编制凭证填制而成。

通用记账凭证集收款、付款和转账凭证于一身，通用于收款、付款和转账等各种类型的经济业务，是应用性较强、会计电算化常采用的记账凭证。

2. 记账凭证的编制

编制记账凭证是会计人员记录会计信息的重要手段，从原始凭证到记账凭证是经济信息转换成会计信息的关键环节。因此，编制记账凭证必须做到以下几点：

(1)填写凭证的名称。

(2)填写日期和编号。

(3)写明经济业务的摘要。

(4)填写应借、应贷会计科目的名称和金额。

(5)制单、记账、审核和会计主管有关人员的签章。

(6)注明附件张数。

现举例说明记账凭证的填制方法。

【例2-11】大华物业管理公司应支付运达装饰公司物业管理工程款共计100 000.00元，其中60 000.00元以银行转账支票支付，40 000.00元待工程保修期满后支付。

对这笔经济业务，先采用通用记账凭证编制如下：

表 2-3

记　账　凭　证

2008 年 6 月 26 日　　　　凭证编号014 号

摘要	总账科目	明细科目	√	借方金额										√	贷方金额									
				千	百	十	万	千	百	十	元	角	分		千	百	十	万	千	百	十	元	角	分
支付远达装饰公司物业工程款	主营业务成本	×物业工程				1	0	0	0	0	0	0	0											
	银行存款																	6	0	0	0	0	0	0
	应付账款	远达公司																4	0	0	0	0	0	0
合计																	1	0	0	0	0	0	0	0

附单据 3 张

财务主管(签章)　记账(签章)　出纳(签章)　审核(签章)　制单(签章)

【例 2-12】大华物业管理收到光明公司前欠的物业管理费 45 000. 00 元，存入银行。

对这笔经济业务，采用专用记账凭证记账，应编制一张银行存款收款凭证如下：

表 2-4

借方科目	银行存款

收　款　凭　证

出纳编号 021 - 1

2008 年 6 月 27 日　　　　凭证编号银收 10

摘要	贷方科目		√	金额									
	总账科目	明细科目		千	百	十	万	千	百	十	元	角	分
收到光明公司前欠物业管理费	主营业务收入	物业管理收入——光明公司					4	5	0	0	0	0	0
结算方式及票号	支票　0987653 号	合计					4	5	0	0	0	0	0

附单据 2 张

会计主营人员(签章)　记账(签章)　稽核(签章)　制单(签章)　出纳(签章)

【例 2-13】大华物业管理公司采购员王欣出差预借差旅费 4 000. 00 元，以现金支付。

对这笔经济业务，采用专用记账凭证记账，应编制一张现金付款凭证如下：

表 2-5

付 款 凭 证

贷方科目 现金

2008 年 6 月 27 日

出纳编号 018－4

凭证编号银收 10

摘要	借方科目		√	金额									
	总账科目	明细科目		千	百	十	万	千	百	十	元	角	分
采购员王欣出差预借差旅费	其他应收款	王欣						4	0	0	0	0	0
结算方式及票号	合计金额							4	0	0	0	0	0

附单据 2 张

会计主管人员（签章） 记账（签章） 稽核（签章） 制单（签章） 出纳（签章）

交款人（签章）

【例 2-14】大华物业管理公司一项物业工程完工并通过验收交付使用，工程总价值 230 000.00 元，转入主营业务成本。

对这笔经济业务，采用专用记账凭证记账，应编制一张转账凭证如下：

表 2-6

转 账 凭 证

2007 年 6 月 27 日

凭证编号转字 9

摘要	总账科目	明细科目	√	借方金额										√	贷方金额									
				千	百	十	万	千	百	十	元	角	分		千	百	十	万	千	百	十	元	角	分
将×项物业工程总价值转入主营业务成本	主营业务成本	××物业工程				2	3	0	0	0	0	0	0											
	物业工程	××物业工程															2	3	0	0	0	0	0	0
合计						2	3	0	0	0	0	0	0				2	3	0	0	0	0	0	0

附单据 2 张

财务主管（签章） 记账（签章） 出纳（签章） 审核（签章） 制单（签章）

四、登记会计账簿

会计账簿，也称账簿，是以会计凭证为依据，由具有一定格式、互有联系的若干账页所组成，序时地、分类地全面记录和反映一个单位经济业务事项的会计簿籍。账簿是会计资料的主要载体之一，其主要作用是对会计凭证提供的大量分散数据、资料进行分类归集整理，以全面、连续、系统地记录和反映经济活动情况，为编制财务会计报告，检查、分析和控制单位经济活动提供重要依据。

账簿多种多样，按用途分类，分为序时账簿、分类账簿、备查账簿；按形式分类，分为订本式账簿、活页式账簿、卡片式账簿。这里对上述账簿分类不作详细说明，重点介绍物业管理企业会计账簿设置和登记的一般规则。

(一)会计账簿的设置

依法设置会计账簿，是物业管理企业进行会计核算的最基本要求。从物业管理企业会计工作的实际情况看，依法建账是会计实施核算与监督职能的重要环节。根据物业管理企业经济业务的特点及《会计法》的有关规定，物业管理企业应当依法设置的会计账簿包括以下几种：

(1)总账，也称总分类账，是根据会计科目(也称总账科目)开设的账簿，用于分类登记单位的全部经济业务事项，提供资产、负债、所有者权益、费用、成本、收入和利润等总括核算的资料。总账一般采用订本账的形式，也可以根据记账方法和账务处理程序的需要设置总账。

(2)明细账，也称明细分类账，是根据总账科目所属的明细科目设置的，用于分类登记某一类经济业务事项，提供有关明细核算资料。明细账是会计资料形成的基础环节，利用明细账可以对经济业务信息或数据作进一步的加工整理和分析，也能为了解会计资料的形成提供一定的内容和有关线索。明细账一般采用活页账的形式，也有卡片账，如固定资产明细账。

(3)日记账是一种特殊的序时明细账，它是按照经济业务事项发生的时间先后顺序，逐日逐笔地进行登记的账簿，包括现金日记账和银行存款日记账。日记账是各物业管理企业加强现金和银行存款管理的重要账簿，采用订本账记账。

(4)其他辅助账簿，也称备查账簿，是为备忘、备查而设置的。在物业管理企业的实际会计实务中，主要包括各种租借设备，物资的辅助登记或有关应收、应付款项的备查簿，担保、抵押备查簿等。

(二)会计账簿的登记

各种会计账簿，必须依据经过审核无误的会计凭证进行登记，以保证会计账簿记录的质量。同时，各种会计账簿之间存在相互联系。总分类账户是所属明细分类账户的综合，对所属明细账户起着统驭作用；明细分类账户是有关总分类账户的补充，对有关总分类账户起详细说明的作用。因此，在会计账簿登记时，既要注意账簿平行登记，又要遵守账簿登记的一般规则。

1. 平行登记

平行登记是指经济业务发生后，根据会计凭证，一方面要登记有关的总分类账户，另一方面要同时登记该总分类账所属的各有关明细分类账户。平行登记的要点有以下几条：

(1)记入总分类账户的经济业务，一定要同时记入该总分类账户所属的明细分类账户。

(2)登记总分类账户及其所属的明细分类账户的方向应当相同，即同时登记在借方或贷方。

(3)记入总分类账户的金额与记入其所属的明细分类账户的金额之和应相等。

(4)一定时期的总分类账户的余额，必须与所属的明细分类账户的余额之和相等。

2. 账簿登记的一般规则

为做好记账工作，提高会计核算质量，登记账簿应遵守下列规则：

(1)启用账簿规则。在账簿启用时，必须注明启用日期和经办人员姓名；当更换经办人员时，要注明更换日期和接办人员姓名；在账簿的第一页，应该编制一个目录，写明账户名称和账页页码，以便查找。

(2)登记账簿规则。登记账簿应根据审核无误的会计凭证，具体情况有以下几条：

①登记账簿时，应将会计凭证日期、编号、摘要、金额和其他有关资料逐项记入账内。登记完毕后，要在会计凭证上签名或盖章，并注明已经登账的符号“√”，表示已经记账。

②登记账簿必须用蓝黑墨水钢笔或碳素笔书写，红墨水只能在结账划线、改错和冲账时使用。

③各种账簿按页次顺序连续登记，不得跳行、隔页，严禁在账簿上挖补、刮擦、随意涂改。

④当账页写满时，要在页末写上“过次页”三个字，然后在次页第一行写上“承前页”，再继续登记。过次页的结余数必须与承前页的结余数相等。

(3)更正错账规则。财会人员在登记账簿时，要尽可能地避免发生错账，一旦记账出现差错，应采用相应的错账更正的方法进行更正：

①划线更正法。记账凭证没有错误时，如果发现账簿中所记文字或数字有错误，可以用划线更正法进行更正。更正时，先在错误的文字或数字上划一条红线注销，然后在划线上方填写正确的文字或数字，并由记账人员在更正处盖章。对于错误的数字，应全部划线注销更正，不得只更正其中的几个错误数字。对于错误的文字，可只划去错误的部分。

②红字更正法。记账凭证填制错误，如会计科目写错、金额多计，造成账簿登记的错误，可采用红字更正法。更正时，应先用红色墨水填写一张内容与错误凭证完全相同的记账凭证，并据以用红字登账，以冲销原有的错误

记录，然后用蓝或黑墨水填制一张正确的记账凭证，重新登记入账。

【例 2-15】大华物业管理公司以转账支票支付下年度报刊杂志费2 200.00元，在填制记账凭证时误记入“管理费用”科目，并据以登记入账，即

借：管理费用　　2 200.00

　贷：银行存款　　2 200.00

该项分录应借记“待摊费用”科目。在更正时，应用红字金额编制如下记账凭证进行更正。

借：管理费用　　[2 200.00]（注：表示红字）

　贷：银行存款　　[2 200.00]

根据更正错账的记账凭证以红字金额记账后，表明已全部冲销原有错误记录，然后用黑字填制如下正确分录，并据以登记入账。

借：待摊费用　　2 200.00

　贷：银行存款　　2 200.00

③补充登记法。在记账后发现记账凭证的会计科目、借贷方向并无错误，只是金额小于应记金额，可用补充登记法予以更正。更正时，将少记的那一部分金额用黑字按原会计分录再填制一张记账凭证，据以记账，补足少记金额。

【例 2-16】大华物业管理公司支付本月份银行借款利息 5 400.00 元，在填制记账凭证时，误记金额为 4 500.00 元，会计科目、借贷方向均无错误，其错误记账凭证会计分录为

借：财务费用　　4 500.00

　贷：银行存款　　4 500.00

在更正时，应用黑字编制如下记账凭证进行更正。

借：财务费用　　900.00

　贷：银行存款　　900.00

（三）对账和结账

对账和结账是保证会计账簿记录质量的重要程序。对账是指将各种账簿的记录核对清楚，做到账实相符、账证相符、账账相符、账表相符，以保证账簿提供的记录和财务报告提供的资料真实可靠。结账，是指在一定时期内所发生的全部经济业务登记入账的基础上，计算出各种账簿的本期发生额和期末余额，这是对账簿记录所进行的结束工作。

1．对账

账实相符，即会计账簿记录与实物、款项实有数核对相符。保证账实相

符是会计核算的基本要求，通过会计账簿记录与实物、款项的实有数相核对，可以检查、验证会计账簿记录的正确性，发现财产物资和现金管理中存在的问题，有利于查明原因、明确责任，有利于改善管理、提高效益，保证会计资料真实、完整。

账证相符，即会计账簿记录与会计凭证有关内容核对相符。通过账证核对，可以检查、验证会计账簿记录和会计凭证的内容是否正确无误，以保证会计资料真实、完整。在核对时应将会计账簿记录与其相应的会计凭证记录逐项核对，如发现不一致，应当及时查明原因，并按规定予以更正。

账账相符，即会计账簿之间相对应的记录核对相符。通过对总账各账户之间、总账与明细账之间、总账与日记账之间、会计机构的财产物资明细账与保管部门、使用部门的有关财产物资明细账之间等相对应的记录之间进行核查，验证会计账簿记录的正确性，便于及时发现问题，纠正错误。

账表相符，即会计账簿记录与会计报表有关内容核对相符。会计报表是根据会计账簿记录及有关资料编制的，两者之间存在相对应的关系，通过检查会计报表各项目的数据与会计账簿相关数据是否相符，可以检查、验证会计账簿记录和会计报表数据是否正确无误，以确保会计资料质量。

2. 结账

结账是每个会计期间结束后必须履行的程序，可分为月结、季结和年结。

结账前，必须做好一系列的账目清理和对账工作，将本期内所发生的各项经济业务全部登记入账。

结账时，应当结出每个账户的期末余额。办理月结时，应将借贷双方的本月发生额合计数和期末余额用黑字填写于本月最后一笔账项的数字之下，并在摘要栏内注明“×月份发生额及余额”的字样，还应在“×月份发生额及余额”一行数字的上面画一条红线；在办理季度结算时，应将3个月的发生额或3个月的月结余数相加，记入月结的下一行，并在摘要栏内注明“×季度发生额及余额”的字样，再在季度结算数额下面划一条红线；办理年结时，需将本年12个月的借贷双方的发生额或4个季度结余额相加，填列于“12月份发生额及余额”的数字之下，在摘要栏内注明“年度发生额及余额”的字样，并在“年度发生额及余额”一行数字上面画一条红线，下面画两条平行红线，表示封账。

五、会计核算组织程序

会计核算组织程序，又称账务处理程序，是指账簿组织和记账步骤有机结合的方式。账簿组织是指设置账簿的种类、格式和各种账簿之间的关系。记账步骤是填制会计凭证、根据会计凭证登记各种账簿、根据账簿记录编制会计报表的整个过程的步骤。科学的会计核算组织程序是做好会计工作的一个重要前提，它有利于提高会计工作的质量、效率，能够正确地、及时地、系统地提供会计信息。

企业在选用适合本单位会计核算组织程序时，应考虑以下几方面因素：根据本企业经济活动的特点、规模的大小和业务的繁简等实际情况，根据本企业经营管理和提高经济效益的需要，根据简化核算手续及会计电算化的要求等，选用体现自身特点的会计核算组织程序。目前，会计核算工作有五种核算组织程序：记账凭证核算组织程序；科目汇总表核算组织程序；汇总记账凭证核算组织程序；日记总账核算组织程序；分录日记账核算组织程序。下面只介绍物业管理企业常采用的最基本、最常用的记账凭证核算组织程序和科目汇总表核算组织程序。

(一)记账凭证核算组织程序

记账凭证核算组织程序是一种基本账务处理程序，直接根据各种记账凭证逐笔登记总分类账，是其他会计核算组织程序的基础，如图 2-1 所示。

根据图 2-1 所示，记账凭证核算组织程序的核算步骤有以下几点：

(1)根据原始凭证或原始凭证汇总表填制记账凭证。

(2)根据收款、付款记账凭证逐笔登记日记账。

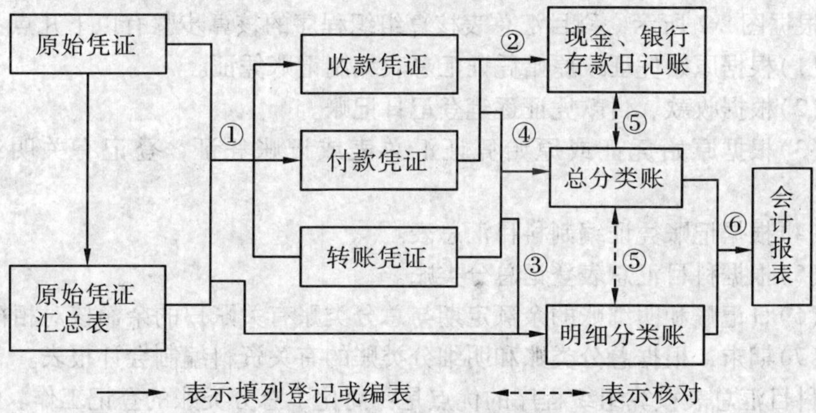

图 2-1　记账凭证核算组织程序

(3)根据原始凭证或原始凭证汇总表或记账凭证登记有关明细分类账。

(4)根据记账凭证登记总分类账。

(5)日记账和明细分类账的余额定期与总分类账有关账户的余额核对相符。

(6)期末，根据总分类账和明细分类账编制会计报表。

记账凭证核算组织程序的优点是：总分类账可以比较详细地记录和反映经济业务的发生情况。缺点是：账簿登记工作量大。它适用于规模小、经济业务较简单的物业管理企业。

(二)科目汇总表核算组织程序

科目汇总表核算组织程序是由记账凭证核算组织程序发展而来的，是定期将所有记账凭证汇总编制成科目汇总表，再根据科目汇总表登记总分类账，如图 2-2 所示。

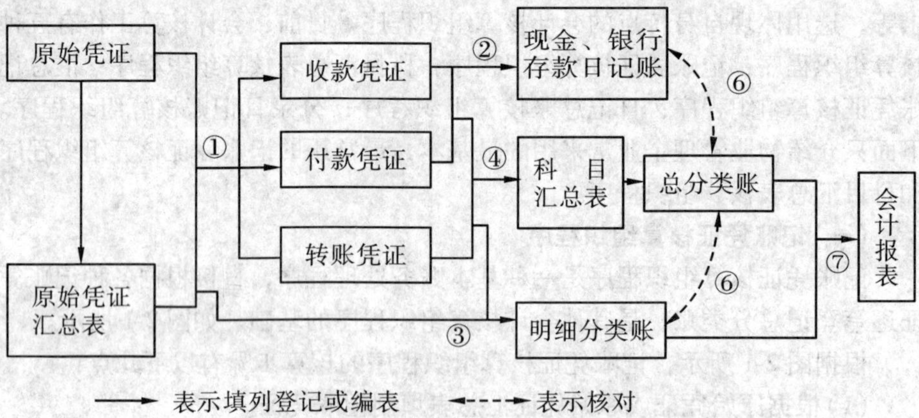

图 2-2 科目汇总表核算组织程序

根据图 2-2 所示，科目汇总表核算组织程序的核算步骤有以下几点：

(1)根据原始凭证或原始凭证汇总表编制记账凭证。

(2)根据收款、付款凭证逐笔登记日记账。

(3)根据原始凭证或原始凭证汇总表或记账凭证，登记有关明细分类账。

(4)根据记账凭证编制科目汇总表。

(5)根据科目汇总表登记总分类账。

(6)日记账和明细账的余额定期与总分类账有关账户的余额核对相符。

(7)期末，根据总分类账和明细分类账的有关资料编制会计报表。

科目汇总表核算组织程序的优点是：简化了总分类账的登记工作。缺点是：科目汇总表和总分类账不能反映账户的对应关系，因而不便于在总分类账上对经济活动情况进行检查和分析。它适用于经营规模较大，经济业务较多的单位。

第二节 物业管理企业财务管理基础

物业管理公司在财务管理活动中，要全面考虑影响财务决策的基本因素：货币时间价值和风险价值。

一、货币时间价值

(一)货币时间价值的概念

货币时间价值，也称资金时间价值，是指货币经过一定时间的投资和再投资所增加的价值。

货币投入生产经营过程后，价值会随着时间而持续不断地增长。企业资金循环从投入货币资金开始，到获得货币资金结束，每完成一次循环，货币就增加一定数额，资金周转次数越多，增长额也越大。随着时间的延续，货币总量在资金循环和周转中按几何级数增长，这就是货币的时间价值。

从量的规定性来看，货币时间价值是没有风险和没有通货膨胀条件下的社会平均资金利润率。市场经济中竞争的存在使各部门的投资利润率趋于平均化。企业在投资某项目时，至少要取得社会平均的利润率，否则不如投资于另外的项目。因此，货币时间价值是企业财务管理的“第一原则”，成为分析和决策资金的筹集、投放、使用和收回等过程时考虑的最基本的原则。

货币随着时间的延续而不断增值，现在1元钱的经济效用大于未来1元钱的经济效用。由于不同时间单位货币的价值不相等，所以，不同时间的货币价值不宜直接进行比较，而要把它们换算到相同的时间基础上才能进行大小的比较和比率的计算。

(二)货币时间价值的计算

在财务管理活动中，一般用“现值”和“终值”这两个概念来表示不同时期的货币价值。现值，又称本金，是指资金现在的价值；终值，又称本利和，是指资金经过若干时期后，包括资金现值和时间价值在内的未来价值。货币时间价值的计算与利息计算方式相联系。利息计算方式有单利和复利两种，下面分别介绍在这两种计息方式下货币时间价值的计算。

1. 单利终值与单利现值

单利方式下，无论期限长短，资金仅按本金计算利息，本金所派生的利息均不加入本金重复计算利息。这实际上是一种本金能生利、利不能生利的计息方法。

为计算方便，先设定如下符号标示：P 为现值；I 为利息；F 为终值；i 为每一计息期的利率(折现率)；n 为计算利息的期数。

按照单利的计算法则，利息的计算公式为

$$I = P \times i \times n$$

单利终值的计算公式为

$$F = P + I = P + P \times i \times n = P \times (1 + i \times n)$$

单利现值的计算与单利终值的计算是互逆的，单利现值的计算公式为

$$P = F \div (1 + i \times n)$$

【例 2-17】大华物业管理公司将现金 10000 元存入银行，存期为 3 年，年利率 8%，单利方式计算条件下，各年末的终值分别为多少？

第 1 年末的终值 $F_1 = 10\ 000 \times (1 + 8\% \times 1) = 10\ 800$(元)

第 2 年末的终值 $F_2 = 10\ 000 \times (1 + 8\% \times 2) = 11\ 600$(元)

第 3 年末的终值 $F_3 = 10\ 000 \times (1 + 8\% \times 3) = 12\ 400$(元)

【例 2-18】大华物业管理公司希望现在存入银行一笔现金，5 年后用于偿还 30 000 元的债务，已知年利率 10%，单利方式计算条件下，现在需要存入现金的金额为多少？

$P = 30\ 000 \div (1 + 10\% \times 5) = 20\ 000$(元)

2. 复利终值与复利现值

复利方式下，每经过一个计息期，要将本金所派生利息计入本金，然后再计算利息。这实际上是一种本金能生利、利也能生利的计息方法，俗称“利滚利”。

仍先设定如下符号标示：P 为现值；F 为终值；i 为每一计息期的利率(折现率)；n 为计算利息的期数。

按照复利的计算法则，各计息期末的复利终值计算如下：

第 1 个计息期末的终值 $F_1 = P \times (1 + i)$

第 2 个计息期末的终值 $F_2 = [P \times (1 + i)] \times (1 + i) = P \times (1 + i)^2$

第 3 个计息期末的终值 $F_3 = [P \times (1 + i)^2] \times (1 + i) = P \times (1 + i)^3$

以此类推，复利终值的计算公式为

$$F = P \times (1 + i)^n$$

式中：$(1 + i)^n$ 为“复利终值系数”，用符号$(F/P, i, n)$表示。如$(F/P, 10\%, 5)$表示利率为 10%、5 期复利终值的系数。复利终值系数可以通过查阅“复利终值系数表”直接获得。

上式也可表示为 $F = P \times (F/P, i, n)$

根据复利终值的计算公式，推得复利现值的计算公式为

$$P = F \div (1+i)^n = F \times (1+i)^{-n}$$

式中：$(1+i)^{-n}$为“复利现值系数”，用符号$(P/F, i, n)$表示。同样，复利现值系数可以通过查阅“复利现值系数表”直接获得。

上式也可表示为 $P = F \times (P/F, i, n)$

【例 2-19】大华物业管理公司将现金 60000 元存入银行，存期为 3 年，年利率 8%，复利方式计算条件下，3 年末的终值为多少？

$$\begin{aligned} F &= P \times (F/P, i, n) = 60\,000 \times (F/P, 8\%, 3) = 60\,000 \times 1.2597 \\ &= 75\,582(\text{元}) \end{aligned}$$

【例 2-20】大华物业管理公司一项投资，预计 5 年后获得收益 200 万元，按年利率 6% 计算，这笔收益的现值为多少？

$$\begin{aligned} P &= F \times (P/F, i, n) = 200 \times (P/F, 6\%, 5) = 200 \times 0.7473 \\ &= 149.46(\text{万元}) \end{aligned}$$

由于货币随时间的增长过程与复利的计算过程在数学上相似，所以，现代财务管理广泛采用复利方式计算的各种方法。

3. 年金终值与年金现值

年金是指一定时期内定期、等额发生的系列收支。例如，分期付款赊购、分期偿还贷款、发放养老金、每年相同的销售收入等，都存在年金问题。年金通常记作“A”。

年金按其收付的次数和收付的时点划分，可分为普通年金、预付年金、递延年金、永续年金等。

(1) 普通年金。普通年金是指各期期末发生收付的年金，又称后付年金。

普通年金终值是指其最后一次收付时的本利和，它是每次收付款项的复利终值之和。如果将年金视为零存整取储蓄存款的零存数，那么，年金终值就相当于零存整取的整取数。

设定如下符号标示：A 为年金；F 为年金终值；i 为每一计息期的利率（折现率）；n 为计算利息的期数。

如图 2-3 所示，普通年金终值的计算公式为

$$F = A + A \times (1+i) + A \times (1+i)^2 + \cdots + A \times (1+i)^{n-1}$$

根据等比求和公式，可得到：

$$F = A \times \frac{(1+i)^n - 1}{i}$$

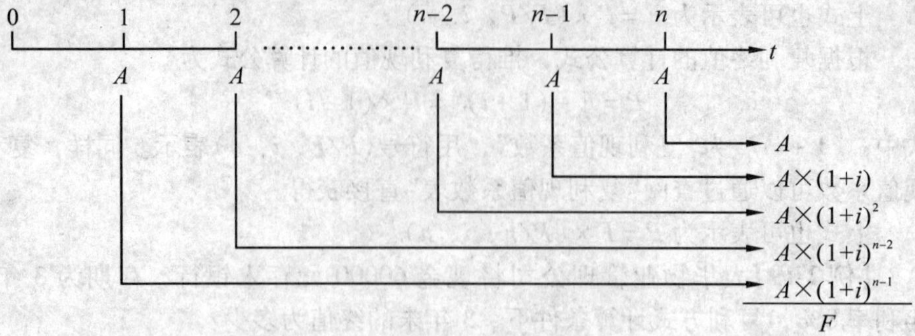

图 2-3 普通年终值计算示意图

式中：$\frac{(1+i)^n-1}{i}$为“年金终值系数”，用符号(F/A，i，n)表示。如(F/A，9%，6)表示利率为9%、6 期年金终值的系数。年金终值系数可以通过查阅“年金终值系数表”直接获得。

上式也可表示为 $F=A\times(F/A，i，n)$。

【例 2-21】大华物业管理公司每年年末将现金 50 000 元存入银行，假设年利率 8%，第 5 年末可从银行获得多少本息？

$$F=A\times(F/A，i，n)=50\ 000\times(F/A，8\%，5)=50\ 000\times5.8666$$
$$=293\ 330(元)$$

【例 2-22】大华物业管理公司拟从现在起每年年末等额存入银行一笔款项，用于偿还 3 年后到期的 60 000 元债务，假设年利率 10%，每年需要存入多少金额？

$$A=F\div(F/A，i，n)=60\ 000\div(F/A，10\%，3)=60\ 000\div3.31$$
$$\approx18\ 126.89(元)$$

普通年金现值是指一定时期内每期期末等额收付款项的复利现值之和，如图 2-4 所示。

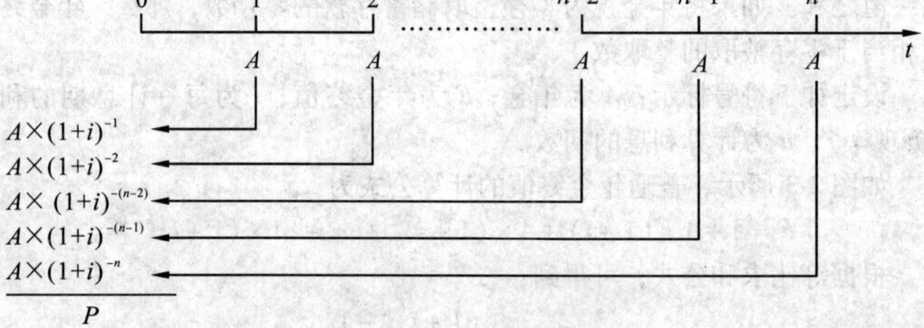

图 2-4 普通年金现值计算示意图

设定 P 为年金现值，其他符号标示不变，推得普通年金现值的计算公式为

$$P=A\times(1+i)^{-1}+A\times(1+i)^{-2}+A\times(1+i)^{-3}+\cdots+A\times(1+i)^{-n}$$

根据等比求和公式，可得到：

$$P=A\times\frac{1-(1+i)^{-n}}{i}$$

式中：$\frac{1-(1+i)^{-n}}{i}$为“年金现值系数”，用符号$(P/A,\ i,\ n)$表示。如$(P/A,\ 12\%,\ 8)$表示利率为12%、8期年金终值的系数。年金现值系数可以通过查阅“年金现值系数表”直接获得。

上式也可表示为　$P=A\times(P/A,\ i,\ n)$

【例2-23】大华物业管理公司租入一套大型设备，租期5年，租期内每年年末需要支付租金120万元，假设年利率10%，该企业支付租金的现值为多少？

$$P=A\times(P/A,\ i,\ n)=120\times(P/A,\ 10\%,\ 5)=120\times3.7908$$
$$=454.896(万元)$$

【例2-24】大华物业管理公司拟以8%的利率借款200万元，投资于某个预计寿命为10年的项目，每年年末至少要收回多少现金才是有利的？

$$A=P\div(P/A,\ i,\ n)=200\div(P/A,\ 8\%,\ 10)=200\div6.7101$$
$$\approx29.8058(万元)$$

(2)预付年金。预付年金是指各期期初发生收付的年金，又称先付年金或即付年金。预付年金与普通年金的区别就在于各期发生收付的时间不同，如图2-5所示。

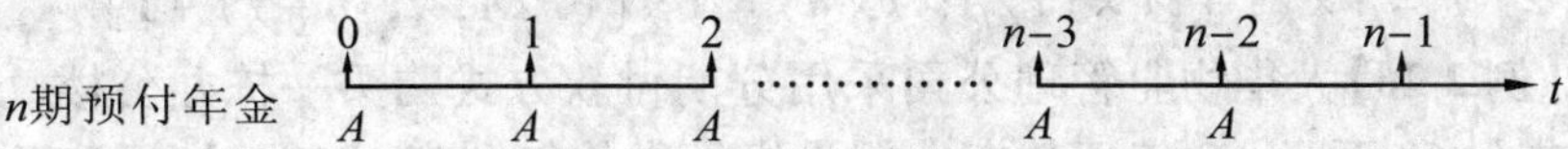

图2-5　预付年金与普通年金关系示意图

预付年金终值是指其最后一次收付期期末时的本利和，它是每次收付款项的复利终值之和。

仍沿用上述符号标示，预付年金终值的计算公式为

$$F=A\times(1+i)+A\times(1+i)^{2}+A\times(1+i)^{3}+\cdots+A\times(1+i)^{n}$$

根据等比求和公式，可得到：

$$F=A\times(1+i)\times\frac{(1+i)^{n}-1}{i}=A\times\left[\frac{(1+i)^{n+1}-1}{i}-1\right]$$

式中：$\left[\frac{(1+i)^{n+1}-1}{i}-1\right]$为“预付年金终值系数”，它是在普通年金终值系数$\frac{(1+i)^{n}-1}{i}$的基础上期数加1、系数减1所得的结果，也可以用普通年金终值系数乘以$(1+i)$直接得到。

上式也可表示为

$$F=A\times(1+i)\times(F/A,\ i,\ n)=A\times[(F/A,\ i,\ n+1)-1]$$

【例2-25】大华物业管理公司每年年初存入银行200 000元作为公共设施大修基金，假设年利率10%，第6年年末可从银行获得多少本息？

$$\begin{aligned}F&=A\times[(F/A,\ i,\ n+1)-1]=200\ 000\times[(F/A,\ 10\%,\ 7)-1]\\&=200\ 000\times(9.4872-1)=1\ 697\ 440(\text{元})\end{aligned}$$

预付年金现值是指一定时期内每期期初等额收付款项的复利现值之和。

预付年金现值的计算公式为

$$P=A+A\times(1+i)^{-1}+A\times(1+i)^{-2}+\cdots+A\times(1+i)^{-(n-1)}$$

根据等比求和公式，可得到：

$$P=A\times(1+i)\times\frac{1-(1+i)^{-n}}{i}=A\times\left[\frac{1-(1+i)^{-(n-1)}}{i}+1\right]$$

式中：$\left[\frac{1-(1+i)^{-(n-1)}}{i}+1\right]$为“预付年金现值系数”，它是在普通年金现值系数$\frac{1-(1+i)^{-n}}{i}$的基础上期数减1、系数加1所得的结果，也可以用普通年金现值系数乘以$(1+i)$直接得到。

上式也可表示为

$$P=A\times(1+i)\times(P/A,\ i,\ n)=A\times[(P/A,\ i,\ n-1)+1]$$

【例2-26】大华物业管理公司采用分期付款方式购买一栋办公楼，每年年初支付60万元，8年还款期，假设银行借款年利率10%，如果该项分期付款现在一次性支付，则需支付的金额为多少？

$$\begin{aligned}P&=A\times[(P/A,\ i,\ n-1)+1]=60\times[(P/A,\ 10\%,\ 7)+1]\\&=60\times(4.8684+1)=352.104(\text{万元})\end{aligned}$$

(3)递延年金。递延年金是指第一次收付款发生的时间与第一期无关，而是间隔若干期(假设为m期，$m\geqslant1$)后才开始定期发生的系列等额收付款项。递延年金是普通年金的特殊形式，凡不是从第一期开始的年金都是递延年金，如图2-6所示。

递延年金终值的计算与普通年金是相同的，都是将每次收付款项折算到最后一次收付时的复利终值之和。在此不再赘述。

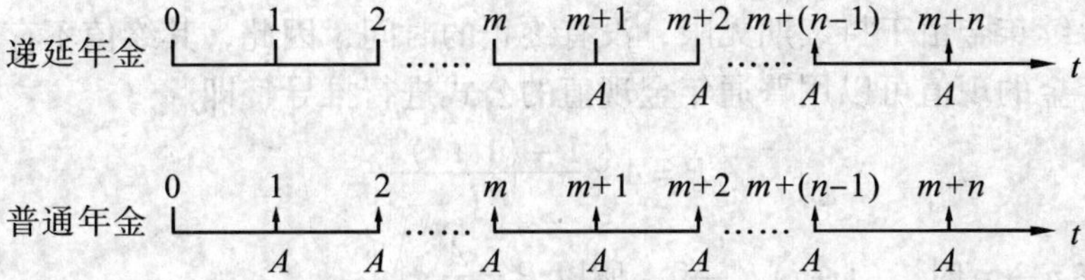

图 2-6　递延年金与普通年金关系示意图

递延年金现值是指将系列收付款项折算到第一期期初时的价值。有关其计算，一般有以下三种方法。

第一种方法：先求出递延期期末的现值，然后再将该现值折算到第一期期初。

$$P=A\times(P/A,\ i,\ n)\times(1+i)^{-m}=A\times(P/A,\ i,\ n)\times(P/F,\ i,\ m)$$

第二种方法：先求出$(m+n)$期的年金现值，再扣除实际没有发生的递延期(m)的年金现值。

$$\begin{aligned}P&=A\times(P/A,\ i,\ m+n)-A\times(P/A,\ i,\ m)\\&=A\times[(P/A,\ i,\ m+n)-(P/A,\ i,\ m)]\end{aligned}$$

第三种方法：先求出递延年金的终值，再将其折算为现值。

$$P=A\times(F/A,\ i,\ n)\times(P/F,\ i,\ m+n)$$

【例 2-27】大华物业管理公司拟投资某项目，需要投资金额 280 万元，工程建设期 3 年，预计工程期结束后的 20 年内每年可获利 36 万元，假设银行年利率 10%，试分析该项目投资是否可行。

$$\begin{aligned}P&=A\times(P/A,\ i,\ n)\times(P/F,\ i,\ m)\\&=36\times(P/A,\ 10\%,\ 20)\times(P/F,\ 10\%,\ 3)\\&=36\times8.5136\times0.7513\approx230(\text{万元})\end{aligned}$$

或

$$\begin{aligned}P&=A\times[(P/A,\ i,\ m+n)-(P/A,\ i,\ m)]\\&=36\times[(P/A,\ 10\%,\ 23)-(P/A,\ 10\%,\ 3)]\\&=36\times(8.8832-2.4869)\approx230(\text{万元})\end{aligned}$$

或

$$\begin{aligned}P&=A\times(F/A,\ i,\ n)\times(P/F,\ i,\ m+n)\\&=36\times(F/A,\ 10\%,\ 20)\times(P/F,\ 10\%,\ 23)\\&=36\times57.275\times0.1117\approx230(\text{万元})\end{aligned}$$

由于项目投资现值 280 万元大于项目收益现值 230 万元，该项目投资不可行。

(4)永续年金。永续年金是指无限期定额收付的年金。可将永续年金视为期限趋于无穷的普通年金。生活中的永久性奖励基金、存本取息等就是永续年金的例子。

永续年金由于持续期无限，没有终止的时间，因此，其终值不存在。而永续年金的现值可以用普通年金现值的公式进行推导，即

$$P = A \times \frac{1-(1+i)^{-n}}{i}$$

在 $n \to \infty$ 时，$(1+i)^{-n} \to 0$，所以 $P = \frac{A}{i}$。

【例 2-28】大华物业管理公司持有某公司优先股 10 万股，每年年末可获股利 4 万元，假设年利率 10%，该部分优先股的投资价值为多少？

$$P = \frac{A}{i} = \frac{4}{10\%} = 40(\text{万元})$$

二、风险价值

(一)风险的概念及分类

风险是指预期结果的不确定性。财务管理活动中所提及的风险是指将来的实际报酬偏离预期报酬的可能性。这种可能性越大，风险就越大。企业在进行财务决策时都需要估计预期的结果及其风险。一般而言，预期的结果就是预期的报酬或收益，而风险就是指实际的报酬或收益偏离预期的程度。例如，某物业管理企业现有 20 万元资金暂时闲置，有两个投资方案可供选择：购买年利率为 5% 的 1 年期国债；购买某上市公司普通股股票，持有 1 年后出售。如果企业选择第一个方案，可以确知 1 年后获得本息 21 万元。而如果企业选择第二个方案，1 年后的所得取决于发行股票的上市公司的经营状况，有可能会高于 21 万元，也有可能会远远低于 21 万元，结果是不确定的。因此，第一个投资方案下实际报酬是确定的，投资是没有风险的，而第二个投资方案下实际报酬存在偏离预期的可能性，投资是有风险的。

风险按其是否可以进行抵消来划分，可以分为系统风险和非系统风险两类。系统风险，又称为市场风险、不可规避风险，是指影响所有企业的因素引起的风险，如战争、经济衰退、通货膨胀、利率波动等。这类风险涉及所有的投资对象，是不能通过多元化投资来抵消的。非系统风险，又称为公司特有风险、可规避风险，是指发生于个别公司的特有事件造成的风险，如新产品开发失败、法律纠纷、罢工等。这类风险的发生是随机的，因而可以通过有效的多元化投资予以抵消，即发生于一家公司的不利事件的影响可以被其他公司的有利事件的影响所抵消。

(二)风险价值

在不考虑风险和通货膨胀条件下，企业在进行投资时要求的收益率是社

会平均资金利润率，即货币时间价值。这是以肯定能取得的收益为条件的。而企业的生产经营活动和财务活动总是处于或大或小的风险之中，因此需要考虑风险价值。

风险价值，也称为风险报酬或风险收益，是指投资者由于冒风险进行投资而获得的额外报酬。风险价值有两种表现形式：风险报酬额和风险报酬率。风险报酬额是风险价值的绝对数表现形式，是投资者冒风险进行投资而获得的超过货币时间价值的那部分额外报酬；风险报酬率是风险价值的相对数表现形式，是投资者冒风险进行投资而获得的超过货币时间价值率的那部分额外报酬率，即额外报酬占原投资额的比率。

在不考虑通货膨胀因素时，投资者进行投资所要求的报酬率是无风险投资报酬率（货币时间价值）与风险报酬率之和，即

投资报酬率 = 无风险投资报酬率（货币时间价值）+ 风险报酬率

（三）风险及风险价值的计算

衡量风险的大小，通常采用概率论的方法。而风险价值的计算，是建立在风险计算结果之上的。

1. 概率分布

一个随机事件的概率，是指这一事件可能发生的机会。例如，某物业管理企业参加一个项目投资，预期中标的可能性有 70%，落标的可能性会有 30%。将所有可能的事件或结果都列举出来，并对每一事件或结果都确定其发生的概率，把它们列示在一起，就是概率分布。任何概率分布都应符合下列两条规则：

（1）所有的概率都在 0 和 1 之间，即 $0 \leqslant P_i \leqslant 1$（$P_i$ 代表随机事件的第 i 种结果出现的概率）；

（2）全部概率之和等于 1，即 $\sum_{i=1}^{n} P_i = 1$（n 代表可能出现结果的个数）。

2. 期望值

期望值是一个概率分布中的所有可能结果，以各自相应的概率为权数计算的加权平均值，是用概率考虑风险程度而计算出来的期望的估计值，它是反映集中趋势的一种量度。通常用符号 $\overline{E}$ 表示，其计算公式为

$$\overline{E} = \sum_{i=1}^{n} X_i P_i$$

式中：X_i 为随机事件的第 i 种结果。

【例 2-29】大华物业管理公司现有两个投资额均为 100 万元的投资项目 A 和 B 可供选择，它们可能的投资报酬率与相应的概率，如下表所示。

项目实施情况	该情况发生的概率		预期报酬率	
	项目 A	项目 B	项目 A	项目 B
好	0.2	0.3	15%	20%
一般	0.6	0.4	10%	15%
差	0.2	0.3	0	-10%

根据表中资料，分别计算两个项目的预期报酬率为：

$$项目\ A：\overline{E}_A = \sum_{i=1}^{n} X_i P_i = 0.2 \times 15\% + 0.6 \times 10\% + 0.2 \times 0 = 9\%$$

$$项目\ B：\overline{E}_B = \sum_{i=1}^{n} X_i P_i = 0.3 \times 20\% + 0.4 \times 15\% + 0.3 \times (-10\%) = 9\%$$

从计算结果看，两个投资项目的预期报酬率均为9%，这只是说明预期报酬率的均值是相同的，而将来的实际报酬偏离预期报酬的可能性，即风险的大小是否也相同，就必须通过计算标准离差和标准离差率来分析概率分布的离散程度。

3. 标准离差与标准离差率

标准离差是随机事件的结果偏离期望值的综合差异，是反映离散程度的一种量度。通常用符号 δ 表示，其计算公式为

$$\delta = \sqrt{\sum_{i=1}^{n} (X_i - \overline{E})^2 \times P_i}$$

标准离差主要是由各种可能值与期望值之间的差距决定的。它可以用来估量一项投资收益的变动情况，并由此表明其风险程度。在期望值相同的情况下，标准离差越大，风险越大；反之，标准离差越小，风险越小。

以[例2-29]为例，项目 A：

$$\delta_A = \sqrt{\sum_{i=1}^{n} (X_i - \overline{E})^2 \times P_i}$$
$$= \sqrt{(15\% - 9\%)^2 \times 0.2 + (10\% - 9\%)^2 \times 0.6 + (0 - 9\%)^2 \times 0.2}$$
$$= 4.90\%$$

项目 B：

$$\delta_B = \sqrt{\sum_{i=1}^{n} (X_i - \overline{E})^2 \times P_i}$$
$$= \sqrt{(20\% - 9\%)^2 \times 0.3 + (15\% - 9\%)^2 \times 0.4 + (-10\% - 9\%)^2 \times 0.3}$$
$$= 12.61\%$$

可见，项目 B 的投资风险要高于项目 A 的投资风险。

标准离差是以绝对值的形式来衡量风险程度的，只适用于期望值相同的投资项目之间风险程度的比较。投资项目的期望值不同时，比较其风险程度，就要借助标准离差率这一相对值指标。

标准离差率，也称为标准离差系数、变异系数，是标准离差同期望值之比。通常用符号 V 表示，其计算公式为

$$V=\frac{\delta}{\bar{E}}\times 100\%$$

标准离差率越大，风险越大；反之，标准离差率越小，风险越小。

【例 2-29】中，项目 A：$V_{\mathrm{A}}=\frac{\delta}{\bar{E}}\times 100\%=\frac{4.90\%}{9\%}\times 100\%=54.44\%$

项目 B：$V_{\mathrm{B}}=\frac{\delta}{\bar{E}}\times 100\%=\frac{12.61\%}{9\%}\times 100\%=140.11\%$

从标准离差率的角度，项目 B 的投资风险显然也高于项目 A 的投资风险。

当然，在此例中两个项目的期望值是相同的，可以直接根据标准离差来比较两个项目的风险水平。但是，在比较项目的期望值不同的情况下，就必须要通过标准离差率才能进行比较。

4. 风险报酬率

风险报酬率的大小应该与所冒风险的大小成正比，也与风险转化为风险报酬的能力成正比。换言之，风险报酬率是由所冒风险的大小和风险转化为风险报酬的能力二者共同决定的。反映所冒风险大小的指标是标准离差率，反映风险转化为风险报酬能力的指标是风险价值系数。因此，风险报酬率的计算公式为

$$R_R=b\times V$$

式中：R_R 为风险报酬率；b 为风险价值系数；V 为标准离差率。

其中风险价值系数通常是投资者根据以往的同类项目或凭借主观经验确定的。

在不考虑通货膨胀因素的情况下，投资报酬率的计算公式为

$$R=R_F+R_R=R_F+b\times V$$

式中：R 为投资报酬率；R_F 为无风险投资报酬率。

沿用【例 2-29】的资料，假设两个项目的风险价值系数均为 0.1，计算两个项目的风险报酬率为

项目 A：$R_R=b\times V=0.1\times 54.44\%\approx 5.44\%$

项目 B：$R_R = b \times V = 0.1 \times 140.11\% \approx 14.01\%$

若无风险收益率为6%，两个项目的投资报酬率应为

项目 A：$R = R_F + R_R = 6\% + 5.44\% = 11.44\%$

项目 B：$R = R_F + R_R = 6\% + 14.01\% = 20.01\%$

从计算结果看，项目 B 的投资收益率高于项目 A 的投资收益率，结合前面标准离差率的情况，相对于项目 A，项目 B 是高风险高收益的项目。项目如何进行选择，取决于企业的风险厌恶程度。乐于冒险的企业，可能会选择项目 B；而比较谨慎的企业，可能会选择项目 A。

总之，风险是客观存在的，物业管理企业应权衡风险和报酬之间的联动关系，正确进行财务决策。

➤ 思考与练习

1. 什么是会计科目？会计科目与账户的区别和联系是什么？
2. 什么是复式记账法？简述借贷记账法的账户结构。
3. 什么是会计恒等式？简述资产与权益的平衡关系。
4. 简要说明经济业务对会计恒等式的影响，并举例。
5. 什么是对应账户和账户对应关系？
6. 什么是会计分录？简述如何运用借贷记账法编制会计分录。
7. 如何对风险进行分类？
8. 某物业管理公司持有 1 张带息的应收票据，面额 8000 元，票面年利率 6%，期限 6 个月，该票据到期偿付时，企业能获得多少金额？
9. 某物业管理企业现有资金 12 000 元，欲在 19 年后使其达到原有资金的 3 倍，选择投资机会时最低可接受的报酬率为多少？
10. 某物业管理企业拟在 5 年后还清 10 万元债务，从现在起每年末等额存入银行一笔款项。假设银行利率为 10%，每年需要存入多少金额？
11. 某项目需要 5 年建成，5 年中每年年初投资 50 万元，按年利率 9% 计算，这一项目的投资现值为多少？
12. 某投资项目工程建设期 2 年，预计工程期结束后的 10 年内每年可获利 20 万元，假设银行年利率 8%，试分析现在一次性投资金额为多少时，该投资项目才是可行的？
13. 某学校拟建立一项永久性的奖学金，计划每年颁发 10 000 元奖金。若年利率 8%，则现在应存入多少金额？
14. 远华物业管理有限公司 2008 年 12 月 31 日的有关资料如下：

“原材料”账户余额 40 000 元　　流动资产合计 188 500 元

“产成品”账户余额 62 500 元　　流动负债合计 111 500 元

“固定资产”账户余额 320 000 元　　所有者权益合计 342 000 元

“累计折旧”账户余额 55 000 元

"短期借款"账户余额 67 000 元

要求：计算下列表内各项目数字，并将结果填列下表。

资产负债表(简式)

远华物业管理有限公司　　2008 年 12 月 31 日　　单位：元

资产	金额	负债及所有者权益	金额
存货		短期借款	
应收账款	.	应付账款	
流动资产合计		流动负债合计	
固定资产净值		所有者权益会计	
资产合计		负债及所有者权益合计	

15. 远华物业管理有限公司 2009 年 5 月发生下列经济业务：

(1)5 月 5 日，公司以银行存款上交上月应交税金 5300 元。

(2)5 月 10 日，公司收取业主装修押金 1000 元存入银行。

(3)5 月 12 日，公司以银行存款归还上月欠大华公司的货款 80 000 元。

(4)5 月 15 日，公司从新进商店购买办公用品 550 元，款项尚未支付。

(5)5 月 15 日，公司以银行存款偿还向建设银行借的为期 3 个月的欠款 40 000 元。

(6)5 月 15 日，收到某商厦物业管理公共性服务费 36 000 元，存入银行。

(7)5 月 16 日，收到业主交来代办性服务费 6600 元，特约服务费 3600 元。

(8)本月公共性服务业务领用库存原材料 2800 元，特约服务业务领用库存原材料 1200 元。

要求：根据以上经济业务编制会计分录。

16. 一企业投资某项目的预期报酬情况如下：

市场情况	预期报酬率(%)	发生概率
景气	25	0.3
一般	10	0.5
不景气	-2.5	0.2

要求：

(1)请计算期望报酬率、标准离差和标准离差率；

(2)若投资项目的风险价值系数均为 0.15，无风险收益率为 4%，请计算该投资项目风险报酬率和投资报酬率。

中　篇

物业管理企业会计

第三章

货币资金与应收款项

第一节　库存现金

一、库存现金的定义

现金是流动性最强的一种货币性资产，是立即可以投入流通的交换媒介，可以随时用其购买所需的物资，支付有关的费用或偿还债务，也可以随时存入银行。我国企业会计核算上的现金，是狭义上的概念，仅指“库存现金”，2001 年《企业会计制度》在“现金”科目说明中明确指出该科目核算企业的“库存现金”。2006 年《企业会计准则》将“库存现金”直接作为企业会计核算科目，是指存于企业，由出纳保管并用于日常零星开支所需的货币资金，包括库存的人民币和外币。在国际上，会计核算中的现金一般包括库存现金、银行存款和其他符合现金的票证在内的广义现金。

在商品经济社会中，商品和劳务的交换要通过货币计量来进行，例如，物业管理企业向业主收取各项服务费，购买零星商品，支付职工工资等经济业务活动，都会直接或间接地发生库存现金收入和支出的行为。库存现金属于流动性最强的资产。

二、库存现金的收支管理

库存现金在货币资金中具有流动性大、收支频繁、涉及面广的特点，国务院颁布了《现金管理暂行条例》，中国人民银行制定了《现金管理暂行条例实施细则》，这对物业管理企业管好、用好库存现金具有特别重要的意义。

作为物业管理企业，应当严格按照国家有关现金管理的规定收支现金，超过库存现金限额的部分应当及时交存银行；严格按照企业会计制度的规定核算现金的各项收支业务，同时应根据本企业的具体情况，制定出相应的内部控制制度以加强现金的管理。

物业管理企业的库存现金管理可归纳为以下几条。

（一）建立库存现金收付业务岗位责任制，做到分工明确，各负其责，互相监督，防止事故

（二）建立库存现金收付业务日常会计核算程序

1. 库存现金收付款的内部控制程序

（1）收到库存现金款项后，及时填制“收款清单”，并由出纳员于当日填制“解款单”送存开户银行，并取得“银行存款回单”，经核对无误后，当日记账。

（2）物业管理企业支付库存现金，必须在下列支付范围之内。

①支付职工工资、资金、津贴和福利补助金等；②支付各种社会保险和社会救济费，如退职金、离退休金、抚恤金等；③对城乡居民个人或不能转账支付的集体劳动报酬；④向城乡居民个人采购农副产品和其他物资；⑤支付出差人员随身携带的差旅费；⑥支付不足转账起点的零星款项。

2. 库存现金的支付程序

（1）付款前必须审核有关原始凭证并以此编制付款凭单，如不符合手续，应拒绝支付现金。

（2）款项付讫后，应在“付款凭单”及所附原始凭证上加盖“付讫”戳记，并及时送会计员进行查验、登账。

（3）支付现金，可从单位库存现金中支付，也可向开户银行提取，但不得坐支，即不得从本单位的库存现金收入中直接支付。因特殊情况需坐支现金的，应事先报经开户银行批准。

（三）将库存现金经管人员和会计记账分开

在物业管理企业的会计核算中，应严格杜绝经管现金收支的出纳人员进行会计记账，进行库存现金收付记账的会计人员不得经管库存现金，实行钱账分管。现金日记账可由现金出纳员负责。

（四）按规定保留库存现金

物业管理企业收入的库存现金必须存入银行，不得超限额保留库存现金。库存现金限额是由开户银行根据物业管理企业每日支付现金业务的一般状况核定的，公司可以保留现金的最高额度。库存现金限额一经确定必须遵照执行。由于情况变化，需增加或减少库存现金限额时，应向开户银行申请，经银行审查同意后才能调整库存现金限额。

(五)库存现金与现金日记账余额应账实相符，做到日清月结

每日业务结束，应当及时检查现金实际库存与现金日记账的余额是否相符，做到当日账当日结清，不得用白条抵库或挪用现金，如发现长短款，应及时查明原因，并及时处理。

三、库存现金收支的核算

(一)账户设置

为了总括地核算和监督库存现金的收、付变动和结存情况，企业应设置“库存现金”科目。“库存现金”账户属资产类账户，借方登记现金收入数额，贷方登记现金支出数额，其借方余额表示库存现金的实存数额。有外币现金收、付业务的物业管理企业，还应分别在“库存现金”账户下设置“人民币”和“××外币”明细分类账户。

(二)库存现金的核算

当物业管理企业发生现金收入业务时，应根据现金收入的来源，借记“库存现金”科目，贷记对应科目，若为收到物业管理费则贷记“主营业务收入”，若为对方偿还前期所欠款项则贷记“应收账款”或“其他应收款”等。当发生现金支出业务时，应根据现金支出的用途，贷记“库存现金”科目，借记对应科目，如“银行存款”“库存商品”“应付工资”等。

【例3-1】大华物业管理公司将现金15 000.00元，存入开户银行，会计分录如下：

借：银行存款　　　　15 000.00

　贷：库存现金　　　　15 000.00

【例3-2】大华物业管理公司收到业主交来保洁费，收取现金1 200.00元，会计分录如下：

借：库存现金　　　　1 200.00

　贷：主营业务收入　　　　1 200.00

【例3-3】大华物业管理公司支付职工工资2 300.00元，会计分录如下：

借：应付职工薪酬　　　　2 300.00

　贷：库存现金　　　　2 300.00

【例3-4】大华物业管理公司用现金800.00元，购买维修工具4套，会计分录如下：

借：周转材料　　　　800.00

　贷：库存现金　　　　800.00

四、库存现金清查及核算

物业管理企业会计核算过程中，可能会出现库存现金额与实际金额不符的情况，除了设法查明原因外，还应当及时进行账务处理。

《现金管理暂行条例》规定：为了确保现金安全、完整，除实行钱账分管，正确组织现金凭证传递和审核外，还应定期对现金进行清查。库存现金清查，包括出纳人员每日进行的日清日结和组织清查小组定期对库存现金的清查，即将库存现金的实存数与账面数进行核对，保证账实一致。清查后，根据清查结果编制库存现金盘点报告单，填写库存现金实存数、账存数和盈亏情况。如果发现账实不一致，除应及时查明原因外，还须进行相应的会计处理。每日终了结算现金收支、财产清查等发现有待查明原因的现金短缺或溢余，应通过“待处理财产损溢”科目核算。属于现金短缺，应按实际短缺的金额，借记“待处理财产损溢——待处理流动资产损溢”科目，贷记“库存现金”科目；属于现金溢余，按实际溢余的金额，借记“库存现金”科目，贷记“待处理财产损溢——待处理流动资产损溢”科目，待查明原因后作如下处理：

(1)如为现金短缺，属于应由责任人赔偿的部分，借记“其他应收款——应收库存现金短缺(××个人)”或“库存现金”等科目，贷记“待处理财产损溢——待处理流动资产损溢”科目；属于应由保险公司赔偿的部分，借记“其他应收款——应收取保险赔偿”科目，贷记“待处理财产损溢——待处理流动资产损溢”科目；属于无法查明的其他原因，根据管理权限，经批准后处理，借记“管理费用——库存现金短缺”科目，贷记“待处理财产损溢——待处理流动资产损溢”科目。

(2)如为现金溢余，属于应支付给有关人员或单位的，借记“待处理财产损溢——待处理流动资产损溢”科目，贷记“其他应付款——应付库存现金溢余(××个人或单位)”科目；属于无法查明原因的现金溢余，经批准后，借记“待处理财产损溢——待处理流动资产损溢”科目，贷记“营业外收入——库存现金溢余”科目。

【例3-5】大华物业管理公司对库存现金清查后，发现库存现金短缺2 100.00元，经细查后发现其中1 300.00 元是由出纳员造成的，其余800.00 元不能查清原因，作为管理费用处理，编制会计分录如下：

(1)发现库存现金短款时：

借：待处理财产损溢——待处理流动资产损溢　　　　2 100.00

贷：库存现金 2 100.00

(2)查清原因处理时：

借：其他应收款——应收库存现金短款(出纳员) 1 300.00

管理费用——库存现金短款 800.00

贷：待处理财产损溢——待处理流动资产损溢 2 100.00

【例3-6】大华物业管理公司清查现金发现库存现金溢余900.00元，经细查后原因不明，作营业外收入处理，编制会计分录如下：

(1)发现库存现金溢余时：

借：库存现金 900.00

贷：待处理财产损溢——待处理流动资产损溢 900.00

(2)查清原因处理时：

借：待处理财产损溢——待处理流动资产损溢 900.00

贷：营业外收入——库存现金溢余 900.00

物业管理公司常常为便于公司内某些部门或采购人员出差和日常零星开支的需要，预支一定数额的备用金。备用金的核算，设置"其他应收款"账户。"其他应收款"是资产类账户，用以核算公司除应收账款、预付账款以外的其他各种应收、暂付款项，包括各种赔款、罚款、存出保证金、备用金及应向职工收取的各种垫付款项等。备用金的收付属现金收付范围，在使用和管理上与库存现金相同。支付给某部门备用金时，借记"其他应收款——××部门"，贷记"现金"。核准报销或收回各种备用款时，借记对应科目，贷记"其他应收款"。

【例3-7】大华物业管理公司，财会部门将库存现金500.00元付给保洁部，建立备用金，编制会计分录如下：

借：其他应收款——备用金(保洁部) 500.00

贷：库存现金 500.00

【例3-8】保洁部持单据到财会部门报销保洁物品费用230.00元，编制会计分录如下：

借：主营业务成本 230.00

贷：库存现金 230.00

第二节 银行存款

一、银行存款的定义

银行存款是企业存放在银行或其他金融机构的货币资金。企业在日常生产经营活动中，经常与外部其他单位发生结算业务，除少量业务按现金管理办法规定可以用库存现金支付外，大部分必须通过银行办理转账结算。银行转账结算是由银行将结算款项从付款单位的银行存款中划拨到收款单位的“银行存款”账户中。银行存款在经济往来中具有同库存现金相同的支付能力，可以用来购买材料物资、支付各项费用、偿还债务等。

在社会经济活动中，银行存款的结算方式有很多种。物业管理企业常采用的结算方式有银行汇票结算方式、银行本票结算方式、商业汇票结算方式、支票结算方式、信用卡结算方式、汇兑结算方式、委托收款结算方式、托收承付结算方式、信用证结算方式等。

二、银行存款的管理

按照国家有关规定，凡是独立核算的企业都应在当地银行开设账户，并遵循银行结算的有关规定，如除按核定的限额保留库存现金外，超过限额的部分必须存入银行；除了在规定的范围内可以使用库存现金收付外，其经营过程中发生的一切货币收支业务，都应通过银行转账结算。

根据《支付结算方法》的规定，物业管理企业通过银行办理支付结算时，应当认真执行国家各项管理办法和结算制度，遵守以下要求：

(1)合法使用银行账户，不得转借其他单位或个人使用；不得用银行账户进行非法活动。

(2)不得签发、取得和转让没有资金保障的票据和远期支票，套取银行信用。

(3)不得签发、取得和转让没有真实交易和债权债务的票据，套取银行和他人资金。

(4)不准无理拒绝付款，任意占用他人资金。

(5)不准违反规定开立和使用账户。

(6)正确、及时登记银行存款日记账，做好与银行的对账工作。

三、银行存款的核算

(一)账户设置

为了记录银行存款的收、付变动和结存情况，需要设置“银行存款”科目，借方登记收入金额，贷方登记付出金额，其借方余额表示银行存款的实存数额。

(二)银行存款的核算

物业管理企业以银行转账的各种方式支付账款或从银行提取现金时，贷记“银行存款”科目，借记对应科目，如“应付账款”“库存现金”等；企业以银行转账的各种方式收取款项或将款项存入银行等金融机构时，借记“银行存款”科目，贷记“库存现金”等其他相应科目。

为了加强对银行存款的管理，及时掌握银行存款收付的动态和结存情况，企业应设置“银行存款日记账”，按照银行存款收付业务的先后顺序逐笔序时登记，每日营业终了应结出余额。

【例3-9】大华物业管理公司用银行存款支付以下款项：

(1)支付前欠光明公司应付账款22 000.00元；

(2)支付代收业主水电费4 600.00元；

(3)以银行存款拨付下属华光小区管理处备用金6 000.00元；

(4)购入一套不需安装调试的保洁设备，支付银行存款120 000.00元。

上述业务编制会计分录如下：

		借方	贷方
(1)借：应付账款		22 000.00	
	贷：银行存款		22 000.00
(2)借：代收款项(代理业务负债)		4 600.00	
	贷：银行存款		4 600.00
(3)借：其他应收款——备用金		6 000.00	
	贷：银行存款		6 000.00
(4)借：固定资产		12 000.00	
	贷：银行存款		120 000.00

【例3-10】大华物业管理公司收到以下款项，存入银行：

(1)收到明远公司交来本月物业管理费2 400.00元；

(2)收到伟业公司前欠物业大修费8 600.00元；

上述业务编制会计分录如下：

(1)借：银行存款　　2 400.00

　　贷：主营业务收入——物业管理收入　　2 400.00

(2)借：银行存款　　8 600.00

　　贷：应收账款——伟业公司　　8 600.00

(三)银行存款记账凭证的填制日期和依据

物业管理企业在不同结算方式下，应根据有关的原始凭证编制银行存款收、付款凭证，并进行相应的账务处理。

1. 采用银行汇票方式

收款单位应当将汇票、解讫通知和进账单送交银行，根据银行退回的进账单和有关的原始凭证编制收款凭证；付款单位应在收到银行签发的银行汇票后，根据“银行汇票申请书(存根)”联编制付款凭证。如有多余款项或因汇票超过付款期等原因退款时，应根据银行的多余款收账通知编制收款凭证。

2. 采用商业汇票方式

采用商业承兑汇票方式时，收款单位将要到期的商业承兑汇票连同填制的邮划或电划委托收款凭证，一并送交银行办理转账，根据银行的收账通知，据以编制收款凭证；付款单位在收到银行付款通知时，据以编制付款凭证。收款单位将未到期的商业汇票向银行申请贴现时，应按规定填制贴现凭证，连同汇票一并送交银行，根据银行的收账通知编制收款凭证。

3. 采用银行本票方式

收款单位按规定受理银行本票后，应将本票连同进账单送交银行办理转账，根据银行盖章退回的进账单第一联和有关原始凭证编制收款凭证；付款单位填送“银行本票申请书”并将款项交存银行，收到银行签发的银行本票后，根据申请书存根联编制付款凭证。企业因银行本票超过付款期限或其他原因要求退款时，在交回本票和填制的进账单经银行审核盖章后，根据进账单第一联编制收款凭证。

4. 采用支票方式

收款单位对于收到的支票，应在收到支票的当日填制进账单，并连同支票送交银行，根据银行盖章退回的进账单第一联和有关的原始凭证编制收款凭证，或根据银行转来由签发人送交银行支票后，经银行审核盖章的进账单回单和有关的原始凭证编制收款凭证；付款单位对于付出的支票，应根据支票存根和有关原始凭证及时编制付款凭证。

5. 采用汇兑结算方式

收款单位对于汇入的款项，应在收到银行的收账通知后，据以编制收款凭证；付款单位对于汇出的款项，应在向银行办理汇款后，根据汇款回单编制付款凭证。

6. 采用委托收款结算方式

收款单位对于托收款项，根据银行的收账通知编制收款凭证；付款单位在收到银行转来的委托收款凭证后，根据委托收款凭证的付款通知和有关的原始凭证编制付款凭证。如在付款期满前提前付款，应于通知银行付款之日，编制付款凭证。如拒绝付款的，不作账务处理。

7. 采用托收承付结算方式

收款单位对于托收款项，根据银行的收账通知和有关的原始凭证编制收款凭证；付款单位对于承付的款项，应于承付时根据托收承付结算凭证的承付支款通知和有关发票账单等原始凭证，据以编制付款凭证。如拒绝付款，属于全部拒付的，不作账务处理；属于部分拒付的，付款部分按上述规定处理，拒付部分不作账务处理。

另外，以库存现金存入银行，根据银行盖章退回的交款回单及时编制现金付款凭证登记“现金日记账”和“银行存款日记账”(不再编制银行存款收款凭证)。从银行提取库存现金，根据支票存根编制银行存款付款凭证登记“银行存款日记账”和“现金日记账”(不再编制现金收款凭证)。发生的存款利息，根据银行通知及时编制收款凭证。

(四)银行存款的清查

为了确保银行存款核算资料的正确、无误，及时校正差错，企业“银行存款日记账”记录应与银行转来的对账单相互核对，每月至少核对一次。企业银行存款日记账上的月末余额若与银行对账单上的月末金额不一致，可能存在两方面的原因：一是双方记录数额可能出现的差错；二是存在未达账项。所谓未达账项，是指对于同一经济业务，由于企业与开户银行的记账时间不同，一方已登记入账，而另一方尚未登记入账的会计事项。具体来说有以下四种情况：

(1)企业已收款入账，银行尚未入账。

(2)企业已付款入账，银行尚未入账。

(3)银行已收款入账，企业尚未入账。

(4)银行已付款入账，企业尚未入账。

以上(1)、(4)两期未达账项会使企业银行存款日记账所记存款余额多于银行对账单所列存款余额；(2)、(3)两项未达账项则会使企业银行存款日记账所记存款余额小于银行对账单所列存款余额。为此，需要编制“银行存款余额的调节表”，以列示并调节企业银行存款日记账与银行存款余额记录上(银行对账单)由于未达账项引起的差异。银行存款余额调节表的计算

公式一般为

企业“银行存款”日记账余额 + 银行已收企业未收款项 - 银行已付企业未付款项
= 银行对账单余额 + 企业已收银行未收款项 - 企业已付银行未付款项

【例3-11】大华物业管理公司2008年6月30日，收到开户银行转来对账单一张，对账单余额为140 000.00元，企业的银行存款日记账所记存款余额为165 000.00元。经核对后，发现有以下未达款项。

(1)企业已经入账而银行尚未入账的事项。

①企业已付银行未付的事项：企业已开出但银行尚未兑付的支票一张，金额为4 000.00元。

②企业已收银行未收的事项：在途存款一笔，金额为8 000.00元。

(2)银行已经入账而企业尚未入账的事项。

①银行已收企业未收的事项：银行收到托收款项一笔，金额为2 000.00元。

②银行已付企业未付的事项：银行划付电话费为8 000.00元，支付手续费为2 000.00元，利息为13 000.00元。

根据上述资料编制银行存款余额调节表，见表3-1。

表3-1 银行存款余额调节表

单位名称：大华物业管理公司　　2008年6月30日　　单位：元

企业银行存款日记账	金　额	银行对账单	金　额
账面余额	165 000.00	对账单余额	140 000.00
加：收到托收的款项	2 000.00	加：在途存款	8 000.00
减：划付电话费	8 000.00	减：未兑付支票	4 000.00
支付手续费	2 000.00		
划付利息	13 000.00		
调节后余额	144 000.00	调节后余额	144 000.00

会计主管：×××　　制表：×××

应当注意，调节账面余额并不是更改账簿记录，对于未达账项，不能根据“银行存款余额调节表”作账务处理，调节表中调节相符合的存款余额说明大华物业管理公司2008年6月30日可以动用的实有银行存款的结存金额。

第三节 其他货币资金

在物业管理公司的经营资金中，有些货币资金的存款地点和用途与库存现金和银行存款不同，这些资金可以统称为“其他货币资金”。

《企业会计制度》中，其他货币资金是指除库存现金、银行存款以外的各种货币资金，主要包括外埠存款、银行汇票存款、银行本票存款、信用卡存款、信用证保证金存款、存出投资款等。

为了记录其他货币资金的开立、支付、结存等情况，与企业的库存现金和银行存款相区别，企业应设置“其他货币资金”科目。“其他货币资金”科目的结构与“银行存款”科目的结构基本相同。企业在“其他货币资金”科目下设置“外埠存款”“银行汇票”“银行本票”“信用卡”“信用证保证金”“存出投资款”等明细科目，并按外埠存款的开户银行，银行汇票或本票、信用证的收款单位等设置明细账。有信用卡业务的企业应当在“信用卡”明细科目中按开出信用卡种类设置明细账。

一、外埠存款

外埠存款是指企业到外地进行临时或零星采购时，汇往采购地银行开立采购专户的款项。企业将款项委托当地银行汇往采购地开立专户时，借记“其他货币资金”科目，贷记“银行存款”科目。收到供应单位的发票账单时，借记“材料采购”或“原材料”“库存商品”“应交税费——应交增值税(进项税额)”等科目，贷记“其他货币资金”科目。将多余的外埠存款转回当地银行时，根据银行的收账通知，借记“银行存款”科目，贷记“其他货币资金”科目。为简化会计核算，以下例题暂不考虑购销过程中增值税问题。

【**例 3-12**】大华物业管理公司发生的如下经济业务：

(1)委托当地开户银行汇款 80 000.00 元给采购地银行开立专户；

(2)企业收到外地采购员交来的供应单位发票等报销凭证 75 500.00 元；

(3)采购员完成了采购任务，将多余的外埠存款转回当地银行。

上述业务编制会计分录如下：

(1)借：其他货币资金——外埠存款　　80 000.00

　　贷：银行存款　　80 000.00

(2)借：材料采购　　75 500.00

　　贷：其他货币资金——外埠存款　　75 500.00

(3)借：银行存款　　4 500.00

　　贷：其他货币资金——外埠存款　　4 500.00

二、银行汇票存款

银行汇票存款是指企业为取得银行汇票按规定存入银行的款项。企业在填送“银行汇票申请书”并将款项交存银行，取得银行汇票后，根据银行盖章退回的申请书存根联，借记“其他货币资金”科目，贷记“银行存款”科目。企业使用银行汇票后，根据发票账单等有关凭证，借记“材料采购”或“原材料”“库存商品”“应交税费——应交增值税(进项税额)等科目，贷记“其他货币资金”科目；如有多余款，借记“银行存款”科目，贷记“其他货币资金”科目。

【例 3-13】大华物业管理公司发生如下经济业务，分别进行会计处理：

(1)要求银行办理银行汇票 18 000.00 元，企业填送银行汇票委托书将 18 000.00 元交存银行，编制会计分录如下：

借：其他货币资金——银行汇票存款　　18 000.00

　　贷：银行存款　　18 000.00

(2)企业使用银行汇票后，应根据发票账单及开户行转来的银行汇票第四联等凭证 17 600.00 元，编制会计分录如下：

借：材料采购　　17 600.00

　　贷：其他货币资金——银行汇票存款　　17 600.00

(3)银行汇票使用完毕，应转销“其他货币资金——银行汇票存款”科目余额 400.00 元，编制会计分录如下：

借：银行存款　　400.00

　　贷：其他货币资金——银行汇票存款　　400.00

三、银行本票存款

银行本票存款是指企业为取得银行本票按规定存入银行的款项，企业向银行提交“银行本票申请书”并将款项交存银行，取得银行本票后，根据银行盖章退回的申请书存根联，借记“其他货币资金”科目，贷记“银行存款”科目。企业使用银行本票后，根据发票账单等有关凭证，借记“材料采购”或“原材料”“库存商品”“应交税费——应交增值税(进项税额)”等科目，贷记“其他货币资金”科目。因本票超过付款期等原因而要求退款时，应当填制进账单一式两联，连同本票一并送交银行，根据银行盖章退回的进账单第一联，借记“银行存款”科目，贷记“其他货币资金”科目。

【例3-14】大华物业管理公司申请办理银行本票20 000.00元。

(1)在企业向银行提交“银行本票申请书”并将款项交存银行，取得银行本票时，应根据银行盖章退回的申请书存根联，编制会计分录如下：

借：其他货币资金——银行本票存款　　20 000.00

　贷：银行存款　　20 000.00

(2)企业使用银行本票后，应根据发票账单等有关凭证，编制会计分录如下：

借：材料采购(或有关科目)　　20 000.00

　贷：其他货币资金——银行本票存款　　20 000.00

(3)如企业因本票超过付款期等原因未曾使用而要求银行退款时，应填制进账单一式两联，连同本票一并交送银行，然后，根据银行收回本票时盖章退回的一联进账单，编制会计分录如下：

借：银行存款　　20 000.00

　贷：其他货币资金——银行本票存款　　20 000.00

四、信用证保证金存款

信用证保证金存款是指企业为取得信用证按规定存入银行的保证金。企业向银行申请开立信用证，应按规定向银行提交开证申请书、信用证申请人承诺书和购销合同。企业向银行交纳保证金，根据银行退回的进账单第一联，借记“其他货币资金”科目，贷记“银行存款”科目。根据开证银行交来的信用证通知书及有关单据列明的金额，借记“材料采购”或“原材料”“库存商品”“应交税费——应交增值税(进项税额)”等科目，贷记“其他货币资金”科目和“银行存款”科目。

【例3-15】大华物业管理公司发生以下业务，分别进行会计处理：

(1)企业要求银行对境外供货单位开出信用证25 000.00元，根据开户银行盖章退回的由企业提交的“信用证委托书”回单，编制会计分录如下：

借：其他货币资金——信用证存款　　25 000.00

　贷：银行存款　　25 000.00

(2)企业收取境外供货单位信用证结算凭证及所附发票单金额为24 000.00元，经核对无误后，编制会计分录如下：

借：材料采购　　24 000.00

贷：其他货币资金——信用证存款 24 000.00

(3)企业未用完的信用证保证金余额1 000.00元，转回开户银行，编制会计分录如下：

借：银行存款 1 000.00

贷：其他货币资金——信用证存款 1 000.00

五、信用卡存款

信用卡存款是指企业为取得信用卡按照规定存入银行的款项。企业应按规定填制申请表，连同支票和有关资料一并送交发卡银行，根据银行盖章退回的进账单第一联，借记“其他货币资金”科目，贷记“银行存款”科目。企业用信用卡购物或支付有关费用，借记有关科目，贷记“其他货币资金”科目。企业信用卡在使用过程中，需要向其账户续存资金的，借记“其他货币资金”科目，贷记“银行存款”科目。

【例3-16】大华物业管理公司向开户银行申请领用信用卡。

(1)按规定填制申请表，连同支票和有关资料一并送交发卡银行。经银行审查符合条件，并要求企业交存备用金30 000.00元，银行为申领人开立信用卡存款账户，发给信用卡。企业根据银行盖章退回的交存备用金的进账单，编制会计分录如下：

借：其他货币资金——信用卡存款 30 000.00

贷：银行存款 30 000.00

(2)企业收到开户银行转来的信用卡存款的付款凭证及所附发票账单5 000.00元，经核对无误后，编制会计分录如下：

借：管理费用——业务招待费 5 000.00

贷：其他货币资金——信用卡存款 5 000.00

(3)企业信用卡在使用过程中，其账户续存资金10 000.00元，编制会计分录如下：

借：其他货币资金——信用卡存款 10 000.00

贷：银行存款 10 000.00

(4)企业持卡人如不需要继续使用信用卡时，应持信用卡主动到发卡银行办理销户。销户时，单位卡账户余额转入基本存款账户，不得提取库存现金，编制会计分录如下：

借：银行存款 35 000.00

贷：其他货币资金——信用卡存款 35 000.00

六、存出投资款

存出投资款是指企业已存入证券公司但尚未进行短期投资的现金。企业向证券公司划出资金时，应按实际划出的金额，借记“其他货币资金”科目，贷记“银行存款”科目；购买股票、债券等时，按实际发生的金额，借记“短期投资”科目，贷记“其他货币资金”科目。

【例3-17】某企业向某证券公司划款40 000.00元，编制会计分录如下：

借：其他货币资金——存出投资款　　40 000.00

　贷：银行存款　　40 000.00

七、其他货币资金的结转

企业应加强其他货币资金的管理，及时办理结算，对于逾期尚未办理结算的银行汇票、银行本票等，应按规定及时转回，借记“银行存款”科目，贷记“其他货币资金”科目。

第四节　应收票据及其贴现

应收及预付款项是指企业在生产经营活动中因商品、产品已经交付或劳务已经提供或因购买货物而预先支付供货单位货款，从而取得的向其他单位或个人索取货款及劳务补偿的要求权。这种要求权产生于企业的经营活动或非经营活动，包括应收账款、预付账款、应收票据和其他应收款项。其中，应收账款、应收票据和预付账款产生于企业的购销活动，其他应收款项产生于企业的非购销活动。

一、应收票据的含义和种类

（一）应收票据的定义

应收票据是指企业持有的、尚未到期兑现的商业票据。商业票据是一种载有一定付款日期、付款地点、付款金额和付款人的无条件支付的流通证券，也是一种可以由持票人自由转让给他人的债权凭证。我国的商业票据，有可背书转让票据和不可背书转让票据两种。会计上作为应收票据处理的是指企业采用商业汇票结算方式销售商品、产品而收到的商业汇票。商业汇票是指由收款人或付款人(或承兑申请人)签发，由承兑人承兑，并于到期日向收款人或被背书人支付款项的票据。它是交易双方以商品购销业务为基础而使用的一种信用凭证。

商业汇票按承兑人的不同，分为商业承兑汇票和银行承兑汇票。商业承兑汇票是由收款人签发，经付款人承兑，或由付款人签发并承兑的票据。银行承兑汇票是由收款人或承兑申请人签发，并由承兑申请人向银行申请，经由银行审查同意承兑的票据。

(二)应收票据的分类

应收票据按一年期为限来划分，可以分为短期应收票据和长期应收票据。

应收票据按是否计息来划分，可以分为带息票据和不带息票据。其中带息票据是指注明利率及付息日期的票据；不带息票据是指票据到期时按面额支付，票据上无利息的规定。

二、应收票据的贴现

企业持有的应收票据在到期前，如果出现资金短缺，可以持未到期的银行承兑汇票向其开户银行申请贴现，以便获得所需要的资金。“贴现”是指票据持有人将未到期的票据在背书后送交银行，银行受理后从票据到期值中扣除按银行贴现率计算确定的贴息，然后将余额付给持票人，作为银行对企业的短期贷款。

票据贴现实质上是企业融通资金的一种形式，银行要按照一定的利率从票据价值中扣除自借款日起至票据到期日止(贴现期)的贴现利息。背书的应收票据是此项借款的担保品。贴现息和贴现净额的计算公式为

$$不带息票据的到期价值=票据面值$$

$$带息票据到期价值=票据面值\times(1+票面利率\times期限)$$

$$贴现息=票据到期价值\times贴现率\times贴现期$$

$$贴现净额=票据到期价值-贴现息$$

式中“期限”是签发日至到期日的时间间隔，可以按月表示，也可以按日表示。如果票据按月表示，应以到期月份中与出票日相同的那一天作为到期日，而且不考虑月份的大小。如果票据按日表示，应从出票日起按实际经历的天数计算，而且出票日和到期日，只能计算其中的一天。在实务中一般按实际天数计算。

应收票据的贴现，一般有两种情况，一种带追索权，一种不带追索权。

带追索权的票据贴现，贴现企业因背书在法律上负连带责任；不带追索权的票据贴现，企业将应收票据的风险和未来的经济利益全部转让给银行。如果贴现的是银行承兑汇票，当出票人不按期付款时，贴现银行不可向背书企业索赔。如果贴现的是商业承兑汇票，则当出票人不按期付款时，贴现银行可向背书企业索赔。这就是说，如果票据到期，承兑人的银行存款账户余额不足以偿付到期票据款额时，贴现银行一般不承担向主债务人的追索责任，而是将票据退还给贴现企业，并索取票据的完整到期值。贴现企业的这种连带偿还责任，在贴现时表现为一种潜在负债，会计上称之为"或有负债"。资产负债表上，通常只在资产方列示实存的应收票据，对于或有负债则在补充资料中以商业承兑汇票贴现数额标注。

三、应收票据的核算

(一)账户设置

为了记录商业汇票等应收票据业务的进行情况，企业应设置"应收票据"科目，科目的借方登记应收票据的增加金额，贷方登记应收票据的减少金额，期末借方余额反映企业持有的商业汇票的票面价值和应计利息。

同时，为了加强对应收票据的管理，企业应当设置"应收票据备查簿"，逐笔登记每一应收票据的种类、号数和出票日期、票面金额、票面利率、交易合同号和付款人、承兑人、背书人的姓名和单位名称、到期日、背书转让日、贴现日期、贴现率和贴现净额、未计提的利息，以及收款日期和收回金额、退票情况等资料，应收票据到期结清票款或退票后，应当在应收票据备查簿内逐笔注销。

(二)应收票据取得与收回的账务处理

1. 不带息应收票据

不带息应收票据的到期价值等于应收票据的面值。

【例 3-18】大华物业管理公司发生以下业务，分别作相应的会计处理。

(1)向新兴公司提供物业管理及服务，应收取物业管理费 8 000.00 元，新兴公司开出 3 个月商业承兑汇票一张，编制会计分录如下：

借：应收票据　　8 000.00
　贷：主营业务收入　　8 000.00

(2)3 个月后，应收票据到期收回款项，存入银行，编制会计分录如下：

借：银行存款　　8 000.00
　贷：应收票据　　8 000.00

(3)如果3个月后，新兴公司未能偿还票款，则应将到期票据的票面金额转入“应收账款”账户，编制会计分录如下：

借：应收账款 8 000.00

  贷：应收票据 8 000.00

2. 带息应收票据

(1)带息应收票据利息计算。

对于带息应收票据到期，应当计算票据利息。其计算公式为：

应收票据利息 = 应收票据票面金额 × 利率 × 期限

上式中，利率一般以年利率表示；期限则用月或日表示，在实际业务中，为了计算方便，常把一年定为360天。如果期限以日表示，则计算利息时必须采用精确的日数；如果应收票据到期日按月计算，应以出票日为某月的到期日。

【例3-19】一张应收票据面值为10 000.00元，利率为9%，80天到期，票据的出票日为8月1日，它的到期日应为10月20日，其计算方法为

应收票据利息 = 10 000.00 × 9% × 80/360 = 200.00(元)

若一张应收票据的面额为100 000.00元，利率为9%，出票日为5月6日，3个月到期，则到期日应为8月6日，应收利息为2 250.00元，即

应收票据利息 = 100 000.00 × 9% × 3/12 = 2 250.00(元)

(2)账务处理对于带息票据，应按票面金额登记“应收票据”科目，带息票据到期时收到的利息，冲减账务费用。

【例3-20】大华物业管理公司向华远房地产开发公司提供物业管理劳务，应收款项合计为60 000.00元，收到一张6个月到期，年利率为10%，票面金额为60 000.00元的商业承兑汇票，编制会计分录如下：

借：应收票据 60 000.00

  贷：主营业务收入 60 000.00

6个月后，应收票据到期，收回票据本金和利息，存入银行。

应收票据利息 = 60 000.00 × 10% × 6/12 = 3 000.00(元)

借：银行存款 63 000.00

  贷：应收票据 60 000.00

    财务费用 3 000.00

(三)应收票据贴现的核算

应收票据的贴现要计算贴现息和贴现净额(或称贴现实收金额)，并据以登记有关科目。

贴现息 = 票据到期值 × 贴现率 × 贴现期

贴现净额 = 票据到期值 - 贴现息

【例 3-21】大华物业管理公司发生以下经济业务，分别进行会计处理。

(1)2006 年 3 月 1 日取得面值为 10 000.00 元、3 个月到期的不带息应收票据，当年 4 月 1 日即票据到期前两个月，该公司持该票据向银行贴现，贴现率为 12%。该票据的到期值、贴现息和贴现净额计算过程为

票据到期值 = 票据面值 = 10 000.00(元)

贴现息 = 10 000.00 × 12% × 2/12 = 200.00(元)

贴现净额 = 10 000.00 - 200.00 = 9 800.00(元)

根据上述计算结果，编制会计分录如下：

借：银行存款　　9 800.00
　　财务费用　　200.00
　贷：应收票据　　10 000.00

(2)如果企业贴现的票据为带息票据，贴现息要按票据到期时的本利之和计算，贴现净额应从本利之和中扣除贴现息。假设上例中贴现的票据为带息票据，年利率为 10%，其他条件不变，则该票据的到期值、贴现息和贴现净额计算过程为

票据到期值 = 10 000.00 × (1 + 10% × 3/12) = 10 250.00(元)

贴现息 = 10 250.00 × 12% × 2/12 = 205.00(元)

贴现净额 = 10 250.00 - 205.00 = 10 045.00(元)

根据上述计算结果，编制会计分录如下：

借：银行存款　　10 045.00
　贷：应收票据　　10 000.00
　　　财务费用　　45.00

第五节 应收及预付款项

一、应收及预付款项概述

物业管理企业在经营服务过程中，由于管理、对外提供劳务和发生暂付款项等业务，从而与其他单位和个人之间形成应收及预付款项。具体说来，应收账款是指物业管理企业因经营、管理、提供服务或提供劳务等原因，应向业主、物业使用人或接受劳务的客户收取的款项或代垫的运杂费。预付账款，是指物业管理企业按照合同规定，预付给供应单位的货款。物业管理企

业的预付账款同应收账款的性质是相同的，会计上可将预付账款与应收账款同样核算。其他应收款核算企业除应收票据、应收账款、预付账款等以外的其他各种应收、暂付款项。

二、应收、预付账款的核算

（一）账户设置

为了反映和监督应收账款的增减结存情况，物业管理企业应设置“应收账款”科目。预付货款业务不多的物业管理公司可通过“应收账款”账户核算预付账款；预付货款业务较多的公司，可单独设置“预付账款”账户核算，它们属于资产类结算账户，借方登记应收及预付账款增加数；贷方登记应收及预付账款的减少数；借方余额表示尚未收到的应收款项及尚未冲销的预付账款。

（二）应收及预付账款的核算

《企业会计制度》第三章规定：“应收及预付款项应当按实际发生额记账”。企业发生应收账款时，按应收金额，借记“应收账款”科目，按实现的营业收入，贷记“主营业务收入”等科目。收回应收账款时，借记“银行存款”等科目，贷记“应收账款”科目。如果企业应收账款改用商业汇票结算，在收到承兑的商业汇票时，按票面价值，借记“应收票据”科目，贷记“应收账款”科目。

企业因购货预付款项时借记“预付账款”科目，贷记“银行存款”科目，收到所购物资时，根据发票账单等列明应计入购入物资成本的金额，借记“材料采购”或“原材料”“库存商品”等科目，按专用发票上注明的增值税额，借记“应交税费——应交增值税（进项税额）”科目，按应付金额，贷记“预付账款”科目。补付的款项，借记“预付账款”科目，贷记“银行存款”科目；退回多付的款项时，借记“银行存款”科目，贷记“预付账款”科目。

【例 3-22】大华物业管理公司对阳光广场提供物业经营服务，应收取服务费 30 000. 00 元，尚未到账，编制会计分录如下：

借：应收账款——阳光广场　　30 000. 00

　贷：主营业务收入——物业经营收入　　30 000. 00

几日后，收到阳光广场交来物业服务费 30 000. 00 元，存入银行，编制会计分录如下：

借：银行存款　　30 000. 00

　贷：应收账款——阳光广场　　30 000. 00

【例 3-23】大华物业管理公司订购维修材料，预付款 10 000. 00 元；收到材料和专用发票时，全部货款为 20 000. 00 元，增值税额为 3 400. 00 元，应补付 13 400. 00 元。

(1)预付给某供货方材料款 10 000. 00 元，编制会计分录如下：

借：预付账款　　10 000. 00

　贷：银行存款　　10 000. 00

(2)收到材料及发票后，编制会计分录如下：

借：材料采购　　20 000. 00

　　应交税费——应交增值税(进项税额)　　3 400. 00

　贷：预付账款　　23 400. 00

(3)补付货款 13 400. 00 元，编制会计分录如下：

借：预付账款　　13 400. 00

　贷：银行存款　　13 400. 00

如果上例中收到材料和专用发票，全部货款为 8 000. 00 元，增值税为 1 360. 00元，应退回货款 640. 00 元，编制会计分录如下：

借：材料采购　　8 000. 00

　　应交税费——应交增值税(进项税额)　　1 360. 00

　贷：预付账款　　9 360. 00

退回多付的货款，编制会计分录如下：

借：银行存款　　640. 00

　贷：预付账款　　640. 00

三、其他应收款的核算

(一)账户设置

物业管理企业设置“其他应收款”账户，用来核算应收的各种赔款、罚款；存出保证金；职工预借差旅费；应向职工收取的各种垫付款项等除应收票据、应收账款、预付账款等以外的其他各种应收、暂付款项。

(二)其他应收款的核算

“其他应收款”属于资产类账户，企业发生其他各种应收款项时，借记“其他应收款”科目，贷记有关科目；收回各种款项时，借记有关科目，贷记“其他应收款”科目。“其他应收款”科目期末借方余额，反映企业尚未收回的其他应收款。

【例 3-24】大华物业管理公司发生如下经济业务：

(1)行政部门采购员张伟出差预借差旅费5 000.00元，以现金支付，编制会计分录如下：

借：其他应收款——张伟 5 000.00

贷：库存现金 5 000.00

(2)采购员张伟出差归来报销差旅费4 850.00元，并退回多余现金，编制会计分录如下：

借：管理费用 4 850.00

库存现金 150.00

贷：其他应收款——张伟 5 000.00

如果张伟报销差旅费5 400.00元，编制会计分录如下：

借：管理费用 5 400.00

贷：其他应收款 5 000.00

库存现金 400.00

(3)一台机器设备发生非正常报废，根据保险协议，应向保险公司收取赔偿款3 000.00元，编制会计分录如下：

借：其他应收款——保险公司 3 000.00

贷：固定资产清理 3 000.00

收到上述赔款时，编制会计分录如下：

借：银行存款 3 000.00

贷：其他应收款——保险公司 3 000.00

四、坏账损失的核算

坏账是指企业无法收回的应收账款。由于发生坏账而产生的损失，称为坏账损失。

(一)坏账的确认条件

一般情况下，企业的应收账款符合下列条件之一的，应确认为坏账：

(1)债务人被依法宣告破产、撤销，其剩余财产确实不足清偿的应收账款。

(2)债务人死亡或依法被宣告死亡、失踪，其财产或遗产确实不足清偿的应收账款。

(3)债务人遭受重大自然灾害或意外事故，损失巨大，以其财产(包括保险赔款等)确实无法清偿的应收账款。

(4)债务人逾期未履行偿债义务，经法院裁决，确实无法清偿的应收账款。

(5)逾期3年以上仍未收回的应收账款。

(6)经国家税务总局批准核销的应收账款。

对于已经确认为坏账的应收账款，并不意味着企业完全放弃追索权，一旦重新收回，应及时入账处理。

(二)坏账核算的方法及账户设置

《企业会计制度》第三章明确规定："企业只能采用备抵法核算坏账损失"。所谓备抵法是指企业应按期估计坏账损失，记入坏账准备，当某一应收账款发生坏账损失时，应根据其金额冲减坏账准备，同时转销相应的应收账款金额。

采用备抵法时，应设置"坏账准备"科目。"坏账准备"科目是"应收账款"科目的备抵科目，"应收账款"科目的账面余额减"坏账准备"科目的贷方余额表示应收账款的净值。"坏账准备"科目的贷方记录计提的坏账准备和已作为坏账损失处理又收回的应收账款；借方记录发生的坏账损失；贷方余额表示估计的坏账损失的金额。

1. 坏账估计的方法

采用备抵法时，应按期估计坏账损失。估计的方法有应收账款余额百分比法、账龄分析法和销货百分比法三种。

(1)应收账款余额百分比法。这种方法是根据会计期末应收账款余额乘以估计坏账率计算应计提的坏账准备。应收账款余额可根据各明细账余额分析计算确定，估计坏账率可以按照以往的数据资料确定，也可以根据规定的百分率计算。如某企业确定坏账准备按应收账款余额的10%提取，若当年"应收账款"科目借方余额为200 000.00元，则按10%计算的年末坏账准备应为20 000.00元。

(2)账龄分析法。这种方法是根据每笔应收账款账龄的长短，来估计坏账损失，计提坏账准备。账龄是指客户所欠账款超过结算期的时间。一般来说，账龄越长，账款不能收回的可能性也就越大，因此，计提坏账准备额的比例值也就越高。

(3)销货百分比法。这种方法按赊销金额的一定百分比计算应计提坏账准备的数额。百分比一般根据以往的经验，按赊销金额中平均发生坏账损失的比例加以计算确定。如某企业确定按赊销额的10%计提坏账准备，若本月赊销额为100 000.00元，则期末坏账准备数额应为10 000.00元。

2. 坏账准备的计提方法与账务处理

坏账准备的计提(即坏账损失的估计)分首次计提和以后年度计提两种

情况。首次计提坏账准备时，坏账准备提取数 = 应收账款年末余额 × 计提比例。以后年度计提坏账准备时，可分以下情况来掌握：当期按应收款项计算应提坏账准备金额大于“坏账准备”科目的贷方余额，应按其差额提取坏账准备；如果当期按应收款项计算应提取坏账准备金额小于“坏账准备”科目的贷方余额，应按其差额冲减已计提的坏账准备；如果当期按应收款项计算应提坏账准备金额为零，应将“坏账准备”科目的余额的全部冲回。

【例 3-25】大华物业管理公司采用应收账款余额百分比法计提坏账准备，2006 年年末应收账款余额为 150 000. 00 元，坏账准备的计提比例为 5%；2007 年 7 月实际发生坏账损失为 6 000. 00 元；年末应收账款余额为 120 000. 00元；2008 年 2 月，上年确认的坏账损失又收回；当年年末应收账款余额为 100 000. 00 元。会计处理过程如下：

(1)2006 年年末，坏账准备提取数 = 150 000. 00 × 5% = 7 500. 00(元)。

借：管理费用　　7 500. 00
　贷：坏账准备　　7 500. 00

(2)2007 年 7 月，实际发生坏账为 6 000. 00 元。

借：坏账准备　　6 000. 00
　贷：应收账款　　6 000. 00

(3)2007 年年末，应提取坏账准备数 = 120 000. 00 × 5% − 1 500. 00 = 4 500. 00(元)。

借：管理费用　　4 500. 00
　贷：坏账准备　　4 500. 00

(4)2008 年 2 月，上年确认坏账损失为 6 000. 00 元，收回。

借：应收账款　　6 000. 00
　贷：坏账准备　　6 000. 00
借：银行存款　　6 000. 00
　贷：应收账款　　6 000. 00

年末计提前“坏账准备”账户贷方余额 = 6 000. 00 + 6 000. 00 = 12 000. 00(元)

年末坏账准备提取数 = 100 000. 00 × 5% − 12 000. 00 = − 7 000. 00(元)

2008 年年末，提取坏账准备。

借：坏账准备　　7 000. 00
　贷：管理费用　　7 000. 00

冲减 7 000. 00 元坏账准备后，“坏账准备”账户贷方余额为 5 000. 00 元。

(5)如果2008年2月上年确认的坏账损失未收回，当年年末应收账款余额为120 000.00元。

年末坏账准备提取数 = 120 000.00 × 5% − 6 000.00 = 0(元)

不需做任何会计处理，年末“坏账准备”贷方余额仍为6 000.00元。

总之，在采用年末金额百分比法的情况下，始终要掌握这样一个原则，即当年坏账准备计提后，一定要保持“坏账准备贷方余额 = 年末应收账款余额 × 计提比例”这一等式成立。

(三)坏账准备管理的有关规定

(1)除有确凿证据表明该项应收款项不能收回，或收回的可能性不大外(如债务单位撤销、破产、资不抵债、现金流量严重不足、发生严重的自然灾害等导致停产而在短时间内无法偿付债务等，以及应收款项逾期3年以上)，下列各种情况一般不能全额计提坏账准备：

①当年发生的应收款项；

②计划对应收款项进行重组；

③与关联方发生的应收款项；

④其他已逾期，但无确凿证据证明不能够收回的应收款项。

(2)企业持有的未到期应收票据，如有确凿证据证明不能够收回或收回的可能性不大时，应将其账面余额转入应收账款，并计提相应的坏账准备。

(3)企业的预付账款如有确凿证据表明其不符合预付账款性质，或者因供货单位破产、撤销等原因已无望再收到所购货物的，应将原计入预付账款的金额转入其他应收款项，并计提相应的坏账准备。

(4)企业对于不能收回的应收款项应当查明原因，追究责任。对有确凿证据表明确实无法收回的应收款项，如债务单位已撤销、破产、资不抵债、现金流量严重不足等，根据企业管理权限，经股东大会或董事会，或经理(厂长)办公会或类似机构批准，作为坏账损失冲销提取的坏账准备。

➢ 思考与练习

1. 什么是未达账项？简述未达账项产生的具体情况。

2. 什么是应收及预付款项？简述其会计核算方法。

3. 什么是应收票据？简述带息应收票据和不带息应收票据的会计处理方法。

4. 简述应收票据贴现及具体方法。

5. 什么是坏账？简述坏账损失的会计处理方法。

6. 某企业银行存款日记账月末余额387 600元，银行对账单余额488 550元。经核对发现下列未达账项：

(1)企业存入转账支票 13 000 元，银行尚未入账；

(2)企业购买材料开出转账支票 13 700 元，银行尚未入账；

(3)银行已入账、企业未入账的托收款 99 900 元；

(4)银行已入账，企业未入账的银行存款利息 350 元。

要求：编制银行存款余额调节表，参考格式如下：

银行存款余额调节表

2009 年 6 月 30 日　　　　单位：元

项目	余额	项目	余额
企业银行存款日记账		银行对账单	
调整后		调整后	

7. 大华物业管理公司向兴华公司提供物业服务，3 月 1 日收到兴华公司开出应收票据一张，面值为 50 000 元，期限为 6 个月，票面利率为 6%，5 月 1 日申请贴现，银行贴现率为 9%。

要求：计算票据到期值并编制会计分录。

8. 大华物业管理公司 2009 年 5 月发生如下经济业务：

(1) 5 月 1 日，从银行提取现金 8 000 元，作为日常支出备用。

(2) 5 月 2 日，以库存现金 800 元，支付给维修组作为备用金。

(3) 5 月 4 日，职工王刚预借差旅费现金 4 000 元，6 日到公司报销差旅费 4 300 元。

(4) 5 月 8 日，收到兴华公司交来的物业管理费 50 000 元，存入银行。

(5) 5 月 9 日，以银行存款支付前欠远达公司货款 12 000 元。

(6) 5 月 13 日，收到远华公司以商业承兑汇票支付的物业服务费 43 000 元。

(7) 5 月 14 日，向宏远公司提供物业服务价值 15 000 元，物业管理费尚未收到。

(8) 5 月 18 日，收到远大公司发来的卫生洁具价值 28 000 元，已预付购货款 14 000 元，验收入库并以银行存款支付其余货款。

要求：根据上述资料编制会计分录。

第四章

存　货

第一节　存货的分类和计价

存货是指物业管理企业在日常活动中持有以备出售的产成品或商品、处在生产过程中的在产品、在生产过程中或提供劳务过程中耗用的材料或物料等，包括各类材料、库存商品、低值易耗品、修理用备品备件、物料用品等。《企业会计准则第1号——存货》对企业存货的确认给出了如下条件：①该存货包含的经济利益很可能流入企业；②该存货的成本能够可靠地计量。存货通常在一年或超过一年的一个营业周期内被消耗或经出售转换为货币资金或应收账款等，具有明显的流动性，属于物业管理企业的流动资产。

存货在流动资产中一般占有较大比重，是保证物业管理企业经济活动顺利进行的物质条件，是流动资产的重要组成部分。管理好企业的存货，既能保证经营活动的物质需要，又能节约使用资金。企业管理人员应以尽可能低的存货占用，维持企业高效和连续经营的需要，提高资金的利用效果。因此，物业管理企业必须注意存货的保管、维护和安全，加强对存货的日常收入、发出和结存的管理，既要保证企业存货的合理储备，又应避免因存货不足而影响物业管理企业经营运转和因存货量过大造成积压而引起资金周转困难。同时，存货价值与数量核算的正确与否，对于加强资产的核算和管理，正确确定和计算资产的价值也具有十分重要的意义。

一、存货的分类

存货的构成较为复杂，而不同存货的具体特点和管理要求各不相同。物业管理企业的存货一般包括下列几类有形资产：①在正常经营过程中存置以便出售的存货；②为了出售而处在生产过程中的存货；③为生产供销售的商品或提供劳务以备消耗的存货。在这些有形资产中，凡在盘存的日期内，所有权归属物业管理企业的存货，不论存放于何处，均为企业的存货。反之，已出让所有权的存货，虽存放于本企业，也不能作为企业的存货处理。为了正确地进行存货的核算，在划定存货界限后，就应对属于物业管理企业的存货进行合理的分类。

（一）按照经济用途分类

按其经济用途的不同，物业管理企业的存货可以分为原材料、燃料、周转材料、物料用品和库存商品几大类。

1. 原材料

原材料是物业管理企业完成其经营服务业务的主体物质资料之一，是指公司库存和在途的、构成其经营服务业务成本的各种原料和材料，包括钢材、木材、水泥、石灰、砖、沙、五金材料、电器材料、涂料等装修房屋所使用的备料、备品和备件。

2. 燃料

燃料是指物业管理企业库存和在途的各种燃料，如生产加工、取暖等过程中所耗用的固体燃料（如煤、炭）和液体燃料、石油液化气及石油制品、天然气等。

3. 周转材料

周转材料是指各类未能达到固定资产标准的各种物品等的劳动资料，如管理用具、各种工具及经营过程中周转使用的包装容器等。

4. 物料用品

物料用品是指物业管理企业在途和库存的各类除原材料、燃料及价值低于周转材料等的其他用品，包括日常用品、劳动保护用品、办公用品及日常维修所用材料等。

5. 库存商品

库存商品是指物业管理企业在途和库存的各种商品，包括为房屋业主代装的防盗门、晒衣架、浴缸、抽水马桶等商品及物品。

（二）按照存货的存放地点分类

按其存放地点的不同，物业管理企业的存货可以分为库存存货、在途存货及加工中存货。

1. 库存存货

库存存货是指已运达物业管理企业，并经验收无误入库的存货。

2. 在途存货

在途存货是指已支付货款，正在运输途中或已到货但未经验收入库的各种存货。

3. 加工中存货

加工中存货是指物业管理企业委托外单位加工的各种存货。

(三)按照存货的来源分类

按其存货来源的不同，物业管理企业的存货分为物业管理企业购入的存货、委托外单位加工中的存货、接受投资得到的存货及盘盈存货等。

二、存货的计价

存货的计价是指对收入存货、发出存货及期末存货价值的确定。

(一)存货取得的计价

存货取得时，应当按照实际成本进行初始计量。物业管理企业存货实际成本的构成按照取得方式的不同，包括采购成本、加工成本和其他成本。

1. 外购存货

在实际工作中，影响外购存货入账价值的因素有：买价及物业管理企业应负担的各项运杂费、途中合理损耗、入库前的加工挑选整理费和按规定应计入成本的税金等其他费用。其实际成本构成如下：

(1)买价。买价是指购入存货发票账单上所列的款项。

(2)运杂费。运杂费是指存货自供方发出至到达购方仓库之间所发生的运输费、装卸费、保险费、包装费及仓储费等各项费用。

(3)税金及外汇价差。存货采购过程中，物业管理企业应在流转环节缴纳税金，包括增值税、进口关税和进口货物应负担的外汇价差等。

(4)入库前的加工、挑选整理费。此项费用主要包括存货挑选整理过程中发生的人工费用、其他费用支出和必要的损耗。但应注意，此处应扣除回收的下角料及废料的价值。

(5)采购保管费。此项费用是物业管理企业的材料物资供应部门和仓库在组织材料物资采购、供应、保管及收发过程中发生的各项费用。

以上所列各项目中，凡可以直接计入存货采购成本的，应直接计入采购成本；不能直接计入存货采购成本的，应按照一定的分配标准，如重量或采购价格的比例等分配计入存货的采购成本。

存货采购过程中发生的短缺、毁损等，应根据不同的情况进行相应的会计处理：①运输途中的合理损耗作为存货的“其他可归属于存货采购成本的费用”计入采购成本；②可以用从供货方、运输部门、保险公司等收回的物资短缺或其他赔款，直接冲减存货的采购成本；③因意外灾害发生的损失及待查明原因的途中损耗，应先作为“待处理财产损溢”，查明原因后再做处理，不得直接增加采购成本。

2. 委托外单位加工完成的存货

委托外单位加工完成的存货的实际成本，包括加工过程中实际耗用的原材料或半成品、加工费和运输费、装卸费、保险费及按规定应计入成本的税金等。

3. 盘盈的存货

物业管理企业在存货盘点过程中出现盘盈时，盘盈存货的计价应按照相同或同类存货的实际成本计价。

4. 投资者投入存货的成本

物业管理企业接受投资人投入的存货时，应按照投资合同或协议约定的价值确定存货成本。但投资合同或协议约定价值不公允的除外。

5. 企业接受的债务人以非现金资产抵偿债务方式取得的存货的成本

企业接受的债务人以非现金资产抵偿债务方式取得的存货的成本，按其公允价值确定。

6. 以非货币性资产交换换入存货的成本

非货币性资产，是指除货币性资产以外的资产。非货币性资产交换，是指交易双方主要以存货、固定资产、无形资产和长期股权投资等非货币性资产进行的交换。该交换不涉及或只涉及少量的货币性资产(即补价)。货币性资产，是指企业持有的货币资金和将以固定或可确定的金额收取的资产，包括现金、银行存款、应收账款和应收票据以及准备持有至到期的债券投资等。

以非货币性资产交换换入存货的成本，按下列规定确定：

(1)非货币性资产交换同时满足该项交换具有商业实质及换入资产或换出资产的公允价值能够可靠地计量两项条件的，应当以公允价值和应支付的相关税费作为换入资产的成本，公允价值与换出资产账面价值的差额计入当期损益。

换入资产和换出资产公允价值均能够可靠计量的，应当以换出资产的公允价值作为确定换入资产成本的基础，但有确凿证据表明换入资产的公允价值更加可靠的除外。

在涉及补价的情况下，支付补价方收到的存货的成本，按换出资产的公允价值加上支付的补价和应支付的相关税费(或换入存货的公允价值加上应支付的相关税费)确定，并将换出资产的公允价值与换出资产的账面价值之间的差额计入当期损益。

在涉及补价的情况下，收到补价方收到的存货的成本，按换出资产的公允价值减去收到的补价并加上应支付的相关税费(或换入存货的公允价值加上应支付的相关税费)确定，并将换出资产的公允价值与换出资产的账面价值之间的差额计入当期损益。

(2)未同时满足上述第(1)条规定的两项条件的非货币性资产交换，应当以换出资产的账面价值和应支付的相关税费作为换入资产的成本，不确认损益。

在涉及补价的情况下，支付补价方收到的存货的成本，按换出资产的账面价值加上支付的补价和应支付的相关税费确定。

在涉及补价的情况下，收到补价方收到的存货的成本，按换出资产的账面价值减去收到的补价并加上应支付的相关税费确定。

(3)非货币性资产交换同时换入多项资产的，在确定各项换入资产的成本时，应当分别按下列情况处理：

①非货币性资产交换具有商业实质，且换入资产的公允价值能够可靠计量的，应当按照换入各项资产的公允价值占换入资产公允价值总额的比例，对换入资产的成本总额进行分配，确定各项换入资产的成本。

②非货币性资产交换不具有商业实质，或者虽具有商业实质但换入资产的公允价值不能可靠计量的，应当按照换入各项资产的原账面价值占换入资产原账面价值总额的比例，对换入资产的成本总额进行分配，确定各项换入资产的成本。

在涉及补价的情况下，判断一项资产交换是否属于非货币性资产交换，通常以补价占整个资产交换金额的比例低于25%作为参考。支付的补价占换入资产公允价值(或占换出资产公允价值与支付的补价之和)的比例，或者收到的补价占换出资产公允价值(或占换入资产公允价值和收到的补价之和)的比例低于25%的，视为非货币性资产交换；高于25%（含25%)的，视为以货币性资产取得非货币性资产，适用《企业会计准则第14号——收入》等相关准则。

满足下列条件之一的非货币性资产交换具有商业实质：①换入资产的未来现金流量在风险、时间和金额方面与换出资产有显著的不同；②换入资产与换出资产的预计未来现金流量现值不同，且其差额与换入资产和换出资产的公允价值相比是重大的。在确定非货币性资产交换是否具有商业实质时，企业应当关注交易各方之间是否存在关联方关系。关联方关系的存在可能导致发生的非货币性资产交换不具有商业实质。

在下列情况下，换入资产或换出资产的公允价值能够可靠地计量：

①换入或换出资产存在活跃市场的，表明该资产的公允价值能够可靠计量。

对于存在活跃市场的存货等非货币性资产，应当以资产的市场价格为基础确定其公允价值。

②换入或换出资产本身不存在活跃市场，但类似资产存在活跃市场的，表明该资产的公允价值能够可靠计量。

对于类似资产存在活跃市场的存货等非货币性资产，应当以调整后的类似资产市场价格为基础确定其公允价值。

③换入或换出资产不存在同类或类似资产可比市场交易，采用估值技术确定的公允价值估计数的变动区间很小，或者在公允价值估计数的变动区间内，各种用于确定公允价值估计数的概率能够合理确定的，视为公允价值能够可靠计量。

换出资产的公允价值与换出资产的账面价值之间的差额计入当期损益，换出资产为存货的，应当视同销售处理，根据《企业会计准则第 14 号——收入》按其公允价值确认收入，同时结转销售成本。

企业应当在附注中披露与非货币性资产交换有关的下列信息：①换入资产、换出资产的类别；②换入资产成本的确定方式；③换入资产、换出资产的公允价值以及换出资产的账面价值；④非货币性资产交换确认的损益。

7. 企业在合并过程中取得的存货的成本

企业在合并过程中取得的存货的成本，应当按照《企业会计准则第 20 号——企业合并》的规定确定。

8. 企业在提供劳务过程中发生的存货成本

企业提供劳务的，所发生的从事劳务提供人员的直接人工和其他直接费用以及可归属的间接费用，计入存货成本。

一般而言，物业管理企业的存货主要来自于外购。

(二)存货发出的计价

存货发出的计价，指对存货发出和结存价值的计算方法。存货购入后，会陆续被耗用或被出售，处于不断流入流出的流转过程中。物业管理企业存货流转包括实物流转和成本流转两方面，而在会计记录中，主要考虑存货的成本流转。因此，按照不同的成本流转顺序确定已经发生和结存存货的成本，就成了存货核算的主要任务之一，而在期末存货和发出存货之间正确分配成本、进行计价就显得十分重要。由于存货变动频繁，发出存货价值的计算是否正确，直接影响到当期销货成本的确定，并进一步影响到当期的税金和净收益。按照国际惯例，结合我国的具体情况，发出存货通常采用的计价方法主要有先进先出法、加权平均法和个别计价法等。

1. 先进先出法

先进先出法是基于这样一种假设的前提条件，即假设先购进的存货先售出或先耗用，并根据这种假设的成本流转顺序对发出存货和期末存货进行计价的方法。采用这种计价方法时，先购入的存货成本在后购入的存货成本之前转出，并据此确定发出存货和期末结存存货的成本，即收入存货时逐笔登记每一批存货的数量、单价和金额；发出存货时，按照先进先出的原则确定存货单价，逐笔登记存货的发出和结存金额。先进先出法的具体做法见表4-1。

材料名称：A　　**表 4-1　原材料明细分类账**　　计量单位：kg

年		凭证号	摘要	收入			发出			结存		
月	日			数量	单价	金额	数量	单价	金额	数量	单价	金额
4	1	略	期初余额							500	20.00	10 000.00
	5		购入	800	21.00	16 800.00				500 800	20.00 21.00	10 000.00 16 800.00
	10		领用				500 100	20.00 21.00	10 000.00 2 100.00	700	21.00	14 700
	14		购入	800	23.00	18 400.00				700 800	21.00 23.00	14 700.00 18 400.00
	25		领用				700 200	21.00 23.00	14 700.00 4 600.00	600	23.00	13 800.00
	30		本月发生额及期末余额	1 600	–	35 200.00	1 500	–	31 400.00	600	23.00	13 800.00

本月发出存货成本为

$$20 \times 500 + 21 \times 100 + 21 \times 700 + 23 \times 200 = 31\ 400(\text{元})$$

月末结存存货成本为

$$23 \times 600 = 13\ 800(\text{元})$$

采用先进先出法，能够随时结转发出及结存存货的成本。由于库存存货成本按最近一次的购货价格确定，使期末存货成本比较接近现行的市场价格。使用先进先出法的优点是企业不能随意挑选存货成本以调整当期利润；但其不足是在存货收发频繁和计价单价经常变动时，企业计价的工作量较大，核算工作较为繁琐。此外，当物价上涨时，这种计价方法能使企业在账面上获得较高的利润，且使账面上存货的价值较高，即发出存货的价值偏低，而结存存货的价值比较接近实际。在物价下跌的情况下，结果则恰恰相反。一般而言，经营活动受存货形态影响较大的企业可以采用先进先出法。

2. 加权平均法

加权平均法，又称全月一次加权平均法。该法是以当月月初结存存货成本与当月购入存货成本之和，除以当月月初结存存货数量和当月购入存货数量之和，计算出存货的加权平均单价，从而确定存货发出成本和结存成本的一种简便的方法。

具体计算公式为

$$\text{加权平均单价}=\frac{\text{期初结存存货实际成本}+\text{本期购入存货实际成本}}{\text{期初结存存货数量}+\text{本期购入存货数量}}$$

$$\text{本期发出存货成本}=\text{本期发出存货数量}\times\text{加权平均单价}$$

$$\text{期末结存存货成本}=\text{期末结存存货数量}\times\text{加权平均单价}$$

现仍以 A 材料为例，说明计算发出存货和期末结存存货的实际成本，见表 4-2。

材料名称：A　　**表 4-2　原材料明细分类账**　　计量单位：kg

年		凭证号	摘要	收入			发出			结存		
月	日			数量	单价	金额	数量	单价	金额	数量	单价	金额
4	1	略	期初余额							500	20.00	10 000.00
	5		购入	800	21.00	16 800.00				1 300		
	10		领用				600			700		
	14		购入	800	23.00	18 400.00				1 500		
	25		领用				900			600		
	30		本月发生额及期末余额	1 600	–	35 200	1 500	21.524	32 286	600	21.524	12 914.00

加权平均单价 =(10 000 +35 200)/(500 +1 600) =21.524(元/kg)

本期发出存货成本 =21.524 ×1 500 =32 286(元)

期末结存存货成本 =21.524 ×600 =12 914(元)

采用加权平均法的优点：①只在期末计算一次加权平均单价，计价工作较简便；②企业不能任意挑选存货成本以调整当期利润；③在市场价格上涨或下跌时，对存货成本的分摊较为折中。采用加权平均法的缺点：①由于平时在存货明细账上对发出的存货和结存存货只登记数量，不记录金额，加权平均单价要在期末计算，对发出存货和结存存货的计价要等到加权平均单价计算出来之后才能进行，因而会影响存货核算工作的均衡性和及时性，不利于对存货的日常管理；②期末核算工作量较大。这种方法适用于存货品种较少，同时前后收入存货单位成本相差较大的企业。

此外，加权平均法还可以使用每进一次货计算一次加权平均单价的方法，也称移动加权平均法。该法是指每一次收货的成本与原有库存存货的成本之和除以该次收货数量与原有库存存货的数量之和，并据以计算加权平均单价，作为该次发出存货和结存存货单价的计价方法。移动加权平均法与加权平均法的计算原理基本相同，区别之处是在每一次收入存货后，就要重新计算一次加权平均单价。

采用移动加权平均法的优点：①可以随时对发出存货进行计价，便于加强存货的日常管理；②大量核算工作分散在平时，减轻了月末的工作压力；③发出存货采用的移动加权平均单价计算出的成本较为客观；④企业不能任意挑选存货成本以调整当期利润。移动加权平均法的不足是，在进货次数较多时，每进一次货就需要重新计算一次单价，故而此种方法只适用于进货批次较少的企业。

3. 个别计价法

个别计价法，又称个别认定法。它是在发货时，假设存货的成本流转与实物流转相一致，按照所发出存货购入时的价格计算发出存货的方法。使用个别计价法时，必须注意以下几个问题：

(1)发出存货时，对发出的存货要逐一辨认其购进单价和购进批次。

(2)仓库对相同品种规格的存货按不同的购货批次，分别记录每批购进的数量、单价等项目，并挂好标签，分别存放。

采用这种方法计算出的发出存货的成本和结存存货的成本比较合理、准确，但这种计价方法对每一次发出的存货都需认定其原购进价格，操作工作量较大，实施困难。因此，存货的品种、规格较多，收发业务量较大的企业不宜采用这种计价方法。

对于不能替代使用的存货，为特定项目专门购入或制造的存货以及提供的劳务，通常采用个别计价法确定发出存货的成本。

除以上所列的计价方法外，物业管理企业还可以采用计划成本计价法、毛利率法等进行存货发出业务的核算。

以上计价方法的选用，应根据不同物业管理企业的特点及经营状况，如根据存货流量的大小等确定。但当企业确定一种存货的计价方法后，一般不得随意变更。如的确需要改变计价方法时，应在年度财务会计报告中，对所变更的计价方法及其对存货计价的影响程度做必要的说明。

物业管理企业的存货一般按实际成本计价。

(三)存货的期末计价

为了客观、真实地反映物业管理企业期末存货的实际价格，正确进行存货的计价，首先需要正确确定存货的数量。

1. 存货数量的确定

常用的存货数量盘存的方法有永续盘存制和实地盘存制。

(1)永续盘存制又称账面盘存制，它是根据账簿记录计算账面结存数量的方法。当存货发生变动后，采用这种盘存方法，可以随时根据会计凭证连续登记入账，并根据账簿记录结出账面结存数量。其期末存货数量确定的基本公式为

$$\text{期末结存存货数量}=\begin{matrix}\text{期初结存}\\\text{存货数量}\end{matrix}+\begin{matrix}\text{本期收入}\\\text{存货数量}\end{matrix}-\begin{matrix}\text{本期发出}\\\text{存货数量}\end{matrix}$$

采用永续盘存制度，可以在账簿中反映存货的收入、发出和结存情况，并从数量和金额两方面进行控制。为了保证账簿记录的正确性，确定存货损耗和其他损失时，可以通过实地盘点加以核对，如果账实不符，可以及时查明原因。但是，这种盘存制度要求每一品种的存货都要开设明细账，核算工作量较大。

(2)实地盘存制是根据实地盘点或技术推算所得的实存数量，作为各项存货账面结存数量的方法。采用这种盘存方法，存货增加时，要根据会计凭证连续入账；存货减少时，平时不登记入账，不结算账面结存数，期末根据实地盘点或技术推算所得的实存数量作为账面结存数量，最后再倒挤出本期财产物资的减少数。发出存货数量的计算公式为

$$\text{本期发出存货数量}=\begin{matrix}\text{期初结存}\\\text{存货数量}\end{matrix}+\begin{matrix}\text{本期收入}\\\text{存货数量}\end{matrix}-\begin{matrix}\text{期末结存}\\\text{存货数量}\end{matrix}$$

采用实地盘存制时，平时只记录购入存货成本，不记录发出存货的数量和金额，可以简化存货的核算工作。但这种盘存方法的缺点是：不能随时从账面上了解存货的收入、发出和结存情况，而只能通过定期盘点计算和结转发出存货的成本，不利于存货计划的考核和控制。此外，由于倒挤发出存货成本，使结转的发出存货成本中可能包含有非正常耗用的成本。

以上两种盘存制度各有利弊，物业管理企业可以根据存货的类别和管理要求，分别对存货实行永续盘存制或实地盘存制。但无论采用哪一种方法，前后各期都应保持一致。

2. 期末存货的计价

期末结存存货和其他资产一样，通常按历史成本计价。如果存货长期不

能变现或被耗用，就有可能变为积压物资或需要降价销售。因此，当存货由于遭受毁损、全部或部分陈旧及售价低于成本等原因，使存货成本高于可变现净值时，应对可变现净值低于存货成本的差额，提取存货跌价准备。存货准则规定，企业的存货应在资产负债表日按成本与可变现净值孰低法计量。

成本与可变现净值孰低法是指期末存货按照成本与可变现净值两者之中较低者计价的方法，即存货成本低于可变现净值时，期末存货按成本计价；存货成本高于可变现净值时，应当计提存货跌价准备，计入当期损益。期末存货按可变现净值计价。此处所说的“成本”是指存货的账面实际成本，“可变现净值”是指在正常活动过程中，存货的估计售价减去至完工时估计将要发生的成本、估计的销售费用及相关税费后的金额。

当成本与可变现净值进行比较时，有以下两种可能：

(1)存货持有利得。存货成本小于可变现净值的差额称为存货持有利得。在成本与可变现净值孰低法下，不需要对存货持有利得进行任何账务处理。

(2)存货持有损失。存货成本大于可变现净值的差额称为存货持有损失。在成本与可变现净值孰低法下，对存货持有损失必须在当期确认存货跌价损失，计提存货跌价准备，并进行相应的账务处理。有关规定有以下几点。

当存在以下一项或若干项情况时，表明存货的可变现净值为零，应将存货账面价值全部转入当期损益：

①已霉烂变质的存货；

②已过期且无转让价值的存货；

③生产中已不再需要，并且已无使用价值和转让价值的存货；

④其他足以证明已无使用价值和转让价值的存货。

当存在下列情况之一时，表明存货的可变现净值低于成本，应当计提存货跌价准备：

①市价持续下跌，并且在可预见的未来无回升的希望；

②企业使用该项原材料生产的产品成本大于产品的销售价格；

③企业因产品更新换代，原有库存原材料已不适应新产品的需要，而该原材料的市场价格又低于其账面成本；

④因企业所提供的商品或劳务过时，或消费者偏好改变而使市场的需求发生变化，导致市场价格逐渐下跌；

⑤其他足以证明该项存货实质上已经发生减值的情形。

在成本与可变现净值孰低法下，对存货持有损失的账务处理通常有两种方法可供选择。

(1)直接转销法是将可变现净值低于成本的损失直接冲销有关存货账户，同时将存货成本调整为可变现净值。

(2)备抵法是对可变现净值低于成本的损失不直接转销存货账户，而是将每期的存货持有损失单独予以记录，用"存货跌价准备"科目记录存货持有损失，存货和销售成本均按实际成本记录。具体做法是：期末，企业计算出存货可变现净值低于成本的差额，借记"资产减值损失"科目，贷记"存货跌价准备"科目；若前期已提"存货跌价准备"，则应在计算出可变现净值低于成本的差额后再与已提数相比较。若应提数大于已提数，作相同分录应予补提，并将计提的存货跌价准备计入当期损益。如已计提跌价准备的存货价值以后又得以恢复，则应按恢复增加的数额，借记"存货跌价准备"科目，贷记"资产减值损失"科目。当已计提跌价准备的存货的价值得以恢复时，其冲减的跌价准备金额，应当予以恢复，并在原计提的存货跌价准备金额内转回，转回的金额计入当期损益，但应以"存货跌价准备"的金额冲减至零为限。

采用备抵法对成本高于可变现净值的损失进行账务处理时，不需要对有关存货的明细账进行调整，可以保持账簿记录的原貌，较小地调整账簿记录的工作量。因此，(《企业会计准则第1号——存货》)要求用此法对存货持有损失进行相应的账务处理。

【例4-1】大华物业管理公司采用"成本与可变现净值孰低法"进行存货的计价核算，并运用"备抵法"进行相应的账务处理。假设2007年年末A存货的账面成本为100 000.00元，由于本年以来A存货的市场价格持续下跌，并在可预见的未来无回升希望。根据资产负债表日状况确定的可变现净值为80 000.00元，"存货跌价准备"科目无余额，则应计提的存货跌价准备为20 000.00元(100 000.00 - 80 000.00 = 20 000.00)，编制会计分录如下：

借：资产减值损失　　20 000.00

　贷：存货跌价准备　　20 000.00

若2008年年末A存货的预计可变现净值为75 000.00元，则应补提存货跌价准备5 000.00元(100 000.00 - 75 000.00 - 20 000.00 = 5 000.00)，编制会计分录如下：

借：资产减值损失　　5 000.00

　贷：存货跌价准备　　5 000.00

若2009年年末A存货的可变现净值恢复，预计可变现净值为103 000.00元，则应冲减原计提的存货跌价准备为25 000.00元，编制会计分录如下：

借：存货跌价准备　　25 000.00

　贷：资产减值损失　　25 000.00

第二节　材料收发的核算

材料指用于制造产品并构成产品实体的资产及供生产耗用但不构成产品实体的辅助性物品。材料属于劳动对象，在物业管理企业存货中往往占有较大的比重，是存货核算的重要内容之一。

物业管理企业在途和库存的构成修理服务成本的各种材料，主要包括原料及主要材料、辅助材料、燃料、外购半成品、修理用备件及包装材料等。

一、材料按实际成本计价的核算

(一)账户设置

为了全面真实地反映物业管理企业各种材料收入、发出和结存的情况，物业管理企业材料的日常核算一般按照实际成本计价。在进行材料收发的总分类核算时，设置“原材料”“在途物资”等科目。

“原材料”核算物业管理企业库存的各种材料，包括原料及主要材料、辅助材料、外购半成品(外购件)、修理用备件(备品备件)、包装材料、燃料等的计划成本或实际成本，是资产类账户。该账户的借方登记验收入库的各种材料物资的实际成本，贷方登记发出材料物资的实际成本，余额在借方，反映库存材料物资的实际成本。“原材料”账户按材料物资的保管地点、类别、品种和规格设置明细账，进行材料物资的明细分类核算。

“在途物资”核算物业管理企业采用实际成本(或进价)进行材料、商品等物资的日常核算，货款已付尚未验收入库的在途物资的采购成本，是资产类账户。该账户的借方登记购入材料物资的采购成本，即材料物资的买价、运杂费、运输途中的合理损耗及税金等，贷方登记验收入库材料物资的实际成本，余额在借方，反映在途材料物资的实际成本。“在途物资”账户按照供应单位设置明细账，进行在途材料物资的明细分类核算。

(二)材料购入的核算

物业管理企业存货中的各种通风设备、卫生设备等材料物资，一般按实际成本核算。企业经营所需设备通常是外购。购进材料物资时，由于结算方式和采购方式的不同，货款支付与材料物资入库的时间可能不一致，因此，在账务处理上也有所不同。

1. 货款支付的同时，材料物资已验收入库

物业管理企业对已支付采购价款，并已验收入库的材料物资，应根据结算凭证单据，借记“原材料”科目，贷记“银行存款”科目。

2. 货款已付，材料物资尚未验收入库

物业管理企业对当期已支付货款，但期末尚未入库的材料物资，应根据结算凭证单据，借记“在途物资”科目，贷记“银行存款”等科目，该材料到达验收入库后，根据入库单，借记“原材料”科目，贷记“在途物资”科目。

3. 货款尚未支付，材料物资已入库

物业管理企业对已验收入库，但月末尚未接到有关结算凭证，无法支付货款的外购材料物资，应在月末结账时，先按暂估价入账，借记“原材料”科目，贷记“应付账款”科目，下月初用红字冲回。待下月结算凭证到达，实际支付货款后，按照正常记账程序，借记“原材料”科目，贷记“银行存款”科目。

4. 用预付货款方式采购材料物资

若物业管理企业采用预付货款方式采购材料物资时，应在预付货款后，根据有关单据，借记“预付账款”科目，贷记“银行存款”科目。待材料物资到达验收入库后，根据结算单据，借记“原材料”科目，贷记“预付账款”科目。当预付货款不足以支付货款时，作补付货款的账务处理，借记“预付账款”科目，贷记“银行存款”科目；如接到对方退款，应作相反的会计分录。

【例 4-2】大华物业管理公司从本市购买建筑装饰材料一批，价款100 000.00元，增值税款 17 000.00 元，货款及税款已支付，材料物资同时验收入库，编制会计分录如下：

借：原材料——装饰材料　　117 000.00

　贷：银行存款　　117 000.00

【例 4-3】大华物业管理公司购入设备价款 200 000.00 元，增值税款34 000.00元，货款及税款已通过银行支付。月末，所购设备尚未验收入库，编制会计分录如下：

借：在途物资——通风设备　　234 000.00

　贷：银行存款　　234 000.00

当通风设备到达，经验收无误入库后，编制会计分录如下：

借：库存商品——通风设备　　234 000.00

　贷：在途物资——通风设备　　234 000.00

【例 4-4】大华物业管理购入暖卫设备一批，已验收入库，但月末尚未收到发票等结算凭证，价款尚未支付。月末按暂估价 200 000.00 元入账，编制会计分录如下：

借：库存商品——暖卫设备　　200 000.00

　贷：应付账款　　200 000.00

该分录在下月初用红字冲回，编制会计分录如下：

借：库存商品——暖卫设备　　200 000.00（红字）

　贷：应付账款　　200 000.00（红字）

下月收到该批设备的有关结算凭证，设备价款 150 000.00 元，增值税款 25 500.00 元，运输费及杂费共 3 000.00 元，总计 178 500.00 元，按正常程序入账，编制会计分录如下：

借：库存商品——暖卫设备　　178 500.00

　贷：银行存款　　178 500.00

【例 4-5】大华物业管理公司用预付方式购入维修用料，通过银行预付货款 70 000.00 元，编制会计分录如下：

借：预付账款　　70 000.00

　贷：银行存款　　70 000.00

15 天后，收到对方发来的维修材料，经验收无误入库。维修材料价款与增值税款 81 900.00 元，另付运费 300.00 元，编制会计分录如下：

借：原材料——维修材料　　82 200.00

　贷：预付账款　　82 200.00

同时补付货款 12 200.00 元，编制会计分录如下：

借：预付账款　　12 200.00

　贷：银行存款　　12 200.00

5. 材料物资购入发生短缺和毁损的核算

购入材料物资验收入库时，如有短缺和毁损，应及时查明原因。如为运输途中的合理损耗和无法收回的超定额损耗，应直接计入材料物资的采购成本，能查明短缺或毁损原因的，做相应的账务处理。如为供应单位责任，在付款前发现损失，应拒付短缺部分的货款；如在付款后发现短缺，应向供应单位追索货款，同时将短缺金额记入“应付账款”科目。如为运输部门或过失人的责任及可以向保险公司索赔的损失，应要求运输部门、过失人及保险公司赔偿损失，并同时将短缺金额计入“其他应收款”科目。如为自然灾害造成的损失，则应将扣除残料价值和保险公司赔款后的净损失，作为非常损失计入“营业外支出”科目。

【例 4-6】大华物业管理公司购入水泥 20t，单价 1 000.00 元，总价款 20 000.00元，增值税款 3 400.00 元，运杂费 600.00 元，用银行存款支付货款及税费。水泥尚未运达企业，编制会计分录如下：

借：在途物资——水泥 24 000.00

贷：银行存款 24 000.00

材料验收入库时，发现短缺2t。经查，其中1t为水泥厂发货短缺所致，其余为运输部门责任，编制会计分录如下：

借：原材料——水泥 21 660.00

应付账款——水泥厂 1 170.00

其他应收款——运输部门 1 170.00

贷：在途物资—水泥 24 000.00

(三)材料物资发出的核算

由于物业管理企业发出材料物资的业务频繁，为了简化日常核算工作，对于材料物资发出的核算，平时只登记材料物资的明细分类账，反映各类材料物资的收发和结存金额。月末根据本期的发料凭证，按照领用部门和用途，汇总编制"发料凭证汇总表"，进行材料物资发出的总分类核算。这样，在减少库存材料物资的同时，将减少的库存材料物资转作当期的费用，借记"劳务成本""其他业务支出""管理费用"等科目，贷记"原材料"科目。

【例4-7】据大华物业管理公司本期发料凭证汇总表记录，当月消耗A材料计358 000.00元，其中，管理处维修用料350 000.00元，公司维修用料8 000.00元，编制会计分录如下：

借：劳务成本 350 000.00

管理费用 8 000.00

贷：原材料——A 358 000.00

按实际成本进行材料物资日常收发、结存的核算，可以比较客观地反映材料物资的收入、发出和结存的实际成本，计算结果准确，但材料物资的计价工作繁重。因此，该方法适用于规模小、材料物资品种少的企业。

二、材料按计划成本计价的核算

物业管理企业材料物资的日常核算通常以实际成本计价。但为了简化核算工作，库存材料物资从入库到领用、发出也可以采用计划成本计价，月末通过分摊材料成本差异再将发出材料的计划成本调整为实际成本。对物业管理企业来说，按计划成本计价仅适于库存材料物资规格多、库存金额较大、收发业务频繁的企业或附属企业。采用计划成本核算材料物资收入业务时，一般使用"材料采购""原材料""材料成本差异"等会计科目。

“材料采购”核算物业管理企业采用计划成本进行日常核算而购入材料的采购成本，是资产类账户。该账户的借方登记采购材料物资的实际成本，贷方登记入库材料物资的计划成本。借方大于贷方的差额表示超支，贷方大于借方的差额表示节约，月末余额在借方，表示尚未入库材料物资的实际成本。该账户按材料物资品种设明细账进行明细分类核算。在实际工作中，往往直接用此账户来代替“在途物资”来核算未到货的在途物资。

“原材料”账户与实际成本核算时的内容相同，按计划成本核算时，仅将实际成本改为计划成本。

“材料成本差异”核算物业管理企业采用计划成本进行日常核算的材料的计划成本与实际成本的差额，是资产类账户“原材料”的调整账户。其借方登记材料物资的实际成本大于计划成本的超支差异，贷方登记材料物资的实际成本小于计划成本的节约差异及发出材料物资应负担的成本差异（超支用蓝字，节约用红字）。期末借方余额表示库存材料物资的实际成本大于计划成本的差异，期末贷方余额表示库存材料物资的实际成本小于计划成本的差异。该账户按材料物资的类别或品种进行明细分类核算。

（一）材料物资购入的核算

【例4-8】大华物业管理公司从本市购入建筑装饰用材料一批，价款为100 000.00元，增值税款为17 000.00元，货款及税款已支付，材料同时验收入库，该批材料的计划成本为118 000.00元，编制会计分录如下：

借：材料采购——装饰用料　　117 000.00
　贷：银行存款　　117 000.00

【例4-9】大华物业管理公司购入通风设备一批，价款为200 000.00元，增值税额为34 000.00元，货款及税款已通过银行支付，材料物资尚未到达。该批材料的计划成本为220 000.00元，编制会计分录如下：

借：材料采购——通风设备　　234 000.00
　贷：银行存款　　234 000.00

【例4-10】月末，将已验收入库的建筑用料和通风设备登记入账，并结转材料成本差异。

（1）建筑装饰用料入库，编制会计分录如下：

借：原材料——装饰用料　　118 000.00
　贷：材料采购——装饰用料　　117 000.00
　　　材料成本差异　　1 000.00

（2）通风设备入库，编制会计分录如下：

借：库存商品——通风设备　　220 000.00

材料成本差异　　14 000.00

贷：材料采购——通风设备　　234 000.00

(二)材料发出的核算

物业管理企业的材料物资采用计划成本计价时，也需要在月末根据按计划成本计价的领发料凭证，按领用部门和用途归类汇总，并计算发出材料物资应负担的材料成本差异，汇总编制“发料凭证汇总表”，据以进行发出材料物资的总分类核算。

月末，要将发出材料物资的计划成本调整为实际成本，就要对发出材料物资分配材料成本差异。材料成本差异的计算公式为

$$材料成本差异率=\frac{\begin{matrix}月初结存材料\\物资成本差异\end{matrix}+\begin{matrix}本月收入材料\\物资成本差异\end{matrix}}{\begin{matrix}月初结存材料\\物资计划成本\end{matrix}+\begin{matrix}本月收入材料\\物资计划成本\end{matrix}}\times 100\%$$

$$本月发出材料物资应负担的成本差异=\begin{matrix}发出材料物\\资计划成本\end{matrix}\times\begin{matrix}材料成本\\差异率\end{matrix}$$

【例 4-11】大华物业管理公司的材料物资采用计划成本核算。2008 年 2 月 1 日“原材料”账户中，A 材料的期初余额为 80 000.00 元，“材料成本差异”账户期初借方余额为 4 000.00 元；本月购入 A 材料的计划成本为 720 000.00元，成本差异超支为 8 000.00 元。本月维修工程领用 A 材料为 347 000.00 元，行政部门领用 A 材料为 10 000.00 元。

借：劳务成本　　347 000.00

管理费用　　10 000.00

贷：原材料—A　　357 000.00

月末计算分摊本月领用 A 材料的成本差异额。

$$材料成本差异率=\frac{4\ 000.00+8\ 000.00}{80\ 000.00+720\ 000.00}\times 100\%=1.5\%$$

本月发出材料应负担的材料成本差异为

维修部门：$347\ 000.00\times 1.5\%=5\ 205.00$

管理部门：$10\ 000.00\times 1.5\%=150.00$

借：劳务成本　　5 205.00

管理费用　　150.00

贷：材料成本差异　　5 355.00

第三节 周转材料的核算

一、周转材料核算的内容

物业管理企业在经营业务中，需要具备一定数量的劳动资料。按其价值的大小及使用年限的长短，劳动资料可以分为周转材料和固定资产两类。

周转材料，指企业能够多次使用、逐渐转移其价值但仍保持原有形态，不确认为固定资产的材料，如货架、家具、管理用具、消防用具、玻璃器皿等低值易耗品及经营过程中周转使用的包装物等。

周转材料在生产经营过程中可能多次周转使用而不改变其原有的实物形态，使用过程中可以进行维修，报废时一般有一定残值。由于周转材料大多是单位价值较低、使用年限较短、容易损坏的物品，因此，在实际工作中，对其价值的损耗是采用摊销的方法逐渐转移到成本、费用中。正因为周转材料的这个特性，它通常被视为存货，作为流动资产进行核算和管理。

为了便于核算和管理，物业管理企业一般将周转材料按照用途做以下分类：

(1)一般工具。它是指物业管理企业在生产经营过程中常用的工具，如铁锹、手推车、三轮车等。

(2)专用工具。它是指物业管理企业用于制造某一特定产品，或在某一特定工序上使用的工具，如消防器材等。

(3)替换设备。它是指容易磨损或需要定期替换的设备，如清洁用具等。

(4)管理用具。它是指物业管理企业在管理上所使用的各种用具，如办公专用设备等。

(5)劳动保护用具。它是指物业管理企业为安全生产而使用的、作为劳动保护的防护用品，如工作服、工作鞋、手套等。

(6)其他。它是指不属于以上各项内容的周转材料。

二、周转材料购进的核算

为了掌握周转材料的收入、发出和结存情况，物业管理企业购进低值易耗品等周转材料时，按其进价加上税款和运杂费等作为周转材料的入账价格，通过设置“周转材料”科目核算其增减变动情况。“周转材料”是资产类账户，其借方登记周转材料的验收入库数，贷方登记周转材料的发出、领用及摊销的数额，余额在借方，表示库存周转材料的结存情况。周转材料应按其类别、品种、规格等进行数量金额的明细核算。

与材料物资一样，周转材料也可以采用实际成本计价或计划成本计价进行收发的日常业务核算。核算时可以比照材料物资的核算方法。

【例4-12】大华物业管理公司购入办公桌5张，价税合计3 510.00元，运杂费320.00元，通过银行支付款项。办公桌经验收无误入库。编制会计分录如下：

借：周转材料　　3 830.00

　贷：银行存款　　3 830.00

三、周转材料领用和摊销的核算

周转材料与固定资产一样，在生产经营过程中可以多次周转使用，并在使用中基本上保持其原有实物形态，其价值逐渐地转移或损耗。尽管如此，由于周转材料本身具有单位价值低、使用期限短的特点，在实际工作中对其价值的损耗不能比照固定资产采取计提折旧的方法，而应采用摊销的方法，将周转材料的价值损耗逐渐转移到成本、费用中。物业管理企业可以根据各种周转材料的特点、价值大小、使用期限的长短及每月领用和报废数额的均衡情况，对周转材料进行摊销。周转材料摊销的核算，一般可以采用以下几种摊销方法计算由于损耗而应摊销的金额，同时记入有关成本费用。

（一）一次摊销法

一次摊销法指领用单价较低的管理用具和小型工具、卡具等周转材料时，将其价值一次、全部地计入成本、费用的摊销方法。这种方法比较简单，但费用的负担不够均衡，主要适用于一次领用数量不多、价值比较低、使用期限较短或容易损耗的周转材料的摊销。领用周转材料时，借记“管理费用”“其他业务成本”等科目，贷记“周转材料”科目；报废时，将报废周转材料的残值作为周转材料摊销额的减少，冲减相关费用。

【例4-13】大华物业管理公司服务部门领用劳动保护用品一批，总价计800.00元。经确定，采用一次摊销法。填制“领用单”后，交财会部门记账。编制会计分录如下：

借：管理费用　　800.00

　贷：周转材料　　800.00

(二)五五摊销法

五五摊销法指领用周转材料时，摊销其价值的一半，报废时再摊销其剩余价值的摊销方法。此法适用于一次领用成本较高，各期领用较为均衡的周转材料。采用五五摊销法领用周转材料时，由于只摊销其价值的一半，账面仍有记录，因而便于对周转材料进行总量控制，核算手续简便。但由于开始摊销价值与报废时摊销其价值间隔时间较长，易于造成使用部门与管理部门在实物管理与账簿记录上的脱节，出现账实不符。

采用五五摊销法进行周转材料的摊销时，应在“周转材料”科目下设“在库周转材料”“在用周转材料”和“周转材料摊销”三个明细科目进行明细分类核算。

【例4-14】大华物业管理企业维修队领用小型生产工具一批，价值5 000.00元。一个月后报废工具一批，报废工具原实际成本1 000.00元，报废残值作价50.00元入库。采用五五摊销法进行相应的账务处理。

(1)领用周转材料时，编制会计分录如下：

借：周转材料——在用周转材料　　5 000.00

　贷：周转材料——在库周转材料　　5 000.00

(2)领用时摊销其价值的一半，编制会计分录如下：

借：管理费用——周转材料摊销　　2 500.00

　贷：周转材料——周转材料摊销　　2 500.00

(3)报废周转材料残料入库，编制会计分录如下：

借：原材料　　50.00

　贷：周转材料——在用周转材料　　50.00

(4)摊销其报废周转材料的价值，编制会计分录如下：

借：管理费用——周转材料摊销　　450.00

　贷：周转材料——周转材料摊销　　450.00

(5)转销原账面记录，编制会计分录如下：

借：周转材料——周转材料摊销　　950.00

　贷：周转材料——在用周转材料　　950.00

四、周转材料修理的核算

为了延长周转材料的使用期限，充分发挥周转材料的作用，物业管理企业对周转材料应进行经常性的保养和维修，以便更有效地延长周转材料的使用期限，进一步节约开支。在核算过程中，对其保养、维修所支付的费用可以直接计入“管理费用”。

【例 4-15】某物业管理公司修理内部用货架，用现金支付修理费 105.00 元，编制会计分录如下：

借：管理费用——修理费　　105.00

　　贷：库存现金　　105.00

第四节　存货的清查

存货清查是物业管理企业财产清查的主要内容之一。由于企业存货大多品种复杂、流动性强，在日常存货的收入、发出、使用及保管过程中容易出现账实不符的现象。为了保证物业管理企业存货的安全和完整，及时处理存货的盘盈、盘亏、报废和毁损，做到账实相符，物业管理部门必须对存货进行定期或不定期的清查，用以确定各项存货的实有数，并及时查明账实不符的原因，检查纠正财产管理上的问题。

一、存货清查的方法

存货清查是一项涉及面广、工作量大、既复杂又细致的工作。因此，在对存货进行清查前，必须有组织、有计划地进行各项准备工作，确定合理、适当的存货清查的方法。

按照清查的时间，存货清查的方法有定期清查和不定期清查两种；按照清查的范围，存货清查的方法有全部清查和局部清查两种。定期清查时，采用全面清查的情况较多；不定期清查时，可以根据需要，随时进行局部清查或抽查重点保管的存货。

物业管理企业存货的清查一般采用实地盘点的方法，即通过实地盘点，逐一清点或用计量器具确定存货的实存数量。

二、存货清查结果的处理程序

存货清查工作应有领导、有组织地进行。清查前应在将各项存货收发业务全部登记入账的基础上结出余额，核对账目，保证账实相符。存货盘点结束后，如出现账实不符，将会计处理程序分为两个步骤：

(1)根据“存货盘点报告表”对账面记录进行调整，将账面数与实际数调整一致，保证账实相符，但不处理盘盈、盈亏及毁损涉及的资金额，仅将账实之间的误差记入“待处理财产损溢”科目。

(2)盘点结果与账面记录不符时，应于期末前查明原因，并根据企业的管理权限，经股东大会或董事会，或经理(厂长)会议或类似机构批准后，在期末结账前处理完毕。对清查出的各种财产的损溢，在期末结账前尚未经批准的，在对外提供财务会计报告时，先按上述规定进行处理，并在会计报表附注中作出说明；如果其后批准处理的金额与已处理的金额不一致的，应调整会计报表相关项目的年初数。盘盈的存货应当冲减当期管理费用；盘亏的存货在减去过失人或保险公司等赔款和残料价值后，计入当期管理费用；属于非常损失的，计入营业外支出。

三、存货清查的核算

为了核算物业管理企业在存货清查中查明的盘盈、盘亏及毁损的情况，应设置“待处理财产损溢”账户，核算企业在清查财产过程中查明的各种财产物资盘盈、盘亏和毁损的价值。该账户下设“待处理固定资产损溢”和“待处理流动资产损溢”两个明细科目，分别记录固定资产和流动资产的盈亏及毁损情况。其借方登记各种财产物资的盘亏和毁损数及经批准后转销的盘盈数；贷方登记各种财产物资的盘盈数及经批准后转销的盘亏和毁损数，此账户处理前的借方余额，反映企业尚未处理的各种财产物资的净损失；处理前的贷方余额，反映企业尚未处理的各种财产物资的净收益。期末处理后，此账户应无余额。

(一)存货盘盈的核算

盘盈的存货，往往是由于收发计量或核算上的误差等原因造成的。对盘盈部分，应及时办理存货入账手续，调整存货账面实存数，借记有关存货类科目，贷记“待处理财产损溢”科目，待股东大会或董事会，或经理(厂长)会议或类似机构批准后，调整冲减相关费用，贷记“管理费用”科目，借记“待处理财产损溢——待处理流动资产损溢”科目。

【例4-16】大华物业管理公司在盘点中发现A材料盈余350kg，单价20.00元，计7 000.00元。经查，为收发计量上的误差，按实际数入账。

(1)未批准前，编制会计分录如下：

借：原材料　　7 000.00

　贷：待处理财产损溢——待处理流动资产损溢　　7 000.00

(2)批准后冲减管理费用，编制会计分录如下：

借：待处理财产损溢——待处理流动资产损溢　　7 000.00

贷：管理费用——存货盘盈 7 000.00

(二)存货盘亏和毁损的核算

发生存货盘亏和毁损的原因是多方面的，对这部分存货的短缺，应先结转到“待处理财产损溢”科目，经股东大会或董事会，或经理(厂长)会议或类似机构批准后，再按照亏损原因，分别按以下情况进行账务处理：

(1)属于自然损耗原因产生的定额内的合理损耗，一般列入“管理费用”科目，借记“管理费用”科目，贷记“待处理财产损溢——待处理流动资产损溢”科目。

(2)属于收发计量误差及管理不善等原因造成的存货短缺或毁损，能确定过失人的，由过失人赔偿；属于理赔范围的，应向保险公司索赔。扣除这两部分赔偿额及残料价值后的净损失记入管理费用，借记“管理费用”科目，贷记“待处理财产损溢——待处理流动资产损溢”科目。

(3)属于非正常原因造成的存货盘亏和毁损，在扣除保险公司赔款和残料价值后，将其净损失记入营业外支出，借记“营业外支出——非常损失”科目，贷记“待处理财产损溢——待处理流动资产损溢”科目。

【例4-17】大华物业管理公司在盘点中发现B材料短缺100kg。经查实，其中10kg为一般经营损失，20kg为保管员过失造成的损失，其余70kg损失为非常损失。70kg损失的B材料中，可以向保险公司索赔35kg，残料回收4kg。B材料单价50元/kg。

(1)发现材料短缺时，编制会计分录如下：

借：待处理财产损溢——待处理流动资产损溢 5 000.00

　贷：原材料——B 5 000.00

(2)批准后，编制会计分录如下：

借：管理费用——存货盘亏 500.00

　　其他应收款——保管员 1 000.00

　　其他应收款——保险公司 1 750.00

　　原材料——B 200.00

　　营业外支出——非常损失 1 550.00

　贷：待处理财产损溢——待处理流动资产损溢 5 000.00

➢ 思考与练习

1. 存货的确认条件是什么？
2. 存货的成本包括哪些内容？
3. 存货发出的计价方法有哪几种？如何应用？

4. 如何判断存货的可变现净值低于成本?

5. 简述周转材料的摊销方法。

6. 如何进行存货收发和存货清查的核算?

7. 练习原材料发出成本和期末结存成本的计算。

(1) 资料:大华物业公司甲材料的明细账资料如下表所示。

日期	收入			发出			结存		
	数量(件)	单价(元)	金额(元)	数量(件)	单价(元)	金额(元)	数量(件)	单价(元)	金额(元)
3.1							1 000	3.00	3 000
3.5	500	3.50	1 750				1 500		
3.8				700			800		
3.12	200	2.70	540				1 000		
3.15				400			600		
3.19	200	2.80	560				800		
3.25				600			200		
3.26	300	3.10	930				500		
3.31				350			150		
合计	1 200		3 780	2 050			150		

(2) 要求:分别用先进先出法和加权平均法计算3月份甲材料的发出成本和期末结存成本。

8. 练习存货实际成本计价的核算。

(1) 资料:大华物业管理公司是增值税的一般纳税人,对存货采用实际成本计价核算。8月初"原材料——甲材料"账户的结存金额为6 400元,结存数量为200千克;"原材料——乙材料"账户的结存金额为3 300元,结存数量为150千克。本月发生有关经济业务如下:

①8月3日,从外地鸿基公司购进甲材料为2 000kg,收到银行转来的该公司的结算凭证及所附的增值税专用发票和代垫费用单据。甲材料的单价为15元/kg,货款为30 000元,增值税额为5 100元,代垫运费为500元。经审核无误承付款项,材料尚未收到。

②8月6日,从本地华东集团购入乙材料为1 000kg,单价为10元/kg,取得增值税专用发票。货款为10 000元,增值税为1 700元,价款及税款均以转账支票付清,材料已验收入库。

③8月9日,从东风公司购入乙材料为400kg,单价为19元/kg,运输费为400元,增值税为1 292元,以银行汇票支付价款及税款。取得增值税专用发票,材料已验收入库。

④8月13日,从鸿基公司购进的甲材料验收入库。实收1 950kg,短缺50kg。经查,

其中 10kg 为定额内损耗，其余 40kg 为运输部门管理不善造成，已开出赔偿请求单，款项尚未收到。

⑤ 8 月 29 日，从东风公司购进的甲材料 400kg 已验收入库，但发票账单尚未收到（暂估价为 6 000 元）。

⑥ 8 月 31 日，本月维修领用甲材料 900kg，乙材料 800kg，结转发出材料的实际成本。

(2) 要求：根据以上经济业务编制会计分录（发出材料的计价采用加权平均法）。

9. 练习周转材料的核算。

(1) 资料：

购进经营维修部门用周转材料一批，价款为 20 000 元，增值税专用发票上列明的税款为 3 400 元，运输费为 100 元，款项以转账支票支付。经营维修部门当日领用。该批周转材料使用期满报废后，按预计残料价值为 100 元入账。

(2) 要求：根据上述经济业务编制会计分录。

① 采用一次摊销法。

② 采用五五摊销法。

10. 练习存货盘盈、盘亏及毁损的核算。

(1) 资料：

① 大华物业管理公司期末对存货进行盘点，盘点结果表明：甲材料盘盈 50kg，乙材料盘亏 100kg，原因待查。该公司的材料按计划成本计价，甲材料的计划成本为 22 元，乙材料的计划成本为 20 元，材料成本差异率为 2%（材料购进时按 17% 的税率支付增值税）。

② 上述材料盘盈、盘亏的原因已查明。甲材料盘盈系收发计量差错所致，经批准作为冲减管理费用处理；乙材料盘亏系保管员管理不严造成，责成责任人赔偿 30% 的损失。

③ 大华物业管理公司仓库失火造成材料损失。该批材料的实际成本为 50 000 元，收回残料价值为 500 元，应收保险公司赔款为 44 000 元。材料购进时的增值税率为 17%。

(2) 要求：根据上述经济业务编制会计分录。

第五章

固定资产、投资性房地产、无形资产及其他资产

第一节　固定资产

一、固定资产的性质

固定资产是指使用期限较长，并且在使用过程中保持原有实物形态的资产。《企业会计准则第4号——固定资产》规定："固定资产，是指同时具有下列特征的有形资产：①为生产商品、提供劳务、出租或经营管理而持有的；②使用寿命超过一个会计年度。"固定资产通常包括房屋及建筑物、机器设备、运输设备、工具器具等。作为有形资产，固定资产必须具有如下特征：

(1)使用年限超过一年或长于一年的一个经营周期，且多次参加生产经营过程而不改变其实物形态。企业为购置固定资产所发生的支出属于资本性支出，应先将其资本化，形成固定资产的原始成本。随着固定资产的使用，其原始成本逐渐地、部分地以折旧的形式转作营业成本或费用。

(2)使用寿命有限。固定资产随着在生产经营过程中的不断使用，其服务能力会逐渐丧失，当使用寿命期限届满时，必须予以废弃、替换或重置。因此，物业管理企业必须在固定资产的有效使用年限内，通过计提折旧费用的方式，不断实现对固定资产磨损价值的补偿，以便将来固定资产废弃时，企业有能力重新购置资产，维持再生产的正常进行。

(3)用于生产经营活动，而不是为了出售。物业管理企业取得各种固定资产的目的是为了服务于企业自身的生产经营活动，而不是为了在正常的经营活动中将其转手出售。因此，无论企业购入的是何种资产，该资产的价值

有多高，在企业滞留的时间有多长，只要其购置的目的是为了出售，就不能作为固定资产，而应列为流动资产。

在我国的会计实务中，有具体划分固定资产的标准，即企业使用期限在一年以上的房屋、建筑物、机器、设备、器具、工具等资产都应作为固定资产。

二、固定资产的确认

只有同时满足下列条件，物业管理企业才能将其确认为固定资产。

1．与该固定资产有关的经济利益很可能流入企业

物业管理企业在确认固定资产时，必须判断与该固定资产有关的经济利益是否很可能流入企业。在实际工作中，主要通过判断与该固定资产所有权相关的风险和报酬是否转移到企业来确定。其中：与该固定资产所有权相关的风险，是指由于经营情况发生变化造成的相关收益的变动以及由于资产闲置、技术进步等原因造成的损失；与该固定资产所有权相关的报酬，是指在固定资产使用寿命内直接使用该固定资产所获得的收入以及处置该固定资产实现的利得等。

物业管理企业规定，当某项固定资产的所有权已属于企业，无论企业是否收到或拥有该项固定资产，均可作为企业的固定资产；如果企业不能拥有某项固定资产的所有权，即使该固定资产存放在企业，也不能作为企业的固定资产。特殊情况下，某项固定资产的所有权虽然不属于企业，但是能控制与该项固定资产有关的经济利益流入企业，则意味着与该项固定资产所有权相关的风险和报酬实质上已转移到企业，此时企业应将其确认为固定资产，如融资租入固定资产。

2．该固定资产的成本能够可靠地计量

确认的固定资产能够可靠地计量是满足固定资产的又一个条件。实际工作中，企业有时必须根据所获得的资料合理地估计、确认固定资产的成本。如果企业能够合理地估计固定资产的成本，也可以将其视为固定资产的成本能够可靠地计量。如已达到预定可使用状态的固定资产，在尚未办理竣工决算手续之前，企业必须根据工程预算、工程造价等资料，按暂估价确定固定资产的建造成本，待办理竣工决算手续后再调整固定资产的建造成本。

三、固定资产的分类

(一)按经济用途分类

按经济用途分类，固定资产可分为经营用固定资产和非经营用固定资产两类。

1. 经营用固定资产

经营用固定资产是指参加生产经营过程或直接服务于生产经营过程的各种固定资产，如用于物业管理经营服务的房屋、建筑物、机器设备、运输设备、设施和器具等。

2. 非经营用固定资产

非经营用固定资产是指不直接服务于生产经营过程的各种固定资产，如用于公共福利设施、文化娱乐、卫生保健等方面的房屋、建筑物、设备和器具等。

(二)按使用情况分类

按使用情况分类，固定资产可分为在用固定资产、未使用固定资产和不需用固定资产三类。

1. 在用固定资产

在用固定资产是指物业管理企业正在使用的经营用和非经营用固定资产。物业管理企业的房屋及建筑物无论是否正在使用，都应作为在用固定资产；由于季节性生产经营和进行大修理等原因暂时停用以及存放在经营场所备用、轮换使用的机器设备、工具器具等固定资产也属于在用固定资产；企业根据租赁合同规定，以经营租赁方式出租给外单位使用的固定资产，也包括在在用固定资产一类中。

2. 未使用固定资产

未使用固定资产有两种情况：一种是尚未正式投入生产经营使用的新增固定资产，如待安装的设备；另一种是过去曾经使用过，现在由于某种原因暂时脱离生产经营过程，但将来还会继续投入使用的固定资产，如进行改建、扩建的房屋及建筑物等固定资产。

3. 不需用固定资产

不需用固定资产是指已脱离生产经营过程或从未投入生产经营过程，企业今后不再需要使用的固定资产，如企业因转产而待调配处理的专用设备、模具、工具等。

(三)按所有权分类

按所有权分类，固定资产可分为自有固定资产和租入固定资产两类。

1．自有固定资产

自有固定资产是指物业管理企业通过各种渠道取得的、拥有法定所有权的固定资产。

2．租入固定资产

租入固定资产是指物业管理企业从其他单位租入的、只拥有使用权而不拥有所有权的固定资产，包括以融资租赁方式租入的固定资产和以经营租赁方式租入的固定资产两类。在会计实务中，租入固定资产仅指经营租入固定资产，融资租入固定资产应视同自有固定资产进行核算。

四、固定资产的计价及初始计量的基本规定

(一)固定资产的计价标准

固定资产的核算，既要按其实物数量进行计算和反映，又要按其货币计量单位进行计算和反映。以货币为计量单位计算固定资产的价值，称为固定资产的计价。固定资产的计价标准取决于不同的目的，也就是说，固定资产的计价是否合理，其主要的衡量标准是看所采用的计价标准是否达到了计价目的。由于计价目的不同，采用的计价标准也就不同。固定资产的计价标准有以下三种。

1．按原始价值计价

固定资产的原始价值是指企业为取得某种固定资产所支付的全部价款以及使固定资产达到预期工作状态所支付的各种可以直接归属的成本。按这种方法确定的价值，均是实际发生并有支付凭证的支出。正是由于这种计价方法具有客观性和可验证性的特点，它成为固定资产的基本计价标准。但这种方法也有明显的不足，当经营环境和社会物价水平发生变化时，它不能反映固定资产的真实价值，也不能真实地反映企业当前的经营规模。以此为依据反映的企业财务状况，其真实性必然会受到影响。

2．按重置完全价值计价

重置完全价值是指按现行价格重新购置某项固定资产所需支付的金额。采用重置完全价值对固定资产计价，可以比较真实地反映固定资产的现实价值，但会计操作复杂，不易实行。

3．按净值计价

固定资产的净值也称折余价值，是指固定资产原始价值减去累计折旧后

的净额。它可以反映企业实际占用在固定资产上的资金数额和固定资产的新旧程度。这种计价方法主要用于计算盘盈、盘亏、毁损固定资产的溢余或损失。

(二)固定资产初始计量的基本规定

固定资产应当按照取得时的实际成本计量。

1. 购入的固定资产

有明确标价的固定资产以购置时实际支付的价款及相关费用作为固定资产价值，包括购买价款、相关税费、使固定资产达到预定可使用状态前所发生的可归属于该项资产的运输费、装卸费、安装费和专业人员服务费等。

2. 自制自建的固定资产

物业管理企业自建的固定资产，以建造该项资产达到预定可使用状态前所发生的必要支出作为固定资产的入账价值。对于企业自营工程发生的盘盈、盘亏及部分报废或毁损，固定资产准则的规定是将盘盈、盘亏及部分报废及毁损的工程物资，减去保险公司或过失人赔偿部分的差额后，按不同情况分别处理：如果工程项目尚未完工，计入或冲减所建工程项目的成本；如果工程项目已完工，按照国际会计准则的做法，这部分损失不符合固定资产价值计量标准，应作为营业外收入或营业外支出处理，并计入当期损益。

3. 投资者投入的固定资产

固定资产准则规定，对于投资人投入的固定资产，应当按照投资合同或协议约定的价值计价，但合同或协议约定价值不公允的除外。

4. 融资租入的固定资产

物业管理企业以融资租入方式租入的固定资产，应在租赁期开始日，将租赁开始日租赁资产的公允价值与最低租赁付款额现值两者中的较低者，加上在租赁谈判及签订租赁合同过程中发生的、可以直接归属于租赁项目的手续费、律师费、差旅费、印花税等初始直接费用，作为租入资产的入账价值。

5. 改建、扩建的固定资产

物业管理企业在原有固定资产基础上进行改建、扩建的固定资产，应按原有固定资产的账面原价，减去改建、扩建过程中发生的固定资产变价收入，加上由于改建、扩建而增加的支出计价。

6. 盘盈的固定资产

物业管理企业盘盈的固定资产，按以下规定确定其入账价值。

(1)如果同类或类似固定资产存在活跃市场的，按同类或类似固定资产的市场价格，减去按该项资产的新旧程度估计的价值损耗后的余额，作为入账价值。

(2)如果同类或类似固定资产不存在活跃市场的，按该项固定资产的预计未来现金流量现值，作为入账价值。

7．非货币性资产交换的固定资产

以非货币性资产交换换入，具有商业性质且换入资产或换出资产的公允价值能够可靠地计量时，应以公允价值和应支付的相关税费作为换入固定资产的成本，具体说明如下：

(1) 对于存在活跃市场的固定资产，应当以市场价格为基础确定其公允价值。

(2) 对于不存在活跃市场，但同类或类似固定资产存在活跃市场的固定资产，应当以同类或类似固定资产的市场价格为基础确定其公允价值。

(3)对于不存在同类或类似固定资产的可比市场交易，应当采用估值技术确定其公允价值。

第二节　固定资产取得的核算

一、购入固定资产的核算

物业管理企业购入的固定资产有两种形式，有些固定资产可以不通过安装而直接投入使用，有些则需要通过安装才能投入使用。为了核算物业管理企业固定资产的增减变动情况，应设置“固定资产”账户。该账户核算企业拥有的固定资产原值，其借方登记企业从各种途径取得的固定资产的金额，贷方登记处置固定资产时发生的减少额，该账户的余额在借方，反映固定资产的原值。对于不需安装的固定资产，直接以购入固定资产实际支付的价款作为计价依据，借记“固定资产”科目，贷记“银行存款”科目。企业购入需要安装的固定资产，由于从支付价款、设备运抵企业到设备正式投入使用，尚需经过设备安装过程，并发生各种安装成本。这部分购进成本应先记入“工程物资”科目，设备投入安装时，再将其转入“在建工程”科目；其安装成本应先记入“在建工程”科目，待设备安装完毕后，将设备的买价、支付的运输费连同设备安装成本，一并由“在建工程”科目转入“固定资产”科目。以一笔款项购入多项设有单独标价的固定资产，应当按照各项固定资产的公允价值比例对总成本进行分配，分别确定各项固定资产的成本。

【例 5-1】大华物业管理公司购入一台不需要安装的机器设备，该设备买价为 10 000. 00 元，增值税税额为 1 700. 00 元，款项以银行存款支付，用现金支付运杂费为 100. 00 元。编制会计分录如下：

借：固定资产 11 800. 00

　贷：银行存款 11 700. 00

　　库存现金 100. 00

【例 5-2】大华物业管理公司购入一台需安装的设备。设备买价为 20 000. 00元，增值税税额为 3 400. 00 元，支付运费为 1 000. 00 元，支付安装费为 3 500. 00 元，支付安装工人薪酬为 1 500. 00 元，款项以银行存款支付。设备安装完毕交付使用。编制会计分录如下：

(1) 购入设备运达企业：

借：工程物资 24 400. 00

　贷：银行存款 24 400. 00

(2) 设备投入安装：

借：在建工程 24 400. 00

　贷：工程物资 24 400. 00

(3) 用银行存款支付职工薪酬 1 500. 00 元：

借：在建工程 1 500. 00

　贷：应付职工薪酬 1 500. 00

(4) 用银行存款支付安装费 3 500. 00 元：

借：在建工程 3 500. 00

　贷：银行存款 3 500. 00

(5) 设备安装完毕投入使用：

借：固定资产 29 400. 00

　贷：在建工程 29 400. 00

【例 5-3】2007 年 8 月 5 日，大华物业管理公司为降低采购成本，向泰达公司一次购进 2 套型号不同且具有不同用途的设备 A 和 B。公司用银行存款支付货款为 500 000. 00 元，增值税税额为 85 000. 00 元，运输费为 15 000. 00元。假定设备 A 和 B 均满足固定资产的定义及其确认条件。A 设备的公允价值为 228 000. 00 元，B 设备的公允价值为 342 000. 00 元。(若不考虑其他因素) 则：

(1) 确定计入固定资产的金额。

应计入固定资产的金额 = 500 000. 00 + 85 000. 00 + 15 000. 00

　　　　　　　　　　= 600 000. 00

(2) 确定设备 A、B 的价值分配比例。

$$A\ 设备应分配的固定资产价值比例 = \frac{228\ 000.00}{228\ 000.00 + 342\ 000.00} = 40\%$$

$$B\ 设备应分配的固定资产价值比例 = \frac{342\ 000.00}{228\ 000.00 + 342\ 000.00} = 60\%$$

(3)确定设备 A、B 各自的入账价值。

A 的入账价值 = 600 000.00 × 40% = 240 000.00

B 的入账价值 = 600 000.00 × 60% = 360 000.00

(4)编制会计分录如下：

借：固定资产——A　　240 000.00

　　　　　　——B　　360 000.00

　贷：银行存款　　600 000.00

二、自制自建固定资产的核算

物业管理企业自制自建的固定资产，从开始建造到完工交付使用，需要经历较长的时间。为了归集各种支出，合理确定固定资产实际建造成本，物业管理企业应设置“在建工程”账户。该账户核算物业管理企业基建、更新改造等在建工程发生的支出。它既用于归集企业自制自建工程所发生的支出和计算固定资产实际成本，也用于核算企业改建、扩建固定资产的净增价值，还可以用于反映设备安装工程的成本。该账户的期末借方余额反映尚未达到预定可使用状态的在建工程的成本。物业管理企业为工程所购入的工程材料、物资通过“工程物资”账户核算。该账户核算企业为在建工程准备的各种物资的成本，包括工程用材料、尚未安装的设备以及为生产准备的工具器具等。该科目的期末借方余额反映企业为在建工程准备的各种物资的成本。企业自制自建的固定资产，按其营建方式分为自营工程和出包工程两种方式。

(一)自营工程

物业管理企业采用自营方式建造固定资产，应当按照建造该项固定资产达到预定可使用状态前所发生的必要支出作为入账价值。该期间发生的直接材料、直接人工、直接施工机械费等直接计入工程项目的成本。专门为工程项目提供的水电费等间接费用也应计入工程成本。

企业为在建工程准备的各种材料物资，应当按照实际支付的价款，包括买价、税金、运输费、杂费及保险费等相关税费，作为实际成本入账。

工程完工达到预定可使用状态后，应结转该项工程完工达到预定可使用状态前所发生的支出，作为固定资产的入账价值。如工程尚未完工，工程物资出现盘盈、盘亏、报废及毁损时，应将其数额减去保险公司、过失人赔偿部分后的差额计入或冲减工程项目成本；反之，工程项目完工后，则将其差额计入营业外收入或营业外支出。

在建工程达到预定可使用状态前发生的、因进行试产而形成的，可对外销售产品的生产成本，按规定计入在建工程成本。

所建造的固定资产已达到预定可使用状态，但尚未办理竣工决算手续的，应当自达到预定可使用状态之日起，按照暂估价转入固定资产，并计提固定资产折旧。在办理竣工决算手续后再调整固定资产的暂估价值，但不需调整原已计提的折旧额。

如工程项目尚未达到预计可使用状态时，即发生正常原因的报废或毁损，则应减去残料价值和保险公司或过失人赔款后的差额，计入或冲减工程项目的成本。如工程项目达到预定可使用状态时，属于筹建期间的，计入或冲减管理费用；不属于筹建期间的，计入营业外收入或营业外支出。

如发生非正常原因的报废或毁损，甚至在建工程项目全部报废或毁损，则其净损失全部计入营业外支出。

【例 5-4】大华物业管理公司采用自营方式建造办公楼一幢，为工程购置材料物资 300 000.00 元，全部用于工程建设，为工程支付工资 10 000.00 元，为工程借款而发生的利息 50 000.00 元，工程完工交付使用。编制会计分录如下：

(1)购入工程物资：

借：工程物资　　300 000.00

　贷：银行存款　　300 000.00

(2)领用工程物资：

借：在建工程——××工程　　300 000.00

　贷：工程物资　　300 000.00

(3)支付工程人员薪酬：

借：在建工程——××工程　　10 000.00

　贷：应付职工薪酬　　10 000.00

(4)结转为工程借款而发生的利息：

借：在建工程——××工程　　50 000.00

　贷：长期借款　　50 000.00

(5)工程达到预定可使用状态，结转工程成本并交付使用：

借：固定资产　　360 000.00

贷：在建工程——××工程　　360 000.00

(二)出包工程

企业采用出包方式建造固定资产时，应当按照建造该项固定资产达到预定可使用状态前所发生的必要支出，如建筑工程支出、安装工程支出、需分摊计入的待摊支出等作为工程项目的入账价值。工程项目的具体支出在承包单位核算，因此，“在建工程”科目实际上主要用于同承包单位的往来结算。企业将与建造承包商结算的工程价款作为工程成本，通过“在建工程”科目进行核算。

【例5-5】大华物业管理公司将新建办公楼工程出包给建筑工程公司进行。

(1)根据工程出包合同规定，甲公司预付给建筑工程公司款项200 000.00元：

借：在建工程——出包工程　　200 000.00

贷：银行存款　　200 000.00

(2)办公楼建造完工，经验收合格，建筑公司交来账单，企业补付工程款250 000.00元：

借：在建工程——出包工程　　250 000.00

贷：银行存款　　250 000.00

(3)办公楼交付使用：

借：固定资产　　450 000.00

贷：在建工程——出包工程　　450 000.00

三、投资者投入固定资产的核算

接受投资者投资转入的固定资产要按照合同或协议约定的价值确定固定资产的成本。进行相应核算时，应设置“实收资本”科目，以记录投资者投入的资本。

【例5-6】大华物业管理公司接受投资者投入设备一台，该设备的重置价值为20 000.00元，评估确认的价值为20 000.00元。

借：固定资产——设备　　20 000.00

贷：实收资本　　20 000.00

四、租入固定资产的核算

租赁指在约定的期限内，出租人将资产使用权让与承租人，以获取租金的协议。按照租赁的性质，物业管理企业租入的固定资产分为经营性租入的固定资产和融资性租入的固定资产两种。由于二者具有不同的性质和特点，因而所采用的会计方法也不同。

（一）融资性租赁

融资租赁指实质上转移了与资产所有权有关的全部风险和报酬的租赁。

企业采用融资方式租入固定资产时，虽然在法律形式上，资产的所有权在租赁期仍属出租人，但租赁期基本上包括了资产的有限年限。承租企业实质上在获得租赁资产所能提供的主要经济利益的同时，还承担了与资产所有权有关的风险。因此，承租企业应将融资租入的资产作为固定资产入账，并确认相应负债，同时计提折旧。

承租企业应在租赁期开始日，将租赁开始日租赁资产的公允价值与最低租赁付款额现值两者中的较低者加上在租赁谈判和签订租赁合同过程中发生的相关税费，作为资产的入账价值。借记“固定资产”“融资租入固定资产”科目，按最低租赁付款额，贷记“长期应付款”科目；按发生的初始直接费用，贷记“银行存款”“库存现金”等科目，按其差额，借记“未确认融资费用”科目；支付租金时，借记“长期应付款”科目，贷记“银行存款”科目。如支付的租金中包含履约成本，则应按履约成本的金额，借记“制造费用”“管理费用”“销售费用”等科目，贷记“银行存款”科目。

融资租赁与经营租赁相比，其特点和区别主要体现在以下几个方面：①租期较长（一般达到租赁资产使用年限的75%以上）；②租约一般不能取消；③支付的租金包括了设备的价款、租赁费和借款利息等；④租赁期满，承租人有优先选择廉价购买租赁资产的权利。

（二）经营性租赁

经营性租赁指除融资租赁以外的其他租赁。从时间上看，经营租赁的租赁期通常都比较短，只占被租赁固定资产使用寿命的一小部分，租赁期满时，承租企业即将租赁固定资产交还出租人。在经营租赁方式下，出租人仍然承担持有固定资产的费用和风险，因而需要为被租赁资产交纳有关税金、保险费，进行维修保养并计提折旧。承租企业对租入的固定资产通过备查登记的方式记录和管理，对支付的租赁费，应计入当期损益。对租入固定资产所进行的改良工程支出，应先计入长期待摊费用，然后再分期摊销。

五、以非货币性资产交换换入固定资产的核算

非货币性资产交易指交易双方主要以固定资产等非货币性资产进行的交换。该交换不涉及或只涉及少量的货币性资产(即补价)。非货币性资产交换应同时满足：①该项交换具有商业性质；②换入资产或换出资产的公允价值能够可靠地计量条件的，应当以公允价值和应支付的相关税费作为换入资产的成本。公允价值与换出资产账面价值的差额计入当期损益。

企业在将公允价值和应支付的相关税费作为换入资产成本的情况下发生补价的，应分别按照下列情况处理：

(1)支付补价的，换入资产成本与换出资产账面价值加支付的补价、应支付的相关税费之和的差额，应当计入当期损益。

(2)收到补价的，换入资产成本加收到的补价之和与换出资产账面价值加应支付的相关税费之和的差额，应当计入当期损益。

企业在将换出资产的账面价值和应支付的相关税费作为换入资产成本的情况下，发生补价时，应分别按照以下情况处理。

(1)支付补价的，应当以换出资产的账面价值，加上支付的补价和应支付的相关税费，作为换入资产的成本，不确认损益。

(2)收到补价的，应当以换出资产的账面价值，减去收到的补价并加上应支付的相关税费，作为换入资产的成本，不确认损益。

但有确凿证据表明换入资产的公允价值更加可靠的，则以换入资产的公允价值作为确定换入资产成本的基础，换出资产账面价值与其公允价值之间的差额，计入当期损益。

第三节　固定资产折旧

一、固定资产折旧的含义

固定资产折旧是指固定资产使用寿命内，按照确定的方法对应计折旧额进行系统分摊。固定资产的损耗分为有形损耗和无形损耗两种形式。有形损耗是指固定资产在使用过程中，由于正常使用和自然力的作用而引起的使用价值和价值的损失，如设备使用中的磨损等。无形损耗是指由于科学技术进步和劳动生产率的提高而带来的固定资产价值上的损失，这种损耗的特点是

固定资产在物质形成上仍具有一定的服务潜力，但企业若继续使用已无经济价值。固定资产损耗的这部分价值，应当在固定资产的有效使用年限内进行分摊，形成折旧费用，计入产品成本或期间费用。

二、影响固定资产折旧的因素

影响固定资产折旧的因素主要有以下三个方面。

(一) 使用寿命

使用寿命指企业使用固定资产的预计期间或者该固定资产所能生产产品或提供劳务的数量。确定固定资产使用寿命时应考虑以下因素：

①预计生产能力或实物产量；

②预计有形损耗或无形损耗；

③法律或类似规定对资产使用的限制。

固定资产使用寿命的长短，直接影响各期应提折旧额的计算，但使用寿命是很难确切估计的，为了避免企业人为延长或缩短折旧年限，物业管理企业应根据国家有关规定，结合本企业的具体情况，合理地确定固定资产使用寿命，合理计算固定资产的转移价值，作为计提折旧的依据。

(二) 应计折旧额

应计折旧额指应当计提折旧额的固定资产的原价扣除其预计净残值后的金额。已计提减值准备的固定资产，还应当扣除已计提的固定资产减值准备累计金额。企业对于已入账的固定资产，除发生特殊情况外，不得任意变动。在会计核算中，以此作为计提折旧的基数，可以使折旧的计算建立在客观的基础之上，不受主观因素的影响。

(三) 预计净残值

预计净残值指假定固定资产预计使用寿命已满并处于使用寿命终了时的预期状态，企业目前从该项资产处置中获得的扣除预计处置费用后的金额。

三、固定资产折旧范围

物业管理企业拥有的固定资产并不都需要提取折旧。借鉴国际通行的做法，并遵循我国的具体情况，除以下情况外，企业应对所有固定资产计提折旧：①已提足折旧仍继续使用的固定资产。此处已提足折旧指已经提足该项固定资产的应计折旧额。②按照规定单独估价作为固定资产入账的土地。

在会计实务中，物业管理企业一般按月计提固定资产折旧。为了简化核算，月份内开始使用的固定资产，当月不计提折旧，从下月起计提折旧；月份内减少或停用的固定资产，当月仍计提折旧，从下月起停止计提折旧。此外，固定资产提足折旧后，不管能否继续使用，均不再提取折旧；提前报废的固定资产，不再补提折旧。

四、固定资产折旧方法

物业管理企业应根据固定资产的性质和使用情况合理地选择固定资产折旧方法。会计上可选用的计算折旧的方法很多，如直线法、工作量法、加速折旧法等。由于固定资产折旧方法的选用直接影响到企业成本、费用的计算，影响到企业的收入和纳税，从而也影响了国家的财政收入，因此，对于折旧方法的选用，国家历来有较严格的规定。物业管理企业应在国家规定的范围内选择折旧计算方法。折旧计算方法一经确定，不得随意更改。

(一)直线法

直线法又称平均年限法，是以固定资产预计使用年限为分摊标准，将固定资产应提折旧总额均衡地分摊到各期的一种方法。采用这种方法计提折旧，各期固定资产折旧额完全相等，其计算公式为

$$\text{年折旧率}=\frac{1-\text{预计净残值率}}{\text{预计使用年限}}\times 100\%$$

$$\text{月折旧率}=\text{年折旧率}\div 12$$

$$\text{月折旧额}=\text{固定资产原值}\times\text{月折旧率}$$

【例 5-7】大华物业管理公司的一幢办公楼，原账面价值为 2 400 000. 00 元，预计使用年限为 20 年，预计净残值率为 4%。

$$\text{年折旧率}=\frac{1-4\%}{20}\times 100\% = 4.8\%$$

$$\text{月折旧率}=4.8\%\div 12=0.4\%$$

$$\text{月折旧额}=2\,400\,000.00\times 0.4\%=9\,600.00(\text{元})$$

采用直线法计提固定资产折旧简便易行，容易理解，因而是会计实务中常使用的一种方法。但这种方法会使固定资产在整个使用期间的使用成本不均衡，同时也忽视了各期对固定资产的使用情况。

(二)工作量法

工作量法是以固定资产预计可完成的工作量为分摊标准，根据各期实际完成的工作量计算折旧额的一种方法。采用这种方法计提折旧，各期固定资产的折旧额随工作量的变动而成正比例变动，其计算公式为

$$单位工作量折旧额=\frac{固定资产原值\times(1-预计净残值率)}{预计总工作量}$$

$$某项固定资产月折旧额=该项固定资产当月工作量\times单位工作量折旧额$$

【例 5-8】大华物业管理公司有运输货车一辆，原值 300 000.00 元，预计净残值 15 000.00 元，预计总计里程 600 000km，当月行驶 4 000km，该项固定资产的月折旧额如下：

$$每千米折旧额=\frac{300\ 000.00-15\ 000.00}{600\ 000}=0.475(元/km)$$

$$本月折旧额=4\ 000\times0.475=1\ 900.00(元)$$

采用工作量法计提固定资产折旧，简单实用，而且应提的折旧额与资产的使用成正比例，使资产的使用效益与成本较为合理地进行配比。但这种方法未考虑无形损耗的因素，更何况资产在预计使用年限内究竟能完成多少工作量也很难测定。因此，工作量法仅适用于大型专业设备和运输设备。

（三）加速折旧法

我国目前允许采用的加速折旧法主要包括双倍余额递减法和年数总和法两种。

1．双倍余额递减法

双倍余额递减法是以不考虑固定资产净残值的直线法折旧率的两倍作为加速折旧率，乘以每期期初固定资产折余价值求得每期折旧的一种方法，其计算公式为

$$年折旧率=\frac{2}{预计使用年限}\times100\%$$

$$月折旧率=年折旧率\div12$$

$$月折旧额=固定资产账面净值\times月折旧率$$

为了保证在采用双倍余额递减法时，各期计提的折旧额合计数相等，企业应在固定资产使用后期，当发现某期按双倍余额递减法计算的折旧小于该期剩余年限按直线法计提的折旧时，改用直线法计提折旧。将双倍余额递减法改用直线法的程序，通常称为转换。转换条件为

$$\frac{账面净值-预计净残值}{剩余使用年限}>该年按双倍余额递减法计算的折旧$$

【例 5-9】大华物业管理公司有设备一台，经批准采用加速折旧法计提折旧。该设备购置成本为 640 000.00 元，预计使用期为 5 年，预计净残值为 20 000.00 元，采用双倍余额递减法计提折旧，见表 5-1。

表 5-1　折旧计算表(双倍余额递减法)　　单位：元

年份	期初净值	年折旧率(%)	年折旧额	累计折旧	期末净值
1	640 000.00	40	256 000.00	256 000.00	384 000.00
2	384 000.00	40	153 600.00	409 600.00	230 400.00
3	230 400.00	40	92 160.00	501 760.00	138 240.00
4	138 240.00	—	59 120.00	560 880.00	79 120.00
5	79 120.00	—	59 120.00	620 000.00	20 000.00

说明：(1)年折旧率 = 2 / 5 × 100%。

(2)各月的折旧额用年折旧额除以 12 计算。

从表中可以看出，该项固定资产第 4 年如果仍按双倍余额递减法计提折旧，年折旧额应为 55 296 元(即：138 240 × 40%)；如果改按平均年限法计提折旧，年折旧额应为 59 120 元[即：(138 240 − 20 000) / 2]。由于该项固定资产第 4 年按双倍余额递减法计提的折旧额小于按平均年限法计提的折旧额，因此，从第 4 年开始，该项固定资产改按平均年限法计提折旧。

2. 年数总和法

年数总和法是将固定资产的原值减去残值后的净额乘以一个逐年递减的分数计算每年的折旧额，这个分数的分子代表固定资产尚可使用的年数，分母代表使用年数的逐年数字总和，其计算公式为

年折旧率 = 尚可使用年数 / 预计使用年限的年数总和 × 100%

或

$$年折旧率 = \frac{预计使用年限 - 已使用年限}{预计使用年限 \times (预计使用年限 + 1) \div 2} \times 100\%$$

【例 5-10】大华物业管理公司有设备一台，购置成本为 640 000.00 元，预计使用年限为 5 年，预计净值为 20 000.00 元，采用年数总和法计提折旧，见表 5-2。

表 5-2　折旧计算表(年数总和法)　　单位：元

年份	应计提折旧总额	年折旧率	年折旧额	累计折旧
1	640 000.00 − 20 000.00	5/15	206 667.00	206 667.00
2	640 000.00 − 20 000.00	4/15	165 333.00	372 000.00
3	640 000.00 − 20 000.00	3/15	124 000.00	496 000.00
4	640 000.00 − 20 000.00	2/15	82 667.00	578 667.00
5	640 000.00 − 20 000.00	1/15	41 333.00	620 000.00

企业计提的固定资产折旧，应当根据固定资产的用途，分别计入相关资产的成本或相关损益。

借：管理费用

　　销售费用

　贷：累计折旧

五、固定资产预计使用寿命、预计净残值计折旧方法等的复核

固定资产使用过程中，由于外部环境，如经济环境、技术环境等影响会导致预计固定资产使用寿命及预计净残值等发生变化。因此，为了真实地反映固定资产的实际消耗，企业至少应于每年年度终了，对固定资产的使用寿命及预计净残值进行复核。如果固定资产的使用寿命、预计净残值的预期数与原估计数有差异时，应当相应地调整固定资产的使用寿命和预计净残值，并按照会计估计变更的有关规定进行处理，以保证企业对外提供真实的信息。

在固定资产使用过程中，与其有关的经济利益预期实现方式预计会发生重大变化，导致使用某种方法计提折旧已经很难反映该项固定资产给企业带来经济利益的方式时，企业也应相应地改变固定资产的折旧方法。因此，企业至少应当在每年年度终了，对固定资产的折旧方法进行复核。如果与固定资产有关的经济利益预期实现方式有重大调整时，应相应地改变固定资产的折旧方法，并按照会计估计变更的有关规定进行处理。

第四节　固定资产的后续支出、处置及清查

一、固定资产后续支出的核算

物业管理企业对于固定资产发生的下列各项后续支出，根据具体情况，通常按以下方法处理：

(1)固定资产修理费用，直接计入当期费用。

(2)固定资产改良支出，计入固定资产账面价值。

(3)固定资产修理与改良支出结合在一起，或难以区分固定资产修理或改良时，应判断与固定资产有关的后续支出是否满足固定资产的确认条件。如该支出不能满足固定资产的确认条件，即将其确认为当期费用；反之，则

计入固定资产的账面价值。

(4)固定资产装修费用，如满足固定资产的确认条件，则将其计入固定资产的账面价值，并在两次装修间隔期间与固定资产尚可使用年限两者中较短的期间内，采用合理方法单独计提折旧。待下次装修时，如该项固定资产明细科目仍有账面价值，则应将该账面价值一次全部计入营业外支出。

(5)融资租入固定资产发生的后续支出，与装修费用采用相同的处理方法。此时发生的装修费用，如能满足固定资产的确认条件，应在两次装修间隔期间、尚可使用年限及剩余租赁期三者中较短的期间内，采用合理的方法单独计提折旧。

物业管理企业的固定资产由于使用、自然损耗、意外事故等原因，会发生不同程度的损坏，影响其正常使用。为了保证固定资产的正常运转，恢复固定资产的使用效能，企业必须定期对固定资产进行必要的维护，及时修复损坏的固定资产。

(一)固定资产费用化的后续支出

固定资产费用化的后续支出涉及范围小，费用支出少，发生频繁，是维护和保持固定资产正常工作状态所进行的费用化的后续支出。由于其费用化的后续支出只是确保固定资产的正常工作状态，通常不能满足固定资产的确认条件，应在发生时直接计入管理费用或销售费用。在会计核算上，一般将实际发生的修理费用直接计入当期费用中。

【例 5-11】大华物业管理公司某月对设备进行日常维修，领用原材料 400.00 元，维修人员工资 200.00 元，用银行存款支付其他费用 600.00 元。

借：管理费用——修理费	1 200.00	
贷：原材料		400.00
银行存款		600.00
应付职工薪酬		200.00

(二)固定资产的改良支出

经营租入固定资产的改良支出，应通过“长期待摊费用”科目核算，并在剩余租赁期与租赁固定资产尚可使用年限两者中较短的期间内，采用合理的方法进行摊销。

二、固定资产清理的核算

物业管理企业固定资产满足下列条件之一的，应当予以终止确认：

(1)该固定资产处于处置状态。

(2)该固定资产预期通过使用或处置不能产生经济利益。

物业管理企业出售、转让、报废及毁损固定资产时，应当将处置收入扣除账面价值和相关税费后的金额计入当期损益。固定资产的账面价值是固定资产成本扣减累计折旧额和累计减值准备后的金额。固定资产处理一般通过“固定资产清理”账户进行核算。“固定资产清理”是计价对比账户，它核算物业管理企业因出售、报废、毁损、对外投资、非货币性资产交易、债务重组等原因转出的固定资产价值以及在清理过程中发生的费用等。该账户借方反映因出售、报废、毁损、对外投资、非货币性资产交易、债务重组等原因转入清理的固定资产账面价值，清理过程中应支付的相关税费及清理收入；贷方反映清理固定资产的变价收入及应由保险公司或过失人承担的损失等。该账户的期末借方余额反映企业尚未清理完毕的固定资产净损失等。固定资产清理的会计核算一般可分为以下几个步骤。

(一)固定资产转入清理

物业管理企业出售、报废和毁损的固定资产转入清理时，应按清理固定资产的账面价值，借记“固定资产清理”科目，按已计提的折旧额，借记“累计折旧”科目，按已计提的减值准备，借记“固定资产减值准备”科目；按固定资产原价，贷记“固定资产”科目。

(二)发生的清理费用

固定资产清理过程中发生的相关税费及其他费用(如支付清理人员的工资等)，也应记入“固定资产清理”科目，按实际发生的清理费用，借记“固定资产清理”科目，贷记“银行存款”“应交税费”等科目。

(三)出售收入和残料等的处理

物业管理企业收回出售固定资产的价款、报废固定资产的残料价值和变价收入等，应冲减清理支出，按实际收到的出售价款及残料变价收入等，借记“银行存款”“原材料”等科目，贷记“固定资产清理”科目。

(四)保险赔偿的处理

物业管理企业计算或收到应由保险公司或过失人赔偿的报废、毁损固定资产的损失时，应冲减清理支出，借记“银行存款”或“其他应收款”科目，贷记“固定资产清理”科目。

(五)清理净损益的处理

固定资产处置后的净收益，借记“固定资产清理”科目，贷记“营业外收入——非流动资产处置利得”科目。固定资产清理后的净损失，由于自然灾害等非正常原因导致的损失，借记“营业外支出——非常损失”科目，贷记“固定资产清理”科目；属于生产经营期间正常的处理损失，借记“营业外支出——非流动资产处置损失”科目，贷记“固定资产清理”科目。

【例 5-12】大华物业管理公司有旧楼一幢，因使用期满经批准报废。该旧楼的原值 300 000.00 元，已提折旧 250 000.00 元。在清理过程中，以银行存款支付清理费用 10 000.00 元，收回残料作价入库 15 000.00 元。

(1)固定资产转入清理：

借：固定资产清理	50 000.00
累计折旧	250 000.00
贷：固定资产	300 000.00

(2)支付清理费用：

借：固定资产清理	10 000.00
贷：银行存款	10 000.00

(3)残料入库：

借：原材料	15 000.00
贷：固定资产清理	15 000.00

(4)结转固定资产清理净损益：

借：营业外支出——非流动资产处置损失	45 000.00
贷：固定资产清理	45 000.00

【例 5-13】大华物业管理公司的运输卡车在交通事故中报废。该卡车原价 100 000.00 元，已提折旧 60 000.00 元，收回过失人赔偿款 60 000.00 元，残料变价收入 4 000.00 元。

(1)将报废卡车注销：

借：固定资产清理	40 000.00
累计折旧	60 000.00
贷：固定资产	100 000.00

(2)收到过失人赔偿款及变价收入：

借：银行存款	64 000.00
贷：固定资产清理	64 000.00

(3)结转净损益：

借：固定资产清理	24 000.00
贷：营业外收入——非流动资产处置利得	24 000.00

三、固定资产清查的核算

为了保证账实相符，企业应当定期或不定期对固定资产进行盘点清查。

年度终了前必须进行一次全面的盘点清查。

(一)固定资产盘盈

企业如有盘盈固定资产的，应作为前期差错记入“以前年度损益调整”科目。

【例 5-14】大华物业管理公司在固定资产清查中发现账外设备一台，按公允价值估价为6 000.00元，按新旧程度估计折旧为2 000.00元。

(1)发现盘盈登记入账：

借：固定资产　　6 000.00

　贷：累计折旧　　2 000.00

　　待处理财产损溢——待处理固定资产损溢　　4 000.00

(2) 批准后，转入营业外收入：

借：待处理财产损溢　　4 000.00

　贷：营业外收入——盘盈利得　　4 000.00

(二)固定资产盘亏

清查中发现盘亏的固定资产，在未查明原因及未报经批准处理前，应先按盘亏固定资产账面净值，借记“待处理财产损溢”科目，按已提折旧，借记“累计折旧”科目，按固定资产账面原价，贷记“固定资产”科目；待查明原因并报经批准处理后，再借记“营业外支出”科目，贷记“待处理财产损溢”科目。

【例 5-15】大华物业管理公司在清查中发现少了一台设备，该设备账面原价为7 000.00元，已提折旧4 800.00元。

(1)发现盘亏注销固定资产：

借：待处理财产损溢——待处理固定资产损溢　　2 200.00

　累计折旧　　4 800.00

　贷：固定资产　　7 000.00

(2)经批准后转入营业外支出：

借：营业外支出——盘亏损失　　2 200.00

　贷：待处理财产损溢——待处理固定资产损溢　　2 200.00

四、其他方式减少固定资产的核算

物业管理企业持有待售的固定资产，应当调整其预计净残值，使预计净残值能够反映其公允价值减去处置费用后的金额，但不能超过其账面价值。原账面价值高于预计净残值之差，则作为资产减值损失计入当期损益。同时，持有代售固定资产从划归为持有代售之日起停止计提折旧和减值准备。

此外，以固定资产清偿债务、投资转出固定资产、以非货币性资产交换换出固定资产等方式减少的固定资产等，则分别按照债务重组、非货币性资产交换等的处理原则进行核算。

第五节　投资性房地产

一、投资性房地产的范围

投资性房地产是指为赚取租金或资本增值，或者两者兼有而持有的房地产，主要包括已出租的建筑物、已出租的土地使用权、持有并准备增值后转让的土地使用权。投资性房地产应当能够单独计量和出售。

(一)属于投资性房地产的项目

(1)已出租的建筑物和已出租的土地使用权。已出租的建筑物是指物业管理企业拥有产权并从租赁期开始日以经营租赁方式出租的房屋等建筑物，包括自行建造或开发完成后用于出租的房地产。已出租的土地使用权是指企业通过出让或转让方式取得，并以经营租赁方式出租的土地使用权。但计划用于出租而尚未出租的建筑物和土地使用权不包括在这一范围内。

(2)持有并准备增值后转让的土地使用权。持有并准备增值后转让的土地使用权是指企业通过出让或转让方式取得的，并准备在增值后转让的土地使用权。按照国家有关规定认定的闲置土地，不属于持有并准备增值的土地使用权。

(3)房地产中能够单独计量和出售取得租金或资本增值的部分。房地产中的一部分用于企业内部生产商品、提供劳务或经营管理，另一部分用于赚取租金或资本增值，如果用于赚取租金或资本增值的部分能够单独计量和出售，则应确认为投资性房地产。

(4)企业将建筑物出租，按租赁协议向承租人提供的相关辅助服务在整个协议中比重较小的，应当将该建筑物确认为投资性房地产。如企业将办公楼出租，仅向承租人提供保安、维修等辅助服务的，该建筑物应当被确认为投资性房地产。

(二)不属于投资性房地产的项目

物业管理企业在经营中除投资性房地产外，不属于投资性房地产的项目包括以下几点。

1. 自用房地产

自用房地产指物业管理企业为提供劳务或经营管理而持有的房地产，如自用建筑物（固定资产）和自用土地使用权（无形资产）。

2. 作为存货的房地产

作为存货的房地产通常指房地产开发企业在正常经营过程中销售的、或为销售而正在开发的商品房和土地。

二、投资性房地产的确认

确认某一项目为投资性房地产，首先，应符合房地产的概念；其次，同时满足下列条件：

(1)与该投资性房地产有关的经济利益很可能流入企业。

(2)该投资性房地产的成本能够可靠地计量。

三、投资性房地产计量的核算

投资性房地产的计量分为初始计量和后续计量两个阶段。

(一)投资性房地产的初始计量

投资性房地产应当按照成本进行初始计量。投资性房地产的初始取得成本应根据以下不同取得方式分别确定。

(1)外购投资性房地产的成本。外购投资性房地产的成本包括购买价款、相关税费和可直接归属于该资产的其他支出。对于物业管理企业外购的房地产，只有在购入房地产的同时开始对外出租（自租赁期开始日计算）或用于资本增值，才属于外购投资性房地产。如购入房地产自用一段时间后，再改为出租或用于资本增值的，应先将其确认为固定资产或无形资产，自租赁期开始日或用于资本增值之日起，从固定资产或无形资产转为投资性房地产。

【例5-16】2007年5月，大华物业管理公司计划购入一幢办公楼并对外出租。5月25日，大华物业管理公司与兴隆公司签订了经营租赁合同，约定该楼自购买日起将其租给兴隆公司，为期三年。5月31日，大华物业管理公司实际购入写字楼，支付价款15 000 000元。（若不考虑其他因素，大华物业管理公司采用成本模式进行后续计量。）

借：投资性房地产——办公楼　　15 000 000

　贷：银行存款　　15 000 000

（2）自行建造投资性房地产的成本。自行建造投资性房地产的成本由建造该项资产达到预定可使用状态前所发生的必要支出构成，包括土地开发费、建筑安装成本、应予以资本化的借款费用、支付的其他费用和分摊的间接费用等。建造过程中发生的非正常性损失应直接计入当期损益。物业管理企业自行建造、开发的房地产，必须在自行建造、开发活动完成，即达到预定可使用状态的同时开始对外出租或用于资本增值，才能被确认为投资性房地产。

如达到预定可使用状态一段时间后开始对外出租或用于资本增值，应先将自行建造或开发的房地产确认为固定资产、无形资产或存货，自租赁期开始日或用于资本增值之日起，从固定资产、无形资产或存货转换为投资性房地产。

【例 5-17】大华物业管理公司从外单位购入一块土地并自行建造一幢办公楼对外出租。2007 年 5 月 25 日，大华物业管理公司与兴隆公司签订了经营租赁合同，约定该楼自购买日起将其租赁给兴隆公司，为期三年。该块土地使用权的成本为 3 000 000 元，房屋造价为 15 000 000 元。

借：投资性房地产——办公楼　　15 000 000
　贷：在建工程　　15 000 000
借：投资性房地产——土地使用权　　3 000 000
　贷：投资性房地产——办公楼　　3 000 000

（3）以其他方式取得的投资性房地产的成本，按照相关会计准则的规定确定。

（4）与投资性房地产有关的后续支出，满足投资性房地产确认条件的，计入投资性房地产成本；不符合投资性房地产确认条件的，在发生时直接计入当期损益。

（二）投资性房地产的后续计量

投资性房地产的后续计量是指在资产负债表日采用一定的计量模式对投资性房地产价值进行的计量。根据计量模式的不同，投资性房地产的后续计量模式分为成本模式和公允价值模式两种。一般情况下采用成本模式计量，如能满足特定条件，则可以采用公允价值模式计量。但同一企业只能选用一种模式。

为核算投资性房地产价值的增减变动情况（包括采用成本模式计量的投资性房地产和采用公允价值模式计量的投资性房地产），企业应设置"投资性房地产"账户。该账户为资产类账户，借方登记投资性房地产价值的增加额；贷方登记投资性房地产价值的减少额；该账户的期末借方余额反映企业采用成本模式计量的投资性房地产成本；企业采用公允价值模式计量的投资性房地产，应当反映投资性房地产的公允价值。该账户应当按照投资性房地产类别和项目进行明细核算，采用公允价值模式计量的投资性房地产，还应当分别按“成本”和“公允价值变动”进行明细核算。

1．采用成本模式进行计量的投资性房地产

企业通常应当采用成本模式对投资性房地产进行计量。在成本模式下，企业应当按照《企业会计准则第4号——固定资产》和《企业会计准则第6号——无形资产》对已出租的建筑物或土地使用权进行计量，并计提折旧或摊销；如果存在减值迹象的，应当按照《企业会计准则第8号——资产减值》进行减值测试，计提相应的减值准备。

(1)外购投资性房地产或自行建造的投资性房地产达到预定可使用状态时，按照实际成本，借记“投资性房地产”科目，贷记“银行存款”“在建工程”等科目。

(2)按期计提固定资产折旧或进行无形资产摊销时，借记“其他业务成本”科目，贷记“投资性房地产累计折旧(摊销)”科目。取得的租金收入，借记“银行存款”科目，贷记“主营业务收入”等科目。

(3)投资性房地产确定发生减值的，应当计提减值准备，借记“资产减值损失”科目，贷记“投资性房地产减值准备”科目。

【例5-18】2007年8月，大华物业管理公司与兴隆公司的房屋租赁合同即将到期。该房屋按照成本模式进行后续计量，原价为100 000 000元，已提折旧为40 000 000元。大华物业管理公司决定在租期满后对该房屋进行扩建，并与恒源公司签订了经营租赁合同，约定在房屋扩建完工时将该房屋出租给恒源公司。2007年9月1日，与兴隆公司的房屋租赁合同到期，大华物业管理公司随即开始扩建工程。2007年12月1日，扩建工程完工，共发生支出10 000 000元。12月10日，房屋出租给恒源公司。(该项支出采用资本化的后续支出。)

(1)投资型房产转入扩建工程时：

借：在建工程　　60 000 000
　　投资性房地产累计折旧(摊销)　　40 000 000
　贷：投资性房地产　　100 000 000

(2)扩建工程期间支出：

借：在建工程　　10 000 000
　贷：银行存款　　10 000 000

(3)工程完工交付使用：

借：投资性房地产　　10 000 000

　贷：在建工程　　10 000 000

【例 5-19】大华物业管理公司对某项投资性房地产进行日常维修，共发生维修支出 200 000 元。(该项支出采用费用化的后续支出)

借：其他业务成本　　200 000

　贷：银行存款　　200 000

2．采用公允价值模式进行计量的投资性房地产

当存在确凿证据表明投资性房地产的公允价值能够持续可靠地取得时，物业管理企业即可以对投资性房地产采用公允价值模式进行后续计量。而一旦采用公允价值模式进行后续计量，就应当对其全部投资性房地产均采用公允价值模式进行后续计量。采用公允价值模式进行后续计量的投资性房地产，应当同时满足以下条件：

(1)投资性房地产所在地有活跃的房地产交易市场。投资性房地产所在地通常是指投资性房地产所在的城市，对于大中城市，应当具体化为投资性房地产所在的城区。活跃市场，是指同时具有下列特征的市场：①市场内交易对象具有同质性；②可随时找到自愿交易的买方和卖方；③市场价格信息公开。如能满足以上特征，则意味着投资性房地产可以在房地产交易市场中直接交易。

(2)企业能够从房地产交易市场上取得同类或类似房地产的市场价格及其他相关信息，从而对投资性房地产的公允价值做出科学合理的估计。

同类或类似的房地产，对建筑物而言，是指所处地理位置和地理环境相同、性质相同、结构类型相同或相近、新旧程度相同或相近、可使用状况相同或相近的建筑物；对于土地使用权而言，是指同一城区、同一位置区域、所处地理环境相同或相近、可使用状况相同或相近的土地。

采用公允价值模式进行后续计量的投资性房地产，应当进行如下会计处理：

① 外购投资性房地产或自行建造的投资性房地产达到预定可使用状态时，按照实际成本，借记“投资性房地产(成本)”科目，贷记“银行存款”“在建工程”等科目。

② 不对投资性房地产计提折旧或摊销。物业管理企业应当以资产负债表日投资性房地产的公允价值为基础调整其账面价值，公允价值与原账面价值之间的差额计入当期损益。

资产负债表日，投资性房地产的公允价值高于其账面价值的差额，借记“投资性房地产(公允价值变动)”科目，贷记“公允价值变动损益”科目；公允价值低于原账面价值之间的差额，做相反的会计分录。

③ 取得的租金收入，借记“银行存款”科目，贷记“主营业务收入”等科目。

物业管理企业对投资性房地产的计量模式一经确定，不得随意变更。成本模式转为公允价值模式的，应当作为会计政策变更处理。将计量模式变更时公允价值与账面价值的差额，调整期初留存收益(未分配利润)。物业管理企业变更投资性房地产计量模式时，按照计量模式变更日投资性房地产的公允价值，借记“投资性房地产(成本)”科目，按照已提折旧或摊销额，借记“投资性房地产累计折旧(摊销)”科目，原已计提减值准备的，借记“投资性房地产减值准备”科目，按照原账面余额，贷记“投资性房地产”科目，按照公允价值与账面价值之间的差额，贷记或借记“利润分配——未分配利润”“盈余公积”等科目。已采用公允价值模式计量的投资性房地产，不得从公允价值模式转为成本模式。

(三)投资性房地产的转换

投资性房地产的转换，实质上是因为房地产用途发生改变而对房地产进行的重新分类。

1. 投资性房地产转换的条件

企业有确凿证据表明房地产用途发生改变，满足下列条件之一的，应当将投资性房地产转换为其他资产或者将其他资产转换为投资性房地产：

(1)投资性房地产开始自用。

(2)作为存货的房地产改为出租。

(3)自用土地使用权停止自用，转而用于赚取租金或资本增值。

(4)自用建筑物停止自用，改为出租。

2. 转换日的确定

(1)投资性房地产开始自用。投资性房地产开始自用是指将其他资产转换为投资性房地产。转换日是指房地产达到自用状态，物业管理企业开始将其用于提供劳务或者经营管理的日期。

(2)作为存货的房地产改为出租，自用建筑物或土地使用权停止自用改为出租。原作为存货的房地产改为出租，通常是指房地产开发公司将其持有的开发产品已经以租赁的方式出租，存货相应转换为投资性房地产。此时的转换日为房地产的租赁开始日，即承租人有权利行使其租赁资产权利的日期。自用建筑物或土地使用权停止自用改为出租，是指物业管理企业将原用于提供劳务或经营管理的房产改用于出租，固定资产或土地使用权相应地转换为投资性房地产。转换日应当为租赁期开始日。

(3)自用土地使用权停止自用改为用于资本增值，即物业管理企业将原用于提供劳务或经营管理的土地使用权改为用于资本增值，将土地使用权相应地转换为投资性房地产。此时的转换日是指停止将该项土地使用权用于提供劳务或经营管理，且该土地使用权能够单独计量和转让的日期。

3. 投资性房地产采用成本模式转换时的计量

在成本模式下，应当将房地产转换前的账面价值作为转换后的入账价值。

自用房地产或存货转换为采用公允价值模式计量的投资性房地产时，应当按照转换当日的公允价值计量。转换当日的公允价值小于原账面价值的，其差额作为投资损失，计入当期损益。转换当日的公允价值大于原账面价值的，其差额作为资本公积(其他资本公积)，计入所有者权益。处置该项投资性房地产时，原计入所有者权益的部分应当转入处置当期的投资收益。

(1)采用成本模式计量的投资性房地产转为自用房地产。

物业管理企业将采用成本模式计量的投资性房地产转为自用房地产时，应当按照该项投资性房地产在转换日的有关数据，分别转入“固定资产”“累计折旧”和“固定资产减值准备”等科目。按其账面余额，借记“固定资产”或“无形资产”科目，贷记“投资性房地产”科目；按已计提的折旧或摊销，借记“投资性房地产累计折旧(摊销)”科目，贷记“累计折旧”科目或“累计摊销”科目；如已计提减值准备的，借记“投资性房地产减值准备”科目，贷记“固定资产减值准备”科目或“无形资产减值准备”科目。

【例 5-20】2007 年 8 月 20 日，大华物业管理公司将出租给兴隆公司的办公楼收回自用。该项房产在转换前采用成本模式计量。2007 年 8 月，这幢办公楼原值为 180 000 000 元，账面价值为 100 000 000 元，已提折旧为 80 000 000 元。

借：固定资产	180 000 000	
投资性房地产累计折旧(摊销)	80 000 000	
贷：投资性房地产——办公楼		180 000 000
累计折旧		80 000 000

(2)作为存货的房地产转换为采用成本模式计量的投资性房地产。

作为存货的房地产转换为采用成本模式计量的投资性房地产时，按照该项存货在转换日的账面价值，借记“投资性房地产”科目，“存货跌价准备”科目(如已计提跌价准备)，按照账面余额，贷记“开发产品”科目。

【例 5-21】大华物业管理公司于 2007 年 5 月与兴隆公司签订租赁协议，将其开发的一幢办公楼租赁给其使用。租赁期开始日为 5 月 31 日。2007 年

5 月 31 日，该写字楼的账面余额为 80 000 000 元。

借：投资性房地产——办公楼　　80 000 000

　贷：开发产品　　80 000 000

(3)自用土地使用权或建筑物转换为采用成本模式计量的投资性房地产。

物业管理企业将自用土地使用权或建筑物转换为采用成本模式计量的投资性房地产时，按照该项土地使用权或建筑物在转换日的有关数据，分别转入有关科目。按其账面余额，借记“投资性房地产”科目，贷记“固定资产”或“无形资产”科目；按已提折旧或摊销，借记“累计折旧”或“累计摊销”科目，贷记“投资性房地产累计折旧(摊销)”科目；如已计提减值准备的，借记“固定资产减值准备”科目或“无形资产减值准备”科目，贷记“投资性房地产减值准备”科目。

【例 5-22】2007 年 8 月 20 日，大华物业管理公司将自用的一幢办公楼，整体出租给兴隆公司。租赁期开始日为 2007 年 9 月 1 日，期限为 5 年。2007 年 9 月 1 日，这幢办公楼的账面余额为 100 000 000 元，已提折旧为 40 000 000元。

借：投资性房地产——办公楼　　100 000 000

　　累计折旧　　40 000 000

　贷：固定资产　　100 000 000

　　　投资性房地产累计折旧(摊销)　　40 000 000

4. 投资性房地产采用公允价值模式转换时的计量

(1)采用公允价值模式计量的投资性房地产转为自用房地产。

物业管理企业将采用公允价值模式计量的投资性房地产转为自用房地产时，应当按照其转换当日的公允价值作为自用房地产的账面价值、公允价值与原账面价值的差额计入当期损益。按照该项投资性房地产的公允价值，借记“固定资产”或“无形资产”科目；按该项投资性房地产的成本，贷记“投资性房地产(成本)”科目；按该项投资性房地产的累计公允价值变动，贷记或借记“投资性房地产(公允价值变动)”科目；按其差额，贷记或借记“公允价值变动损益”科目。

(2) 作为存货的房地产转换为采用公允价值模式计量的投资性房地产。

物业管理企业将作为存货的房地产转换为采用公允价值模式计量的投资性房地产时，应当按照其转换日的公允价值，借记“投资性房地产(成本)”“存货跌价准备”科目(如已计提跌价准备)；按其账面余额，贷记“开发产品”科目。当转换日的公允价值小于账面价值时，应按其差额，借记“公允价值变动损益”科目；反之，则贷记“资本公积——其他资本公积”科目。

(3)自用土地使用权或建筑物转换为采用公允价值模式计量的投资性房地产。

物业管理企业将自用土地使用权或建筑物转换为采用公允价值模式计量的投资性房地产时，按照该项土地使用权或建筑物在转换日的公允价值，借记“投资性房地产(成本)”科目，按其账面余额，贷记“固定资产”或“无形资产”科目；按已提折旧或摊销，借记“累计折旧”或“累计摊销”科目，如已计提减值准备的，借记“固定资产减值准备”科目或“无形资产减值准备”科目。当转换日的公允价值小于账面价值时，应按其差额，借记“公允价值变动损益”科目；反之，则贷记“资本公积——其他资本公积”科目。

四、投资性房地产的处置

当投资性房地产被处置，或者永久退出使用且预计不能从其处置中取得经济利益时，应当终止确认该项投资性房地产。企业出售、转让、报废投资性房地产或者发生投资性房地产毁损时，应当将处置收入扣除其账面价值和相关税费后的金额计入当期损益。

处置投资性房地产时，应按实际收到的金额，借记“银行存款”等科目，贷记“其他业务收入”科目。按该项投资性房地产的账面余额，借记“其他业务成本”科目，贷记“投资性房地产(成本)”科目，贷记或借记“投资性房地产(公允价值变动)”科目。同时，按该项投资性房地产的公允价值变动，借记或贷记“公允价值变动损益”科目，贷记或借记“其他业务收入”科目。按该项投资性房地产在转换日计入资本公积的金额，借记“资本公积——其他资本公积”科目，贷记“其他业务收入”科目。

【例5-23】大华物业管理公司将其出租给兴隆公司的办公楼确认为投资性房地产，采用成本模式计量。租赁期满后，大华物业管理公司将这幢其办公楼出售给兴隆公司，协议价为200 000 000元，兴隆公司已付清全部款项。出售时，该办公楼的成本为180 000 000元，已提折旧为80 000 000元。

借：银行存款　　200 000 000
　贷：其他业务收入　　200 000 000
借：其他业务成本　　100 000 000
　　投资性房地产累计折旧(摊销)　　80 000 000
　贷：投资性房地产——办公楼　　180 000 000

此外，投资性房地产作为企业主营业务的，应通过“主营业务收入”和

“主营业务成本”科目核算相关的损益。

第六节　无形资产及其他资产

一、无形资产概述

无形资产是指企业拥有或者控制的没有实物形态的可辨认非货币性资产，包括专利权、商标权、著作权、土地使用权、非专有技术、商誉等。

资产满足下列条件之一的，符合无形资产定义中的可辨认性标准：

(1)能够从企业中分离或者划分出来，并能够单独或者与相关合同、资产或负债一起，用于出售、转移、授予许可、租赁或交换。

(2)源自合同性权利或其他法定权利，无论这些权利是否可以从企业或其他权利和义务中转移或分离。

企业自创商誉以及内部产生的品牌、报刊名称等，不具有可辨认性，不属于本章所指的无形资产。

土地使用权一般列入无形资产进行核算，但属于投资性房地产或作为固定资产核算的土地使用权，应按照投资性房地产或固定资产的核算原则进行核算。

(一)无形资产的特征及确认条件

物业管理企业的无形资产具有以下几点特征：

(1)无形资产没有实物形态。无形资产区别于其他资产的标志是不具有实物形态。一般情况下，无形资产表现为一种权力或为企业带来超额利润的能力。虽然它没有实物形态，但却具有价值，或者能使企业获得高于同行业一般水平的赢利能力。

(2)无形资产能在许多会计期间为企业带来经济效益。无形资产可以在多个生产经营期内使用，使企业长期受益，因此，它属于长期资产而不是流动资产，企业为取得无形资产所发生的支出，属于资本性支出，应予以资本化。同时，由于无形资产具有一定的有效期限，其取得成本应根据法律规定的期限或预计使用期限，在经营各个期间摊销。

(3)持有无形资产的目的是使用而不是出售。企业持有无形资产的目的是用于生产商品或提供服务，出租给他人，为了行政管理，而不是为了对外销售。脱离了生产经营活动，无形资产就失去其经济价值。

(4)无形资产所能提供的未来经济利益具有不确定性。无形资产的经济价值在很大程度上受企业外部因素的影响，其预期的获得能力不能准确地加以确定。当出现新产品、新技术后，无形资产的价值常常会减少，甚至会消失。无形资产的取得成本不能代表其经济价值，一项取得成本较高的无形资产可能为企业带来较少的经济效益，而取得成本较低的无形资产则可能给企业带来较大的利益。

(5)无形资产是企业有偿取得的。只有花费了支出的无形资产，才能作为无形资产入账。否则，不能作为无形资产入账。

根据无形资产的上述特征，企业的资产只有在符合无形资产定义，并同时满足以下条件时，才能确认为无形资产。

(1)与该无形资产有关的经济利益很可能流入企业。一般情况下，无形资产产生的未来经济利益可能包括在销售商品、提供劳务取得的收入中，或企业使用该项无形资产节约的成本之中，或体现在企业获得的其他利益中。因此，物业管理企业在判断无形资产产生的经济利益是否很可能流入企业时，应当对无形资产在预计使用寿命期内可能存在的各种经济因素，如硬件设备、产品销售、市场情况等做出合理的估计，并应当有明确的证据支持。

(2)该无形资产的成本能够可靠地计量。成本能够可靠地计量是确认资产的一项基本条件，而相对于无形资产而言，该条件更为重要。如企业自创商誉的成本无法可靠地计量，因此，不能将其确认为无形资产。

(二)无形资产的内容

无形资产一般包括专利权、商标权、著作权、特许经营权、非专利技术(专有技术)和土地使用权等。

1．专利权

专利权是指权利人在法定期限内对某一发明创造所拥有的独占权和专有权，它是经政府批准对发明者在某一产品的造型、结构、特定配方、制造工艺或生产程序的发明创造给予制造、使用和出售等方面的专有权利。专利权可以由创造发明者申请获得，也可以外购取得。其法定保护期限为15年。专利权一般具有可以降低成本，提高产品质量，可以转让出去获得转让费收入等特点。

2．商标权

商标是用于识别特定商品或劳务的标记。商标权是指企业专门在某种指定的商品上使用特定的名称、图案或标记的权利。我国商标法规定，商标权的有效期限为10年，期满前6个月可申请延长注册期。

3．著作权

著作权也称版权，是指著作人对其著作依法享有的出版、发行等方面的专有权利。著作权可以转让、出售或赠予。

由于企业申请版权的费用不大，此项费用可以直接计入当期管理费用，不作无形资产入账。只有当购入或接受投资时，才需将成本作为资本性支出，列为无形资产。

4. 特许经营权

特许经营权也称专营权，是指在某一地区享有经营或销售某种特定商品的权利，或是一家企业接受另一家企业使用其商标、商号、技术秘密等权利。只有支付费用后取得的经营特许权才能作为无形资产入账。

5. 非专利技术

非专利技术也称专有技术。专有技术同专利权的主要区别在于：专有技术不受法律保护，仅靠保密手段来维护其利益；它也无法确定有效期限，而只具有经济有效期限。专有技术有些是自己研发的，有些是根据合同规定，从外部购入的。如果是自己开发研究，可能成功也可能失败，研究过程中发生的有关费用，会计核算上一般将其全部列作当期费用处理，不作为无形资产核算。从外部购入的，应按实际发生的一切支出予以本金化，作为无形资产入账核算。专有技术可以作资产对外投资，也可以转让。

6. 土地使用权

土地使用权是指国家准许某一企业在一定期间对国有土地享有开发、利用、经营的权利。根据我国土地管理法的规定，我国实行土地公有制，任何单位和个人不得侵占、买卖或者以其他形式非法转让土地。土地所有权属于国家，企业支付了出让金后只能享有使用权，并按年向国家缴纳土地使用费。

(三) 无形资产的分类

按照不同的分类标准，无形资产可以划分为以下几类：

(1) 按照使用期限划分，无形资产可分为有限期无形资产和无限期无形资产。

有限期无形资产的有效期为法律所规定，例如，专利权、专营权、商标权等都由法律规定了法定使用年限。对于有限期的无形资产，其取得成本都要在有效年限内予以摊销。如果估计的有效年限比法律规定的年限还要短，则应按较短的估计有效年限摊销其取得成本。

无限期无形资产的有效期不为法律所规定，从理论上说，无限期的无形资产可以无限期地发挥作用，因而其取得成本原则上不用进行摊销。但实际上大多数企业并不这样处理，我国现行会计制度规定无限期的无形资产应按预计的使用期限或不短于10年期限摊销。

(2)按照取得的来源划分，无形资产可分为购入的无形资产和自创的无形资产。

购入的无形资产是指企业按有关法律制度的规定，从外单位购进的无形资产，如外购商标权、外购专利权等。自创的无形资产是指企业自行研制成功而形成的无形资产，如企业研制的产品经审查符合专利条件而取得的产品专利权。

(四)无形资产的初始计量

企业的无形资产应当按照成本进行初始计量。无形资产取得来源不同，其成本构成也不一样。

(1)外购无形资产的成本，包括购买价款、相关税费及直接归属于使该项资产达到预定用途所发生的其他支出。这里的"直接归属于使该项资产达到预定用途所发生的其他支出"，是指使无形资产达到预定用途所发生的专业服务费用、测试无形资产是否能够正常发挥作用的费用等。

(2)购买无形资产的价款超过正常信用条件时，其支付实质上具有融资性质，无形资产的初始成本以购买价款的现值为基础确定。实际支付的价款与购买价款的现值之间的差额，除按照有关规定应给予资本化的以外，应当在信用期间内采用实际利率法进行摊销，计入当期损益。

(3)自行开发的无形资产，其成本包括自满足无形资产确认条件后至达到预定用途前所发生的支出总额，但对于以前期间已经费用化的支出不再进行调整。

(4)投资者投入无形资产的成本，应当按照投资合同或协议约定的价值确定，但合同或协议约定价值不公允的除外。

(5)非货币性资产交换、债务重组等取得的无形资产的成本，应分别按照有关准则的规定确定。

二、无形资产的核算

为了反映和监督无形资产的增减变动情况，物业管理企业应设置"无形资产"账户核算企业持有的无形资产成本。该账户借方登记企业从各种途径取得的无形资产的金额；贷方登记处置报废无形资产的减少额；余额在借方，反映无形资产尚未摊销的价值。

(一)无形资产取得的核算

企业购入的无形资产，应按照计入无形资产成本的金额，借记"无形资产"科目，贷记"银行存款"科目；自创的无形资产，如专利权、专有技术等，一般研制过程较长，且能否成功有很大的不确定性，为了稳健和简化核算，一般将自创过程中发生的费用作为技术研究费用，计入当期费用。待试制成功申请并取得专利时，应将申请过程中发生的各种费用作为无形资产入账。对于其他单位投资转入的无形资产，应借记“无形资产”科目，贷记“实收资本”科目。

【例 5-24】大华物业管理公司从专利技术市场购入一项汽车专利技术，双方议定价格为 450 000. 00 元，以银行存款支付。

借：无形资产——专利权　　450 000. 00

　贷：银行存款　　450 000. 00

【例 5-25】大华物业管理公司自行研制成功并申请取得一项专利权，支付申请注册费用为 20 000. 00 元，律师费用为 5 000. 00 元。

借：无形资产——专利权　　25 000. 00

　贷：银行存款　　25 000. 00

【例 5-26】大华物业管理公司收到投资方以土地使用权、非专利技术进行的投资，按双方联营协议，土地使用权作价为 80 000. 00 元，非专利技术经评估确认价值为 50 000. 00 元，有关法律手续已办妥。

借：无形资产——土地使用权　　80 000. 00

　　　　　——非专利技术　　50 000. 00

　贷：银行存款　　130 000. 00

企业进行会计核算时，应注意土地使用权和土地使用税是两个性质不同的概念。土地使用权是一项无形资产，而土地使用税是企业向国家缴纳的一项税金，是企业为取得营业收入而发生的支付，在支出时应直接计入“管理费用——土地使用税”科目。

（二）无形资产处置和报废的核算

1. 无形资产的出售

出售无形资产，就意味着放弃该项无形资产的所有权。所有权指企业在法律规定的范围对某项无形资产所享有的占有、使用、收益和处置的权利。当物业管理企业出售无形资产时，应将取得的价款与该无形资产的账面价值（成本减去累计摊销和已经计提的减值准备）的差额计入当期损益，即确认为处置非流动资产的利得或损失，计入当期营业外支出。

【例 5-27】大华物业管理公司拥有一项专利权。该专利权的成本为 3 000 000. 00元，已摊销金额为 1 000 000. 00 元，已计提减值准备为 600 000. 00元。大华物业管理公司本期出售该专利取得销售收入为 1 500 000. 00元。应缴纳的营业税金等相关税费为 90 000. 00 元。

借：银行存款　　1 500 000.00
　　累计摊销　　1 000 000.00
　　无形资产减值准备　　600 000.00
　贷：无形资产　　3 000 000.00
　　　应交税费——应交营业税　　90 000.00
　　　营业外收入——处置非流动资产利得　　10 000.00

2. 无形资产的出租

出租某项无形资产，说明企业放弃该项无形资产的使用权。使用权指按照无形资产的性能和用途加以利用，已满足生产经营的需要。所有者在行使其所有权时，可以在法律规定的范围内，根据自己的意志和利益，将其使用权分离出去，由非所有者享有。企业转让无形资产使用权所获得的收入，与转让其所有权相同，但结转成本不一样，由于企业仍拥有无形资产的所有权，仍应将其作为企业资产进行核算，也就是仍应保留其账面价值，不得在账上转销，只将履行合同所发生的费用，作为转让其使用权的转让成本。让渡无形资产使用权所形成的租金收入及发生的相关费用分别确认为其他业务收入和其他业务成本。

【例 5-28】如果上例中的企业不将该项目专利的所有权转让，只许可其他单位使用其配方，由受让方支付使用费，假设受让方应付 120 000.00 元使用费用，编制会计分录如下：

借：银行存款　　120 000.00
　贷：其他业务收入　　120 000.00

3. 无形资产的报废

当某项无形资产已被其他新技术所替代，预期不能为企业带来经济利益时，则应将其报废并给予转销，其账面价值转为当期损益。转销时，按已计提的累积摊销，借记"累计摊销"科目，按其账面余额，贷记"无形资产"科目；按以上两项之差额，借记"营业外支出"科目，如该项无形资产已计提减值准备，则应同时结转减值准备。

【例 5-29】大华物业管理公司一项专利权的账面价值为 1 000 000.00 元。该专利权的摊销期限为 10 年，采用直线法进行摊销，已摊销 6 年。该专利权的残值为零，已累计计提减值准备为 300 000.00 元。假定该专利权预期不能再为企业带来经济利益(不考虑其他因素)，编制会计分录如下：

借：累计摊销　　600 000.00
　　无形资产减值准备　　300 000.00
　　营业外支出——处置非流动资产损失　　100 000.00

贷：无形资产——专利权　　　　　　　　　　　　　　1 000 000.00

三、其他资产

企业的其他资产是指除流动资产、长期投资、固定资产、无形资产以外的资产，计入长期待摊费用。长期待摊费用是指企业已经发生但应由本期和以后各期负担的分摊销期限在一年以上的各项费用，包括开办费以经营租赁方式租入的固定资产发生的改良支出等。

➢ 思考与练习

1. 简述固定资产的确认条件。

2. 如何采用自营方式和出包方式建造固定资产的会计核算?

3. 影响固定资产折旧的因素有哪些?

4. 如何计算固定资产折旧?

5. 练习固定资产的核算。

(1) 资料：大华物业管理公司2007年9月发生有关固定资产业务如下：

① 购入需要安装的维修设备一台，进价300 000元，运输费2 000元，安装费10 000元，用银行存款支付。

② 财产清查中盘盈设备一台，其重置完全价值16 000元，估计折旧4 000元。

③ 自用设备向其他单位投资，该设备账面原值66 000元，已提折旧26 000元，双方协议价40 000元。

④ 财产清查中盘亏设备一台，账面价值12 000元，已提折旧5 000元。

⑤ 盘亏设备经批准予以转销。

⑥ 上月购进的设备安装完毕，价款及安装费等共计325 000元。

(2) 要求：根据上述经济业务编制会计分录。

6. 练习固定资产大修理费用分摊的核算。

(1) 资料：大华物业公司对固定资产进行大修理，共支付费用36 000元，其中，银行存款10 000元，应付工资6 000元，原材料20 000元，若该费用分摊期15个月。

(2) 要求：编制有关会计分录。

7. 练习固定资产增减业务的核算。

(1)资料：

① 购进一台需要安装的设备，进价400 000元，增值税68 000元，支付运输费30 000元。设备安装过程中，领用生产用原材料60 000元，应负担的增值税10 200元；安装过程中应负担的工资费用15 000元。设备安装完毕交付使用。

② 接受捐赠全新设备一台，发票列明价款200 000元，设备已交付使用。

③接受投资设备一台，该设备原值200 000元，已提折旧60 000元；经评估确认，

设备净值 170 000 元，设备已交付使用。支付清理费用 3 000 元。

④ 融资租入一台不需安装的设备，租赁协议确定的租赁价款 1 800 000 元，分 6 年支付，设备已交付使用。

⑤ 出售一台不需用设备，原价 50 000 元，已提折旧 20 000 元，收到款项 28 000 元，支付清理费用 3 000 元。

(2) 要求：根据以上经济业务编制会计分录。

8. 练习固定资产的计算方法。

(1) 资料：

大华物业管理公司 2007 年 12 月 31 日部分固定资产有关资料为

资产	房屋	计算机	机器设备
购入时间	1995 年 6 月 30 日	2006 年 1 月 1 日	2003 年 1 月 2 日
原始价值(元)	14 000 000	17 000	72 000
预计使用年限(年)	40	5	10
净残值(元)	70 000	2 000	3 000

(2) 要求：按下列方法计算上述固定资产年折旧额。

① 房屋按直线法计提折旧。

② 计算机按年数总和法计提折旧。

③ 机器设备按双倍余额递减法计提折旧。

第六章

对外投资

第一节　交易性金融资产

企业为了合理有效地使用资金以获取收益，避免风险，在保持正常生产经营的情况下，可以用货币资金、实物、无形资产等向其他单位投资。

一、交易性金融资产的核算

交易性金融资产主要指企业为近期内出售而持有的资产。

（一）交易性金融资产的确认条件

满足下列条件之一的金融资产，应当划入交易性金融资产：

(1)取得该金融资产的目的，主要是为了近期出售，如企业以赚取差价为目的从二级市场购入的股票、债券、基金等。

(2)属于进行集中管理的可辨认金融工具组合的一部分，且有客观证据表明企业近期采用短期获利方式对该组合进行管理。在这种情况下，即使组合中有某个组成项目持有的期限稍长也不受影响。

(3)属于衍生工具。

衍生工具是具有下列特征的金融工具或其他合同：

①其价值随特定利率、金融工具价格、商品价格、汇率、价格指数、费率指数、信用等级、信用指数或其他类似变量的变动而变动，变量为非金融变量的，该变量与合同的任一方不存在特定关系；

②不要求初始净投资，或与对市场情况变化有类似反应的其他类似合同相比，要求很少的初始净投资；

③在未来某一日期结算。

衍生工具，包括远期合同、期货合同、互换和期权，以及具有远期合同、期货合同、互换和期权中一种或一种以上特征的工具。但是，被指定为有效套期工具的衍生工具，属于财务担保合同的衍生工具，与在活跃市场中没有报价且其公允价值不能可靠计量的权益性工具投资挂钩，并通过交付该权益工具结算的衍生工具除外。

(二)交易性金融资产的账户设置

为了核算交易性金融资产的取得，收取现金、股利或利息处置等业务，企业应设置以下会计科目。

1. 交易性金融资产

"交易性金融资产"账户核算企业为交易目的所持有的债券投资、股票投资、基金交易等交易性金融资产的公允价值。同时，企业持有的直接指定为以公允价值计量且其变动计入当期损益的金融资产，也在此核算。该账户为资产类账户，其借方登记按公允价值记录取得的交易性金融资产和资产负债表日交易性金融资产的公允价值高于其账面余额的差额；贷方登记出售交易性金融资产时实际收到的金额；余额在借方，反映企业持有的交易性金融资产的公允价值。

2. 公允价值变动损益

"公允价值变动损益"账户核算企业交易性金融资产、交易性金融负债以及采用公允价值模式计量的投资性房地产、衍生工具、套期保值业务等公允价值变动形成的应计入当期损益的利得和损失。该账户为损益类账户，其借方登记交易性金融资产的公允价值高于其账面余额的差额和交易性金融负债的公允价值低于其账面余额的差额；贷方登记交易性金融资产的公允价值低于其账面余额的差额和交易性金融负债的公允价值高于其账面余额的差额；该账户无余额。同时，指定为以公允价值计量且其变动计入当期损益的金融资产或金融负债公允价值变动形成的、应计入当期损益的利得和损失，也在此核算。

3. 投资收益

"投资收益"账户核算企业确认的投资收益或投资损失。该账户为损益类账户，其贷方登记投资方应得的现金股利或利润；借方登记现金股利或利润的转出数，该账户的期末余额为零。

(三)交易性金融资产取得的核算

取得交易性金融资产时，应当按照该金融资产取得时的公允价值作为其初始确认金额，记入"交易性金融资产"科目。如取得交易性金融资产所支付的价款中包含有已宣告但尚未发放的现金股利或已到付息期但尚未领取的债券利息时，应将其单独确认，记入"应收股利"或"应收利息"科目。

【例 6-1】2007 年 1 月 30 日，大华物业管理公司购入 A 公司股票 1 000 万股作为交易性金融资产。该股票在购买日的公允价值为 10 000 000.00 万元，另支付交易费用 30 000.00 元。

(1)购入股票时：

借：交易性金融资产——成本　　10 000 000.00

　贷：银行存款　　10 000 000.00

为取得金融资产发生的交易费用，应在发生时计入投资收益。该项交易费用指可以直接归属于购买、发行或处置金融工具新增的外部费用，包括支付的手续费和佣金等。

(2)支付相关交易费用时：

借：投资收益　　30 000.00

　贷：银行存款　　30 000.00

(四)交易性金融资产现金股利和利息的核算

【例 6-2】2007 年 1 月 1 日，大华物业管理公司购入 B 公司于 2006 年 7 月 1 日发行的面值 9 000 000.00 元的公司债券作为交易性金融资产，实际支付价款 10 000 000.00 元，其中包括已宣告发放但尚未发放的债券利息 300 000.00元。该债券的利率为 5%，债券利息按年支付。为购买该债券，公司支付交易费用 100 000.00 元。2007 年 1 月 30 日，公司收到债券利息 300 000.00 元。2008 年 1 月，公司收到债券利息 500 000.00 元。

(1)2007 年 1 月 1 日，购入公司债券时：

借：交易性金融资产　　9 700 000.00

　　应收利息　　300 000.00

　　投资收益　　100 000.00

　贷：银行存款　　10 100 000.00

(2)收到 2007 年购买价款中包含的已宣告发放的债券利息：

借：银行存款　　300 000.00

　贷：应收利息　　300 000.00

(3)2007 年末确认公司债券利息收入：

借：应收利息　　450 000.00

　贷：投资收益　　450 000.00

(4)2008 年 1 月，公司收到债券利息：

借：银行存款　　450 000.00

　贷：应收利息　　450 000.00

二、交易性金融资产的期末计价

资产负债表日，交易性金融资产应当按照公允价值计量，公允价值与账面余额之间的差额计入当期损益。

【例 6-3】接上例，假定 2007 年 6 月 30 日，大华物业管理公司购买的该笔债券的市价为 10 000 000. 00 元，2007 年 12 月 31 日，大华物业管理公司购买的该笔债券的市价为 9 800 000. 00 元。

本例中，2007 年 6 月 30 日，大华物业管理公司购买的该笔债券的公允价值为 10 000 000. 00 元，账面价值为 9 700 000. 00 元，公允价值大于账面价值为 300 000. 00 元，应记入“公允价值变动损益”科目的贷方。

(1)2007 年 6 月 30 日：

借：交易性金融资产　　300 000. 00

　贷：公允价值变动损益　　300 000. 00

2007 年 12 月 31 日，大华物业管理公司购买的该笔债券的公允价值为 9 800 000. 00元，账面价值为 10 000 000. 00 元，公允价值小于账面价值为 200 000. 00 元，应记入“公允价值变动损益”科目的借方。

(2)2007 年 12 月 31 日：

借：公允价值变动损益　　200 000. 00

　贷：交易性金融资产　　200 000. 00

三、交易性金融资产的处置

出售交易性金融资产时，应当将该金融资产出售时的公允价值与其初始入账金额之间的差额确认为投资收益，同时调整公允价值变动损益。

第二节　长期股权投资

投资是物业管理企业为通过分配来增加财富，或谋求其他利益而将某项资产让渡给其他单位所获得的另一项资产。取得长期股权投资时，应按照初始成本入账。我国企业会计准则规范的长期股权投资，包括：①企业持有的能够对被投资单位实施控制的权益性投资，即对子公司投资；②企业持有的能够与其他合营方一同对被投资单位实施共同控制的权益性投资，即对合营企业投资；③企业持有的能够对被投资单位施加重大影响的权益性投资，即对联营企业投资；④企业对被投资单位不具有控制、共同控制或重大影响、在活跃市场中没有报价、公允价值不能可靠计量的权益性投资。

除上述情况以外，企业持有的其他权益性及债权性投资，包括为交易目的持有的投资以及对被投资单位在重大影响下、且在活跃市场中有报价、公允价值能够可靠计量的权益性投资等，应当按照《企业会计准则第22号——金融工具》确认和计量会计准则的相关规定核算。

一、长期股权投资的初始计量

(一)企业合并形成的长期股权投资的初始计量

企业合并，指将两个或两个以上单独的企业合并成一个报告主体的交易或事项。从本质上看，企业合并是一个企业取得另一个企业的控制权，吸收另一个或多个企业的净资产以及将参与合并企业的相关资产、负债进行整合后形成新的企业。企业合并分为同一控制下的企业合并与非同一控制下的企业合并。参与合并的企业在合并前后均受同一方或相同的多方最终控制，且该控制并非暂时性的，为同一控制下的企业合并。参与合并的各方在合并前后不受同一方或相同多方最终控制的，为非统一控制下的企业合并。

企业合并形成的长期股权投资，应以是否在同一控制下进行企业合并为基础，进行初始成本的计量。

1. 同一控制下的企业合并

企业合并形成的长期股权投资，应设置“长期股权投资”账户进行核算。该账户是资产类账户，其借方登记“长期股权投资”的增加额；贷方登记“长期股权投资”的处置额；余额在贷方，反映企业长期股权投资的价值。

(1)合并方以支付现金、转让非现金资产或承担债务方式作为合并对价的，应当在合并日按照取得被合并方所有者权益账面价值的份额作为长期股权投资的初始投资成本。长期股权投资初始投资成本与支付的现金、转让的非现金资产以及所承担债务账面价值之间的差额，应当调整资本公积；资本公积不足冲减的，调整留存收益。

(2)合并方以发行权益性证券作为合并对价的，应当在合并日按照取得被合并方所有者权益账面价值的份额作为长期股权投资的初始投资成本。按照发行股份的面值总额作为股本，长期股权投资初始投资成本与所发行股份面值总额之间的差额，应当调整资本公积；资本公积不足冲减的，调整留存收益。

同一控制下企业合并形成的长期股权投资，应在合并日按取得被合并方所有者权益账面价值的份额，借记“长期股权投资——成本”科目，按应自被投资单位收取的已宣告但尚未发放的现金股利或利润，借记“应收股利”科目，按支付的合并对价的账面价值，贷记或借记有关资产、负债科目，按其差额，贷记“资本公积——资本溢价或股本溢价”科目；如为借方差额，借记“资本公积——资本溢价或股本溢价”科目，资本公积（资本溢价或股本溢价）不足冲减的，应依次借记“盈余公积”“利润分配——未分配利润”科目。

【例 6-4】2007 年 7 月 1 日，大华物业管理公司向同一集团内 A 公司发行 2 000 万元，取得 A 公司 100% 的股权，并于当日起可对 A 公司实施控制。合并后，A 公司仍继续经营并维持其独立法人地位。当日 A 公司净资产账面价值为 4 700 000.00 万元。大华物业管理公司与 A 公司在合并前采用的会计政策相同。合并日，两公司股东权益构成见表 6-1。

表 6-1　2007 年 7 月 1 日　　单位：元

	大华物业管理公司	A 公司
股东	6 420 000.00	2 130 000.00
资本公积	4 270 000.00	1 280 000.00
盈余公积	4 270 000.00	426 000.00
未分配利润	5 040 000.00	864 000.00
合　计	20 000 000.00	4 700 000.00

公司合并日，大华物业管理公司在账簿及个别财务报会计报表中确认对 A 公司的长期股权投资。其成本为合并日享有 A 公司账面上所有者权益份额。

借：长期股权投资　　4 700 000.00
　贷：实收资本　　2 130 000.00
　　　资本公积　　2 570 000.00

2．非同一控制下的企业合并

非同一控制下的企业合并是指参与合并的各方在合并前后不受同一方或相同的多方最终控制的企业合并。非同一控制下的企业合并，在购买日取得对其他参与合并企业控制权的一方为购买方，参与合并的其他企业为被购买方。购买日是指购买方实际取得对被购买方控制权的日期。

非同一控制下的企业合并中，购买方为了取得对被购买方的控制权而放弃的资产、发生或承担的负债、发行的权益性证券等均应按其在购买日的公允价值计算。公允价值与其账面价值的差额计入当期损益。按照这一原则，购买方在购买日应当按照企业合并会计准则确定的合并成本作为长期股权投资的初始投资成本。因此，购买方应当区别下列情况，确定合并成本：

(1)一次交换交易实现的企业合并，合并成本为购买方在购买日为取得对被购买方的控制权而付出的资产、发生或承担的负债以及发行的权益性证券的公允价值。

(2)通过多次交换交易分步实现的企业合并，合并成本为每一单项交易成本之和。

(3)购买方为进行企业合并发生的各项直接相关费用也应当计入企业合并成本。此处所指的直接相关费用不包括为企业合并所发行的债券或因承担其他债务所支付的手续费、佣金等；也不包括企业合并过程中发行权益性证券发生的手续费、佣金等费用。

(4)在合并合同或协议中对可能影响合并成本的未来事项作出约定的，购买日如果估计未来事项很可能发生并且对合并成本的影响金额能够可靠计量的，购买方应当将其计入合并成本。

非同一控制下的企业合并形成的长期股权投资，应在购买日按照企业合并成本(不应包括从被投资单位收取的现金股利或利润)，借记"长期股权投资"科目，按享有被投资单位已宣告但尚未发放的现金股利或利润，借记"应收股利"科目；按支付合并对价的账面价值，贷记有关资产或借记有关负债科目，按发生的直接相关费用，贷记"银行存款"等科目，按其差额贷记"营业外收入"科目或借记"营业外支出"等科目。非同一控制下的企业合并涉及以库存商品等作为合并对价的，应按照库存商品的公允价值，贷记"主营业务收入"科目，并同时结转相关成本。

【例 6-5】大华物业管理公司与 A 公司不存在任何关联方关系。2007 年 12 月 31 日，大华物业管理公司取得 A 公司 70% 的股权。合并中，大华物业管理公司支付的有关资产，在购买日的账面价值与公允价值见表 6-2。

表 6-2　2007 年 7 月 1 日　　单位：元

项目	账面价值	公允价值
专利权	7 000 000.00	13 500 000.00
银行存款	3 000 000.00	4 500 000.00
合计	10 000 000.00	18 000 000.00

合并中，大华物业管理公司为核实 A 公司的资产价值，聘请有关机构对该项合并进行评估，同时用银行存款支付评估费用 200 000.00 元，编制会计分录如下：

借：长期股权投资　　18 000 000.00
　　贷：无形资产　　7 000 000.00
　　　　银行存款　　3 000 000.00
　　　　营业外收入　　8 000 000.00

（二）其他方式取得的长期股权投资

除企业合并形成的长期股权投资以外，其他以企业合并以外的方式取得的长期股权投资，应当按照相关规定确定其初始投资成本，并按照根据各自确定的初始投资成本，借记“长期股权投资”科目，贷记“银行存款”等科目。需要说明的是，企业无论以何种方式取得长期股权投资，实际支付的价款或对价中包含的已宣告但尚未领取的现金股利或利润，都应记入“应收股利”科目单独核算，不得作为取得的长期股权投资的成本。

（1）以支付现金取得的长期股权投资，应当按照实际支付的价款作为初始投资成本。初始投资成本包括与取得长期股权投资直接相关的费用、税金及其他必要支出。

【例6-6】大华物业管理公司2007年1月10日用银行存款100 000.00元购入一年内不准备变现的A公司普通股股票100 000股，每股面值1元，占A公司总股本的10%，编制会计分录如下：

借：长期股权投资——B公司股权投资成本　　100 000.00
　　贷：银行存款　　100 000.00

【例6-7】大华物业管理公司2007年1月15日以每股1.50元的价格购入A公司每股面值1元的股票500万股，占A公司总股本的50%，用银行存款实际支付价款7 500 000.00元，其中包括已宣告发放尚未支取的现金股利100 000.00元，编制会计分录如下：

借：长期股权投资—A公司股权投资成本　　7 400 000.00
　　应收股利　　100 000.00
　　贷：银行存款　　7 500 000.00

（2）以发行权益性证券取得的长期股权投资，应当按照发行权益性证券的公允价值作为初始投资成本。

应说明的是，为发行权益性证券支付的手续费、佣金等应自权益性证券的溢价发行收入中扣除，溢价收入不足抵扣的，冲减资本公积和未分配利润。

【例6-8】2007年1月1日，大华物业管理公司增发每股面值1元的股票1 000万股。按照增发前后的平均股价计算，增发股份的公允价值为1 500万元。为增发新股，大华物业管理公司支付600 000.00元的佣金和手续费。

(1)增发新股：

借：长期股权投资　　15 000 000.00

　贷：股本　　10 000 000.00

　　　资本公积　　5 000 000.00

(2)支付手续费、佣金：

借：资本公积　　600 000.00

　贷：银行存款　　600 000.00

(3)投资者投入的长期股权投资，应当按照投资合同或协议约定的价值作为初始投资成本，但合同或协议约定价值不公允的除外。

接受投资者投入长期股权投资并确定所取得长期股权投资的成本时，原则上应当按照投资各方在投资合同或协议中约定的价值作为初始投资成本。如果投资各方在投资合同或协议中约定的价值与该项投资公允价值差距过大，则应以公允价值作为长期股权投资的初始投资成本。确定长期股权投资成本的公允价值时，如存在活跃市场，则其价值应按照活跃市场中的信息作为公允价值；如不存在活跃市场，无法按照市场信息确认公允价值时，将采用估计等方法确定的价值作为公允价值。

(4)通过非货币性资产交换取得的长期股权投资，其初始投资成本应当按照非货币性资产交换会计准则的相关规定加以确定。

符合下列情况之一的，表明换入资产或换出资产的公允价值能够可靠地计量：①换入资产或换出资产存在活跃市场，对于存在活跃市场的长期股权投资，应当以该资产的市场价格为基础确定其公允价值。②换入资产或换出资产不存在活跃市场，同类或类似资产存在活跃市场。对于同类或类似资产存在活跃市场的长期股权投资，一般以同类或类似资产市场价格为基础确定其公允价值。③换入资产或换出资产不存在同类或类似资产的可比市场交易，应当采用估值技术确定其公允价值。

(5)通过债务重组取得的长期股权投资，其初始投资成本应当按照债务重组会计准则的相关规定加以确定。

债务重组指在债务人发生财务困难的情况下，债权人应当将重组债务的账面价值与实际支付现金之间的差额，计入当期损益。以非现金资产清偿债务的，债务人应当将重组债务的账面价值与转让的非现金资产公允价值之间的差额，计入当期损益。转让的非现金资产公允价值与其账面价值之间的差额，计入当期损益。

二、长期股权投资的后续计量

确定期末账面余额时，长期股权投资应根据具体情况采用成本法或权益法。

（一）长期股权投资成本法的核算

1. 成本法的适用范围

成本法指投资按成本计价的方法。长期股权投资的成本核算适用于以下范围：

(1)投资企业能够对被投资单位实施控制的长期股权投资。

控制，是指有权决定一个企业的财务和经营政策，并能够从该企业的经营活动中获取利益。投资企业能够对被投资单位实施控制的具体情形包括以下几点：

①投资企业直接或通过子公司间接拥有被投资单位半数以上的表决权。

②投资企业拥有被投资单位半数或半数以下的表决权，但能满足下列条件之一的，也视为投资企业能够控制被投资单位：a. 通过与被投资单位其他投资者之间的协议，拥有被投资单位半数以上的表决权；b. 根据公司章程或协议，有权决定被投资单位的财务和经营政策；c. 有权任免被投资单位的董事会或类似机构的多数成员；d. 在被投资单位的董事会或类似机构占多数表决权。

投资企业能够对被投资单位实施控制，被投资单位为其子公司。此时，投资企业应当将子公司纳入合并财务报表的合并范围。投资企业对子公司的长期股权投资，应当采用成本法核算，但在编制合并财务报表时按照权益法进行调整。

(2)投资企业对被投资单位不具有共同控制或重大影响，并且在活跃市场中没有报价，公允价值不能可靠计量的长期股权投资。通常来说，企业对其他单位的投资占该单位有表决权资本总额20%以下，或对其他单位的投资虽占该单位有表决权资本总额20%或20%以上，但不具有重大影响的；被投资单位的经营活动及其向投资企业转移资金的能力受到限制，如被投资单位在境外，外汇受所在国管制，其外汇汇出受到限制，应当采用成本法核算。

共同控制，是指按照合同约定对某项经济活动所共有的控制，仅在与该项经济活动相关的重要财务和经营决策需要分享控制权的投资方一致同意时存在。投资企业与其他方对被投资单位实施共同控制的，被投资单位为其合营企业。

重大影响，是指对一个企业的财务和经营政策有参与决策的权力，但并不能够控制或者与其他方一起共同控制这些政策的制定。投资企业能够对被投资单位施加重大影响的，被投资单位为其联营企业。

在确定能否对被投资单位实施控制或施加重大影响时，应当考虑投资企业和其他方持有的被投资单位当期可转换公司债券、当期可执行认股权证等潜在表决权因素。

2. 长期股权投资成本法的核算

采用成本法进行长期股权投资的核算时，被投资单位宣告分派的现金股利或利润，确认为投资收益，但投资企业确认的投资收益，仅限于被投资单位接受投资后产生的累积净利润的分配额，所获得的利润或现金股利超过上述数额的部分作为初始投资成本的收回。

长期股权投资采用成本法核算时，企业应按被投资单位宣告发放的现金股利或利润中属于本企业的部分，借记“应收股利”科目，贷记“投资收益”科目；属于被投资单位在取得投资前实现净利润的分配额，应作为投资成本的收回，贷记“长期股权投资——成本”科目。

【例6-9】大华物业管理公司2007年7月1日以5 000 000.00元购A公司5%的股份，同时支付佣金及手续费20 000.00元。A公司股权不存在明显的市场价格。大华物业管理公司投资后，不参加被投资单位的生产经营决策，对A公司无重大影响。被投资单位实现的净利润及利润分配情况为

年度	被投资单位实现的净利润	当年度分派利润
2007	5 000 000.00	3 000 000.00
2008	10 000 000.00	6 000 000.00

(1)大华物业管理公司2007年取得投资，编制会计分录如下：

借：长期股权投资　　5 020 000.00

　贷：银行存款　　5 020 000.00

(2)2007年年末从A公司取得利润150 000.00(3 000 000.00×5%)元，此部分利润包含在投资成本中，应冲减投资成本，编制会计分录如下：

借：银行存款　　150 000.00

　贷：长期股权投资　　150 000.00

(3)2008年年末从A公司取得利润应冲减投资成本，编制会计分录如下：

(3 000 000.00+6 000 000.00−5 000 000.00)×5%−150 000.00

=50 000.00

当年实际分得现金股利=6 000 000.00×5%=300 000.00

应确认投资收益=300 000.00-50 000.00=250 000.00

借：银行存款　　300 000.00

　贷：长期股权投资　　50 000.00

　　投资收益　　250 000.00

(二)长期股权投资权益法的核算

1. 权益法的适用范围

权益法是指投资以初始成本计量后，在投资持有期间，根据投资企业享有被投资单位所有者权益份额的变动对投资的账面价值进行调整的方法。

投资单位对被投资单位具有共同控制或重大影响的长期股权投资，应当采取权益法进行核算。此外，投资单位对被投资单位的投资占该单位有表决权资本总额的20%或20%以上，但不超过50%，或虽投资不足20%，但具有重大影响时，也应采用权益法进行核算。

2. 长期股权投资权益法的核算

(1)长期股权投资取得入账时，长期股权投资的初始投资成本大于投资时应享有被投资单位可辨认净资产公允价值份额的，不需要调整已确认的初始投资成本；长期股权投资的初始投资成本小于投资时应享有被投资单位可辨认净资产公允价值份额的，其差额应当计入当期损益，并同时调整长期股权投资的成本，应按其差额，借记“长期股权投资——成本”科目，贷记“营业外收入”科目。

被投资单位可辨认净资产公允价值，应比照企业合并会计准则的有关规定确定。它是指合并中取得的被购买方可辨认资产的公允价值减去负债及或有负债公允价值后的余额。

【例6-10】大华物业管理公司于2007年1月实际支付股款10 000 000.00元取得B公司40% 的股份，B公司的所有者权益总值24 000 000.00元。大华物业管理公司对B公司的生产经营决策实施重大影响，对该投资按权益法进行核算。

大华物业管理公司投资时，编制会计分录如下：

借：长期股权投资　　10 000 000.00

　贷：银行存款　　10 000 000.00

若当日大华物业管理公司长期股权投资10 000 000.00元大于取得投资时应享有的B公司净资产公允价值份额9 600 000.00元(24 000 000.00×40%)时，不应对其账面进行调整。

若当日大华物业管理公司取得投资时，B公司净资产公允价值为30 000 000.00元，大华物业管理公司按持股比例计算确定应享有12 000 000.00元(30 000 000.00×40%)，则初始投资成本与应享有B公司净资产公允价值份额之间的差额2 000 000.00元，应计入取得投资当期的损益。

借：长期股权投资　　12 000 000.00
　贷：银行存款　　10 000 000.00
　　营业外收入　　2 000 000.00

(2)投资企业取得长期股权投资后，应当按照应享有或应分担的被投资单位实现的净损益的份额，确认投资损益并调整长期股权投资的账面价值。投资企业按照被投资单位宣告分派的利润或现金股利计算应分得的部分，相应减少长期股权投资的账面价值。

投资企业在确认应享有被投资单位净损益的份额时，应当以取得投资时被投资单位各项可辨认资产等的公允价值为基础，对被投资单位的净利润进行调整后确认。如以取得投资时被投资单位固定资产、无形资产的公允价值为基础计提的折旧额或摊销额，相对于被投资单位已计提的折旧额、摊销额之间存在差额的，应按其差额对被投资单位净损益进行调整，并按调整后的净损益和持股比例计算确认投资损益。在进行有关调整时，应当考虑重要性项目。

存在下列情况之一的，可以按照被投资单位的账面净损益与持股比例计算确认投资损益，但应在财务会计报表附注中说明这一事实及其原因：

① 无法可靠确定投资时被投资单位各项可辨认资产等的公允价值；

② 投资时被投资单位可辨认资产等的公允价值与其账面价值之间的差额较小；

③ 其他原因导致无法对被投资单位净损益进行调整。

投资方应当按照被投资方实现的净利润或经调整的净利润计算应享有的份额，借记"长期股权投资"科目，贷记"投资收益"科目。

当被投资方以后宣告发放现金股利或利润时，投资方再计算应分得的部分，借记"应收股利"科目，贷记"长期股权投资"科目。

收到被投资单位发放的股票股利，不进行账务处理，但应在备查账簿中登记。

【例6-11】大华物业管理公司拥有B公司40%的股份，对B公司股票采用权益法进行核算。若B公司2007年实现净利润1 500 000.00元。2008年1月30日宣告发放现金股利1 000 000.00元。大华物业管理公司的会计处理如下：

(1)计算确定投资收益，并调整长期股权投资账户。

1 500 000.00×40%=600 000.00

借：长期股权投资——损益调整　　600 000.00

　贷：投资收益　　600 000.00

(2)B公司宣告发放现金股利时，计算应收股利。

1 000 000.00×40%=400 000.00

借：应收股利　　400 000.00

　贷：长期股权投资　　400 000.00

(3)投资方确认被投资方发生的净亏损，应当以长期股权投资的账面价值以及其他实质上构成对被投资单位净投资的长期权益减记至零为限，但投资方负有承担额外损失义务的除外。在这里，其他实质上构成对被投资方净投资的长期权益，通常是指长期性的应收项目，如企业对被投资单位的长期债权若无明确的收款计划，且在可预见的未来期间不准备收回，实质上构成对被投资单位的净投资。

在确认应分担被投资单位发生的亏损时，应当按照以下顺序进行处理。

首先，冲减长期股权投资的账面价值。

其次，如果长期股权投资的账面价值不足以冲减的，应当以其他实质上构成对被投资单位净投资的长期权益账面价值为限继续确认投资损失，冲减长期应收项目等的账面价值。

再次，进行上述处理后，企业按照投资合同或协议约定仍需承担额外义务的，应按预计承担的义务确认预计负债，计入当期投资损失。

被投资单位以后期间实现赢利的，扣除未确认的亏损分担额后，应按与上述顺序相反的顺序处理，减记已确认预计负债的账面余额，恢复长期股权投资的账面价值，同时确认投资收益。

被投资单位发生亏损、分担亏损份额超过长期股权投资的账面价值，以其他实质上构成对被投资单位净投资的长期权益账面价值为限继续确认投资损失的，应借记“投资收益”科目，贷记“长期股权投资——损益调整”科目。

发生亏损的被投资单位以后实现净利润的，企业计算应享有的份额，如有未确认投资损失的，应先弥补未确认的投资损失，弥补损失后仍有余额的，如原按合同或协议约定确认了投资损失，同时作为预计负债的，应首先冲减预计负债的余额，剩余部分再借记“长期股权投资——损益调整”科目，贷记“投资收益”科目。

【例6-12】大华物业管理公司于2007年1月30日对B公司投资

1 000 000.00元，占B公司有表决权股份的40% 。其初始投资成本与应享有的B公司可辨认净资产的公允价值份额相等。若B公司2007年实现净利润700 000.00元，2008年1月宣告分派现金股利500 000.00元。2008年B公司全年净亏损2 800 000.00元，2009年B公司实现净利润900 000.00元。投资合同约定，B公司如发生亏损，大华物业管理公司不承担额外损失义务，编制如下会计分录。

(1)2007年1月投资时：

借：长期股权投资　　1 000 000.00

　贷：银行存款　　1 000 000.00

(2)2008年1月，根据B公司净利润确定投资收益：

700 000.00×40% =280 000.00

借：长期股权投资　　280 000.00

　贷：投资收益　　280 000.00

(3)2008年1月，B公司宣告分派现金股利：

500 000.00×40% =200 000.00

借：应收股利　　200 000.00

　贷：长期股权投资　　200 000.00

(4)2008年年末，B公司净亏损2 800 000.00元，大华物业管理公司计算应承担损失：

2 800 000.00×40% =1 120 000.00

因"长期股权投资——B公司"科目的账面价值为1 080 000.00元(1 000 000.00 + 280 000.00 - 200 000.00)，而"长期股权投资"的账面价值只能减记至零，未确认的亏损分担额为40 000.00元(1 120 000.00 - 1 080 000.00)。未能确认的亏损分担额在备查账簿中作相应记录。

借：投资收益　　1 080 000.00

　贷：长期股权投资　　1 080 000.00

2008年1月，B公司实现净利润900 000.00元，大华物业管理公司按照比例应得360 000.00(900 000.00×40% =360 000.00)元。按规定可享有的投资收益首先应减去以前年度未确认的亏损分担额40 000.00元，其后的差额320 000.00元才能恢复长期股权投资的账面价值。

借：长期股权投资　　320 000.00

　贷：投资收益　　320 000.00

(4)投资方对被投资方除净损益以外的所有者权益的其他变动，在持股比例不变的情况下，投资方应按照持股比例计算应享有或承担的部分，调整长期股权投资的账面价值，同时增加或减少资本公积(其他资本公积)，即投资方按持股比例计算应享有的份额，借记“长期股权投资”科目，贷记“资本公积”科目；按持股比例计算应承担的损失部分，作相反分录。

持股比例变动但仍需按照权益法核算的，按照新的持股比例计算应享有被投资单位净资产的份额与长期股权投资原账面余额之间的差额，应确认为当期投资损益，借记“长期股权投资”科目，贷记“投资收益”科目；按持股比例计算应承担的损失部分，作相反分录。

三、长期股权投资的处置

处置长期股权投资，其账面价值与实际取得价款的差额，应当计入当期损益。采用权益法核算的长期股权投资，因被投资单位除净损益以外所有者权益的其他变动而计入所有者权益的，处置该项投资时应当将原计入所有者权益的部分按相应比例转入当期损益。

处置长期股权投资进行相应的会计核算时，应按实际收到的金额，借记“银行存款”等科目，如已计提减值准备的，还应按其计提额，借记“长期股权投资减值准备”科目，按其账面余额，贷记“长期股权投资”科目，按尚未领取的现金股利或利润，贷记“应收股利”科目，按其差额，贷记或借记“投资收益”科目。

处置采用权益法核算的长期股权投资时，还应按处置长期股权投资的投资成本比例结转原记入“资本公积——其他资本公积”科目的金额，借记或贷记“资本公积——其他资本公积”科目，贷记或借记“投资收益”科目。

四、长期股权投资的减值

对于按成本法进行核算，在活跃市场中没有报价，且公允价值不能可靠计量的长期股权投资的减值，应当按照金融工具确认和计量会计准则处理；其他长期股权投资的减值应当按照资产减值会计准则处理。

为了核算企业长期股权投资发生减值时计提的减值准备，企业应设置“长期股权投资减值准备”科目，其期末贷方余额，反映企业已计提但尚未转销的长期股权投资减值准备。

资产负债表日，企业根据资产减值或金融工具确认和计量准则确定长期股权投资发生减值的，按应减记的金额，借记“资产减值损失”科目，贷记“长期股权投资减值准备”科目。处置长期股权投资时，应同时结转已计提的长期股权投资减值准备。

➢ 思考与练习

1. 简述交易性金融资产的确认条件。

2. 如何进行交易性金融资产的核算?

3. 如何区分同一控制下企业合并与非同一控制下企业合并形成的长期股权投资的成本?

4. 简述长期期股权投资成本法的适用范围。

5. 简述长期期股权投资权益法的适用范围。

6. 如何进行长期股权投资权益法的核算?

7. 练习对外投资的核算。

(1) 资料:大华物业管理公司有关对外投资的业务为

① 2007 年 1 月 30 日购入 A 公司股票 1 000 万股作为交易性金融资产。该股票在购买日的公允价值为 20 000 000.00 万元,另支付交易费用为 50 000.00 元。

② 2007 年 1 月 1 日购入 B 公司于 2006 年 7 月 1 日发行的面值为 8 000 000.00 元的公司债券作为交易性金融资产,实际支付价款为 9 000 000.00 元,其中包括已宣告发放但尚未发放的债券利息为 270 000.00 元。该债券的利率为 5%,债券利息按年支付。为购买该债券,公司支付交易费用为 90 000.00 元。2007 年 1 月 30 日,公司收到债券利息为 270 000.00 元。2008 年 1 月,公司收到债券利息为 500 000.00 元。

③ 假定 2007 年 6 月 30 日购买的 B 公司的债券市价为 8 000 000.00 元,2007 年 12 月 31 日购买的该笔债券的市价为 7 800 000.00 元。

(2) 要求:根据上述经济业务编制有关会计分录。

8. 练习对外投资的核算。

(1) 资料:大华物业管理公司有关对外投资的业务为

① 2007 年 1 月 10 日用银行存款 200 000.00 元购入一年内不准备变现的 A 公司普通股股票 200 000 股,每股面值 1 元,占 A 公司总股本的 10%。

② 2007 年 1 月 15 日以每股 1.50 元的价格购入 A 公司每股面值 1 元的股票 400 万股,占 A 公司总股本的 50%,用银行存款实际支付价款 6 000 000.00 元,其中包括已宣告发放尚未支取的现金股利 100 000.00 元。

③ 2007 年 1 月 1 日 A 公司增发每股面值 1 元的股票 600 万股。按照增发前后的平均股价计算,增发股份的公允价值 900 万元。为增发新股,公司支付 360 000.00 元的佣金和手续费。

④ 公司于 2007 年 1 月实际支付股款 12 000 000.00 元取得 B 公司 40% 的股份,B 公司的所有者权益总值 30 000 000.00 元。公司对 B 公司的生产经营决策实施重大影响。对该投资按权益法进行核算。

⑤ 若 B 公司 2007 年实现净利润 1 500 000.00 元。2008 年 1 月 30 日宣告发放现金股利 1 000 000.00 元。

⑥ 公司于2007年1月30日对B公司投资1 000 000.00元，占B公司有表决权股份的40%，其初始投资成本与应享有的B公司可辨认净资产的公允价值份额相等。若B公司2007年实现净利润900 000.00元；2008年1月宣告分派现金股利600 000.00元。2008年B公司全年净亏损3 000 000.00元，2009年B公司实现净利润1 000 000.00元。投资合同约定，B公司如发生亏损，大华物业管理公司不承担额外损失义务。

（2）要求：根据上述经济业务编制有关会计分录。

第七章

负　债

第一节　概　　述

一、负债的概念及特征

广义的负债，其外延已扩大为任何必须在将来以转让资产或提供劳务的方式履行的经济责任。但在会计核算中，把负债的外延界定在那些由过去或现在已经完成的经济业务所引起，可以客观地用货币计量的未来的经济负担。2006 年《企业会计准则——基本准则》第二十三条规定："负债是指企业过去的交易或者事项形成的、预期会导致经济利益流出企业的现时义务。""现时义务是指企业在现行条件下已承担的义务。未来发生的交易或者事项形成的义务，不属于现时义务，不应当确认为负债。"

从负债的定义可以看出，负债是现时已经存在，而导致负债的各项经济业务必须已经发生。例如，物业管理企业从银行取得贷款会产生偿还贷款的义务，从其他企业赊购商品以及使用劳务而产生的应付账款；某些可在法律上强制执行的责任，如缴纳所得税的责任，也会增加企业的负债。因而，只有源于已经发生的交易或事项，会计上才有可能确认为负债。筹划之中的未来交易或事项，不会产生负债。"现时义务"不等于"未来承诺"，如果仅仅是计划过程，其本身不产生现时义务。一般情况下，只有交易或事项已经发生才产生偿付义务。负债应满足以下两个基本条件。

1. 与该义务有关的经济利益很可能流出企业

履行现时义务通常关系到企业放弃含有经济利益的资产，以满足对方的要求。企业偿还负债，即履行现时义务，一般采用支付货币资金、转让其他资产、提供劳务、以其他义务替换该项义务、将该项义务转换为所有者权益等，其偿还方式必须是债权人所能够接受的，同时以本企业的经济利益减少为代价。

2. 未来流出的经济利益的金额能够可靠地计量

每笔负债的形成都是由于过去的经营活动引起的，对于负债的多少应有确定的偿还金额，即使无确定的金额，也有接近精确的估计值，并能够可靠地加以计量。2006 年《企业会计准则——基本准则》第二十五条规定："符合负债定义和负债确认条件的项目，应当列入资产负债表；符合负债定义、但不符合负债确认条件的项目，不应当列入资产负债表。"

物业管理企业的负债应满足上述两个基本条件。负债是物业管理企业经营、管理、服务等经济活动过程中形成的企业的现时义务，并能以货币计量，需以资产、劳务或义务转换等形成偿付的债务，预期会导致经济利益流出企业。

二、负债的分类

企业的负债按其流动性，分为流动负债、长期负债和其他负债。

划分流动负债和长期负债的标准是偿付时间。流动负债和长期负债的区分是以"一年或超过一年的一个营业周期"为界限的。这里所讲的"营业周期"，是指企业在正常的生产经营过程中从取得存货、购买劳务一直到销售商品和劳务，最后收取货款和劳务款这一时间跨度。物业管理企业的营业周期一般为一年。在一年(含一年)或者超过一年的一个营业周期内偿还的债务，称为流动负债，包括短期借款、交易性金融负债、应付票据、应付账款、预收账款、应付职工薪酬、应付股利、应交税费、其他暂收应付款项和一年内到期的长期借款等。长期负债，是指偿还期在一年或者超过一年的一个营业周期以上的负债，包括长期借款、应付债券、长期应付款等。物业管理企业的代管基金属于一项长期应付款。其他负债，是指除流动负债和长期负债以外的负债，如专项应付款、预计负债、递延所得税负债等。

三、负债的计价

对负债计价的主要目的有两个方面：一是通过负债的计量正确地计算费用和收入，以确定当期损益；二是通过负债的计量使企业在报表上正确反映企业所承担的债务，以便为报表使用者提供预测企业未来现金流量和财务风险的有关信息。在实际业务处理中，流动负债的计价与长期负债的计价有一定的差别，下面分别说明。

（一）流动负债的计价

《企业会计制度》规定，各项流动负债，应按实际发生额入账。短期借款、带息应付票据、短期应付债券应当按照借款本金或债券面值，按照确定的利率按期计提利息，计入损益。物业管理企业中，一些负债与本期费用紧密相联，如行政管理人员的应付职工薪酬等；一些负债与企业的收入相关，如预收账款等；一些负债与企业的净收益相关，如应交税费等。正确计量流动负债，是正确计量本期费用、收入、企业净收益的基础。

（二）长期负债的计价

长期负债受货币时间价值影响较大，其计价应考虑未来支付的本金、所有应支付的利息及按二者之和与适当贴现率计算的贴现值。这种情况在长期负债的应付债券计价中表现得最为明显。

物业管理企业的长期负债计价可分以下三种情况：

(1)长期借款以实际取得的货币资金(或其他资产)与其使用期间的利息之和来计价。

(2)应付债券的计价是在发行时按债券面值计价，按溢价、折价发行时高于、低于债券面值的部分及债券利息的支付专设账户另行登记，期末以债券的面值与应计利息及其溢价、折价合并列示应付债券项目的价值。

(3)长期应付款的计价要以负债的本金和利息或融资租赁费合在一起来计量到期应偿付负债的金额。

（三）其他负债的计价

其他负债的计价可按照与其相关的会计准则进行确认和计量，如专项应付款、递延所得税负债等按照适用的具体范围进行计价；预计负债则按照具体情况进行核算(详见本章第四节)。

第二节 流动负债

一、概 述

（一）流动负债概念

流动负债是指将在一年(含一年)或者超过一年的一个营业周期内偿还的债务。《企业会计制度》规定各项流动负债按实际发生额列示于资产负债表上，主要有短期借款、应付及预收账款、应付职工薪酬、应交税费、应付股利、其他应付款等。

(二)流动负债的分类

物业管理企业的流动负债，从其成因看，大致可分为以下四类：

(1)融资形成的流动负债，如企业从银行和其他金融机构借入的短期借款。

(2)结算过程中产生的流动负债，如企业购入的原材料已经到货，在货款尚未支付前形成一笔待结算的应付款项；结算本期成本费用时产生的应付职工薪酬、应交税费等账项。

(3)视经营情况而产生的流动负债，如应交所得税、应付股利等。

(4)由于会计制度采用权责发生制及过去交易或事项的潜在义务而产生的交易性金融负债、代理业务负债等。

二、短期借款的核算

短期借款是指企业借入的期限在一年以下的各种借款。归还短期借款时，除了归还借入的本金外，按照货币的时间价值，还应支付利息。

(一)账户设置

为了客观、真实地反映物业管理企业短期借款的情况，及时缓解企业的短期偿债压力，在核算短期借款时，需设置"短期借款""财务费用""应付利息""银行存款"等科目。

"短期借款"核算物业管理企业取得短期借款的金额，是负债类账户。该账户贷方记录取得或增加短期借款的实际金额，借方记录归还短期借款的实际金额，余额在贷方，反映尚未归还的短期借款的数额。

"财务费用"核算物业管理企业为筹集经营所需资金等发生的费用，包括利息支出、汇兑损失以及相关的手续费等，是费用类账户。该账户借方记录本期应负担的借款利息支出，贷方记录利息收入，期末余额转入"本年利润"科目的借方，结转后应无余额。

"应付利息"核算物业管理企业在使用短期借款过程中本期应负担但尚未支付的利息，是负债类账户。该账户贷方记录本期应负担但尚未支付借款利息，借方记录已支付的预先提取利息，该账户是按照权责发生制原则合理确认本期费用的体现，有利于正确计算本期损益。

(二)短期借款的核算

短期借款核算的过程主要包括：

(1)取得借款时，应按取得借款实际金额，借记"银行存款"科目，贷记

"短期借款"科目。

(2)结算当期借款利息时，短期借款的利息应借记"财务费用"科目，记入当期损益，采取预提方式按月预提时应贷记"应付利息"科目，实际支付利息时贷记"银行存款"科目。

(3)归还借款时，借记"短期借款""财务费用""应付利息"科目，贷记"银行存款"科目。

【例7-1】大华物业管理公司2008年1月1日，从银行借入一笔流动资金为800 000.00元，存入银行，年利率为8.4%，期限为半年，到期一次还本付息。

(1)1月1日取得借款，编制会计分录如下：

借：银行存款　　800 000.00

　贷：短期借款　　800 000.00

(2)1月31日，公司计提本月应计利息，编制会计分录如下：

半年应计利息 = 800 000.00 × 8.4% × 6/12 = 33 600.00

每月应计利息 = 33 600.00 ÷ 6 = 5 600.00

借：财务费用　　5 600.00

　贷：应付利息　　5 600.00

2月、3月、4月、5月会计分录同上。

(3)6月30日，偿还本息时编制会计分录如下：

借：短期借款　　800 000.00

　　应付利息　　28 000.00

　　财务费用　　5 600.00

　贷：银行存款　　833 600.00

三、应付、预收款项的核算

应付账款是物业管理企业购买材料、商品和接受劳务供应等应付给供应单位的款项。预收账款是企业对外提供商品、劳务等，按双方约定在未提供之前向对方单位预收的款项。这是买卖双方在购销活动中，由于取得物资与支付货款在时间上不一致而产生的负债。由于应付账款、预收账款一般在短期内结算，将其列入流动负债项目核算。

(一)账户设置

物业管理企业购入材料、商品等验收入库，但货款尚未支付时，应设置"应付账款"科目，预收对方单位款项尚未以资产或劳务偿付时，应设置"预收账款”科目，预收账款不多的企业可不设置该科目，直接通过“应收账款”科目核算。非上述业务的应付款项，如应付赔偿款，对方存入保证金，则应记入“其他应付款”账户。另外，物业管理企业在专业服务中，要经常应业主要求为业主提供各种代收代交费用的服务，此类业务属“代收款项”，可专门设置“代收款项”科目。

（二）应付账款、预收款项、代收款项的核算

物业管理企业购入商品、材料或接受劳务供应时，尚未支付货物或劳务的款项，应借记“原材料”“库存商品”“材料采购”等科目，贷记“应付账款”科目；支付款项，偿还债务时，借记“应付账款”科目，贷记“银行存款”科目；现金折扣实际获得时，冲减“财务费用”。单独设置“预收账款”科目的物业管理企业，按合同规定向有关单位和个人预收公共卫生清洁、公用设施的维修保养和保安等预收款项时，借记“预收账款”科目，贷记“主营业务收入”“其他业务收入”等科目；补付款项时，借记“银行存款”科目，贷记“预收账款”科目。

根据物业管理企业的经营服务特点，对代理业务负债单独设置“代收款项”科目。当企业收到代收的各种费用时，借记“银行存款”科目，贷记“代收款项”或“代理业务负债”科目；将代收各种款项交给各有关单位时，借记“代收款项”或“代理业务负债”科目，贷记“银行存款”科目；收取代办手续费等服务收入时，借记“代收款项”或“代理业务负债”科目，贷记“主营业务收入”科目。

除上述业务以外，应付的零星结算款项，如物业产权人、使用人存入的装修保证金，应付的赔偿款等，可单独通过“其他应付款”科目核算。如发生各项应付、暂收款时，借记“银行存款”科目，贷记“其他应付款”科目；支付时，借记“其他应付款”科目，贷记“银行存款”科目。

【例7-2】大华物业管理公司从A公司购入卫生洁具一批，价值6 000.00元，增值税1020.00元，货款暂欠，按合同规定15天内付款可折扣5%。编制会计分录如下：

（1）购入卫生洁具并验收入库：

借：库存商品　　　　7 020.00

　贷：应付账款——A公司　　　　7 020.00

（2）15日内付款：

借：应付账款——A公司　　　　7 020.00

　贷：银行存款　　　　6 669.00

　　　财务费用　　　　351.00

【例 7-3】大华物业管理公司按合同规定，预收阳光广场物业管理费用合计 100 000.00 元，期末结算，公用设施维修费 48 000.00 元，保洁费 23 000.00元，保安费 22 000.00 元，绿化费 12 000.00 元。编制会计分录如下：

(1)预收阳光广场物业管理费时：

借：银行存款　　100 000.00

　贷：预收账款　　100 000.00

(2)期末结算收入时：

借：预收账款　　105 000.00

　贷：主营业务收入——物业管理收入　　105 000.00

(3)收到补付款时：

借：银行存款　　5 000.00

　贷：预收账款　　5 000.00

【例 7-4】大华物业管理公司新华管理处为小区内业主代收水电费 300 000.00元，代收电话费 16 000.00 元，煤气费 24 000.00 元，并分别将代收款项交给有关单位，代办手续费为总金额的 1%。编制会计分录如下：

(1)代收款时：

借：银行存款　　340 000.00

　贷：代收款项 ——水电费　　300 000.00

　　　　　　　——电话费　　16 000.00

　　　　　　　——煤气费　　24 000.00

(2)将代收款项交给有关单位：

借：代收款项——水电费　　297 000.00

　　　　　　——电话费　　15 840.00

　　　　　　——煤气费　　23 760.00

　贷：银行存款　　336 600.00

(3)结转代收手续费：

借：代收款项——水电费　　3 000.00

　　　　　　——电话费　　160.00

　　　　　　——煤气费　　240.00

　贷：主营业务收入——新华管理处　　3 400.00

【例 7-5】大华物业管理公司新华小区收取某业主交来装修保证金 1 000.00元，装修完毕，经验收后，收取 200 元装修垃圾清运费，其余 800 元退还业主。编制会计分录如下：

(1)收取装修保证金：

借：库存现金　　1 000.00

　贷：其他应付款——装修保证金　　1 000.00

(2)退还装修保证金，收取装修垃圾清运费：

借：其他应付款——装修保证金　　1 000.00

　贷：库存现金　　800.00

　　营业外收入　　200.00

四、应付票据的核算

应付票据是指物业管理企业购买材料、商品和接受劳务等而开出、承兑的商业汇票，包括银行承兑汇票和商业承兑汇票。

采用银行承兑汇票，商业汇票由在承兑银行开立存款账户的存款人签发，由银行承兑；采用商业承兑汇票，承兑人应为付款人，承兑人对这项债务在一定时期内支付的承诺，作为企业的一项负债。应付票据按是否带息分为带息应付票据和不带息应付票据两种。我国商业汇票的付款期限最长不超过6个月，因此，应付票据应归于流动负债进行核算。

(一)账户设置

带息应付票据的票据面值就是票据的现值，对尚未支付的应付票据计提利息，应记入当期"财务费用"科目；不带息应付票据的面值就是票据到期时的应付金额。进行应付票据的核算时，应设置"应付票据""银行存款""应付账款""财务费用"等科目。"应付票据"账户的贷方登记物业管理公司开出商业汇票或以承兑汇票抵付货款的数额；借方登记公司开出商业汇票的偿还数额；余额在贷方，表示期末公司开出的商业票据尚未支付的数额。

(二)应付票据的核算

物业管理企业应付票据应设置"应付票据备查簿"，详细登记每一笔应付票据的种类、签发日期、号数、票面金额、合同交易号、收款人姓名或单位名称，以及付款日期和金额等资料。应付票据到期结清时，应当在备查簿内逐笔注销。

企业购买材料、商品和接受劳务时，借记"材料采购""库存商品""主营业务成本"等有关科目，贷记"应付票据"科目。

【例7-6】大华物业管理公司购入维修用原材料，已验收入库。原材料实际成本为40 000.00元，增值税专用发票注明的增值税为6 800.00元，公司开出3个月不带息商业承兑汇票给供应商，编制会计分录如下：

(1)收到材料并开出票据时：

借：原材料　　46 800.00

　贷：应付票据　　46 800.00

(2)票据到期时兑付：

借：应付票据　　46 800.00

　贷：银行存款　　46 800.00

若到期无力支付汇票，在接到银行转来拒付通知时：

借：应付票据　　46 800.00

　贷：应付账款　　46 800.00

五、应付职工薪酬的核算

《企业会计准则》第 9 号——职工薪酬规定："职工薪酬，是指企业为获得职工提供的服务而给予各种形式的报酬以及其他相关支出。"会计中的应付职工薪酬是指企业应付给职工的工资总额，是企业对职工个人的一种负债。它主要包括八个部分：①职工工资、奖金、津贴和补贴；②职工福利费；③医疗保险费、养老保险费、失业保险费、工伤保险费和生育保险费等社会保险；④住房公积金；⑤工会经费和职工教育经费；⑥非货币性福利；⑦因解除与职工的劳动关系给予的补偿；⑧其他与获得职工提供的服务相关的支出。

(一)账户设置

物业管理公司设置"应付职工薪酬"账户，核算企业应付职工的工资总额。"应付职工薪酬"账户的贷方记录应发放给职工的工资，借方反映实际支付给职工的工资，期末贷方余额反映应付未付的工资数。

(二)应付职工薪酬的核算

物业管理企业对各月应发放的工资，要在月份终了时进行分配，记入相关的成本、费用类科目。结算"应付职工薪酬"时，应借记"主营业务成本""其他业务支出""销售费用""管理费用"等科目，贷记"应付职工薪酬"科目。如直接参与物业经营、管理、服务的职工工资，记入"主营业务成本"科目；参与物业管理公司的主营业务以外的如房屋中介服务人员工资，记入"其他业务支出"科目；物业管理公司组织、管理部门人员工资，记入"管理费用"科目；营销部门、广告宣传部门人员工资，记入"销售费用"科目。支付工资时，借记"应付职工薪酬"科目，贷记"库存现金"或"银行存款"科目。

【例7-7】大华物业管理公司月份终了，结算应付职工薪酬，总额为56 000.00元，其中，直接参与物业管理、物业经营、物业大修业务人员工资为24 000.00元，商业用房经营人员工资为8 000.00元，广告营销部人员工资为6 000.00元，公司总部管理人员工资为18 000.00元，从银行提取现金并发放工资，编制会计分录如下：

(1)结算应付职工薪酬：

借：主营业务成本　24 000.00
　　其他业务支出　8 000.00
　　管理费用　18 000.00
　　销售费用　6 000.00
　贷：应付职工薪酬　56 000.00

(2)从银行提取现金：

借：库存现金　56 000.00
　贷：银行存款　56 000.00

(3)发放职工工资：

借：应付职工薪酬　56 000.00
　贷：库存现金　56 000.00

物业管理企业从成本、费用中提取的职工福利基金，设置“应付职工薪酬——职工福利”科目进行核算。按照职工工资总额14%计提，主要用于职工的医药费，医护人员、幼儿园、工会人员工资，职工生活困难补助以及工会活动等集体福利。

提取的福利费，按照职工所在岗位进行分配，直接从事物业经营、管理、服务人员工资记入相应成本；行政管理人员的福利费，记入“管理费用”科目，营销广告人员的福利费记入“销售费用”科目；实际支付时，作冲减应付职工薪酬处理。

【例7-8】承【例7-7】，提取本月的应付职工薪酬——职工福利费，同时支付职工医药费3 000.00元，编制会计分录如下：

(1)提取本月应付职工福利费：

借：主营业务成本　3 360.00
　　其他业务成本　1 120.00
　　销售费用　840.00
　　管理费用　2 520.00
　贷：应付职工薪酬——职工福利　7 840.00

(2)支付职工医药费：

借：应付职工薪酬——职工福利　　　3 000.00

　贷：库存现金　　　3 000.00

企业职工住房公积金由企业负担50%，职工个人负担50%，企业按职工工资总额的10%为职工交纳住房公积金，职工个人负担部分由企业代收代缴。本期企业交纳职工住房公积金11 200元。

【例7-9】承【例7-7】，结算本月职工住房公积金，并以银行存款交纳住房公积金，编制会计分录如下：

(1)代扣职工个人负担的住房公积金：

借：主营业务成本　　　2 400.00

　其他业务成本　　　800.00

　销售费用　　　1 800.00

　管理费用　　　600.00

　贷：应付职工薪酬——住房公积金　　　5 600.00

(2)结算企业承担的职工住房公积金：

借：主营业务成本　　　2 400.00

　其他业务成本　　　800.00

　销售费用　　　1 800.00

　管理费用　　　600.00

　贷：应付职工薪酬——住房公积金　　　5 600.00

(3)交纳本月职工住房公积金：

借：应付职工薪酬——住房公积金　　　11 200.00

　贷：银行存款　　　11 200.00

六、应交税费

(一)账户设置

物业管理企业在一定时期内取得营业收入和实现利润，要按照规定向国家交纳各种税金，应交的税金在交纳前形成企业对国家的一项负债。企业应设置“应交税费”总账科目，并按照国家征收的各项税金设置明细科目进行核算。

物业管理企业应交的税金一般有营业税、城市维护建设税、房产税、土地使用税、土地增值税、所得税、耕地占用税等。

(二)各项应交税费的核算

1. 营业税

营业税是对提供劳务、转让无形资产或者销售不动产的单位和个人征收的税种。物业管理企业发生的物业经营、管理、服务、大修收入要交纳营业税。物业管理企业可能还会发生一些商品销售、材料销售业务，理应交纳增值税，但是由于发生数额相对较小，常常合并交纳营业税。营业税计算公式为：应纳税额＝营业额×税率。

物业管理企业在“应交税费”总账下设置应交营业税明细科目，核算企业应交纳的营业税。“应交营业税”明细科目借方反映企业已交纳的营业税，贷方反映应交纳的营业税，期末贷方余额反映尚未交纳的营业税。核算时，发生应交的营业税，借记“营业税金及附加”“其他业务支出”等科目，贷记“应交税费——应交营业税”科目；上缴营业税金时，借记“应交税费——应交营业税”科目，贷记“银行存款”等科目，即物业管理企业主营业务取得收入(经营收入)，按规定应交的营业税应借记“营业税金及附加”科目，其他业务取得收入，按规定应交的营业税应借记“其他业务支出”科目，贷记“应交税费——应交营业税”科目。

【例 7-10】大华物业管理公司本月各项主营业务收入为 120 000.00 元，其他业务收入为 3 000.00 元，按 5% 的比例税率计算并应交营业税，次月 5 日以银行存款上交该项营业税，编制会计分录如下：

(1)结算应交营业税：

借：营业税金及附加	6 000.00
其他业务支出	150.00
贷：应交税费——应交营业税	6 150.00

(2)上交营业税：

借：应交税费——应交营业税	6 150.00
贷：银行存款	6 150.00

2. 城市维护建设税

城市维护建设税是国家对缴纳增值税、消费税、营业税的单位和个人就其实际缴纳的“三税”税额为计税依据而征收的一种税项，属于特定目的税，税款用于加强城市的维护建设。按税法规定，缴纳增值税、消费税、营业税的纳税人就是城建税的纳税义务人。其税率按纳税人所在地不同分三种：纳税人所在地为市区的，税率为 7%；纳税人所在地为县城、镇的，税率为 5%；纳税人所在地不在市区、县城或者镇的，税率为 1%。物业管理公司在核算城市维护建设税时，按规定计算应交的税金，借记“营业税金及附加”“其他业务支出”等科目，贷记“应交税费——应交城市维护建设税”科目；实际上交时，借记“应交税费——应交城市维护建设税”科目，贷记“银行存款”科目。应纳城市维护建设税税额=(营业税额+增值税额+消费税额)×适用税率。

【例 7-11】承【例 7-10】中，大华物业公司所在地为市区，税率为7%，编制会计分录如下：

借：营业税金及附加　　420. 00

　　其他业务支出　　10. 50

　贷：应交税费——应交城市维护建设税　　430. 50

3. 房产税、土地使用税、印花税

房产税是国家对在城市、县城、镇和工矿区征收的以房产为征税对象，由房产产权所有人或经营人缴纳的税项。房产税依照房产原值一次减除10% ~30%后的余额计算缴纳或按房屋租金计算缴纳。税率分两种：依房产价值为计税依据的税率；依房产租金收入为计税依据的税率。

城镇土地使用税是国家为了合理利用城镇土地，调节土地级差收入，提高土地使用效益，加强土地管理而开征的一种税。征税范围包括城市、县城、镇和工矿区内的国家所有和集体所有的土地。土地使用税以纳税人实际占用的土地面积，按单位面积使用费标准计算缴纳。印花税是对书立、领受购销合同等凭证行为征收的税款。它实行由纳税人根据规定自行计算应纳税额，购买并一次贴足印花税票的缴纳方法。应纳税凭证包括：购销、加工承揽、建设工程承包、财产租赁、货物运输、仓储保管、借款、财产保险、技术合同或者具有合同性质的凭证，产权转移书据，营业账簿，权利、许可证照等。印花税按比例税率或者按件定额计算缴纳税额。

物业管理企业计算应交的房产税、土地使用税，借记“管理费用”科目，贷记“应交税费——应交房产税”、“应交税费——应交土地使用税”科目；支付税费时，借记“应交税费——应交房产税”、“应交税费——应交土地使用税”科目，贷记“银行存款”科目。计算缴纳的印花税不需要通过“应交税费”科目核算，在购买印花税票时，直接借记“管理费用”或“待摊费用”科目，贷记“银行存款”等科目。

【例 7-12】大华物业管理公司发生下列应纳税项。

(1)公司应纳税房屋原值为2 000 000. 00元，经批准，按扣除20%计征房产税，采用年税率为1. 2%计征，编制会计分录如下：

全年应纳房产税=2 000 000. 00×(1-20%)×1. 2%=19 200. 00(元)

年初计算：

借：待摊费用　　　　　　　　　　　　　　19 200.00

　贷：应交税费——应交房产税　　　　　　　　19 200.00

按月分摊：

借：管理费用　　　　　　　　　　　　　　1 600.00

　贷：待摊费用　　　　　　　　　　　　　　1 600.00

(2)公司新年度的购买印花税票10本，按规定应缴纳印花税100.00元，编制会计分录如下：

借：管理费用　　　　　　　　　　　　　　100.00

　贷：库存现金　　　　　　　　　　　　　　100.00

4. 土地增值税

土地增值税是对转让国有土地使用权、地上建筑物及其附着物并取得收入的单位和个人，就其转让房地产所取得的增值额征收的一种税。物业管理企业转让国有土地使用权、地上的建筑物及附着物并取得收入，应依法交纳土地增值税。增值额是指转让房地产取得的收入减除规定的扣除项目金额后的余额。企业按增值额与扣除项目金额的比例大小选择适用的超额累进税率，计算应交的土地增值税。物业管理企业在“应交税费”总账科目下设置“应交土地增值税”明细科目核算。当期计算应交纳的土地增值税，借记“营业税金及附加”科目，贷记“应交税费——应交土地增值税”科目；交纳税款时，借记“应交税费——应交土地增值税”科目，贷记“银行存款”科目，余额反映尚未交纳的土地增值税。

5. 所得税

企业所得税是指国家对境内企业生产、经营所得和其他所得依法征收的一种税。企业有生产经营所得和其他所得，应按规定缴纳企业所得税。物业管理企业在“应交税费”科目下设置“应交所得税”明细科目核算。当期应计入损益的所得税，作为一项费用，在净收益前扣除。企业按照一定方法计算所得税，核算应交所得税时，借记“所得税费用”等科目，贷记“应交税费——应交所得税”科目；交纳时，借记“应交税费——应交所得税”科目，贷记“银行存款”科目，余额反映尚未交纳的所得税。

【例7-13】大华物业管理公司年末企业所得税应纳税所得额为3 000 000.00元，按照税率25%计算，应交企业所得税为990 000.00元，编制会计分录如下：

企业应交所得税费用＝3 000 000.00×25%＝750 000.00(元)

借：所得税费用　　　　　　　　　　　　　750 000.00

　贷：应交税费——应交所得税　　　　　　　　750 000.00

物业管理公司向税务机关缴纳所得税 750 000. 00 元。

借：应交税费——应交所得税 750 000. 00

贷：银行存款 750 000. 00

七、其他流动负债

1. 应付股利的核算

应付股利是物业管理企业按照董事会提请股东大会批准的利润分配方案中应分配给股东的现金股利或利润。企业分配的股票股利，不通过本科目核算。物业管理企业设置"应付股利"账户核算应支付给投资者的利润。结算应付股利时，借记"利润分配"科目，贷记"应付股利"科目。实际支付时，借记"应付股利"科目，贷记"现金"或"银行存款"科目，期末贷方余额为应付未付的现金股利。

【**例 7-14**】大华物业管理公司 2008 年度实现盈利，经董事会提请股东大会批准向股东分配红利为 600 000. 00 元，并通过银行一次支付，编制会计分录如下：

(1)借：利润分配——应付股利 600 000. 00

贷：应付股利 600 000. 00

(2)借：应付股利 600 000. 00

贷：银行存款 600 00. 00

2. 应付利息的核算

应付利息是企业在经营业务中预先提取出来，但是当期尚未支付的费用、借款利息等。按权责发生制原则，应对这些费用按期预提。物业管理企业设置"应付利息"科目核算企业的预提费用的提取、支出情况。"应付利息"科目贷方反映企业提取预提费用的增加，借方反映预提费用的支付、转出，期末贷方余额反映企业已提取但尚未支付的借款利息。核算时，借记"管理费用""财务费用"等科目，贷记"应付利息"科目；支付应付利息，借记"应付利息"，贷记"银行存款"等科目。

【**例 7-15**】大华物业管理公司的银行借款利息按季度支付，2008 年 1 月份发生以下经济业务，编制会计分录如下：

(1)预提本月应负担的银行利息 1 200. 00 元：

借：财务费用 1 200. 00

贷：应付利息 1 200. 00

2 月份、3 月份同上。

(2)4 月初，向银行支付一季度银行借款利息：

借：应付利息　　3 600.00

　贷：银行存款　　3 600.00

3. 其他应交款的核算

其他应交款是企业除了应交税费、应付股利、应付利息以外的其他各种应上交的款项，如教育费附加等。物业管理企业应设置“其他应交款”科目核算这些应上交的款项结算情况。该总账科目贷方登记企业其他应上交款项的增加数额；借方登记其他各种应交款的实际交纳数额；贷方余额表示未交的其他应交款。该总账科目按其他应交款的种类设置明细账。核算时，计算出应交纳的各种款项，借记“营业税金及附加”“其他业务支出”等科目，贷记“其他应交款”科目，上交各种款项，借记“其他应交款”科目，贷记“银行存款”等科目。

【例 7-16】大华物业管理公司月份终了，计算出本月应交教育费附加 1 800.00元，次月上交教育费附加，编制会计分录如下：

(1)计算应交教育费附加：

借：营业税金及附加　　1 800.00

　贷：其他应交款——教育费附加　　1 800.00

(2)上交教育费附加：

借：其他应交款——教育费附加　　1 800.00

　贷：银行存款　　1 800.00

4. 其他应付款

其他应付款核算物业管理企业应付、暂收其他单位或个人的款项，如应付租入固定资产和包装物的租金、存入保证金等，具体包括：①应付经营租入固定资产和包装物租金；②职工未按期领取的工资；③存入保证金(如收入包装物押金等)；④应付、暂收所属单位、个人的款项；⑤其他应付、暂收款项。

发生的各种应付、暂收款项，借记“银行存款”“管理费用”等科目，贷记“其他应付款”科目；支付时，借记“其他应付款”科目，贷记“银行存款”等科目。

【例 7-17】大华物业管理公司暂收新兴公司存入保证金 4 000.00 元，并存入银行，编制会计分录如下：

借：其他应付款——新兴公司　　4 000.00

　贷：银行存款　　4 000.00

第三节 长期负债

一、概 述

（一）长期负债的概念

长期负债是指偿还期限在一年或者超过一年的一个营业周期以上的债务。长期负债是物业管理企业能长期占用、使用的重要资金来源，包括长期借款、应付债券、长期应付款、代管基金等。

（二）长期负债的特点

长期负债除了具有负债的共同特点外，还具有如下特点：

(1)偿还期限较长，一般可超过一年或者一个营业周期以上，甚至没有明确的偿还期。

(2)金额较大。

(3)可以采用分期偿还的方式，或者分期偿还利息，待一定日期后再偿还本金，或者确定债务的日期已满时一次偿还。

(4)其资金成本一般比短期负债的资金成本高。

由于长期负债具有偿还期限长、债务金额大等特点，企业可以利用长期负债增加长期资产，增强企业的经营能力。

二、长期借款的核算

长期借款是企业从金融机构或者其他单位借入的，偿还期在一年或者超过一年的一个营业周期以上的贷款。物业管理企业因经营业务、修理业务以及其他业务活动需要或增加长期资产的需要，可借入长期借款。对企业借入的长期借款应设置“长期借款”科目，核算长期借款的借入、利息计提及借款偿还情况。科目贷方登记借款本息的增加额；借方登记借款本息的减少额；贷方余额反映企业尚未偿还的借款本息。核算时，借入长期借款，借记“银行存款”等科目，贷记“长期借款”科目；企业归还长期借款，借记“长期借款”科目，贷记“银行存款”等科目；发生的借款利息，借记“固定资产”“财务费用”等科目，贷记“长期借款”科目。

如果某项建造的固定资产的各部分分别完工（指每一单项工程或单位工程，下同），每部分在其他部分达到预定可使用状态所必要的购建活动实质上已经完成，则这部分资产所产生的借款费用不再计入所建造的固定资产成本，直接计入当期财务费用；如果某项建造的固定资产的各部分分别完工，但必须等到整体完工后才可使用，则应当在该资产整体完工时，其所发生的借款费用不再计入所建造的固定资产成本，而直接计入当期财务费用。

【例 7-18】大华物业管理公司 2006 年年初向银行借入人民币长期借款 4 000 000.00元，用于某物业智能化工程购建，期限为 3 年，年利率为 10%，每年计息一次，复利计算，到期一次还清本息。假设该款项于 2006 年初全部投入工程购建。该项智能工程 2007 年末调试成功，交付使用并办理竣工决算手续。编制会计分录如下：

(1)2006 年初借入长期借款时：

借：银行存款　　4 000 000.00

　贷：长期借款　　4 000 000.00

(2)购建智能化工程：

借：在建工程　　400 000.00

　贷：银行存款　　400 000.00

(3)每年年末用复利法计算应付利息：

2006 年应付利息 = 4 000 000.00 × 10% = 400 000.00(元)

2007 年应付利息 = 4 400 000.00 × 10% = 440 000.00(元)

2008 年应付利息 = 4 840 000.00 × 10% = 484 000.00(元)

3 年应付利息合计 = 400 000.00 + 440 000.00 + 484 000.00

= 1 324 000.00(元)

2008 年本利合计 = 4 000 000.00 + 1 324 000.00 = 5 324 000.00(元)

(4)2006 年末应付利息的分录：

借：在建工程　　400 000.00

　贷：长期借款　　400 000.00

(5)2007 年应付利息的分录：

借：在建工程　　440 000.00

　贷：长期借款　　440 000.00

(6) 智能工程 2007 年末调试成功：

借：固定资产　　4 840 000.00

　贷：在建工程　　4 840 000.00

(7)2008 年还本付息的分录：

借：长期借款　　4 840 000.00

　　财务费用　　484 000.00

贷：银行存款　　5 324 000.00

企业将长期借款划转出去，或者长期借款无需偿还时，直接计入资本公积，借记“长期借款”科目，贷记“资本公积”科目。

三、应付债券的核算

债券是企业筹集长期使用资金而发行的一种书面凭证。通过凭证上所记载的利率、期限等，表明发行债券企业允诺在未来某一特定时期还本付息。发行债券是企业筹集长期资金的方式之一。

物业管理企业如果符合国家对债务发行的要求，按国家规定发行债券，应设置“应付债券”总账科目，核算企业为筹集长期资金而实际发行的债券及其应付的利息。在“应付债券”总账科目下设置“债券面值”“债券溢价”“债券折价”和“应计利息”四个明细科目。债券的发行价格受同期限银行存款利率的影响较大，当债券的票面利率高于银行利率时，按超过票面价值的价格发行称为溢价发行；当债券的票面利率低于银行利率时，按低于票面价值的价格发行称为折价发行；当债券的票面利率与银行利率一致时，按票面价值的价格发行称为按面值发行。

物业管理企业应付债券的会计处理通常如下所述：

(1)债券发行。无论是按面值发行，还是溢价或折价发行，均按债券面值记入“应付债券——债券面值”明细科目，实际收到的价款与面值的差额，记入“债券溢价”或“债券折价”明细科目。

(2)债券的溢价或折价。在债券的存续期间内进行摊销，摊销方法既可采用直线法，也可以采用实际利率法。

(3)债券上的应计利息。应按照权责发生制原则按期预提，一般可按年预提。应付债券上的应计利息、溢价和折价的摊销，以及发行手续费和印刷费，在资产尚未交付使用前计入在建工程的成本；在资产已交付使用后计入财务费用。

(4)收回债券。债券到期，支付债券本息时，借记“应付债券”科目(债券面值、应计利息)，贷记“银行存款”等科目。

【例7-19】大华物业管理公司2007年7月1日发行为期5年的长期债券，债券的面值为100 000.00元，年利率为10%，每半年付息一次，若当时的市场利率为8%，债券可按溢价发行。编制发行、溢价摊销、计提利息和还本付息时的会计分录。

每半年支付利息一次，每期利率为4%；可从复利现值表及年金现值表查得利率为 4%，期限为 10，每 1 元的现值系数和年金现值系数分别为 0.675 6 和 8.110 9，根据此数据可进行以下计算：

未来本金偿还的现值 = 10 000.00 × 0.675 6 = 67 560.00（元）

10 期利息的现值 = 5 000.00 × 8.110 9 = 40 554.50（元）

债券的发行价格 = 67 560.00 + 40 554.50 = 108 114.50（元）

高出债券面值的 8 114.50 元（108 114.50 − 100 000.00）为债券的溢价额。编制会计分录如下：

借：银行存款　　108 114.50
　贷：应付债券——债券面值　　100 000.00
　　　　　　——债券溢价　　8 114.50

按 10 期计算每期应摊销的溢价 = 8 114.50 ÷ 10 = 811.45（元），每期计提利息编制会计分录如下：

借：应付债券——债券溢价　　811.45
　　财务费用　　4 188.55
　贷：应付债券——应计利息　　5 000.00

还本付息时，编制会计分录如下：

借：应付债券——债券面值　　100 000.00
　　　　　　——应计利息　　50 000.00
　贷：银行存款　　150 000.00

四、长期应付款的核算

物业管理企业在提供服务、从事经营以及其他业务活动时，为了解决其经营资金不足的问题，除向银行或其他单位借入长期资金或采取发行债券的办法筹集长期资金外，还可以采用融资租入固定资产等其他方式筹集长期资金，采用补偿贸易方式也能为企业筹集长期资金或者说节省长期资金支付占用。企业应设置“长期应付款”总账科目核算融资租赁应付款补偿贸易方式形成的应付款。总账科目的贷方反映企业发生的各种长期应付款，借方反映企业实际支付的长期应付款，期末贷方余额表示尚未偿付的各种长期应付款数额。长期应付款应按照其种类设置明细账进行明细核算。租入资产入账价值与长期应付款之差，即是未确认融资费用，应设置“未确认融资费用”总账科目进行核算。

长期应付款主要核算以下几个内容。

(一)融资租入固定资产的应付融资租赁款

融资租赁指在实质上转移与一项资产所有权有关的全部风险和报酬的一种租赁。

1．融资租赁资产、负债的入账价值

企业以融资租赁方式租入的固定资产，按照租赁协议或者合同确定的价款加上运输费、途中保险费、安装调试费以及投入使用并办理竣工决算前发生的利息支出和汇兑损益等价值作为固定资产的原价。租入资产的入账价值是租赁开始日租赁资产的公允价值与最低租赁付款额现值两者中较低的，最低租赁付款额作为长期应付款的入账价值，长期应付款与固定资产入账价值的差额作为未确认融资费用(注：最低租赁付款额等于租赁期内租金总额与期末购买租赁资产价款之和)。

2．融资租入资产的折旧以及其他费用的处理

融资租入固定资产，由于其实质上已将该资产的所有利益和风险转移给了承租方，因此，在会计核算中按照自有固定资产进行核算。

3．租赁资产上的改良工程

在我国，对租赁资产的改良工程支出，在“长期待摊费用”科目核算，并按一定的期限摊销。

4．租赁期满后的账务处理

融资租入固定资产期满后，按照租赁协议规定，可以由承租方以较低价格购买，也可以续租，还可以将其退还出租方。

【例7-20】大华物业管理公司融资租入一套保安、消防监控设备，按租赁协议确定的租赁价款为1 000 000.00元，公司另以银行存款支付运保费、安装费等共计100 000.00元，租赁费分5年，于每年年初偿还。设备折旧年限5年，采用直线法计提折旧，不考虑残值。租赁期满资产归承租方所有。编制会计分录如下：

(1)租入时：

借：在建工程　　　　1 000 000.00

　贷：长期应付款——应付融资设备款　　　　1 000 000.00

(2)支付运保费、安装费：

借：在建工程　　　　100 000.00

　贷：银行存款　　　　100 000.00

(3)交付使用时：

借：固定资产——融资租入固定资产　　　　1 100 000.00

　贷：在建工程　　　　1 100 000.00

(4)每年支付租赁费：

借：长期应付款——应付融资设备款　　200 000.00

　贷：银行存款　　200 000.00

(5)每年计提折旧：

　年折旧额 = 1 100 000.00 ÷ 5 = 22 000.00(元)

借：主营业务成本　　220 000.00

　贷：累计折旧　　220 000.00

(6)租赁期满：

借：固定资产——经营用固定资产　　1 100 000.00

　贷：固定资产——融资租入固定资产　　1 100 000.00

【例 7-21】大华物业管理公司于 2005 年 1 月 1 日从远达公司以融资租赁的方式租入一套设备，远达公司购置设备的成本为 500 000.00 元，公允价值为 500 000.00 元，租赁期为 5 年，每年末支付租金 118 708.00 元，期满设备归大华公司所有，出租人内含利率为 6%，同期银行贷款利率为 8%，设备采用直线法计提折旧。另外，在 2008 年大华物业管理公司向远达公司支付或有租金 3 000.00 元。

大华物业管理公司进行会计处理如下。

(1)计算租赁日最低付款额的现值。

确定租赁资产的入账价值为最低租赁付款额的现值 = 118 708 × (P/A, 6%, 5) = 500 000(元)

最低租赁付款额的现值与公允价值相等，因此，租赁资产的入账价值即为 500 000 元。

最低租赁付款额 = 118 708 × 5 = 593 540(元)

未确认融资费用 = 593 540 − 500 000 = 93 540(元)

在租赁开始日编制会计分录如下：

借：固定资产——融资租入固定资产　　500 000.00

　　未确认融资费用　　93 540.00

　贷：长期应付款——应付融资租赁款　　593 540.00

(2)确定融资费用的折现率和分摊额。

由于出租人的内含利率为 6%，以此作为融资费用时，可编制摊销表，见表 7-1。

表 7-1 未确认融资费用摊销表 单位：元

日期	年租金 ①	利息费用 ②＝期初④×6%	本金减少额 ③＝①－②	本金余额 期末④＝期初④－③
2005.1.1 （租赁开始日）				500 000
2005 年末	118 708	30 000	88 708	411 292
2006 年末	118 708	24 678	94 030	317 262
2007 年末	118 708	19 036	99 672	217 590
2008 年末	118 708	13 056	105 652	111 938
2009 年末	118 708	6 770	111 938	0
合计	593 540	93 540	500 000	0

(3)支付租金，并确认融资费用。

2005 年 12 月 31 日支付第一期租金，编制会计分录如下：

借：长期应付款——应付融资租赁款 118 708.00

　贷：银行存款 118 708.00

借：财务费用——利息 30 000.00

　贷：未确认融资费用 30 000.00

2006、2007、2008、2009 年各项支付租金，编制会计分录同上。

(4)在租赁期内各期计提折旧的会计处理。

按直线法计提折旧，每年应提的折旧额为：

年折旧额＝500 000×(1－5%)/5＝95 000(元)。

编制会计分录如下：

借：主营业务成本——折旧费 95 000.00

　贷：累计折旧 95 000.00

(5)或有租金发生时直接计入当期费用 2008 年编制会计处理如下。

借：管理费用 3 000.00

　贷：银行存款 3000.00

(6)租赁期满，设备转为自有资产。

编制会计分录如下：

借：固定资产——专用设备 500 000.00

　贷：固定资产——融资租入固定资产 500 000.00

附：远达公司(出租人)会计处理如下

(1)在租赁开始日应收融资租赁款及未实现融资收益的确认，编制会计分录如下：

借：长期应收款——应收融资租赁款　　593 540.00

　贷：融资租赁资产——未实现融资收益　　593 540.00

(2)2005 年 12 月 31 日收到第一期租金时，编制会计分录如下：

借：银行存款　　118 708.00

　贷：长期应收款——应收融资租赁款　　118 708.00

借：未实现融资收益　　30 000.00

　贷：租赁收入　　30 000.00

2006、2007、2008、2009 年各项收到租金会计分录同上。

(3)收到或有租金直接计入当期收入，2008 年编制会计分录如下：

借：银行存款　　3 000.00

　贷：租赁收入　　3 000.00

(二)应付补偿贸易引进设备款

补偿贸易是从国外引进设备，再用该设备生产的产品归还设备价款。在会计核算时，一方面，引进设备的资产价值以及相应的负债，作为本企业的一项资产和一项负债，在资产负债表中分别包括在“固定资产”和“长期应付款”项目中；另一方面，用产品归还设备价款时，视同产品销售进行处理。

五、递延收益的核算

(一)递延收益

递延收益是物业管理企业收到政府及其他单位的无偿补助，不能直接计入收入，应分期计入当期损益补助款项。2006 年《企业会计准则》政府补助准则要求采用总额法，真实、完整地反映政府补助的相关信息；总额法是在确认政府补助时，将其全额确认为收益，不作为相关资产账面余额或者费用扣减。企业会计准则应用指南中要求通过“递延收益”和“营业外收入”科目核算。

(二)递延收益的核算

“递延收益”科目是专为核算不能一次而应分期计入当期损益的政府补助而设置的。计入当期损益的政府补助直接计入“营业外收入”科目；与资产相关或与以后期间收益相关的，应先计入“递延收益”科目，然后分期计入“营业外收入”科目核算。

【例 7-22】2008 年 3 月，大华物业管理公司为购买中水处理设备从国家发展银行贷款1 000万元，同期银行贷款利率为6%，自2007年4月开始，政府按照贷款利率于每季度初拨款给大华公司作为利息补助，大华公司收到政府补助的利息拨款后再支付给银行。

年利息补助额＝10 000 000×6%＝600 000(元)

月利息补助额＝600 000/12＝50 000(元)

(1)2008年4月，实际收到政府贴息15万元：

借：银行存款　　150 000.00

　贷：递延收益　　150 000.00

(2)将补偿利息费用的补贴计入当期收益：

借：递延收益　　50 000.00

　贷：营业外收入　　50 000.00

2008年5月和6月的会计分录同上。

六、代管基金的核算

(一)代管基金

代管基金是物业管理企业为物业所有人、使用人提供房屋共用部位、共用设施设备维修服务，需要房屋出售人员及物业所有人、使用人交纳一笔维修基金，由物业管理企业代管。代管基金应当专户存储、专款专用，并定期接受物业管理委员会或者物业所有人、使用人的检查和监督。物业管理企业对维修基金设置“代管基金”科目，专门核算企业应为物业所有人、使用人提供的维修服务。总账科目的贷方反映“代管基金”的增加，借方反映代管基金的减少，贷方余额反映代管基金的结余。“代管基金”总账科目应按单栋房屋设置明细账，按户核算。与“代管基金”相对应，在“银行存款”科目中设置“代管基金”明细科目，对代管基金实行专款专用管理。

(二)代管基金的核算

物业管理企业收到代管基金，借记“银行存款——代管基金存款”科目，贷记“代管基金”科目；企业收到银行计息通知，属于代管基金存款利息收入的，借记“银行存款——代管基金存款”科目，贷记“代管基金”科目。企业有偿使用产权属全体业主共用商业用房和共用设施设备，应负担的有关费用，如租赁费、承包费、有偿使用费等，应按受益对象，借记“主营业务成本”“管理费用”“其他业务支出”科目，贷记“代管基金”科目。

本企业房屋共用部位、共用设施设备大修和更新改造实际发生的工程支出，借记“物业工程”科目，贷记“银行存款”“原材料”等有关科目；工程完工，其工程款经业主委员会或者物业产权人、使用人签证认可后进行转账，借记“代管基金”科目，贷记“主营业务收入——物业大修收入”科目；结转已完物业工程成本，借记“主营业务成本”科目，贷记“物业工程”科目。外单位承接本企业业务范围内大修任务，工程完工，其工程款经业主委员会或物业产权人、使用人签证认可后与承接单位进行结算，借记“代管基金”科目，贷记“银行存款”等科目。

【例7-23】某房地产开发公司出售商品房一栋，造价2 000 000.00元，向接管该商品房的大华物业管理公司按造价的3%一次性交纳房屋维修基金60 000.00元。编制会计分录如下：

借：银行存款——代管基金存款　　60 000.00
　贷：代管基金　　60 000.00

【例7-24】大华物业管理公司年初收到物业所有人、使用人交付的维修基金60 000.00元，当年8月，某共用设备需要进行大修，企业与业主委员会达成协议，设备维修作价30 000.00元，企业对设备大修共发生支出28 000.00元(其中维修人员工资15 000.00元，原材料13 000.00元)，大修完成后，经业主委员会签证后确认维修合格。编制会计分录如下：

(1)年初收到交付资金：

借：银行存款——代管基金存款　　60 000.00
　贷：代管基金　　60 000.00

(2)8月发生和完成设备大修：

借：物业工程　　28 000.00
　贷：应付职工薪酬　　15 000.00
　　　原材料　　13 000.00

(3)业主委员会签证后：

借：代管基金　　30 000.00
　贷：主营业务收入——物业大修收入　　30 000.00

同时结转成本：

借：主营业务成本——物业大修成本　　28 000.00
　贷：物业工程　　28 000.00

【例7-25】大华物业管理公司利用业主委员会提供的商业用房从事经营活动，本月应向业主委员会交纳商业用房使用费8 000.00元。编制会计分录如下：

借：银行存款——代管基金存款　　8 000.00
　贷：代管基金　　8 000.00

第四节 预计负债

一、预计负债的概念

预计负债又称或有负债。核算企业各项预计的负债，包括对外提供担保、未决诉讼、产品质量保证、承诺亏损合同、重组义务等很可能产生的负债。

《企业会计准则》第 13 号——或有事项第二条明确指出：“或有事项，是过去的交易或者事项形成的，其结果须由某些未来事项的发生或不发生才能决定的不确定事项。”常见的事项主要包括：未决诉讼或仲裁、债务担保、产品质量保证、承诺亏损合同、重组义务、环境污染整治等。预计负债(或有负债)，是与或有事项相关的义务同时满足下列条件时应当确认的负债：①该义务是企业承担的现时义务；②履行该义务很可能导致经济利益流出企业；③该义务的金额能够可靠地计量。《企业会计准则》第 13 号第十三条中指出：或有负债是指过去的交易或者事项形成的潜在义务，其存在须通过未来不确定事项的发生或不发生予以证实；或过去的交易或者事项形成的现时义务，履行该义务不是很可能导致经济利益流出企业或该义务的金额不能可靠计量。

预计负债主要包括以下几方面内容。

1. 应收票据贴现

应收票据贴现是指企业以贴现的方式将尚未到期的商业承兑汇票转让给银行或其他单位，从而负有可能支付的债务。这意味着，企业在将商业承兑汇票贴现后，就形成了一项或有负债。与此相类似，如果企业有将应收账款向银行让售以取得现金的情况，也应视为或有负债。

2. 债务担保

债务担保是指企业以自有财产为抵押，为其他单位担保向银行或其他金融机构取得借款的业务事项。如果到期日其他单位偿还了借款，企业即解脱了担保责任；但若其他单位到期不能清偿借款，担保企业则负有偿还担保债务的责任。也就是说，企业在以财产为其他单位作担保时，形成了担保企业的或有负债。

3. 未决诉讼

未决诉讼是指企业涉及尚未判决的诉讼案件、原告提出有赔偿要求待决事项。这是因为，如果企业胜诉，将不负有任何责任；但若企业败诉，则要负有支付原告提出的赔偿要求的责任。一旦有待决的对方提出的索赔事项时，企业即应视为一项或有负债。

4. 产品质量担保

产品质量担保是指与企业产品销售的质量有关，企业可能要支付与产品质量有关费用的业务事项。企业在售出附有包退、保修期的产品后，在规定的期间内如不发生质量问题，企业将不发生费用支出；但若发生质量问题，企业则会发生退货或修理的费用。企业在售出附有保证条款的产品之后，即存在了与产品质量相关的或有负债。

预计负债是一种特殊的负债，是一项潜在的负债，可能由于未来发生意外事件，而成为公司需要负责清偿的真正负债，应在财务报表中予以充分揭示。

二、预计负债的确认

(一)确认为预计负债的或有事项

根据《企业会计准则负债基本准则》第13号规定，与或有事项相关的义务同时满足下列条件的，应当确认为预计负债。

1. 该义务是企业承担的现时义务

与或有事项有关的义务为企业承担的现时义务而非潜在义务，如大华物业管理公司与B公司发生经济纠纷，调解无效。大华物业管理公司于2008年8月20日向法院提起诉讼。至2008年12月31日法院尚未判决，但法庭调查表明，B公司的行为违反了国家的有关经济法规。这种情况下，对B公司而言，一项现时义务已经产生。

2. 履行该义务很可能导致经济利益流出企业

“很可能”指发生的可能性为“大于50%但小于或等于95%”，即履行该义务时，导致经济利益流出企业的可能性超过50%，但尚未达到基本确定的程度。企业因或有事项承担了现时义务，并不说明该现时义务很可能导致经济利益流出企业。如2008年3月31日，大华物业管理公司与D公司签订协议，承诺为D公司的二年期银行借款提供金额担保。对于大华物业管理公司而言，由于担保事项而承担了一项现时义务。这项义务的履行是否很可能导致经济利益流出企业，需依据D公司的经营情况和财务状况等因素而定。假设2008年末，D公司财务状况良好，一般可认定D公司不会违约，大华物业管理公司履行承担的现时义务不是很可能导致经济利益流出企业；假设2008年末，D公司财务状况恶化，且没有好转的迹象，此情况出现表明D公司很可能违约，因而大华物业管理公司履行承担的现时义务将很可能导致经济利益流出企业。

3. 该义务的金额能够可靠地计量

由于或有事项具有不确定性，或有事项产生的现时义务的金额也具有不确定性，需要估计。要对或有事项确认一项负债，其相关现时义务的金额应能够可靠估计。估计或有事项相关现时义务的金额，应当考虑下列因素。

(1)充分考虑与或有事项有关的风险和不确定性，在此基础上按照最佳估计数确定预计负债的金额。

(2)预计负债的金额通常等于未来应支付的金额，但未来应支付金额与其现值相差较大的，应当按照未来应支付金额的现值确定。

(3)有确凿证据表明相关未来事项将会发生的，确定预计负债金额时应考虑相关未来事项的影响，如未来技术进步、相关法规出台等。

(4)确定预计负债的金额不应考虑预期处置相关资产形成的利得。

例如，大华物业管理公司(被告)涉及一桩诉讼案，根据以往案例推断，本公司很可能败诉，相关的赔偿金额也可以估算出一个范围。这种情况下，可认为该企业因未决诉讼承担的现时义务的金额能够可靠地估计，从而应对未决诉讼确认一项预计负债。

三、预计负债的核算

核算企业各项预计的负债需设置“预计负债”科目，包括对外担保、未决诉讼、产品质量保证、重组义务以及固定资产和矿区权益弃置义务等产生的预计负债。物业管理公司应按照规定的项目以及确认的标准，合理地计算各项很可能发生的负债。本科目下设置“预计债务担保损失”“产品质量保证”“预计未决诉讼”“预计重组损失”等明细科目进行明细核算。

物业管理企业应按照规定的项目，以及确认标准，合理地计提各项很可能发生的负债。企业按规定的预计项目和预计金额确认的预计负债，借记“管理费用”“营业外支出”等科目，贷记“预计负债”科目；实际偿付的负债，借记“预计负债”科目，贷记“银行存款”等科目。

【例7-26】2006年10月前大华物业管理公司欠甲公司货款500万元，按合同规定，大华物业管理公司应于2006年10日前付清货款，但该公司未按期付款。甲公司向法院提起诉讼。2006年12月10日一审判决大华物业管理公司应向甲公司全额支付货款，并支付货款延付期间的利息15万元；应承担诉讼费10万元，三项合计525万元。大华物业管理公司认为甲公司所提供货物不符合双方原来约定条款的要求，并向甲公司提出索赔要求，金额为150万元。截至2006年12月31日，该诉讼尚在审理当中。大华物业管理公司应在一审判决日确认一项预计负债。2006年12月10日编制会计分录如下：

借：管理费用——诉讼费 100 000.00

营业外支出——罚息支出 150 000.00

贷：预计负债——预计未决诉讼损失 250 000.00

【例7-27】大华物业管理公司承担物业服务项目，2008年预计经营收入为3000 000万元，并做出承诺，如出现非意外事件造成服务质量问题，该公司减免物业管理费。根据以往经验，发生费用减免为经营收入的1%～1.5%。假定该公司2008年四个季度实际减免经营收入分别为0.1万元、0.8万元、1万元、1.5万元；同时，假定2008年“预计负债——产品质量保证”科目年末余额为4万元，该公司应确认一项预计负债。编制会计分录如下：

(1)第一季度，发生产品质量保证费用：

借：预计负债——产品质量保证 1000.00

贷：银行存款或原材料等 1000.00

(2)第二季度，发生产品质量保证费用：

借：预计负债——产品质量保证 8000.00

贷：银行存款或原材料等 8000.00

(3)第三季度，发生产品质量保证费用：

借：预计负债——产品质量保证 10 000.00

贷：银行存款或原材料等 10 000.00

(4)第四季度，发生产品质量保证费用：

借：预计负债——产品质量保证 15 000.00

贷：银行存款或原材料等 15 000.00

同时确认全年产品质量保证负债金额为：

$$300\ 000.00 \times (0.01 + 0.015)/2 = 37\ 500(\text{元})$$

借：销售费用(营业费用)产品质量保证 37 500.00

贷：预计负债——产品质量保证 37 500.00

第四季度末，“预计负债——产品质量保证”科目余额为40 000.00元，列入资产负债表内“预计负债”项目，并在会计报表附注中做相关披露。

【例7-28】2007年1月大华物业管理公司采用经营租赁方式租入大型设备一台，租赁期4年，每年租金为100 000.00元，2008年12月，市政规划要求公司项目迁址，原经营租赁合同为不可撤销合同，还要持续2年，在公司租赁合同变为亏损合同，应在2008年12月31日根据未来期间(2009年和2010年)应支付租金确认预计负债。编制会计分录如下：

借：营业外支出　　　　　　　　　　　　　　　　　　200 000. 00

　贷：预计负债——预计亏损合同损失　　　　　　　　　200 000. 00

【例 7-29】大华物业管理公司经营过程中，发生重组表明公司开始承担重组义务，公司应当按照与重组有关的直接支出确定预计负债金额，公司已制定详细裁员重组计划并已对外公告，计划需直接支出 80 万元，则应确认 80 万元的预计负债(注：发生各直接支出不包括留用员工岗前培训、市场推广、新系统和营销网络投入等支出)。编制会计分录如下：

借：营业外支出　　　　　　　　　　　　　　　　　　800 000. 00

　贷：预计负债——预计重组　　　　　　　　　　　　800 000. 00

思考与练习

1. 什么是负债? 简述流动负债和长期负债的内容。

2. 简述应付职工薪酬及具体内容。

3. 简述应付债券及发行方式。

4. 简述递延收益和代管基金。

5. 什么是预计负债? 简述预计负债的特征。

6. 大华物业管理公司 2008 年 1 月发生下列经济业务：

(1) 从建设银行借入 3 个月期限的借款 100 000 元，存入开户银行。

(2) 按月预提上述借款应支付的利息，年利率为 8%。

(3) 收到远达公司预付上半年物业管理费 120 000 元，存入银行。

(4) 月末结算本月应收远达公司物业管理费。

(5) 结算本月应付职工薪酬合计为 21 000 元，其中，公共性服务人员工资 11 800 元，特约服务人员工资 1 800 元，行政管理人员工资 7 400 元。

(6) 结转无法偿付的应付账款 4 000 元。

要求：根据上述资料编制会计分录。

7. 大华物业管理公司向银行申请两年期的长期借款 200 000 元，借款年利率为 8%，每年计息一次，按复利计算，到期一次还本付息。要求编制借款取得及按月计算利息，到期还本付息的会计分录。

8. 大华物业管理公司融资租入不需要安装的保洁设备 1 台，按合同规定租赁费为 72 000 元，规定在 3 年内付清。该设备的预计使用年限为 10 年。

(1) 在租赁期内，公司每月以银行存款支付租金 2 000 元。

(2) 公司按月计提融资租入固定资产折旧费 600 元。

(3) 租赁期满，公司将融资租入的固定资产转入经营用固定资产。

要求：根据上述资料编制会计分录。

第八章

所有者权益

第一节　概　　述

一、所有者权益的概念及特征

(一)所有者权益的概念

2006年《企业会计准则——基本准则》第二十六条规定："所有者权益是指企业资产扣除负债后由所有者享有的剩余权益。公司的所有者权益又称为股东权益。"所有者权益金额取决于资产和负债计量。其来源包括所有者投入的资本、直接计入所有者权益的利得和损失、留存收益等。

所有者投入的资本，是指企业投资者对企业投入的货币资金、房屋及机器设备等实物资产和无形资产等形式的投资。

直接计入所有者权益的利得和损失，是指不应计入当期损益、会导致所有者权益发生增减变动的、与所有者投入资本或者向所有者分配利润无关的利得或者损失。利得是指由企业非日常活动所形成的、会导致所有者权益增加的、与所有者投入资本无关的经济利益的流入，如可供出售金融资产由于公允价值变动而获得利益等。损失是指由企业非日常活动所发生的、会导致所有者权益减少的、与向所有者分配利润无关的经济利益的流出，如资本汇率折算损失，资产重估减值等。

留存收益，是指由企业历年收益转化而形成的留存于企业内部的积累。留存收益包括盈余公积和未分配利润两部分。

(二)所有者权益的特征

所有者权益是企业投资者对企业净资产的要求权。物业管理企业的净资产是企业的资产总额在抵偿了一切债务后的差额部分，所有者权益和负债都是对物业管理企业资产的要求权，在资产负债表右方反映企业资金的来源。所有者权益区别于负债的明显特征体现在以下四个方面：

(1)性质不同。所有者权益是投资者对投入资本以及投入资本的运用所产生的盈余(或亏损)的权利；负债是物业管理企业在经营或其他事项中发生的债务，是债权人对其债务的权利。在企业破产清算时，债权人有优先获取企业用以清偿债务的资产的要求权；而所有者权益是所有者对于剩余资产的要求权，这种要求权置于债权人的要求权之后。

(2)权利不同。所有者享有参与经营决策和收益分配的权利；债权人只享有收回债务本金及利息的权利，没有经营决策的参与权和收益分配权。

(3)偿还期限不同。所有者权益在物业管理企业存续期内不存在抽回投资的问题，即不存在约定的偿还日期，是企业的一项可以长期使用的资金，只有在物业管理企业清算时才予以偿还；物业管理企业的负债通常必须于一定的时期内偿还。

(4)风险不同。所有者对于企业的投资获得的收益，应视物业管理企业的营利水平而定，因而风险较大。债权人获取的利息一般是按一定利率计算、预先可以确定的固定数额，不论物业管理企业营利与否，均应按期付息。对债权人而言，风险相对较小。

二、所有者权益的分类

对所有者权益的分类，西方财务会计通常将其划分为所有者投入资本和留存收益两类。根据我国2006年《企业会计准则》的规定，物业管理企业的所有者权益划分为企业所有者投入资本、直接计入所有者权益的利得和损失、留存收益，具体为实收资本(股本)、资本公积、盈余公积和未分配利润四个部分。

(一)实收资本

实收资本是指投资者在物业管理企业注册资本的范围内实际投入的资本总额。所谓注册资本，是指物业管理企业在设立时向工商行政管理部门登记的资本总额。物业管理企业对资本的筹集，应该按照法律、法规、合同和公司章程的规定及时进行。如果是一次筹集的，投入资本应等于注册资本；如果是分期筹集的，应在规定期限内使投入资本等于注册资本。在不同类型的物业管理企业中，投入资本的表现形式有所不同。在股份有限公司中，投入资本表现为实际发行股票的面值，称为股本；在其他形式企业中，投入资本表现为所有者按公司章程规定的实际出资额，称为实收资本。一般而言，实收资本(股本)是物业管理企业收益分配的依据。

(二)资本公积

资本公积是物业管理企业在筹集资本金过程中，由于资本本身所引起的各种增值。它不是企业经营活动带来的，而是与所有者投入资本或者向所有者分配利润无关的利得或者损失，是由于非收益性事项而形成的资本。资本公积不属于某个投资者所有，而是归物业管理企业全部投资者共有。它主要包括资本(或股本)溢价、法定财产重估增值、汇率折算增值以及接受捐赠的资产价值等。

(三)盈余公积

盈余公积是物业管理企业按照规定从净利润中提取的各种积累资金。根据其用途不同分为法定盈余公积、任意盈余公积和法定公益金。法定盈余公积是指按照法律规定，根据企业净利润一定比例提取的盈余公积；任意盈余公积是指按照公司股东大会决议或根据净利润的一定比例提取的盈余公积；法定公益金是指按照法律规定，根据净利润的一定比例提取的、用于集体福利方面的公益金。

(四)未分配利润

未分配利润是物业管理企业留待以后年度进行分配的结存利润，是未指定用途的利润，是物业管理企业经过一定时期的经营实现的利润，按有关规定扣除应交纳的所得税、提取盈余公积以及向投资者分配利润以后的余额。在数量上，未分配利润是期初未分配利润加上本期未分配利润之和。

第二节 实收资本

一、实收资本的概念

根据《企业会计准则》的规定，物业管理企业的实收资本是指投资者按照企业章程或合同协议的约定，实际投入企业的资本。通俗地讲，实收资本是企业进行经营所必需的“本钱”，是指投资人作为资本投入到企业中的各种资产价值的总额。投资人既可以以货币资产投资，也可以用实物资产和无形资产等形式投资。我国有限责任公司的投资者和股份有限公司的发起人以无形资产作价出资金额一般不得超过注册资本的20%，最高不得超过注册资本的30%。企业申请开业，必须具备符合国家规定的并与其生产经营和服务规模相适应的资金数额。

具体来说，物业管理企业实收资本核算分为两大类：有限责任公司的实收资本和股份有限公司投入资本为股本。

二、实收资本的核算

物业管理企业对投入资本进行核算，有限责任公司应设置"实收资本"科目，股份有限公司设置"股本"科目。该科目以贷方登记企业收到的各种资本额，借方登记依法批准减少的资本额，期末贷方余额反映投资者实际投入企业的资本额。物业管理企业的投入资本应设置备查账簿，详细记录企业的注册资本总额和各投资者的出资比例和认缴的股份。

(一) 物业管理有限责任公司的实收资本核算

物业管理有限责任公司是指由两个以上股东共同出资，每个股东以其所认缴的出资额对公司承担有限责任，公司以其全部资产对其债务承担责任的企业法人。其股东资本应通过"实收资本"科目进行核算。物业管理有限责任公司还应按股东设置明细账，反映各股东实缴注册资本的数额。投资人可以用现金或现金以外的其他有形资产投资。此外，在不超过企业注册资本20%的情况下，企业还可以接受无形资产投资。企业在收到投资时，根据投入资产的具体形式及其评估价格，借记"库存现金""银行存款""固定资产"或"无形资产"等资产科目；根据合同、协议或公司章程规定的数额，贷记"实收资本""资本公积"等科目。初建有限责任公司时，各投资者按照合同、协议或公司章程投入企业的资本，应全部记入"实收资本"科目，企业的实收资本应等于注册资本。在企业增资扩股时，如有新投资者介入，新介入的投资者缴纳的出资额大于其按约定比例计算的其在注册资本中所占的份额部分，应作为资本溢价，记入"资本公积"科目。

【例 8-1】大华物业管理有限责任公司收到某公司投入的一台设备，该设备的原价为 10 000.00 元，已提折旧为 6 000.00 元，评估价为 5 000.00 元，编制会计分录如下：

借：固定资产　　　　10 000.00
　贷：实收资本　　　　5 000.00
　　　累计折旧　　　　5 000.00

【例 8-2】大华物业管理有限责任公司由 A、B、C 三位投资者组建，股权比例为 2∶1∶1，资本总额为 40 万元。现公司吸收 D 投资者入股，D 出资 15 万元，取得五分之一的股权比例。

根据以上资料，编制会计分录如下：

借：银行存款 150 000.00
　贷：实收资本 100 000.00
　　资本公积 50 000.00

【**例 8-3**】大华物业管理公司收到某专利发明人的投资，双方评估确认价值为 80 000.00 元，编制会计分录如下：

借：无形资产——专利权 80 000.00
　贷：实收资本——个人资本金 80 000.00

（二）物业管理股份有限公司的股本核算

物业管理股份有限公司是指全部资本由等额股份构成，通过发行股票筹集资本，股东以其所持有的股份对公司承担有限责任，公司以其全部资产对公司债务承担责任的企业法人。和一般的有限责任公司相比，股份有限公司的特点主要体现在其产权上，即所有者权益。物业管理股份有限公司的所有者权益表现为股东权益。由于股份有限公司的股东按持有的股份获取收益，同时也以其持有的股份承担公司的经营风险，股份有限公司应设置“股本”等资本账户，一方面，反映股东对公司所拥有的权益，提供收益分配的依据；另一方面，也为公司破产或歇业时的清算提供依据。

在我国，公司的注册资本与实收资本总额应当一致，因此公司发行的股票数量必须与核定股份总数一致，同时，股票面值 = 注册资本/核定股份总数。“股本”账户反映股份有限公司的注册资本，必须始终按公司股票面值入账；股东认购股票实际出资额大于面值的差额称为超面值缴入股本，在“资本公积”科目下设置“股本溢价”二级科目进行核算。

【**例 8-4**】大华物业管理股份有限公司委托一证券公司代理发行普通股股票 10 000 000 股，每股面值 1.00 元，按面值发行。该证券公司按发行收入的 1% 收取手续费，从发行收入中扣除。

根据以上资料，编制会计分录如下：

借：银行存款 9 900 000.00
　　长期待摊费用 100 000.00
　贷：股本——普通股股本 10 000 000.00

【**例 8-5**】承【例 8-2】，大华物业管理公司由 A、B、C 三位投资者组建股份有限公司，根据【例 8 – 2】资料，编制会计分录如下：

借：银行存款 150 000.00
　贷：股本——普通股股本 100 000.00
　　资本公积——股本溢价 50 000.00

【**例 8-6**】大华物业管理股份有限公司经批准，将盈余积 600 000.00 元按投资者投资比例转增资本金，其中A、B、C投资比例为2∶1∶1，编制会计分录如下：

借：盈余公积　　600 000.00

　贷：股本——法人股本A　　300 000.00

　　　　——法人股本B　　150 000.00

　　　　——法人股本C　　150 000.00

物业管理公司出现资本过剩或重大亏损，需要减少实收资本时，有限责任公司和一般企业按发还投资的数额，借记"实收资本"科目，贷记"银行存款"等科目。股份有限公司应按面值注销资本。凡属原面值发行的，应先直接冲销盈余公积，如不足则冲销未分配利润；属原溢价发行的，则应首先冲销溢价收入，其次冲销盈余公积，如不足，再冲销未分配利润。企业按规定程序用资本公积转增资本时，应借记"资本公积"科目，贷记"实收资本"科目。

第三节　资本公积

一、资本公积的概念

资本公积是指归所有者共有的，非收益转化而形成的资本。资本公积的特点是：资本公积是按照全部投资者的投资比例，由所有的投资者共同享有。具体表现在以资本公积转增资本时，各个投资者或股本按其在实收资本中所占比例计算应享有的金额。

资本公积，主要包括与企业日常生产经营所有者投入资本或向所有者分配利润无直接关系的利得或损失，具体包括资本（股本）溢价、接受捐赠的资产价值、股权投资准备、拨款转入、其他资本公积等。

二、资本公积的核算

为核算物业管理企业取得的资本公积，应设置"资本公积"科目，该科目贷方反映资本公积的增加，借方反映资本公积的减少和转出，期末贷方余额反映企业实有的资本公积。"资本公积"科目应当根据资本公积形式的类别，分别设置"资本（或股本）溢价""接受捐赠资产""股权投资准备""拨款转入""其他资本公积"等明细科目进行核算。

(一)资本(股本)溢价

1. 资本溢价

资本溢价是指股东的出资额大于其在企业注册资本中所占份额的差额部分。通常情况下，有限责任公司初创时，股东按照其在企业注册资本中所占的份额出资，不会出现资本溢价。公司经过一段时间的运营，由于企业历年实现利润的一部分留在企业内部形成属于原投资者的留存收益，新加入的投资者如要与原投资者共享这部分留存收益，需要付出大于原投资者的出资额，才能取得与原投资者相同的投资占股比例。另一方面，企业进入正常经营后，资本利润率往往高于企业初创阶段，而投资风险却相应减小，因此，新加入的投资者往往需要付出更大的出资额以取得与原投资者相同的投资比例。企业在收到新股东的出资额时，应根据其实际出资额，借记“银行存款”“固定资产”或“无形资产”等资产科目；根据其在注册资本中占有的份额，贷记“实收资本”科目；根据两者的差额，贷记“资本公积”科目。

【例8-7】大华物业管理有限责任公司于2005年1月1日由甲、乙、丙三位股东各自出资100万元设立。设立时实收资本为300万元。至2007年12月31日，公司已有留存收益120万元；此时，又有另一投资者愿意出资150万元以享有该公司股份的25%。在得到原出资者认可的情况下，公司于实际收到新投资时，编制会计分录如下：

借：银行存款　　1 500 000.00

　贷：实收资本——××投资者　　1 000 000.00

　　　资本公积　　500 000.00

2. 股本溢价

物业管理股份有限公司以发行股票的方式筹集股本时，“股本”科目反映股本享有的权利和承担的义务，所记录的股本总额等于股票面值与股份总数的乘积。国家规定，股份公司实收股本总额应与注册资本相等。因此，“股本”科目应按股票面值记录股本金额，由于溢价发行股票时，超出面值的溢价部分和除支付的手续费、佣金等的余额由全体股本共享，应记入“资本公积”科目。

【例8-8】大华物业管理公司委托B证券公司代理发行普通股1000万股，每股面值为1.00元，每股发行价格为5.00元，发行费用按发行收入的2%计算，从发行收入中扣除，编制会计分录如下：

借：银行存款　　49 000 000.00

　贷：股本　　10 000 000.00

　　　资本公积——股本溢价　　39 000 000.00

(二)接受捐赠

1. 接受捐赠非现金资产准备

接受捐赠非现金资产准备是指企业因接受非现金资产捐赠而增加的资本公积。

【例 8-9】大华物业管理公司接受全新设备一台，价值为 50 万元，接受捐赠时所得税税率为 25%，编制会计分录如下：

递延所得税费用 = 500 000 × 25% = 125 000(元)

借：固定资产　　500 000.00

　贷：资本公积——接受捐赠非现金资产准备　　375 000.00

　　　所得税费用——递延所得税费用　　125 000.00

2. 接受捐赠现金

物业管理公司接受的现金捐赠应按转入资本公积的金额，借记“银行存款”科目，贷记“资本公积”科目。

【例 8-10】大华物业管理公司接受企业捐赠货币资金 20 万元，存入银行存款，编制会计分录如下：

借：银行存款　　200 000.00

　贷：资本公积——接受现金捐赠　　200 000.00

3. 企业接受原材料及其他捐赠

企业接受原材料捐赠时，如果取得了增值专用发票，应按发票中原材料价款，借记“原材料”等科目，按发票中增值税额，借记“应交税费——应交增值税(进项税)”科目，按全部价税合计，贷记“资本公积”科目；企业接受其他有形或无形资产捐赠时，应按公允价值，借记有关资产科目，贷记“资本公积”科目。企业的资本公积用于转增资本时，企业按规定程序，应借记“资本公积”科目，贷记“实收资本”科目。

(三)股权投资准备

股权投资准备是指企业对被投资单位的长期股权投资采用权益法核算时，因被投资单位接受捐赠等原因增加的资本公积，企业按其持股比例计算而增加的资本公积。被投资单位因增资扩股而增加所有者权益，企业按持股比例计算应享有的份额作为股权投资准备，通过“资本公积——股权投资准备”科目进行核算；“股权投资准备”属于所有者权益的准备，在该项准备未实现以前，不能作其他处理；待该项准备实现后，将已实现的准备部分转入“资本公积——其他资本公积”科目，再按规定进行处理。

【例 8-11】大华物业管理公司对 B 企业投资 100 万元，占 B 企业有表决权股份的 40%，大华物业管理公司采用权益法核算对 B 企业的长期投资。B

企业接受一项全新固定资产捐赠，评估确认价值20万元，B企业的所得税率25%。大华物业管理公司会计处理如下：

递延所得税费用＝200 000×25%＝50 000(元)

大华物业管理公司所享有的份额＝(200 000－50 000)×40%＝60 000(元)

借：长期投资——股票投资　　60 000.00

　贷：资本公积——股权投资准备　　60 000.00

【例8-12】该项固定资产在使用1年后对外转让，转让时已提取折旧40 000元，取得转让收入200 000元。大华物业管理公司会计处理如下：

借：资本公积——股权投资准备　　60 000.00

　贷：资本公积——其他资本公积　　60 000.00

补充说明，B企业的会计处理。

(1)取得捐赠固定资产时：

借：固定资产　　200 000.00

　贷：资本公积——接受捐赠非现金资产准备　　150 000.00

　　所得税费用——递延所得税费用　　50 000.00

(2)转让设备时：

①借：银行存款　　200 000.00

　贷：固定资产情况　　200 000.00

②借：固定资产清理　　160 000.00

　累计折旧　　40 000.00

　贷：固定资产　　200 000.00

③借：固定资产清理　　40 000.00

　贷：营业外收入　　40 000.00

④借：资本公积——接受捐赠非现金资产　　150 000.00

　贷：资本公积——其他资本公积　　150 000.00

(四)拨款转入

拨款转入是指物业管理公司收到国家拨入的专门用于技术改造、环境保护等拨款项目完成后，按规定转入资本公积的部分。物业管理公司在拨款项目完成后，对形成各项资产的部分，应按实际成本，借记“固定资产”等科目，贷记有关科目；同时，借记“专项应付款”科目，贷记“资本公积”拨款转入科目。

【例8-13】大华物业管理公司修建一座中水处理厂，根据当地政府补助政策的有关规定，公司可以从当地政府获得2 000 000元的政府投资补助，该款项已经于2008年1月收到。该中水处理厂于2009年1月1日建成，总成本8 000 000元，预计使用寿命20年，编制会计分录如下：

(1)2008年1月收到2 000 000元时：

借：银行存款： 2 000 000.00

　贷：专项应付款 2 000 000.00

(2)2009年1月1日：

借：固定资产——中水处理 8 000 000.00

　贷：在建工程 8 000 000.00

同时，

借：专项应付款 2 000 000.00

　贷：资本公积——拨款转入 2 000 000.00

(五)其他资本公积

其他资本公积是指除上述各项资本公积以外所形成的资本公积以及从资本公积各准备项目转入的金额。债权人豁免的债务也在其他资本公积项目内核算。

三、库存股

库存股是用来核算企业收购的尚未转让或注销的本公司股份金额，按2006年《企业会计准则》属于所有者权益类科目。库存股，又称库藏股，是指公司发行的并由本公司取得的股票。按其取得的方式不同，库存股可分为发行取得的库存股和通过股票回购取得的库存股。前者是指本公司在股票发行时取得的股票，后者是指本公司在股票发行完毕后通过股票回购取得的股票。当企业要对其他企业进行兼并时，可以用这些库存股票去交换其他企业的股票，实现兼并的目的。库存股具有以下几项功能：可以维持股票的流通性；可以防止公司被恶意购并；可供公司作为股票选择权及其他权益证券的使用；不让有异议的股东阻挠公司重大决策；公司可利用库存股制度进行资本结构的调整。

【例8-14】大华物业管理公司因货币资金过剩，决定以每股5元的价格向股东回购其发行在外的普通股100 000.00股，回购时A公司所有者权益总额9 000 000.00元，其中，股本1 000 000.00元，资本公积5 000 000.00元，盈余公积2 000 000.00元，未分配利润1 000 000.00元。回购时，编制会计分录如下：

借：库存股 100 000.00

资本公积　　400 000.00
贷：银行存款　　500 000.00

若收购价格为每股0.8元，编制会计分录如下：

借：库存股　　100 000.00
贷：银行存款　　80 000.00
资本公积　　20 000.00

第四节　留存收益

留存收益是指企业实现的利润扣除交纳的所得税费用、分发利润(或股利)和提取公积金后的余额，留于以后年度分配的利润或者尚未分配的利润。它来源于企业实现的利润，是企业从历年实现利润中提取或形成的、留存于企业内部的积累，具体表现为盈余公积和未分配利润。

一、盈余公积的核算

盈余公积是指企业按照规定从净利润中提取的各种积累的资金，主要表现为企业按税后利润一定比例提取的法定盈余公积、公益金和按企业管理当局确定的比例从税后利润提取的任意盈余公积。盈余公积是指企业按照规定从净利润中提取的各种积累资金。盈余公积根据其用途不同，分为公益金和一般盈余公积两类，分别在“盈余公积——公益金”和“盈余公积——一般盈余公积”科目进行核算。

(一)公益金

公益金是企业从净利润中提取的专门用于企业职工福利设施方面支出的资金。我国企业按规定用于职工福利方面的资金来源，包括从费用中提取的职工个人福利和从税后利润中提取的公益金。其中，职工福利费主要用于职工个人福利方面的支出，计提时作为一项负债确认；公益金主要用于集体福利设施方面的支出，如购建职工宿舍、托儿所、理发室等，计提时作为一项所有者权益确认。现行制度规定，公司制企业按税后利润的5%～10%的比例提取法定公益金。

企业计提法定公益金时，应借记“利润分配”科目，贷记“盈余公积——公益金”科目。企业购建集体福利设施等，其支出数额不得大于法定公益金的余额。企业于发生实际购建支出时，一方面根据支出的用途，借记“固定资产”等有关科目，贷记“银行存款”等科目；另一方面，按已使用的金额，将公益金转为一般盈余公积，借记“盈余公积——公益金”科目，贷记“盈余公积——一般盈余公积”科目。

【例 8-15】大华物业管理公司用公益金购建托儿所一幢，全部造价为 800 000.00元，已用银行存款支付，编制会计分录如下：

借：固定资产　　800 000.00

　贷：银行存款　　800 000.00

同时，

借：盈余公积——公益金　　800 000.00

　贷：盈余公积——一般盈余公积　　800 000.00

（二）一般盈余公积

一般盈余公积包括法定盈余公积和任意盈余公积。按现行制度规定，公司制企业的法定盈余公积按税后利润的 10% 提取。企业计提法定盈余公积时，应借记“利润分配——提取盈余公积”科目，贷记“盈余公积——一般盈余公积（法定盈余公积）”科目。企业计提的法定盈余公积达到注册资本的 50% 时可以不再提取。企业在计提法定盈余公积之后，还可以根据企业经营政策的需要，计提任意盈余公积。任意盈余公积的比例由企业自行决定。企业计提任意盈余公积时，应借记“利润分配——提取盈余公积”科目，贷记“盈余公积——一般盈余公积（任意盈余公积）”科目。企业计提的法定盈余公积与任意盈余公积主要用于弥补企业亏损或转增资本。企业用盈余公积弥补亏损或转增资本时，一般先使用任意盈余公积，在任意盈余公积用完以后，可以按规定将累积法定盈余公积中超过注册资本 25% 的部分，用于弥补亏损或转增资本。企业用盈余公积弥补亏损时，应借记“盈余公积——一般盈余公积（任意盈余公积）”科目或“盈余公积——一般盈余公积（法定盈余公积）”科目；贷记“利润分配——盈余公积补亏”科目。企业用盈余公积转增资本时，应借记“盈余公积——一般盈余公积（任意盈余公积）”科目或“盈余公积——一般盈余公积（法定盈余公积）”科目，贷记“实收资本”科目。

【例 8-16】大华物业管理公司当年实现的税后利润为 120 万元，该公司除按 10% 的比例提取法定盈余公积金，按 5% 的比例提取公益金外，又按董事会决议，在提取公益金和发放优先股利后，提取 5% 的任意盈余公积金，进行会计处理如下：

提取法定盈余公积金 = 1 200 000 × 10% = 120 000（元）

任意盈余公积金 = 1 200 000 × 5% = 60 000（元）

公益金 = 1 200 000 × 5% = 60 000（元）

借：利润分配——法定盈余公积金　　60 000.00

——任意盈余公积金 120 000.00
——公益金 60 000.00
贷：盈余公积——法定盈余公积金 60 000.00
——任意盈余公积金 120 000.00
——公益金 60 000.00

二、未分配利润

未分配利润，是指企业经过一定时期的生产经营实现的利润，按有关规定扣除应交纳的所得税费用，提取盈余公积以及分配给投资者利润以后的余额。未分配利润是企业留待以后年度进行分配的结存利润，也是企业所有者权益的组成部分。与所有者权益的其他部分相比，企业对于未分配利润的使用与分配有较大的自主权，从数量上来说，未分配利润是期初未分配利润，加上本期实现的税后利润，减去提取的各种盈余公积和分出利润后的余额。在会计核算上，未分配利润是通过“利润分配——未分配利润”科目进行核算的。企业应于年度终了，将“本年利润”科目的余额转入“利润分配——未分配利润”科目，同时，将“利润分配”的其他明细科目的余额转入“利润分配——未分配利润”科目。结算后，“利润分配——未分配利润”科目的余额如果在贷方，即为未分配利润；如果在借方，则为未弥补亏损，未弥补亏损为所有者权益的抵减项目。

【例 8-17】大华物业管理股份有限公司 2008 年实现净利润 2 400 000.00 元，公司董事会于 2008 年 12 月 31 日提出公司当年利润分派方案如下：

提取法定盈余公积金 240 000.00 元

提取法定公益金 240 000.00 元

提取任意盈余公积金 120 000.00 元

分配股利 1 500 000.00 元

其中，股票股利 500 000.00 元，现金股利 1 000 000.00 元，共计 2 100 000.00元。

2008 年 12 月 31 日，对董事会提请批准的利润分配方案进行会计处理时，仅需对股票股利在该公司编制的会计报表附注中，说明董事会提请股东大会批准的利润分配方案中包括发放股票股利 500 000.00 元，按面值折股。该公司在 2009 年 2 月中旬，上述利润分配方案经股东大会批准通过后予以公告，公告的内容还包括现金股利的发放日为 2009 年 2 月 1 日，股票股利的发放日为 2009 年 3 月 2 日。据此，公司进行如下会计处理。

(1)公布股利分配方案时：

借：利润分配——盈余公积　　600 000.00
　　　　　　——应付股利　　1 000 000.00
　贷：盈余公积——公益金　　240 000.00
　　　　　　　——法定盈余公积金　　240 000.00
　　　　　　　——任意盈余公积金　　120 000.00
　　　应付股利　　1 000 000.00

(2)2009 年 3 月 1 日，在实际发放股票股利时，编制会计分录如下：

借：利润分配——应付股利　　500 000.00
　贷：股本——普通股　　500 000.00

【例 8-18】上例中，大华物业管理公司 2004～2008 年，各年实现利润情况为

(1)2004 年发生亏损 120 万元，年度终了，编制会计分录如下：

借：利润分配——未分配利润　　1 200 000.00
　贷：本年利润　　1 200 000.00

(2)2005 年，该公司实现净利 30 万元，年度终了，编制会计分录如下：

借：本年利润　　300 000.00
　贷：利润分配——未分配利润　　300 000.00

(3)2006—2007 年分录同上。

(4)2007 年，大华物业管理公司未分配利润明细科目仍有借方余额 30 万元，自 2008 年起，这部分未弥补的亏损不能再用税前利润弥补。公司 2008 年实现税前利润 20 万元，所得税率 25%，2008 年底，编制会计分录如下：

①应交所得税费用＝200 000.00×25%＝50 000.00(元)

借：所得税费用　　50 000.00
　贷：应交税费——应交所得税费用　　50 000.00
借：本年利润　　50 000.00
　贷：所得税费用　　50 000.00

②当年实现净利润＝200 000.00－50 000.00＝150 000.00(元)

借：本年利润　　150 000.00
　贷：利润分配——未分配利润　　150 000.00

③2008 年底，“未分配利润”明细科目余额＝－300 000.00＋150 000.00＝－150 000.00(元)，即借方余额 150 000 元，仍存在未弥补的亏损 150 000 元。

➤ 思考与练习

1. 什么是所有者权益？简述所有者权益的具体内容。

2. 什么是资本公积？怎样进行资本公积的核算？

3. 简述盈余公积及具体核算内容。

4. 什么是库存股？简述其核算内容。

5. 大华物业管理公司由远大集团公司与远华公司合资建立。公司于 2009 年 4 月 1 日办妥注册手续，双方投入资本业务如下：

（1）远大集团公司按合同规定出资 600 000 元，其中，货币资金 200 000 元，场地使用权 400 000 元，已办妥验资手续。

（2）远华公司按合同规定出资 400 000 元，其中，全新机器设备 300 000 元，原材料 100 000元（含税），已办妥验资手续。

要求：根据上述资料编制会计分录。

6. 大华物业管理公司发生如下经济业务：

（1）外商捐赠保洁设备一台，该设备重估价格为 80 000 元，设备已交付使用。

（2）公司以资本公积金 30 000 元转增注册资本。

（3）公司以盈余公积金 50 000 元转增注册资本。

（4）本月净利润为 200 000 元，按净利润的 10% 提取盈余公积金。

（5）经董事会同意向投资者分配利润 60 000 元。

要求：根据上述资料编制会计分录。

第九章

收　入

第一节　收入的确认

一、概　述

物业管理企业的收入有广义和狭义之分。广义的收入包括营业收入、投资收益和营业外收入；狭义的收入仅指营业收入。无论广义的收入还是狭义的收入，它们都是企业利润的来源。因此，获取收入是企业日常经营活动最为主要的目标之一。

(一)收入的特点

物业管理企业在经营过程中会发生各种费用支出，按照费用支出用途的不同，最终有些费用支出构成了企业的经营成本，有些费用支出形成了企业的期间费用。正常情况下，这些费用必然带来一定的收入，而收入正是企业获得利润的前提条件。《企业会计准则——收入》将收入定义为企业在日常活动中形成的、会导致所有者权益增加的、与所有者投入资本无关的经济利益的总流入。其中，“日常活动”指企业为完成其经营目标所从事的经常性活动以及与其相关的活动。如：制造业制造并销售产品、商品流通企业销售商品、安装公司提供安装服务、租赁公司出租资产等，都是为完成其经营目标所从事的经常性活动，由此而产生的经济利益的总流入构成收入。又如：企业让渡资产使用权等属于与经常性活动相关的活动，由此而产生的经济利益的总流入也构成收入。

此外，企业处置固定资产、无形资产等活动，与企业为完成其经营目标所从事的经常性活动无关，由此产生的经济利益的总流入不能构成营业收入，只能确认为营业外收入。

收入通常包括销售商品收入、提供劳务收入、让渡资产使用权收入、建造合同收入、租赁收入等，但不包括企业为第三方收取的款项。从收入的定义可以看出，收入具有以下特点：

(1)广义的收入从企业的日常活动中产生，而不是从偶发的交易或事项中产生。如物业管理企业为物业产权人、使用人提供维修、管理和服务等劳务而取得的收入，商品流通企业销售商品等。在日常活动中，有些交易或事项虽然也能够为企业带来经济利益，但由于不是企业的日常经济活动，其经济利益的流入乃是利得，而非收入。如投资方投入资金虽然会导致接受投资方收入增加，但增加部分为所有者权益的增加，不属于收入的范畴。

(2)收入可能表现为企业资产的增加，如制造业由于销售产品取得收入导致的银行存款或应收款项的增加、物业管理企业提供劳务取得的收入等。

(3)收入可能表现为企业负债的减少，如非债务重组过程中的以商品抵偿债务。

(4)收入能导致所有者权益变动，按照"资产－负债＝所有者权益"这一会计恒等式计算，企业取得收入本身一定能改变所有者权益的数额。按照"收入－费用＝利润"这一公式，收入与费用的差额可能为利润，也可能是损失。因此，这一计算结果直接导致所有者权益的变动。

(5)收入只包括企业经济利益的收入，而不包括为第三方或者客户代收的款项。代收的款项在增加企业资产的同时，也增加了企业的负债，但因其不是企业经济利益的流入，故此不能作为企业的收入处理。

(二)收入的分类

按照经营业务在物业管理企业经营中的重要性，可以将收入分为主营业务收入和其他业务收入两部分。主营业务收入与其他业务收入内容的划分不是固定不变的，一项业务收入，对某一企业来说是主营业务收入，而对另一企业则可能是其他业务收入。衡量业务收入是主营业务收入还是其他业务收入，主要取决于该项经济业务与企业未来发展战略之间的关系。一般情况下，业务量大、收入占企业全部业务收入比例较高，且与企业未来发展战略联系较密切的收入通常被称为主营业务收入；在主营业务收入以外获得的，从事附属业务取得的收入则被称为其他业务收入。

物业管理企业的主营业务收入主要指按以物业产权人或使用人提供维修、管理和服务等劳动而取得的收入。按照《物业管理企业会计核算补充规定(试行)》，主营业务收入即为物业管理企业的经营收入。主营业务收入包括以下三个方面：

(1)物业管理收入，指物业管理企业向物业产权人、使用人收取的公共性服务费收入、公众代办性服务费收入和特约服务收入等。

(2)物业经营收入，指物业管理企业经营业主委员会或物业产权人、使用人提供的房屋、建筑物和公共设施等取得的收入，如房屋租金收入及经营共用设施的收入等。

(3)物业大修收入，指物业管理企业接受业主委员会或物业产权人、使用人的委托，对房屋共用部位、共用设施设备进行大修所取得的收入。

其他业务收入是物业管理企业在物业管理过程中除主营业务以外的其他业务活动所取得的收入。物业管理企业的其他业务收入主要包括房屋中介代销手续费收入、材料物资销售收入、废品回收收入、商业用房经营收入、无形资产转让收入等。其他业务收入占企业收入的比重一般较小。

主营业务收入与其他业务收入的构成如图 9-1 所示。

主营业务收入——物业管理收入
——物业经营收入
——物业大修收入
其他业务收入——房屋中介代销手续费收入
——材料物资销售收入
——废品回收收入
——商业用房经营收入
——无形资产转让收入等

图 9-1　物业管理企业收入的构成

企业将主营业务收入与其他业务收入分别进行核算，是为了加强对企业主营业务的管理与考核，促使主营业务更快地增长。

二、收入的确认

收入确认指收入在何时记入账簿，并及时在利润表上给予反映。收入是企业在日常经济活动中形成的会导致所有者权益增加的、与所有者投入资本无关的经济利益的总流入，是企业在一定时期经营成果的具体体现。物业管理企业出现以下情况时，即可以将其确认为收入：

(1)物业管理企业在资产负债表日提供劳务交易的结果能够可靠估计的，应当采用完工百分比法确认提供劳务收入。

完工百分比法，是指按照提供劳务交易的完工进度确认收入与费用的方法。

提供劳务交易的结果能够可靠估计，是指同时满足下列条件：①收入的金额能够可靠地计量；②相关的经济利益很可能流入企业；③交易的完工进度能够可靠地确定；④交易中已发生和将发生的成本能够可靠地计量。

企业确定提供劳务交易的完工进度，可以选用下列方法：①已完工作的测量；②已经提供的劳务占应提供劳务总量的比例；③已经发生的成本占估计总成本的比例。

企业应当按照从接受劳务方已收或应收的合同或协议价款的公允价值确定提供劳务收入总额。

企业应当在资产负债表日按照提供劳务收入总额乘以完工进度、扣除以前会计期间累计已确认提供劳务收入后的金额，确认当期提供劳务收入的金额；同时，按照提供劳务估计总成本乘以完工进度、扣除以前会计期间累计已确认劳务成本后的金额，结转当期劳务成本。

企业与其他企业签订的合同或协议包括销售商品和提供劳务时，销售商品部分和提供劳务部分能够区分且能够单独计量的，应当将销售商品的部分作为销售商品处理，将提供劳务的部分作为提供劳务处理。销售商品部分和提供劳务部分不能够区分，或虽能区分但不能够单独计量的，应当将销售商品部分和提供劳务部分全部作为销售商品处理。

(2)物业管理企业在资产负债表日提供劳务交易的结果不能够可靠估计的，应当分别按以下情况处理：

①已经发生的劳务成本预计能够得到补偿的，按照已经发生的劳务成本金额确认提供劳务收入，并按相同金额结转劳务成本。

②已经发生的劳务成本预计不能够得到补偿的，应当将已经发生的劳务成本计入当期营业成本，不确认提供劳务收入。

(3)物业管理企业对外提供设备和其他有形资产的特许权费，在交付资产或转移资产所有权时确认收入；属于提供初始及后续服务的特许权费，在提供服务时确认收入。

①安装费，在资产负债表日根据安装的完工进度确认收入。安装工作是商品销售附带条件的，安装费在确认商品销售实现时确认收入。

②宣传媒介的收费，在相关的广告或商业行为开始出现于公众面前时确认收入。广告的制作费，在资产负债表日根据广告的完工进度确认收入。

③为特定客户开发软件的收费，在资产负债表日根据开发的完工进度确认收入。

④包括在商品售价内可区分的服务费，在提供服务的期间内分期确认收入。

⑤艺术表演、招待宴会和其他特殊活动的收费，在相关活动发生时确认收入。收费涉及几项活动的，预收的款项应合理分配给每项活动，分别确认收入。

⑥申请人会费和会员费只允许取得会籍，所有其他服务或商品都要另行收费的，在款项收回不存在重大不确定性时确认收入。申请人会费和会员费能使会员在会员期内得到各种服务或出版物，或者以低于非会员的价格购买商品或接受服务的，在整个受益期内分期确认收入。

⑦属于提供设备和其他有形资产的特许权费，在交付资产或转移资产所有权时确认收入；属于提供初始及后续服务的特许权费，在提供服务时确认收入。

(4)物业管理企业长期为客户提供重复劳务收取的劳务费，一次性收取若干期的，收取的款项在相关劳务活动发生时分期确认收入；分期收取的，在合同约定的收款日期确认收入。

(5)物业管理企业作为出租人，应当将根据《企业会计准则第21号——租赁》准则确认的未实现融资收益，采用实际利率法在租赁期内各个期间进行分配，计算确认当期的融资收入；同时将计入应收融资租赁款入账价值的直接费用进行分摊，调整确认的融资收入。

出租人采用实际利率法分配未实现融资收益时，应当将租赁内含利率作为未实现融资收益的分配率。租赁内含利率，是指在租赁开始日，使最低租赁收款额的现值与未担保余值的现值之和等于租赁资产公允价值与出租人的初始直接费用之和的折现率。

出租人应当在实际收到或有租金时将其确认为融资收入。

或有租金指金额不固定，以时间长短以外的其他因素，如销售量、使用量、物价指数等为依据计算的租金。

租赁期限届满，承租人行使优惠购买选择权时，若存在未担保余值的，应将未担保余值冲减融资收入；租赁期限届满，收到承租人交还租赁资产时，若收回租赁资产的价值扣除未担保余值后的余额低于担保余值的，应将向承租人收取的价值损失补偿金额确认为融资收入。

(6)物业管理企业对经营租赁取得的租金，应当在租赁期内各个期间按照直线法确认为当期经营租赁收入；若其他方法更为系统合理，也可以采用其他方法。

出租人应当在实际收到或有租金时将其确认为经营租赁收入。

对于经营租赁资产中的固定资产，出租人应当采用类似资产的折旧政策计提折旧；对于其他经营租赁资产，应当采用系统合理的方法进行摊销。

第二节 收入的核算

物业管理企业的营业收入，包括物业管理企业开展经营活动的主营业务收入和其他业务收入。

一、主营业务收入(经营收入)的核算

为了核算企业在物业管理过程中所取得的各项收入，物业管理企业分别设置“主营业务收入”和“其他业务收入”账户，来反映其开展经营活动取得的各项收入。

“主营业务收入”账户核算企业确认的在物业管理活动中提供劳务、销售商品等主营业务的收入。包括环境卫生、绿化、治安保卫收入，委托代管房产管理费收入，代收水电气、代收房租手续费收入及其他专项服务物业管理收入和自有出租房的租金收入等。该账户是损益类账户，贷方登记物业管理企业实现的经营收入，借方登记转入“本年利润”账户的数额，结转后该账户无余额。同时，主营业务收入还应按照物业管理收入、物业经营收入和物业大修收入设置明细账进行明细分类核算。

(一)物业管理收入的核算

物业管理收入包括公共性服务费收入、公众代办性服务费收入、特约服务费收入等内容。企业按其组成内容设置明细账进行明细分类核算。

1. 公共性服务费收入的核算

公共性服务费是物业管理收入的主要内容之一。它由管理及服务人员的薪酬、楼内共用设施维修及保养费、绿化管理费、清洁卫生费、保安费、办公费、物业管理企业固定资产折旧费和法定税费几部分组成。

公共性服务实行政府指导价的管理办法，由各区、县物价部门会同房地产管理部门规定基准价及浮动幅度。按照规定，物业管理服务收费的利润率不能大于15%。

公共性服务费以房屋的建筑面积为计算依据。各套房屋的建筑面积，除各套“自用”的建筑面积之外，还要合理分摊“公用”建筑面积。其中，各套房屋“自用”建筑面积包括各套房屋户门内的起居室(厅)、卧室、卫生间、厨房、贮藏室、过道及阳台等面积。“自用设备”指一套房屋内部，由住宅业主、使用人自用的门窗、卫生洁具及通向总管的供热、排水、燃气管道、电线等设备。“公用”建筑面积包括公共使用的门厅、楼梯、电梯井(厅)、

公共通道、电话公线间及突出屋门的有围护结构的楼间，水箱间及电梯机房等的面积。“共用设备”指一套房屋内部，由住宅业主、使用人共同使用的供水管道、排水管道、照明灯具、垃圾管道、电视天线、水箱、水泵、电梯、消防设备等设备。“公共设施”指物业管理区域内，由住宅业主和使用人共同使用的道路、绿地、停车场(库)、照明路灯、排水管道、垃圾房、游泳池、球场等设施。

各套房屋所分摊的“公用”建筑面积应以该套房屋的“自用”建筑面积占该幢楼房总“自用”面积的百分比进行分摊。有关公式如下：

各套房屋建筑面积 = 各套房屋的“自用”建筑面积×(1 + 各套房屋“自用”建筑面积应分摊的“公用”建筑面积的分摊率)

其中，各套房屋“自用”建筑面积应分摊的“公用”建筑面积的分摊率 = (该幢楼房“公用”建筑面积 / 该幢楼房“自用”建筑面积总和)×100%

【例 9-1】某栋房屋的建筑面积为 5 000m^2，其中，各套房屋“自用”建筑面积总和为 4170m^2，“公用”建筑面积为 830m^2。

各套房屋“自用”面积应分摊的“公用”建筑面积的分摊率 = 830 / 4170 ×100% =19.9%

若某套房屋“自用”建筑面积为 120m^2，则

该套房屋建筑面积 = 120 ×(1 + 19.9%) = 143.885(m^2)

如公共性服务收费定为每月每平方米 0.90 元，则该套房屋的业主每月应交服务费为

0.90 ×143.885 =129.50(元)

除以上计算外，公共性服务费计费时还应确定其浮动幅度。在规定的基准价和浮动幅度以内，物业管理企业可以同业主委员会或业主协商确定收费标准，物价部门只办理备案手续，不再实行审批制度。

公共性服务费用由物业管理企业按照物业管理服务合同约定向业主收取，物业管理收入经约定可以预收。采取预收方法时，可以分月计算主营业务收入。此项收入可以记入“预收账款”科目贷方，也可以不设“预收账款”科目，而将其直接记入“应收账款”科目贷方。

【例 9-2】大华物业管理公司 4 月份预收第二季度公共性服务费，A 座 407 室业主“自用”建筑面积 120m^2。经“公用”建筑面积分摊后，计算公共性服务费建筑面积为 143.885m^2，收费标准为每月每平方米 0.90 元。407 室业主每月公共性服务费为 129.50 元，本季度应交纳 388.50 元。

(1)预收公共性服务费时(4 月份)：

借：库存现金(或银行存款) 388.50

贷：主营业务收入——物业管理收入（公共性服务费收入）
129.50
预收账款——公共性服务费收入 259.00

（2）预收服务费转账时（5月份、6月份）：

借：预收账款——公共性服务费收入 129.50
贷：主营业务收入——物业管理收入（公共性服务费收入）
129.50

如果企业不设"预收账款"科目，而使用"应收账款"科目时，会计分录如下。

（1）预收公共性服务费时（4月份）：

借：库存现金（或银行存款） 388.50
贷：主营业务收入——物业管理收入（公共性服务费收入）
129.50
应收账款——公共性服务费收入 259.00

（2）预收服务费转账时（5月份、6月份）：

借：应收账款——公共性服务费收入 129.50
贷：主营业务收入——物业管理收入（公共性服务费收入）
129.50

2. 公众代办性服务费收入的核算

公众代办性服务是物业管理企业为满足业主、住户和单位的需要所提供的有偿性服务。物业管理企业应事先设立服务项目，并将服务内容、质量和收费标准及时公布。在接受代办性业务后，物业管理企业可以适当收取代办服务费，但不受委托则不得收费。一些特殊部门，如公用事业、环卫、治安等部门委托物业管理企业收费时，应通过房屋所在地的物价部门认可后，才可以向房屋业主和租住户收费。

【例9-3】大华物业管理公司7月份为各房屋业主和租住户代缴水费，共18 000.00元，按代缴款的2%收取代办服务费。

借：库存现金（或银行存款） 18 360.00
贷：主营业务收入——物业管理收入（公众代办性服务费收入）
360.00
其他应付款——代缴水费 18 000.00

用银行存款缴纳水费：

借：其他应付款——代缴水费 18 000.00
贷：银行存款 18 000.00

【例 9-4】大华物业管理公司 1 月份托管 C 区居民上半年物业管理费 42 000. 00元。

借：银行存款　　42 000. 00

　贷：主营业务收入——物业管理收入(公众代办性服务费收入)

　　　　7 000. 00

　　　预收账款——公众代办性服务费收入　　35 000. 00

3. 特约服务费收入的核算

特约服务是物业管理企业为满足房屋业主和租住户的特殊需求，受委托而进行的服务。房屋业主和租住户个别需要的特约服务包括房屋装修和自用设备维修等。对这类特约服务的收费，除物价部门规定有统一收费标准的内容之外，其余一律实行市场调节价，由物业管理企业自由定价，服务内容统一规定，但需要对每一个服务项目实行明码标价。如受房屋业主和使用人委托的特约服务所耗用的建筑材料，可以根据同期建筑材料的市场零售价计算，人工耗费可以按照物价部门相应制定的价格目录计算。从总体看，对特约服务项目可以同委托项目的业主签订合同或协议，规范收费水平。而特约服务的价格一般经协商确定后，按市场行情上下浮动。

【例 9-5】大华物业管理公司接受 A 座 407 室业主特约委托对其房屋进行装修，按照装修要求，承包装修公司的预算额为 35 000. 00 元，物业管理公司按照 2% 的比例收取服务费 700. 00 元。

(1)收取款项时：

借：库存现金(或银行存款)　　35 700. 00

　贷：主营业务收入——物业管理收入(特约服务收入)　　700. 00

　　　其他应付款——装修公司　　35 000. 00

(2)工程结束实际支付工程款时：

借：其他应付款——装修公司　　35 000. 00

　贷：银行存款　　35 000. 00

(二)物业经营收入的核算

物业经营收入指物业管理企业经营业主委员会或物业产权人、使用人提供的房屋、建筑物和共用设施取得的收入。

按照物业管理条例规定，住宅出售单位应提供物业管理区域必需的物业管理服务用房和小区内的公用设施，如道路、绿地、停车场(库)、游泳池等的产权为全体业主共有，物业管理企业与业主委员会或业主、使用人协商后，有偿使用上述全体业主的共有财产(一般采用支付租金的形式)。用于经营房屋出租等的经营收入，作为物业经营收入处理。物业管理企业取得经营收入时，借记“银行存款”“应收账款”等科目，贷记“主营业务收入——物业经营收入”科目。

【例 9-6】大华物业管理公司接受业主委员会委托，将球场出租，月租金收入 30 000. 00 元。

收到租金时：

借：银行存款　　30 000. 00

　贷：主营业务收入——物业经营收入　　30 000. 00

【例 9-7】大华物业管理公司接受业主委员会委托，将属于全体业主共有产权的停车场出租。物业管理公司每月应支付有偿使用费 4 000. 00 元。在将停车场维修后，物业管理公司将其出租，月收租金 6 000. 00 元。

(1) 支付有偿使用费时：

借：主营业务成本——物业经营成本　　4 000. 00

　贷：银行存款　　4 000. 00

(2) 收取租金时：

借：银行存款　　6 000. 00

　贷：主营业务收入——物业经营收入　　6 000. 00

(三) 物业大修收入的核算

物业大修收入是物业管理企业接受业主委员会或物业产权人、使用人的委托，对房屋共用部位，共用设施设备进行大修取得的收入。对这项收入，可以直接记入“主营业务收入——物业大修收入”科目，用以反映物业管理企业的收入情况。

【例 9-8】大华物业管理公司接受房屋业主委员会委托，对公共通道进行维修。经物业管理公司与 A 维修公司协商，维修额预计为 20 000. 00 元。按照合同规定，物业管理公司提供两名修理工协助，收取 1 800. 00 元劳务费。

(1) 签订合同书时：

借：长期应付款——代管基金　　20 000. 00

　贷：其他应付款——A 维修公司　　20 000. 00

(2) 工程竣工，验收合格时：

借：其他应付款——A 维修公司　　20 000. 00

　贷：银行存款　　18 200. 00

　　主营业务收入——物业大修收入　　1 800. 00

二、其他业务收入的核算

物业管理企业的其他业务收入包括房屋中介代销手续费收入、材料物资销售收入、废品回收收入、商业用房经营收入及无形资产转让收入等，物业管理企业通过“其他业务收入”账户核算以上所述内容。该账户是损益类账户，其贷方登记已实现的其他业务收入，借方登记结转入“本年利润”的其他业务收入的数额，结转后该账户无余额。这一账户按其他业务收入的类别设明细账进行明细分类核算。取得各项其他业务收入时，借记“银行存款”科目，贷记“其他业务收入”科目。

1. 房屋中介代销手续费收入的核算

按照房屋中介服务收费的有关规定，房屋中介代销手续费按成交价总额的0.5%~2.5%计算。如为独家中介代销，收费标准不得超过成交价格的3%。

【例9-9】大华物业管理公司从事房屋中介代销业务，按1.5%计收手续费。现取得服务中介代销收入15 000.00元，存入银行。

借：银行存款　　15 000.00

　　贷：其他业务收入——房屋中介代销手续费收入　　15 000.00

2. 材料物资销售收入的核算

物业管理企业在提供服务过程中，必须储备一定品种和数量的建筑、五金等材料，但在一定情况下，物业管理企业之间可能会出现物资调剂的情况，即将所储存的材料物资出售给其他单位。由于物资调剂产生的收入应记入“其他业务收入”科目。

【例9-10】大华物业管理公司原有库存水泥10t，进货单价400.00元。因经营需要，现将其中的4t按原价调剂给其他单位，财务部门开出增值税专用发票，税额272.00元，货款尚未收到。

借：应收账款　　1 872.00

　　贷：其他业务收入——材料物资销售收入　　1 872.00

3. 废品回收收入的核算

物业管理企业在提供服务过程中，除提供装修、维护等其他服务业务外，还有一定量的废品再回收工作。在处理废品过程中取得的收入，计入“其他业务收入”科目。

【例9-11】大华物业管理公司清洁部门收集整理垃圾后，将废品出售，取得现金收入184.00元。

借：库存现金　　184.00

　贷：其他业务收入——废品回收收入　　184.00

4. 商业用房经营收入的核算

商业用房经营收入指物业管理企业利用业主管理委员会或物业产权人、使用人提供的商业用房从事经营活动取得的收入。如通过开办健身房、歌舞厅、美容美发厅、商店、饮食店等经营活动取得的收入。

综上所述，物业经营收入中，对房屋出租作为主营业务收入处理，而此处商业用房经营收入都作为其他业务收入处理。尽管在这两种情况下，房屋都是业主委员会或产权人、使用人提供的，但两者的区别在于：直接对房屋出租，不再增加出租房屋的设施或功能而取得租金收入的，作为主营业务收入中的物业经营收入处理；对房屋增加经济设施和经济功能后，从事经济活动取得的收入作为其他业务收入处理。

【例9-12】大华物业管理公司利用业主委员会提供的商业用房改造成连锁店对外营业。某日营业额为100 000.00元。编制会计分录如下：

借：银行存款　　100 000.00

　贷：其他业务收入——商业用房经营收入　　100 000.00

第三节 营业税金及附加的核算

一、物业管理企业流转税征收的有关规定

(一)关于物业管理费等收入的征税规定

物业管理企业在为房屋业主及租住户提供服务时所收取的费用，应按5%的比例交纳营业税。这些公共服务费有管理费(包括向房产开发商收取的尚未出售或出租的空置房产的管理费)、服务费(包括保险费、保安费、公共设施养护费、停车费等各种名目的收费)、维修费(包括维修材料费及人工费)及租赁费(包括居民租住公有住宅的租金收入)等。公共服务费是物业管理收入的主要内容。

(二)关于代办性收入的征税规定

公众代办费服务是物业管理企业为改善和保障房屋业主的工作及生活条件，而为其提供的服务。对这些代办性服务活动，物业管理企业适当收取代办费。税务部门对代办费收入的规定如下。

1. 代办购物手续费的征税

为房屋业主及租住户代购货物时，除将代购货物的发货票直接交付委托方外，按收取的代办手续费收入的5%交纳营业税。

2. 代办收费取得收入的征税

为房屋业主及租住户代收代付水、电、煤气、电话费等各种业务而取得的收入，可以按扣除实际支付给相关的水、电、煤气、电话局等部门后的余额的5%交纳营业税。

(三)关于装修保证金、公共维修基金的征税

特约服务是为满足房屋业主及租住户的个别需求，受其委托而提供的服务。对这些服务所收取的保证金、公共维修基金等也应交纳税金。

1. 房屋装修保证金等的征税

物业管理企业向房屋业主及租住户收取的房屋装修保证金、履约保证金等，如果是到期退还给房屋业主及租住户的款项，不征收营业税；如果到期不退还或已作为房屋业主装修违规行为予以罚没的款项，则按5%的比例交纳营业税。

2. 公共维修基金等的征税

由于物业管理企业向房屋业主及租住户收取的公共维修基金及向房屋开发商在交付房产管理权时收取的房屋公共维修基金的所有权归房屋业主管理委员会，因此，这部分基金为专款专用，专户存储，物业管理企业仅是代管使用，按时列支，不需交纳税款。但物业管理企业以劳务形式从维修基金中取得的收入，需要按5%的比例交纳营业税。

二、营业税金及附加的核算

物业管理企业在缴纳税款时通过"营业税金及附加"账户核算，记录企业在经营活动中发生的营业税、消费税、资源税、城市维护建设税和教育费附加等相关税费。该账户为损益类账户，其借方登记应缴纳的营业税金及附加，贷方登记转入"本年利润"的数额，结转后该账户无余额。其他业务收入应交纳的税金及附加通过"其他业务支出"科目处理，期末计提营业税、消费税、城市维护建设税、资源税、土地增值税及教育费附加时，记入"应交税费"科目的贷方，实际交纳税费时，记入"应交税费"科目的借方。此外，虽然房产税、车船使用税、土地使用税及印花税在"管理费用"核算，但与投资性房地产相关的房产税、土地使用税在此处核算。

【例9-13】大华物业管理公司当月经营收入180 000.00元，其他业务收入 20 000.00 元，按 5% 的比例交纳营业税。城市维护建设税按营业税额的 7% 计算，教育费附加按营业税额的 3% 计算，计算应交纳的税费并做有关会计分录。

(1)计算应交纳的营业税，编制会计分录如下：

主营业务收入：180 000.00 ×5% =9 000.00

其他业务收入：20 000.00 ×5% =1 000.00

借：营业税金及附加　　9 000.00

　　其他业务支出　　1 000.00

　贷：应交税费——应交营业税　　10 000.00

(2)计算应交纳的城市维护建设税，编制会计分录如下：

主营业务收入：9 000.00 ×7% =630.00

其他业务收入：1 000.00 ×7% =70.00

借：营业税金及附加　　630.00

　　其他业务支出　　70.00

　贷：应交税费——应交城市维护建设税　　700.00

(3)计算应交纳的教育费附加，编制会计分录如下：

主营业务收入：9 000.00 ×3% =270.00

其他业务收入：1 000.00 ×3% =30.00

借：营业税金及附加　　270.00

　　其他业务支出　　30.00

　贷：应交税费——应交教育费附加　　300.00

(4)实际交纳税费时：

借：应交税费——应交营业税　　10 000.00

　　　　　　——应交城市维护建设税　　700.00

　　　　　　——应交教育费附加　　300.00

　贷：银行存款　　11 000.00

➤ 思考与练习

1. 物业管理企业的收入包括哪些内容?

2. 简述收入的特点。

3. 如何进行物业管理企业收入的核算?

4. 如何区分收入和利得?

5. 资产负债表日提供劳务交易的结果能够可靠估计的，应当采用完工百分比法确认提供劳务收入的条件有哪些?

6. 资料：大华物业管理公司6月份发生如下经济业务。

(1)预收下季度公共性服务费。甲楼建筑面积为30 000m^2。其中各房屋“自用”建筑面积总和为25 000m^2，“公用”建筑面积为5 000m^2。甲楼308室业主“自用”建筑面积为150m^2，“公用”建筑面积收费标准为每平方米1.05元，业主用现金缴纳该款。

(2)房屋业主代交水电费，共54 000元，按2%的比例收取代办费，用现金缴纳。

(3)接受乙楼201室业主委托对其房屋进行修缮，承包公司预算额为60 000元。物业公司按照2%的比例收取服务费，该款项通过银行支付。

(4)接受业主委托将社区健身房出租，月租金收入60 000元，该款项通过银行划入。

(5)接受业主委托对公共通道进行维修，预计维修额为187 000元。按照合同规定，物业公司提供5名修理工协助。

(6)将代收的水电费交存银行。

(7)201室修缮工程完工，实际支付工程款65 000元。公司按2%比例收取服务费，业主通过银行付款。

(8)公共通道维修完工，验收合格，按合同支付款项。据合同规定，收取修理工的劳务费2 500元。

要求：根据以上经济业务编制会计分录。

7. 资料：大华物业管理公司当月经营收入400 000元，其他业务收入50 000元。按收入5%的比例计算缴纳营业税。城市维护建设税按营业税额的7%计算，教育费附加按营业税额的3%计算。

要求：计算应缴纳的各种税费，并编制应缴及上缴税费的会计分录。

第十章

成本费用

第一节　概　述

一、成本费用的概念

费用指企业在日常活动中发生的，会导致所有者权益减少的，与向所有者分配利润无关的经济利益的总流出。成本指企业为生产产品、提供劳务而发生的各种耗费。企业在生产经营过程中，必然会发生各种成本耗费和费用支出，这些成本费用的耗费及支出，包括原材料等劳动对象的耗费、机器设备等劳动手段的耗费及人工等活劳动的耗费，都会直接引起资产的流出。因此，成本和费用的计算是否准确，关系到经营成果计算的准确性，影响到国家、企业和个人的利益。从这个意义上说，物业管理企业加强对成本及费用的核算和管理，对正确计算企业盈亏具有十分重要的意义。

费用与收入是相对应而存在的，它代表企业为取得一定收入或进行其他的生产经营活动所发生的经济利益的流出，具体表现为企业资产的流出或负债的增加，最终结果则是企业净资产的减少。

费用具有如下特征：

(1)费用是企业在日常活动中发生的经济利益的总流出。日常活动是指企业为完成其经营目标所从事的经常性活动以及与之相关的其他活动。在企业日常活动中，制造业产销产品、商品流通企业进销商品、物业管理企业提供物业服务、租赁公司出租资产等活动中发生的经济利益的总流出构成了企业的费用支出。费用形成于企业日常活动的特征使其产生与非日常活动的损失相区分。

费用发生可以具体表现为物业管理企业实际资产的减少，包括货币资金或其他资产的减少，也可以是一项负债增加。从这个意义上说，费用本身是企业资源的减少，与资源流入企业所形成的收入恰恰相反，是现实或预期的现金支出，如支付工资、材料消耗、机器设备的使用及其他费用支出等，都将耗费企业的资源，直接导致企业资源量的减少。

(2)费用的发生最终会减少企业的所有者权益。一般情况下，货币资金支出会导致企业的所有者权益减少，直接形成企业费用。但在正常经营活动过程中，有些支出不能作为费用处理。如企业的偿债性支出，企业偿还以前所欠货款时，会导致资产和负债同时减少。这项支出不会影响所有者权益，不形成费用支出。

(3)费用与向所有者分配利润或股利无关。向企业所有者分配利润或股利属于企业的一项支出，属于企业利润分配的内容。费用发生虽然会减少企业的资产，但因其不是经营活动形成的资产减少，也不能作为费用支出记录在册。

二、费用的分类

在一定会计期间内，物业管理企业为提供一定种类和一定数量的物业服务，往往会发生相应的费用支出，这些费用支出可以按一定标准分类。

(一)按照费用的经济内容进行分类

按照费用的经济内容，可以将费用做如下划分：

(1)外购材料，指物业管理企业为开发经营活动所耗用的外购材料物资、修理用备件及包装物和低值易耗品等周转材料。

(2)外购燃料，指物业管理企业为开发经营活动而耗用的从外部购入的各种固体、液体及气体燃料。

(3)外购动力，指物业管理企业为开发经营活动而从外部购入的各种动力。

(4)应付职工薪酬，指物业管理企业根据有关规定应付给职工的各种薪酬。

(5)折旧费，指物业管理企业在固定资产使用过程中，因为其价值的磨损所提取的折旧费用。

(6)应付利息支出，指物业管理企业与银行或其他金融机构按照合同约定支付的利息，包括吸收存款、分期付款到期还本的长期借款、企业债券等应支付的利息。

(7)其他，指除以上所列各项费用以外的其他各要素费用支出。

按照经济内容对物业管理企业的费用进行分类，可以反映企业在一定时期内的各项费用支出，及时考核费用计划的执行情况，分析费用差异出现的原因，以便充分挖掘企业内部的潜力，寻找降低费用支出的途径，保证费用预算的正确执行。由于这种划分不能确切地说明费用的去向和用途，因此，不易了解或确定该项费用支出是否合理。

(二)按照费用发生的用途进行分类

按照经济用途，可以将物业管理企业的费用做如下划分：

(1)直接材料费。这项费用指物业管理企业直接用于物业管理服务所消耗的、直接用于物业服务项目的房屋维修、装饰等的原材料费用支出。

(2)直接人工费。此项费用指物业管理企业支付的直接参与物业管理服务的职工薪酬。

(3)机械使用费。该项费用指物业管理企业使用施工机械时发生的机上人员的薪酬、燃料及动力费、机物料消耗、机械折旧费及修理费等。

(4)其他直接费用。此项指物业管理企业发生的除以上项目外所发生的，与提供物业服务有直接关系的费用。

(5)期间费用。这类费用指物业管理企业的行政管理部门为组织和管理开发经营活动而发生的管理费用和财务费用以及为销售和提供劳务等而发生的销售费用。按照经济用途对费用进行分类，可以反映物业管理企业一定期间内费用的去向和用途，分析费用支出的合理性。

三、费用与成本的关系

成本与费用有密切的联系。在我国，费用与成本是两个平行使用的概念。其中，费用是企业在日常活动中发生的，会导致所有者权益减少的、与向所有者分配利润无关的经济利益的总流出，包括收益性支出中本期消耗的部分和资本性支出中在本期耗用的部分。成本是企业为生产产品，提供劳务而发生的各种耗费，是按一定对象归集的支出，它既包括收益性支出，也包括资本性支出。一般情况下，我国所说的成本，通常指与收入相对应的产品成本，也可以说成本是对象化了的费用。

四、成本、费用核算的原则

物业管理企业在经营过程中，为了取得一定的收入，必定有与其相对应的支出。这些支出能否构成本及其费用，必须以可以用于指导费用确认的基本标准来衡量。这个基本标准是正确进行成本与费用核算必须遵循的基本原则。

（一）以权责发生制为基础，进行会计确认、计量和报告

进行会计确认、计量和报告时，必须以权责发生制为基础，费用的发生要在其支出上的效应发生时予以确认。这一划分有利于企业正确计算各期的成本、费用支出；有利于正确反映企业各会计期间的成本、费用开支水平；有利于企业进行成本、费用的控制和管理。因此，各物业管理企业进行会计核算时，必须坚持以权责发生制为基础。

（二）合理划分收益性支出与资本性支出的界限

凡获得效益仅涉及一个会计年度（或一个营业周期）以内的支出，应作为企业的收益性支出处理。收益性支出指物业管理企业为取得本年度收益的资产或劳务而发生的应由本期收益抵补的各项支出。因该项支出所获得的效益仅限于一个会计期间，故而作为收益性支出，在一个会计期间内确认为费用。凡获得效益涉及一个以上会计年度（或一个以上营业周期）的支出，应作为企业的资本性支出处理。资本性支出指物业管理企业为了取得未来收益，涉及两个或两个以上会计年度的资产或劳务而发生的各项支出。因该项支出的效益长于一个会计期间，应先予以资本化，计入资产成本，然后按其使用年限或各期的收益程度，恰当地转为各收益期的费用。这一原则为费用的确认给定了时间上的总体界限。合理划分资本性支出与收益性支出，可以避免不恰当地增减当期费用对企业收益的影响，对正确确定当期费用、合理界定资产价值具有十分重要的意义。

（三）正确划分成本与期间费用的界限

物业管理企业在划清成本与费用开支的基础上，把在经营过程中发生的全部支出划分为劳务成本和期间费用两部分。物业管理企业在从事物业管理活动中，为物业产权人、使用人提供的日常维修服务和管理发生的各项直接材料、直接人工和间接费用支出构成了物业管理企业的劳务成本；行政管理部门为组织和管理经营活动所发生的支出及为筹集资金所发生的各项费用构成了企业的期间费用，期间费用直接计入当期损益。企业应当以成本开支范围为基础，合理划分期间费用和成本的界限。

（四）划清主营业务成本与其他业务成本的界限，正确计算经营损益

根据物业管理企业的特点（其管理对象是房屋建筑物，服务对象是物业产权人和租用房屋的使用人），为物业管理对象（如住宅小区等）提供服务取得的收入为主营业务收入，在提供基本维修管理和服务时所耗费的各项支出为主营业务成本，除此之外的收支为其他业务收支。对主营业务收支和其他业务收支要做严格的划分，不能互相挤占，以免影响主营业务利润计算的正确性。

由于物业管理企业在确认成本、费用的同时也确认相应的资产的减少或负债的增加，这直接关系到企业未来的经济利益，所以，必须按照权责发生制原则，正确划分资本性支出和收益性支出原则以及配比原则，正确地确认各项成本、费用的开支范围。

第二节　成本的核算

一、主营业务成本的内容

主营业务成本是指物业管理企业在物业管理过程中为物业产权人、使用人提供维修、管理和服务劳务等经常性活动所发生的各项实际支出，是物业管理企业为取得主营业务收入而付出的代价，它与主营业务收入密切相关。按照《物业管理企业会计核算补充规定(试行)》的规定，主营业务成本视同经营成本。

对物业管理企业的主营业务成本进行核算时，首先应确定成本核算对象，对在物业管理过程中所发生的各项成本支出，应按照成本核算对象进行归集。根据具体会计准则的有关规定，物业管理企业主营业务成本的核算对象包括物业管理成本、物业经营成本和物业大修成本等内容。从行业特点来看，物业管理企业主营业务成本的具体项目主要有：应支付管理和服务人员的工资及按规定的比例提取的福利费，房屋共用部位和共用设施设备的维护保养费，绿化管理费，清洁费及保安费等。

由于主营业务成本在企业成本中所占的份额较大，因此，做好主营业务成本的核算工作，对加强成本管理，正确、及时地反映物业管理企业的经营成果，考核物业管理企业成本预算和计划的执行情况，评价物业管理企业的工作业绩有十分重要的意义。

二、主营业务成本核算的原则

(一)可靠性原则

物业管理企业成本核算的可靠性原则指会计核算所提供的会计信息必须真实可靠，正确、完整和及时。每项会计记录都要以合法的会计凭证为依据，如实反映企业的财务状况、经营成果和现金流量。为保证会计资料的真实性，《会计法》明确规定单位负责人必须对会计资料的真实可靠性负责。在实际操作过程中，由于衡量尺度不一致，虽然不同的会计人员对同一经济业务的账务处理出现不同的计量结果在所难免，但会计人员应在统一标准的前提下，将可能发生的误差降到最低程度，以保证会计核算提供的信息真实可靠，及时满足信息使用者的需要。为了达到这一要求，必须严格执行会计制度，加强会计核算的基础工作，以审核无误的手续、齐备的原始凭证为依据，如实反映企业的财务状况和经营成果，做到内容真实、数据准确、资料可靠。

(二)历史成本原则

物业管理企业应当按照实际发生额核算当期发生的主营业务成本，即按财产物资取得的实际成本计价，而不能以估计成本、计划成本代替实际成本。否则，将会使成本失去其记录的意义。

(三)及时性原则

物业管理企业在主营业务成本核算时使用的又一个原则是及时性原则。这一原则要求对会计事项的处理，必须在经济业务发生时及时进行，讲求实效，以便会计信息的及时利用。由于会计信息资料具有一定的时效性，其价值往往随着时间的流逝而逐渐降低，因此，各种会计信息的处理必须及时进行，以保证会计信息的有效利用。在具体会计工作中，及时性体现在记录和报告两方面。记录的及时要求经济业务的会计处理要及时，当期的经济业务应在当期及时处理，不能延迟至下期；报告的及时是指及时传递会计信息，即财务会计报告应在会计期间结束后，在规定的时间内呈报给信息需要者。

(四)可比性原则

物业管理企业要求不同会计期间内，在主营业务处理的方法和程序上要保持前后一致，不能随意变更。如必须变更，应将变动情况和原因、变动后对企业财务状况和经营的影响在财务会计报告中予以说明，以便对不同时期的会计资料进行纵向比较，向使用者提供更为有用的信息。只有这样，才能使企业内部业务成本核算各时期的资料口径一致，具有可比性。

为了便于使用者评价不同企业的财务状况、经营成果及其变动情况，便于信息使用者做出科学的决策，可比性还要求不同企业发生的相同或相似的经济交易或事项，应当使用规定的会计政策，确保会计信息的口径一致、便于比较，即对于相同或相似的经济交易或事项，不同企业应当采用一致的会计政策，不同企业按照一致的确认、计量和报告基础提供有关会计信息。

各物业管理企业应根据以上所述主营业务成本核算的原则，结合自身的经营特点及对成本管理的要求，确定适合本企业的成本核算方法。但核算方法一经确定，不得随意变更。

三、劳务成本(经营成本)的核算

物业管理企业开展经营活动所发生的各项支出涉及“劳务成本”和“主营业务成本”账户。“劳务成本”是成本类账户，核算企业对外提供劳务发生的成本。该账户借方登记物业管理企业发生的各项劳务成本，贷方登记结转入“主营业务成本”的数额，期末借方余额反映企业尚未完成或尚未结转的劳务成本。“主营业务成本”是损益类账户，该账户借方登记物业管理企业由“劳务成本”账户转入的数额，贷方登记主营业务成本的结转额，转入“本年利润”账户后，该账户无余额。“劳务成本”账户按营业成本的种类设明细账，包括物业管理成本、物业经营成本和物业大修成本等，现就这三部分内容分别叙述如下。

(一)物业管理成本的核算

1. 公共性服务成本的核算

公共性服务成本是物业管理企业物业管理成本核算的主要内容之一。它包括对公共设施，如电梯、照明、水泵、消防、停车场(棚)等的维护保养费，公共环境的清洗、绿化及保安费用等支出。物业管理企业可以根据公共性服务的具体内容，采用出包或自营方式进行公共服务。

(1)自营方式服务成本的核算。

采用自营方式进行公共性服务的，可以将服务过程中所发生的各项支出计入“劳务成本——物业管理成本(公共性服务成本)”的借方及“银行存款”“应付职工薪酬”“原材料”“周转材料”等科目的贷方。

【例10-1】大华物业管理公司10月份对小区1号楼公共通道进行改造，安装灯泡20盏，单价43.50元，共870.00元，人工费630.00元。结转有关成本时，编制会计分录如下：

借：劳务成本——物业管理成本(公共性服务成本)　　1 500.00
　贷：原材料　　870.00
　　　应付职工薪酬　　630.00

(2)出包方式服务成本的核算。

物业管理企业对部分公共服务也可以采用出包方式委托外单位承包部分工程。物业管理企业出包工程的实际支出在承包单位核算，按照签订的服务承包合同付款。其成本为合同标的结算款。结算时采取按月预付，按年结算的办法。

【例 10-2】大华物业管理公司出包小区环境内的绿化项目，合同规定每月预付 5 000.00 元管理费，每年年终进行总结算，按实际发生的花木费及人工费计算，多退少补。本年度总结算为 62 000.00 元。

(1)每月预付时(1～11 月份)：

借：劳务成本——物业管理成本(公共性服务成本)　　5 000.00

　贷：银行存款　　5 000.00

(2)年终结算(12 月份)：

借：劳务成本——物业管理成本(公共性服务成本)　　7 000.00

　贷：银行存款　　7 000.00

需要说明的是，绿化维护费是指物业管理企业为美化小区周边环境，按照行业规范，在小区周边整治花草树木所发生的支出，可以列入劳务成本。如果物业管理企业接受委托为住宅小区种植花草树木，则费用应由委托方支付，不得列入劳务成本。

2. 代办性服务成本的核算

在公共代办性服务中，物业管理企业按照规定适当收取一定比例的代办服务费。因此，其成本往往只有所分摊的人工费，仅需通过物业管理企业的“职工薪酬结算汇总表”“作业派工单”所列资料进行人工成本核算。

【例 10-3】大华物业管理公司下属部门本月工资总额为 16 000.00 元。根据“作业派工单”汇总，本月总工时为 1 280 工时，其中代办费为 170 工时。经计算，代办服务成本为 2 125.00 元。

借：劳务成本——物业管理成本(代办服务成本)　　2 125.00

　贷：应付职工薪酬　　2 125.00

3. 特约服务成本的核算

物业管理企业受房屋业主或租住房主特约服务所消耗的材料和人工费均按实际消耗计算，构成了特约服务成本。特约服务一般由物业管理企业填列物料消耗单和工时耗用单，并按材料单价和分摊的实际人工费用计算实际成本。

【例 10-4】大华物业管理公司为房屋业主 A 提供特约修理服务，实耗材料 500.00 元，人工支出 240.00 元。

借：劳务成本——物业管理成本(特约服务成本)　　740.00

　贷：原材料　　500.00

　　　应付职工薪酬　　240.00

（二）物业经营成本的核算

物业管理企业经营由业主委员会或物业产权人、使用人提供的房屋建筑物及其他共同设施等，应支付给物业产权人或使用人的租赁费直接计入“劳务成本——物业经营成本”科目的借方，贷记“应付账款”等科目。

【例 10-5】大华物业管理公司使用物业产权人提供的房屋，2007 年支付租金 20 000. 00 元。

借：劳务成本——物业经营成本　　20 000. 00

　贷：应付账款　　20 000. 00

（三）物业大修成本的核算

物业管理企业承担大修工程，如房屋共用部位，共同设施设备大修、更新改造等实际发生的工程支出也在“劳务成本”科目进行处理。月终，企业完成大修工程，计入工程成本时，借记“劳务成本——物业大修成本”科目，贷记有关科目。以上劳务成本在期末应结转入“主营业务成本”，借记“主营业务成本”科目，贷记“劳务成本”科目。

四、其他业务成本的核算

物业管理企业的其他业务成本包括材料物资销售支出、商业用房经营过程的物料损耗及各项劳务支出等。这些支出通过“其他业务成本”科目核算。“其他业务成本”是损益类科目，其借方登记物业管理企业除主营业务成本以外的其他业务所发生的支出，贷方登记“其他业务支出”的结转额，结转后该账户无余额。

【例 10-6】大华物业管理公司因经营需要，将原有库存水泥 4 吨调剂给其他单位。水泥的进货单价为 400. 00 元。

结转销售成本时：

借：其他业务成本　　1 600. 00

　贷：原材料　　1 600. 00

第三节　物业项目的核算

一、物业管理工程的内容

物业管理工程的内容，包括企业在承担专项物业管理活动过程中，为物业产权人、使用人提供维修管理和服务所发生的各项支出。这些支出主要有直接材料费用、直接人工费用和间接费用等。

直接材料费用，指在物业管理活动中，直接消耗的各种原材料、燃料和动力、零配件等。

直接人工费用，指从事物业管理活动直接发生的有关人员的薪酬，包括工资及福利费、奖金、津贴等。

间接费用，指为组织和管理本辖区内物业管理活动所发生的各项支出及其他不能直接记入直接费用项目的支出。这些支出通常包括本辖区管理人员的薪酬，包括工资及提取的福利费、津贴、劳动保护费、办公费、水电费、差旅费、折旧费、修理费、周转材料摊销、绿化费等支出。这些费用支出构成了物业工程的成本。

二、物业项目的核算

物业项目是指物业管理企业承担专项物业管理经营活动中对业主委员会或物业产权人、使用人提供的管理用房、商业用房及装饰装修等工程。按其实施方式的不同，物业项目一般分为自营工程和出包工程两种。自营工程指物业管理企业自行组织施工建设的工程；出包工程指物业管理企业委托外单位承包的工程。按其出包方式的不同，物业工程又分为包工包料和包工不包料两种。

(一)自营工程的核算

采用自营方式完成物业工程时，可以将发生的各项费用计入“物业工程——××物业工程成本”科目的借方和“银行存款”“原材料”“周转材料”“燃料”“应付职工薪酬”等科目的贷方。

【例 10-7】大华物业管理公司 8 月份对兴华小区 15 号楼公共通道进行改造。改造过程中，共使用路灯耗电计 700.00 元，原材料 2 400.00 元，施工工人工资 4 500.00 元。

(1)计算工程成本时：

借：物业工程——兴华小区改造成本　　7 600.00

　贷：银行存款　　700.00

　　　原材料　　2 400.00

　　　应付职工薪酬　　4 500.00

(2)结转已完物业工程成本：

借：劳务成本——兴华小区　　7 600.00

贷：物业工程——兴华小区改造成本　　7 600.00

(二)出包工程的核算

物业管理企业也可以采用出包方式委托外单位承包部分工程形式，其工程的具体支出在承包单位核算。物业管理企业按照签订的服务承包合同付款，其成本为合同标的结算款。物业管理企业支付承包单位工程价款时，借记"物业工程"科目，贷记"银行存款"等科目，工程完工交付使用与自营方式的账务处理相同。

【例10-8】大华物业管理公司委托某装饰公司对管理用房进行装修，支付装修工程价款计20 040.00元。

(1)支付工程款时：

借：物业工程　　20 040.00

　贷：银行存款　　20 040.00

(2)工程完工交付使用，费用分两年负担：

借：长期待摊费用　　20 040.00

　贷：物业工程　　20 040.00

第四节　期间费用的核算

期间费用是物业管理企业费用的重要组成部分，是企业发生的应直接计入当期损益的费用，它由销售费用、管理费用和财务费用三项内容构成。

一、销售费用

销售费用指企业在销售商品和材料、提供劳务过程中发生的各项费用，主要指物业管理企业在销售商品过程中发生的包装费、保险费、展览费、商品维修费、预计产品质量保证损失、长期待摊费用的摊销、运输费、装卸费、企业发生的为销售本企业商品而专设的销售机构(含销售网点、售后服务网点等)职工薪酬、业务费、折旧费及固定资产修理费等经营性费用。

物业管理企业通过设置"销售费用"账户核算企业内部发生的销售费用。该账户是损益类账户，其借方登记企业经营过程中发生的各项费用，贷方登记期末转入"本年利润"账户的数额，即当期发生的销售费用应于月末全部转入"本年利润"账户，结转后该账户无余额。除此之外，企业发生的与销售商品和材料、提供劳务以及专设销售机构相关的不满足固定资产准则规定的固定资产确认条件的日常修理费用和大修理费用等固定资产后续支出也在

“销售费用”科目核算。物业管理企业可以根据各自业务的需要，增加、减少或合并销售费用的有关明细账户，进行明细分类核算。

企业在销售商品过程中发生的包装费、保险费、展览费、广告费、运输费和装卸费等费用，借记“销售费用”科目，贷记“库存现金”“银行存款”等科目。

发生的为销售本企业商品而专设的销售机构的职工薪酬、业务费等经营费用，借记“销售费用”科目，贷记“应付职工薪酬”“银行存款”“累计折旧”等科目。

由于销售费用发生的时间与实际支付费用的时间会有差异，因此，销售费用的核算方法可以使用以下几种形式。

(一)直接支付的方法

凡物业管理企业的营业部门在本期发生、本期支付并由本期负担的费用，可以直接计入当期销售费用。

【例10-9】大华物业管理公司接到银行发来的通知，已支付当月水费320.00元，电费400.00元。

借：销售费用——水电费　　720.00

　贷：银行存款　　720.00

(二)转账摊销的方法

物业管理企业的费用中，有些销售费用并不通过货币形式直接支付，而采用转账的方法将其列入销售费用，如折旧费、周转材料的摊销等。

【例10-10】大华物业管理公司计提营业部门固定资产折旧1 500.00元，领用周转材料一批，价值2 000.00元(采用一次摊销法)。

借：销售费用——折旧费　　1 500.00

　　　　　——周转材料摊销　　2 000.00

　贷：累计折旧　　1 500.00

　　　周转材料　　2 000.00

二、管理费用

(一)管理费用的概念和内容

管理费用指物业管理企业为组织和管理生产经营活动而发生的各种管理费用。管理费用一般由下列项目组成：

(1)公司经费，指物业管理企业内部董事会和行政管理部门在企业经营管理过程中发生的或者应由企业统一负担的公司经费，包括行政管理部门的职工薪酬、物料消耗、周转材料摊销、办公费和差旅费、经营租赁费、折旧费等。

(2)工会经费，指按照职工薪酬一定比例计提拨交工会的经费。

(3)董事会费，指企业最高权力机关及其成员为执行职能而发生的各项费用，包括董事会成员津贴、会议费和差旅费等。

(4)咨询费，指企业向有关咨询机构进行科学、技术、经营管理等方面的咨询而支付的费用，也包括聘请经济顾问、法律顾问等而支付的费用。

(5)诉讼费，指企业起诉或应诉而发生的费用。

(6)业务招待费，指企业为业务经营的合理需要而支付的招待费用。根据会计制度的规定在下列限额内据实列入管理费用：如全年营业收入在1 500万元以下的，不超过年营业收入的0.5%；全年营业收入超过1 500万元(含1 500万元)但不足5 000万元的，不超过该部分营业收入的0.3%；全年营业收入超过5 000万元(含5 000万元)但不足1亿元的，不超过该部分营业收入的0.2%；全年营业收入超过1亿元(含1亿元)的，不超过该部分营业收入的0.1%。

(7)税金，指企业按照税法规定缴纳的房产税、土地使用税、车船使用税、印花税等。

(8)技术转让费和技术开发费，技术转让费指企业使用非专利技术而支付的费用。技术开发费指企业研究开发新技术、新工艺所发生的各项费用，如设计费、设备调试费、资料费、研究人员工资、研究用设备的折旧等。

(9)无形资产摊销，指专利权、商标权等无形资产的摊销。

(10)排污费，指企业因排污行为而按规定交纳的费用。

(11)存货盘亏或盘盈，指企业在清查过程中查明并按照规定程序批准后转销的各种材料等流动资产的盘亏、盘盈及过失人赔偿后的净损失。

(12)绿化费，指物业管理企业对办公区域进行绿化而发生的零星绿化费用。此处的费用应与物业管理企业营业成本的绿化维护费用相区别。

(13)坏账损失，指企业按照应收账款余额的一定比例计算提取的坏账损失。

(14)其他，指除以上所列项目以外的项目，包括聘请中介机构费、矿产资源补偿费、研究费用、融资租赁发生的初始直接费用及长期待摊费用的摊销等。

(二)管理费用的核算

按照期间费用的不同支付方式，物业管理企业的管理费用也可以分为直接支付和转账摊销两种情况，通过“管理费用”账户核算企业发生的管理费用，同时，按照费用项目设置明细账进行明细分类核算。“管理费用”是损益类账户，其借方登记物业管理企业行政部门发生的各项管理费用，贷方登记期末转入“本年利润”账户的数额，结转后该账户无余额。

物业管理企业行政管理部门等发生的不满足固定资产准则规定的固定资产确认条件的日常修理费用和大修理费用等固定资产后续支出，在“管理费用”科目核算。

同一控制下企业合并发生的直接相关费用，也在“管理费用”科目核算。

商品流通企业管理费用不多的，可以不设置“管理费用”科目，而将应核算内容并入“销售费用”科目核算。

企业在筹建期间内发生的开办费，包括人员工资、办公费、培训费、差旅费、印刷费、注册登记费以及不计入固定资产价值的借款费用等在实际发生时，借记“管理费用(开办费)”科目，贷记“银行存款”等科目。

行政管理部门人员的职工薪酬，借记“管理费用”科目，贷记“应付职工薪酬”科目。

行政管理部门计提的固定资产折旧，借记“管理费用”科目，贷记“累计折旧”科目。

发生的办公费、水电费、业务招待费、聘请中介机构费、咨询费、诉讼费、技术转让费、研究费用，借记“管理费用”科目，贷记“银行存款”“研发支出”等科目。

摊销长期待摊费用时，借记“管理费用”科目，贷记“长期待摊费用”科目。

按规定计算确定的应交矿产资源补偿费的金额，借记“管理费用”科目，贷记“应交税费”科目。

按规定计算确定的应交的房产税、车船使用税、土地使用税，借记“管理费用”科目，贷记“应交税费”科目。

对于经营租赁的租金支出，在出租人提供了免租期的情况下，承租人应将租金总额在整个租赁期内，而不是在租赁期扣除免租期后的期间内，按直线法或其他合理的方法进行分摊，免租期内应确认租金费用；在出租人承担了承租人的某些费用的情况下，承租人应将该费用从租金总额中扣除，并将租金余额在租赁期内进行分摊。

【例10-11】大华物业管理公司当月发生应计入管理费用的部分业务如下：行政部门人员薪酬111 720.00元，业务招待费980.00元，周转材料摊销2 000.00元，折旧费1 780.00元，支付印花税300.00元，房产税1 400.00元，土地使用税2 620.00元。编制会计分录如下：

(1)结转有关人员工资：

借：管理费用——工资　　111 720.00

　贷：应付职工薪酬　　111 720.00

(2)支付业务招待费：

借：管理费用——业务招待费　　980.00

　贷：银行存款　　980.00

(3)摊销周转材料的价值：

借：管理费用——周转材料摊销　　2 000.00

　贷：周转材料——周转材料摊销　　2 000.00

(4)计提折旧费：

借：管理费用——折旧费　　1 780.00

　贷：累计折旧　　1 780.00

(5)支付印花税：

借：管理费用——印花税　　300.00

　贷：银行存款　　300.00

(6)计算应缴纳的房产税，土地使用税：

借：管理费用——房产税　　1 400.00

　　　　　　——土地使用税　　2 620.00

　贷：应交税费——应交房产税　　1 400.00

　　　　　　——应交土地使用税　　2 620.00

(7)结转本月管理费用：

借：本年利润　　120 800.00

　贷：管理费用　　120 800.00

三、财务费用

财务费用指物业管理企业为筹集生产经营所需资金等而发生的筹资费用，包括作为期间费用的利息支出(减利息收入)、汇兑损益及相关的手续费、企业发生的现金折扣或收到的现金折扣、未确认融资费用摊销，因让渡资产使用权而按收入准则规定计算确认的利息收入、分期收款销售方式下“未实现融资收益”的摊销等。

物业管理企业发生的财务费用在“财务费用”账户进行核算，并按明细项目设置明细账进行明细分类核算。“财务费用”是损益类账户，其借方登记物业管理企业发生的各项财务费用，贷方登记月末结转入“本年利润”账户的数额及发生的利息收入和汇兑收益等，结转后该账户无余额。

物业管理企业为构建或生产满足资本化条件的资产发生的应给予资本化的借款费用，在“在建工程”等科目核算，不应计入“财务费用”科目。

物业管理企业发生的财务费用，借记“财务费用”科目，贷记“银行存款”“未确认融资费用”等科目；发生的利息收入、汇兑差额、现金折扣等应冲减财务费用的项目，借记“银行存款”“应付账款”等科目，贷记“财务费用”科目。

【例 10-12】大华物业管理公司 3 月末实际支付利息 2 800.00 元。编制会计分录如下：

借：财务费用　　　　2 800.00

　贷：银行存款　　　　2 800.00

为了便于对各项费用的具体内容进行考核与分析，强化企业内部的经营管理，期间费用均按其费用项目设明细账。此外，若要加强各部门费用的控制与考核，也可以在按部门进行明细核算的基础上，再按费用项目设置三级明细分类账。

➢ 思考与练习

1. 费用的主要内容包括哪些？如何进行费用的核算？
2. 费用的特点有哪些？企业利润的流出中，哪些属于费用？
3. 如何进行物业项目的核算？
4. 简述管理费用的内容。
5. 练习物业成本、费用的核算。

(1) 资料：大华物业管理公司 7 月份有关经济业务如下。

①对楼区公共通道进行改造，支付材料价款计 20 000 元，人工费 7 200 元，结转有关成本。

②为房屋业主提供特约维修服务，实耗材料计 1 000 元，人工支出 400 元。

③支付代办服务所付工资 5 000 元。

④使用物业产权人提供的房屋应支付房屋租金 50 000 元。

⑤支付本月出包工程款 100 000 元。

⑥对房屋共用设备进行大修，支付材料费 58 500 元，人工费 9 000 元。

(2) 要求：编制有关会计分录。

6. 练习物业工程的核算。

(1) 资料：大华物业管理公司 5 月份发生如下经济业务。

① 5 月份对华安区 8 号楼进行卫浴设施改造工程(自营业务)。改造过程中，共支付材料费 150 000 元，施工人员工资 27 000 元，其他消耗用银行存款支付 80 000 元。工程

完工后计算并结转工程成本。

② 委托某房地产开发集团对房屋进行维修，支付工程款 128 600 元。

③ 维修工程完工交付使用，该费用分 10 个月摊销。

(2) 要求：编制有关会计分录。

7. 练习期间费用的核算。

(1) 资料：大华物业管理公司 6 月份发生如下经济业务。

① 接到银行通知，支付本月水费 1 200 元，电费 2 400 元。

② 计提折旧费 5 000 元。其中：经营部门固定资产折旧费 3 000 元，行政部门固定资产折旧费 2 000 元。

③ 结转本月行政部门工资 100 000 元，并计提福利费。

④ 摊销本月财产保险费 29 200 元。

⑤ 支付印花税 500 元。

⑥ 计提本月应缴纳的房产税、土地使用税。

⑦支付本年度待业保险费 240 000 元并将当月部分计入费用。

⑧ 支付本季度短期借款利息 9 000 元。

(2) 要求：编制有关会计分录。

第十一章

利　润

第一节　利润的核算

利润指企业在一定会计期间的经营成果。利润包括收入减去费用后的净额、直接计入当期利润的利得和损失等。直接计入当期利润的利得和损失，是指应当计入当期损益、会导致所有者权益发生增减变动的、与所有者投入资本或者向所有者分配利润无关的利得或者损失。利润是反映企业经济效益的一项重要指标，它表现为企业净利润的增加。

企业盈利额的大小在很大程度上反映其一定会计期间的经营成果。作为独立核算的经济实体，任何一个法人单位都应当以自身在一定会计期间的生产经营活动获得的各项收入抵减其支出，以期获得较好的经济效益，取得较多的利润。

一、利润总额的构成

物业管理企业在经营活动中，通过向房屋业主和房屋使用人提供服务，取得主营业务收入。以该收入扣除期初的投入成本和有关费用后得出的数据，即为物业管理企业的利润总额。从广义上说，物业管理企业的收入不仅包括营业收入，还包括营业外收入；物业管理企业的费用不仅包括为取得营业收入而发生的各种耗费，还包括所得税和营业外支出。因此可以说，物业管理企业的利润取决于收入和费用、直接计入当期利润的利得和损失金额的计量。根据利润表项目，利润总额的计算公式如下：

$$\text{营业利润}=\text{营业收入}-\text{营业成本}-\text{营业税金及附加}-\text{销售费用}-\text{管理费用}-\text{财务费用}-\text{资产减值损失}+\text{公允价值变动损益}+\text{投资收益}$$

$$\text{利润总额}=\text{营业利润}+\text{营业外收入}-\text{营业外支出}$$

$$\text{净利润}=\text{利润总额}-\text{所得税费用}$$

上述公式内容具体说明如下：

营业收入＝主营业务收入 ＋ 其他业务收入

营业成本＝主营业务成本 ＋ 其他业务成本

主营业务收入＝物业管理收入＋物业经营收入＋物业大修收入

主营业务成本＝物业管理成本＋物业经营成本＋物业大修成本

利润总额又称税前利润，指物业管理企业在一定期间内完成的未缴纳所得税之前的利润。

投资收益是物业管理企业对外投资收益减去对外投资损失后的净额。其中，投资收益指公司对外投资所获得的股息和利息等报酬及公司对外投资到期收回或中途转让取得的收入大于投资额的差额等。投资损失指公司对外投资到期收回或中途转让取得收入小于投资额的差额等。因此，公式中的投资收益是投资收入减去投资损失后的差额，也即投资净收益。

营业外收入指与物业管理企业的生产经营活动无直接关系的各项收入。主要包括非流动资产处置利得、非货币性资产交换利得、债务重组利得、政府补助、盘盈利得、捐赠利得等。营业外收入不是企业经营资金耗费产生的，不需要企业付出代价，它实际上是一种纯收入。因此，应严格区分营业收入与营业外收入的界限。

营业外支出是指物业管理企业发生的与企业的生产经营活动无直接关系的各项支出。营业外支出虽然不是企业的经营费用，但应从企业实现的利润总额中予以扣除。营业外支出主要包括非流动资产处置损失、非货币性资产交换损失、债务重组损失、公益性捐赠支出、非常损失、盘亏损失等。

净利润又称税后利润，是指物业管理企业在一定时期内完成的缴纳所得税以后的利润，是企业所有者在一定时期内能够分配的利润总额。

所得税是应纳所得税额与适用税率的乘积，它是物业管理企业的一项资产流出，属于企业的一项费用支出。

二、资产减值损失的核算

资产减值损失指物业管理企业根据资产减值等准则计提各项资产减值准备所形成的损失。资产减值准备具体包括坏账准备、存货跌价准备、长期股权投资减值准备、持有至到期投资减值准备、固定资产减值准备、在建工程减值准备、工程物资减值准备、无形资产减值准备、商誉减值准备、可供出售金融资产减值准备、未担保余值减值准备等。

物业管理企业发生的资产减值损失，应设置“资产减值损失”账户进行核算，并按资产减值损失的具体项目进行明细核算。该账户是损益类账户，核算企业计提各项资产减值准备所形成的损失。其借方登记发生的各项资产减值准备，贷方登记得以恢复的相关资产的价值，期末将“资产减值损失”账户余额转入“本年利润”账户，结转后该账户无余额。

物业管理企业的应收账款、存货、长期股权投资、持有至到期投资、固定资产、无形资产、贷款等资产发生减值的，应按减记的金额，借记“资产减值损失”科目，贷记“坏账准备”“存货跌价准备”“长期股权投资减值准备”“持有至到期投资减值准备”“固定资产减值准备”“无形资产减值准备”“贷款损失准备”等科目。

在建工程、工程物资、商誉、生产性生物资产、抵债资产、采用成本模式计量的投资性房地产等资产发生减值的，应当设置相应的减值准备科目，比照上述规定进行处理。

物业管理企业计提“坏账准备”“存货跌价准备”“持有至到期投资减值准备”“贷款损失准备”等，相关资产的价值又得以恢复的，应在原已计提的减值准备金额内，按恢复增加的金额，借记“坏账准备”、“存货跌价准备”“持有至到期投资减值准备”“贷款损失准备”等科目，贷记“资产减值损失”科目。

三、公允价值变动损益的核算

公允价值变动损益是指物业管理企业交易性金融资产、交易性金融负债，以及采用公允价值模式计量的投资性房地产、衍生工具、套期保值业务中公允价值变动所形成的，应计入当期损益的利得或损失；指定为以公允价值计量且其变动计入当期损益的金融资产或金融负债公允价值变动所形成的，应计入当期损益的利得或损失等。

企业发生的公允价值变动损益，应设置“公允价值变动损益”账户进行核算，并在“公允价值变动损益”账户中按交易性金融资产、交易性金融负债、投资性房地产等进行明细核算。该账户是损益类账户，其借方登记交易性金融负债的公允价值高于其账面余额的差额及交易性金融资产的公允价值低于其账面余额的差额，贷方登记交易性金融资产的公允价值高于其账面余额的差额及交易性金融负债的公允价值低于其账面余额的差额；期末将“公允价值变动损益”账户的余额转入“本年利润”科目，结转后应无余额。

当交易性金融资产的公允价值高于其账面余额的差额时，借记“交易性金融资产——公允价值变动”科目，贷记“公允价值变动损益”科目；交易性金融资产的公允价值低于其账面余额的差额时作相反分录。当交易性金融负债的公允价值高于其账面余额的差额时，借记“公允价值变动损益”科目，贷记“交易性金融资产——公允价值变动”科目；交易性金融负债的公允价值低于其账面余额的差额时作相反分录。

四、投资收益的核算

投资收益是指企业根据长期股权投资准则确认的投资收益或投资损失。根据投资性房地产准则确认的采用公允价值模式计量的投资性房地产的租金收入和处置损益，取得、持有、出售交易性金融资产和指定为以公允价值计量且其变动计入当期损益的金融资产实现的损益，承担、出售交易性金融负债和指定为以公允价值计量且其变动计入当期损益的金融负债实现的损益，持有、出售可供出售金融资产实现的损益，持有、出售持有至到期投资实现的损益等。

物业管理企业设置“投资收益”账户对发生的投资收益进行核算，并在“投资收益”账户中按具体投资项目进行明细核算。该账户的贷方登记企业股权投资取得的现金股利或利润，借方登记企业股权投资发生的净损失，期末应将“投资收益”账户余额转入“本年利润”，结转后该账户无余额。

五、营业外收入的核算

营业外收入是指物业管理企业发生的与其经营活动无直接关系的各项净收入，主要包括处置非流动资产利得、非货币性资产交换利得、债务重组利得、政府补助利得、盘盈利得、捐赠利得、收到的因享受税收优惠而返还的消费税和营业税等税金、确实无法支付的应付账款、按规定程序经批准后划转出去的应付款项、融资租赁时最低租赁收款额与未担保余值的现值之和大于该项融资租赁资产账面余额的差额、权益法下长期股权投资的初始投资成本小于投资时应享有被投资单位可辨认净资产公允价值份额的差额等。

其中，非流动资产处置利得包括固定资产处置利得和无形资产出售利得。固定资产处置利得指企业出售固定资产所取得价款或报废固定资产的材料价值和变价收入等扣除处置固定资产的账面价值、清理费用、处置相关税费后的净收益。无形资产出售利得指企业出售无形资产所取得价款扣除出售无形资产的账面价值、出售相关税费后的净收益。

盘盈利得主要指对于现金清查盘点中盘盈的现金，报经批准后计入营业外收入的金额。

罚没利得指企业取得的各项罚款，在弥补由于对方违反合同或协议而造成的经济损失后的罚款净收益。

捐赠利得，指企业接受捐赠产生的利得。

营业外收入与企业经营资金耗费无关，不需要企业付出代价。它实际上是一种纯收入。因此，企业应严格区分营业收入与营业外收入的界限。企业应设置“营业外收入”账户，核算物业管理企业发生的各项营业外收入，并在“营业外收入”账户中按具体项目进行明细核算。该账户贷方登记发生的各项营业外收入，借方登记营业外收入转入“本年利润”的金额，结转后该账户无余额。

企业发生的营业外收入，借记“库存现金”“银行存款”“待处理财产损溢”“固定资产清理”“应付账款”等科目，贷记“营业外收入”科目。

【例 11-1】大华物业管理公司将固定资产报废清理的净收益 6 000.00 元转作营业外收入。编制会计分录如下：

借：固定资产清理　　　　6 000.00

　贷：营业外收入　　　　6 000.00

【例 11-2】大华物业管理公司本期营业外收入总额为 90 000.00 元，期末结转本年利润。编制会计分录如下：

借：营业外收入　　　　90 000.00

　贷：本年利润　　　　90 000.00

六、营业外支出的核算

营业外支出是指企业发生的与其经营活动无直接关系的各项净支出，包括处置非流动资产损失、非货币性资产交换损失、债务重组损失、融资租赁时最低租赁收款额与未担保余值的现值之和小于该项融资租赁资产账面余额的差额、罚款支出、公益性捐赠支出、非常损失及盘亏损失等。

非流动资产处置损失包括固定资产处置损失和无形资产出售损失。固定资产处置损失指企业出售固定资产所取得价款或报废固定资产的材料价值和变价收入等不足以抵补处置固定资产的账面价值、清理费用、处置相关税费所发生的净损失。无形资产出售损失，指企业出售无形资产所取得价款不足以抵补出售无形资产的账面价值、出售相关税费后所发生的净损失。

盘亏损失主要指对于固定资产清查盘点中盘亏的固定资产，在查明原因处理时按确定的损失计入营业外支出的金额。

罚款支出指企业由于违反税收法规、经济合同等而支付的各种滞纳金和罚款。

公益性捐赠支出指企业对外进行公益性捐赠发生的支出。

非常损失指企业对于因自然灾害等造成的损失，在扣除保险公司赔偿后应计入营业外支出的净损失。

企业发生营业外支出时，应设置"营业外支出"账户进行核算，并在"营业外支出"账户中按具体支出项目进行明细核算。期末应将"营业外支出"科目余额转入"本年利润"科目，结转后应无余额。

企业发生的营业外支出，借记"营业外支出"科目，贷记"待处理财产损溢""库存现金""银行存款""固定资产清理"等科目。

【例 11-3】大华物业管理公司将已经发生的原材料意外灾害损失300 000. 00元转作营业外支出。编制会计分录如下：

借：营业外支出	300 000. 00	
贷：待处理财产损溢		300 000. 00

【例 11-4】大华物业管理公司用银行存款支付税款滞纳金 20 000. 00 元。编制会计分录如下：

借：营业外支出	20 000. 00	
贷：银行存款		20 000. 00

【例 11-5】大华物业管理公司将拥有的一项非专利技术出售，取得价款600 000. 00 元，应交的营业税为 30 000. 00 元。该非专利技术的账面余额为700 000. 00 元，累计摊销额为 100 000. 00 元，未计提减值准备。编制会计分录如下：

借：银行存款	600 000. 00	
累计摊销	100 000. 00	
营业外支出	30 000. 00	
贷：无形资产		700 000. 00
应交税费——应交营业税		30 000. 00

【例 11-6】某企业本期营业外支出总额为 350 000. 00 元，期末结转本年利润。编制会计分录如下：

借：本年利润	350 000. 00	
贷：营业外支出		350 000. 00

七、利润总额的核算

为了进行本年利润的核算，物业管理企业应设置“本年利润”账户，用以记录企业本年度实现的利润（或发生的亏损）总额。该账户从用途上属于财务成果类账户。期末结转利润时，物业管理企业将“主营业务收入”“其他业务收入”“营业外收入”和“投资收益”账户等收益类科目的贷方发生额合计转入“本年利润”账户的贷方；将“主营业务成本”“其他业务支出”“营业税金及附加”“销售费用”“管理费用”“财务费用”“营业外支出”“所得税”和“投资收益”账户等费用、支出类科目的借方发生额合计转入账户的借方。将“本年利润”账户的借、贷方数额相抵后，如为贷方余额，反映本年度自年初开始至计算期累计实现的净利润；如为借方余额，反映本年度自年初开始至计算期累计发生的净亏损。

年度终了，应将“本年利润”科目的全部累计余额，转入“利润分配——未分配利润”科目，如为净利润，借记“本年利润”科目，贷记“利润分配——未分配利润”科目；如为净亏损，则作相反的会计分录。年度结转后，“本年利润”账户无余额。此外，在年度中间尚未分配利润时，将“本年利润”的数据填到在“资产负债表”的“所有者权益”项目下。

物业管理企业实现的利润（或发生的亏损）总额通过“本年利润”科目进行核算。在计算本月利润总额和本年累计利润时，可以采用“表结法”或“账结法”两种方法。

（一）表结法

表结法是指物业管理企业在年终决算以外的月末、季末计算本期利润和本年累计利润时，损益类账户的余额不需要结转到“本年利润”账户，而是按照“利润表”的填列要求，将全部损益类账户的余额填入“利润表”的各项目中，在表中计算出本期利润和本年由年初至当月的累计利润。由于使用这种方法，每月月末不做损益类账户的结转，因而损益类账户有期末余额，该余额反映本年初至本月末的本年累计余额。表结法的具体做法是：

（1）按照“利润表”的填列要求，将各损益类账户的期末余额填入“利润表”中“本年累计”栏目下的各项目内，通过“利润表”计算出由年初至本月末的本年累计利润。

（2）用“本年累计”栏目下的各项目金额减去相对应的上月“利润表”中“本年累计”栏目下的各项目金额后，即可计算出本月的各损益类账户的金额及利润额。

除此之外，每年的1月份直接将各损益类账户的月末余额填入“利润表”的“本月数”和“本年累计”栏目。年末时，再使用“账结法”将全部损益类账户的余额转入“本年利润”账户，计算出本年度利润。结转后，除“以前年度损益调整”账户外，其他各损益类账户无余额。

(二)账结法

账结法是指物业管理企业在每个会计期末(月末、季末或年末)将除“以前年度损益调整”以外的其他损益类账户的余额转入“本年利润”账户，并通过“本年利润”账户结出当月利润(或亏损)额及本年累计利润(或亏损)额，结转后，损益类账户无余额。

【例11-7】大华物业管理公司5月份采用账结法计算利润，月末各损益类账户余额如下，见表11-1。

表11-1　大华物业管理公司损益类账户发生额汇总表

账户名称	借方发生额(元)	贷方发生额(元)
主营业务收入		2 346 000.00
主营业务成本	1 219 900.00	
营业税金及附加	8 500.00	
其他业务收入		960 000.00
其他业务成本	610 000.00	
销售费用	87 000.00	
管理费用	64 000.00	
财务费用	120 000.00	
投资收益		180 000.00
营业外收入		57 000.00
营业外支出	62 000.00	
所得税费用	452 628.00	

月末根据以上资料编制会计分录如下：

(1)结转主营业务收入：

借：主营业务收入　　2 346 000.00

　贷：本年利润　　2 346 000.00

(2)结转成本、营业税金及附加和期间费用：

借：本年利润　　1 499 400.00

　贷：主营业务成本　　1 219 900.00

　　营业税金及附加　　8 500.00

销售费用 87 000.00
财务费用 120 000.00
管理费用 64 000.00

(3)结转其他业务支出和收入：

借：其他业务收入 960 000.00
贷：本年利润 960 000.00
借：本年利润 610 000.00
贷：其他业务成本 610 000.00

(4)结转投资净收益：

借：投资收益 180 000.00
贷：本年利润 180 000.00

(5)结转营业外收支：

借：营业外收入 57 000.00
贷：本年利润 57 000.00
借：本年利润 62 000.00
贷：营业外支出 62 000.00

(6)结转本年所得税费用：

借：本年利润 452 628.00
贷：所得税费用 452 628.00

(7)计算并结转本年净利润：

"本年利润"借方发生额 = 1 499 400.00 + 610 000.00 + 62 000.00 + 452 628.00 = 2 624 028.00(元)

"本年利润"贷方发生额 = 2 346 000.00 + 960 000.00 + 180 000.00 + 57 000.00 = 3 543 000.00(元)

净利润 = 3 543 000.00 - 2 624 028.00 = 918 972.00(元)

借：本年利润 918 972.00
贷：利润分配——未分配利润 918 972.00

八、以前年度损益调整

年终决算后，如发现物业管理企业在会计处理上有不妥的事项，就需要对这些会计事项进行调整，即将以前年度会计处理不妥的事项在本期进行调整。如调整不影响企业损益的事项，可以采用正常的会计方法予以调整；如调整影响企业损益的会计事项，则可以通过损益类科目"以前年度损益调整”进行核算。

“以前年度损益调整”科目核算物业管理企业本年度发生的调整以前年度损益的事项以及本年度发现的重要前期差错更正涉及调整以前年度损益的事项。同时，企业在资产负债表日至财务报告批准报出日之间发生的需要调整报告年度损益的事项也在此科目核算。

第二节　所得税费用的核算

所得税是物业管理企业按照应纳税所得额的一定比例计算并缴纳的税金。通常情况下，资产取得时的入账价值与计税基础是相同的，但由于企业会计准则与税法对资产、负债、所有者权益、收入、费用及利润的计量与确认尺度的不完全相同，由此而产生的直接后果是计税依据不同。因此，税法规定，纳税人在计算应纳税所得额时，其财务会计处理办法与国家有关税收的规定有抵触的，应当按照国家有关税收的规定计算并缴纳税款。按照这一规定计算税额可以发现，企业当期应缴纳所得税与当期会计利润计算的所得税费用之间存在差异。其中的部分差异是由于会计准则与税法对企业资产与负债的计量的规定不同引起的，在其后的会计期间，这部分差异随着资产价值的收回和负债的支付会逐期转回。所以，企业在计税前，首先应确认资产、负债的计税基础。

一、资产、负债的计税基础

(一)资产的计税基础

资产的计税基础是指企业收回资产账面价值的过程中计算应纳税所得额时按照税法规定可以自应税经济利益中抵扣的金额，即该项资产在未来期间计税时，可以作为成本或费用在税前扣除的金额。即

资产的计税基础 = 未来可税前扣除的金额

通常情况下，资产在取得时，其入账价值与计税基础是相同的，后续计量过程中，因企业会计准则规定与税法规定不同，可能产生资产的账面价值与计税基础之间的差异。如交易性金融资产的公允价值变动。按照企业会计准则规定，交易性金融资产期末应以公允价值计量，公允价值的变动计入当期损益。同样的情况，按照税法规定，交易性金融资产在持有期间，公允价值的变动不应计入应纳税所得额，即其计税基础保持不变。此时，产生了交易性金融资产的账面价值与计税基础之间的差异。若某公司持有一项交易性

金融资产，成本为3 000万元，期末公允价值为3 200万元，如计税基础仍维持在3 000万元，则该计税基础与其账面价值之间的差额200万元为应纳税暂时性差异。

资产在初始确认时，其计税基础一般为取得成本。税法认定的资产取得成本为购入时实际支付的金额。从所得税角度考虑，某一单项资产的所得是指该项资产产生的未来经济利益流入扣除其取得成本后的金额。资产持续持有过程中，可以在未来期间扣除的金额指资产取得成本减去以前期间按照税法规定已在税前扣除的金额后的余额。如固定资产在某一资产负债表日的计税基础是其成本扣除按照税法规定已在以前期间税前扣除的累计折旧额后的余额。

(二)负债的计税基础

负债的计税基础指负债的账面价值减去未来期间计算应纳税所得额时按照税法规定可予抵扣的金额。即

负债的账面价值 = 未来可税前扣除的金额

通常情况下，短期借款、应付票据、应付账款、等负债的确认和偿还，不会对当期损益和应纳税所得额产生影响，其计税基础即为账面价值。但在某些情况下，负债的确认可能会影响损益，并影响不同期间的应纳税所得额，使其计税基础与账面价值之间产生差额。

企业应于资产负债表日，分析比较资产、负债的账面价值与其计税基础，两者之间存在差异的，确认递延所得税资产、递延所得税负债和递延所得税费用或(收益)。

二、暂时性差异的分类

暂时性差异指资产或负债的账面价值与其计税基础之差。未作为资产和负债确认的项目，按照税法规定可以确认其计税基础的，该计税基础与其账面价值之间的差额也属于暂时性差异。

按照暂时性差异对未来期间应税金额的影响，可以将其分为应纳税暂时性差异和可抵扣暂时性差异。应纳税暂时性差异是指在确定未来收回资产或清偿负债期间的应纳税所得额时，将导致产生应税金额的暂时性差异。可抵扣暂时性差异是指在确定未来收回资产或清偿负债期间的应纳税所得额时，会产生可抵扣金额的暂时性差异。

当资产的账面价值与计税基础相比较，资产的账面价值大于其计税基础时，会产生应纳税暂时性差异。当资产的账面价值小于其计税基础时，会产

生可抵扣暂时性差异。当负债的账面价值与计税基础相比较，负债的账面价值大于其计税基础时，产生可抵扣暂时性差异。负债产生的暂时性差异实质上是税法规定就该项负债可以在未来期间税前扣除的金额。而当负债的账面价值小于其计税基础时，产生应纳税暂时性差异。这意味着就该项负债在未来期间可以税前抵扣的金额为负数，即应在未来期间应纳税所得额的基础上调增，以增加应纳税所得额和应交所得税金额，产生应纳税暂时性差异。

三、递延所得税资产与递延所得税负债的确认和计量

(一)递延所得税资产的确认和计量

1. 递延所得税资产的确认

期末，企业应按照暂时性差异与适用所得税税率计算的结果，确定递延所得税资产。根据可抵扣暂时性差异和适用所得税税率计算的结果为递延所得税资产。确认相关的递延所得税资产应从以下几方面入手：

(1)递延所得税资产的确认应以未来期间可能取得的应纳税所得额为限。

物业管理企业在确定未来期间很可能取得应纳税所得额以及在可抵扣暂时性差异转回期间能够产生应纳税所得额，并提供相关证据表明未来期间很可能获得足够的应纳税所得额用来抵扣可抵扣暂时性差异的，应当以可能取得的应纳税所得额为限，确认相关的递延所得税资产。

(2)按照税法规定可以结转以后年度的未弥补亏损和税款抵扣，应视同可抵扣暂时性差异处理。

物业管理企业对于能够结转以后年度的可抵扣亏损及税款抵减，应当以很可能获得用来抵扣可抵扣亏损和税款抵减的未来应纳税所得额为限。确认相应的递延所得税资产，同时减少确认当期的所得税费用。

(3)企业合并中，按照会计规定确定的合并中取得的各项可辨认资产的入账价值与其计税基础之间形成可抵扣暂时性差异的，应确认相应的递延所得税资产，并调整合并中应予确认的商誉等。

(4)与直接计入所有者权益的交易或事项相关的可抵扣暂时性差异，相应的递延所得税资产应记入所有者权益。

此外，物业管理企业对与子公司、联营企业及合营公司投资相关的可抵扣暂时性差异，同时满足下列条件的，应当确认为相应的递延所得税资产：

① 暂时性差异在可预见的未来很可能转回；

② 未来很可能获得用来抵扣可抵扣暂时性差异的应纳税所得额。

同时具有下列特征的交易中因资产的初始确认所产生的递延所得税资产不予确认：

①该项交易不是企业合并；

②交易发生时既不影响会计利润，也不影响应纳税所得额(或可抵扣亏损)。

2. 递延所得税资产的计量

(1)适用税率的确定。

资产负债表日，对于递延所得税资产，应当根据税法的规定，按照预期收回该项资产期间的适用税率计量。

如适用税率发生变动，应对已确认的递延所得税资产进行重新计量。除直接在所有者权益中确认的交易或事项产生的递延所得税资产以外，应当将其影响数计入变化当期的所得税费用。

递延所得税资产的计量，应当反映资产负债表日企业预期收回资产的所得税影响。即在计量递延所得税资产时，应当采用与收回资产的预期方式相一致的税率和计税基础。无论相关的可抵扣暂时性差异的转回期间如何，递延所得税资产均不予折现。

(2)递延所得税资产账面价值的复核。

资产负债表日，物业管理企业应当对递延所得税资产的账面价值进行复核。如果未来期间很可能无法取得足够的应纳税所得额用于抵扣递延所得税资产的利益，则减记递延所得税资产的账面价值。在其后因情况变化，判断很可能获得足够的应纳税所得额时，减记的金额应当转回。

(二)递延所得税负债的确认和计量

1. 递延所得税负债的确认

期末，物业管理企业按照应纳税额暂时性差异与适用所得税税率计算的结果为递延所得税负债。除下列交易中产生的递延所得税负债以外，物业管理企业应当确认所有应纳税暂时性差异产生的递延所得税负债：

(1)商誉的初始确认。

(2)同时具有下列特征的交易中产生的负债的初始确认。

①该项交易不是企业合并；

②交易发生时既不影响会计利润，也不影响应纳税所得额(或可抵扣亏损)。

物业管理企业对与子公司、联营企业及合营公司投资相关的应纳税暂时性差异，应当确认为相应的递延所得税负债，但同时满足下列条件的除外：

(1)投资企业能够控制暂时性差异转回的时间；

(2)该暂时性差异在可预见的未来很可能不会转回。

2. 递延所得税负债的计量

资产负债表日，对于递延所得税负债，应当根据税法的规定，按照预期清偿该负债期间的适用税率计量。

如适用税率发生变动，应对已确认的递延所得税负债进行重新计量。除直接在所有者权益中确认的交易或事项产生的递延所得税负债以外，应当将其影响数计入变化当期的所得税费用。

递延所得税资产的计量，应当反映资产负债表日物业管理企业预期清偿负债方式的所得税影响。即在计量递延所得税负债时，应当采用与清偿债务的预期方式相一致的税率和计税基础。递延所得税负债的确认不要求折现。

四、所得税费用的核算

(一)所得税费用

所得税费用包括当期所得税和递延所得税。

当期所得税指物业管理企业按照税法规定计算确定的应缴纳给税务部门的所得税金额，即应缴所得税。递延所得税费用指企业按照会计准则规定应予确认的递延所得税资产和递延所得税负债在期末应有的金额相对于原已确认金额之间的差额，即递延所得税资产和递延所得税负债的当期发生额，但不包括直接计入所有者权益的交易或事项及企业合并的所得税影响。企业应在计算确定当期所得税及递延所得税费用(或收益)的基础上，将两者之和确认为利润表中的所得税费用(或收益)。即

递延所得税费用 = 递延所得税负债增加额 + 递延所得税资产减少额

递延所得税收益 = 递延所得税负债减少额 + 递延所得税资产增加额

所得税费用(或收益) = 当期所得税 + 递延所得税费用(－递延所得税收益)

(二)当期所得税的计算

物业管理企业缴纳所得税时，应在税前会计利润的基础上调整应纳税所得额，以确定企业实际上缴的税额。即

应纳税所得额 = 税前会计利润 + 纳税调整增加额 － 纳税调整减少额

纳税调整增加额主要包括税法规定允许扣除项目中，企业已计入当期费用但超过税法规定扣除标准的金额(如超过税法规定标准的薪酬支出、业务招待费支出)，以及企业已计入当期损失但税法规定不允许扣除项目的金额(如罚款)。纳税调整减少额主要包括按税法规定允许弥补的亏损和准予免税的项目(如国债利息收入、前五年内的未弥补亏损等)。

企业当期应纳所得税额的计算公式为

应纳所得税额 = 应纳税所得额 × 适用税率

【例 11-8】大华物业管理公司 2007 年度按企业会计准则计算的税前会计利润为 20 000 000. 00 元，所得税税率为 25%。当年按税法核定的全年计税工资为 2 500 000. 00 元，大华物业管理公司全年实发工资为 2 800 00. 000 元；经查，大华物业管理公司当年营业外支出中有 200 000. 00 元为税款滞纳罚金。假定大华物业管理公司全年无其他纳税调整因素。

本例中，大华物业管理公司涉及纳税调整的因素包括：①已计入当期费用但超过税法规定标准的工资支出；②已计入当期营业外支出但按税法规定不允许扣除的税款滞纳金。这两项内容均影响到纳税额。因此，应调整增加应纳税所得额。大华物业管理公司当期所得税的计算如下：

纳税调整数 = 2 800 000. 00 － 2 500 000. 00 ＋ 200 000. 00 = 500 000. 00（元）

应纳税所得额 = 20 000 000. 00 ＋ 500 000. 00 = 20 500 000. 00（元）

当期所得税 = 20 500 000. 00 × 25% = 512 500. 00（元）

需要说明的是，企业实际支付的工资总额超过计税工资时，超出的部分不得作为纳税扣除项目，应调整增加应纳税所得额。但企业实际支付的工资总额低于计税工资时，应按实际支付的工资总额作为纳税扣除项目，即企业实际支付的工资总额低于计税工资的部分不调整应纳税所得额。

【例 11-9】大华物业管理公司 2007 年度全年利润总额（即税前会计利润）为 11 000 000. 00 元，其中包括本年收到的国库券利息收入 1 000 000. 00 元，所得税税率为 25%。假定大华物业管理公司本年无其他纳税调整因素。

按照税法的有关规定，企业购买国库券的利息收入免交所得税，即在计算纳税所得时可予以扣除。大华物业管理公司当期所得税的计算如下：

应纳税所得额 = 11 000 000. 00 － 1 000 000. 00 = 10 000 000. 00（元）

当期应纳所得税额 = 10 000 000. 00 × 25% = 2 500 000. 00（元）

（三）所得税费用的核算

所得税费用由当期所得税费用（即当期应交所得税）和递延所得税费用（或收益）两部分组成。

物业管理企业应设置“所得税费用”账户核算企业确认的应从当期利润总额中扣除的所得税费用，并按照“当期所得税费用”、“递延所得税费用”进行明细核算。该账户是损益类账户，其借方登记企业按照税法规定计算确定的当期应交所得税；贷方登记递延所得税资产的应有余额大于“递延所得税资产”账户余额的差额；期末，将该账户的余额转入“本年利润”账户，结转后该账户无余额。

物业管理企业应设置“递延所得税资产”账户核算企业确认的可抵扣暂时性差异产生的递延所得税资产，并按照可抵扣暂时性差异的具体项目进行明细核算。该账户是资产类账户，其借方登记企业确认的递延所得税资产、资产负债表日递延所得税资产的应有余额大于其账面余额的差额、企业合并中取得的资产、负债的入账价值与其计税基础不同形成可抵扣暂时性差异而在购买日确认的递延所得税资产及与直接计入所有者权益的交易或事项相关的递延所得税资产；贷方登记原已确认的递延所得税资产中应减记的金额；该账户的余额在借方，反映企业确认的递延所得税资产。

物业管理企业应设置“递延所得税负债”账户核算企业确认的应纳税暂时性差异产生的所得税负债。该账户是负债类账户，其贷方登记企业确认的递延所得税负债、资产负债表日递延所得税负债的应有余额大于其账面余额的差额、与直接计入所有者权益的交易或事项相关的递延所得税负债及企业合并中取得的资产、负债的入账价值与其计税基础不同形成应纳税暂时性差异而在购买日确认的递延所得税负债；贷方登记资产负债表日递延所得税负债的应有余额小于其账面余额的差额；该账户的贷方期末余额反映企业已确认的递延所得税负债。

【例11-10】大华物业管理公司 2007 年末应纳税暂时性差异为800 000. 00 元，抵扣暂时性差异 4 000 000. 00 元，递延所得税资产和递延所得税负债 2007 年不存在期初余额，应交所得税 10 000 000. 00 元，适用的所得税税率为 25%。大华物业管理公司预计在未来期间能够产生足够的应纳税所得额用来抵扣可抵扣暂时性差异。

2007 年 12 月 31 日，大华物业管理公司计算确认的递延所得税负债、递延所得税资产、递延所得税费用以及所得税费用如下：

递延所得税负债 = 800 000. 00 × 25% = 200 000. 00（元）

递延所得税资产 = 4 000 000. 00 × 25% = 1 000 000. 00（元）

递延所得税费用 = 200 000. 00 － 1 000 000. 00 = － 800 000. 00（元）

所得税费用 = 10 000 000. 00 － 800 000. 00 = 9 200 000. 00（元）

编制会计分录如下：

借：所得税费用——当期所得税费用　　10 000 000. 00

　贷：应交税费——应交所得税　　10 000 000. 00

借：所得税费用——递延所得税费用　　200 000. 00

　贷：递延所得税负债　　200 000. 00

借：递延所得税资产　　1 000 000. 00

　贷：所得税费用——递延所得税费用　　1 000 000. 00

五、所得税的信息披露

物业管理企业应在期末相应披露与所得税有关的内容：

(1)递延所得税资产和递延所得税负债应当分别作为非流动资产和非流动负债在资产负债表中列示。

(2)所得税费用应当在利润表中单独列示。

(3)物业管理企业应在附注中披露与所得税有关的下列信息：

①所得税费用(收益)的主要组成部分。

②所得税费用(收益)与会计利润关系的说明。

③未确认递延所得税资产的可抵扣暂时性差异、可抵扣亏损的金额(如果存在到期日，还应披露到期日)。

④对每一类暂时性差异和可抵扣亏损，在列报期间确认的递延所得税资产或递延所得税负债的金额，确认递延所得税资产的依据。

⑤未确认递延所得税负债的，与对子公司、联营企业及合资企业投资相关的暂时性差异金额。

第三节 利润分配的核算

利润分配是指将物业管理企业实现的利润(包括本年净利润和以前年度的未分配利润)按照国家有关规定和企业投资人的决议，对各方利益人进行分配的过程。这一分配过程和结果，不仅关系到所有者的合法权益是否得到保护，而且还关系到企业的未来发展方向。企业的利润分配，主要指对净利润的分配。

一、利润分配的一般程序

物业管理企业本年度实现的净利润加上年初未分配利润(或减去年初未弥补亏损)和其他转入后的余额为可供分配的利润，可供分配的利润应按下列顺序分配。

1. 提取法定盈余公积

法定盈余公积按照本年实现净利润的一定比例提取：股份制物业管理企业按照《公司法》规定按净利润的10%提取；其他物业管理企业可以根据需要确定提取比例，但至少应按10%提取。当提取的法定盈余公积累计额超过其注册资本50%以上的，可以不再提取。

2. 提取法定公益金

股份制物业管理企业按照本年度实现净利润的5% ~10%提取法定公益金，其他物业管理企业按不高于法定盈余公积的比例提取公益金。该项公益金用于企业职工的集体福利设施。

外商投资的物业管理企业应按照有关法律、法规的规定，按照净利润提取储备资金、生产发展基金、职工奖励及福利基金等。

3. 向投资者分配利润

可供分配的利润减去提取的法定盈余公积金、法定公益金后的余额为可供投资者分配的利润。这部分可供投资者分配的利润，应按下列顺序分配：

(1)应付优先股股利。应付优先股股利指物业管理企业按照利润分配方案分配给优先股股东的现金股利。

(2)提取任意盈余公积。股份制物业管理企业提取法定盈余公积后，经过股东会决议，可以提取任意盈余公积；其他物业管理企业也可以根据需要提取任意盈余公积，提取比例由企业视具体情况而定。

(3)应付现金股利或利润。应付现金股利或利润是物业管理企业按照利润分配方案分配给股东的现金股利或利润，包括分配给投资者的利润。

(4)转为股本的普通股股利。此项内容指物业管理企业按照利润分配方案以分派股利的形式转作的股本，还包括企业以利润转增的资本。

可供投资者分配的利润经过分配后的余额为未分配利润。未分配利润可以在以后年度进行分配。如发生亏损，也可以按规定由以后年度利润进行弥补。此外，该数据应在资产负债表的所有者权益项目中单独反映。

二、利润分配的核算

物业管理企业的利润分配通过“利润分配”账户核算企业利润的分配(或亏损的弥补)和历年分配(或弥补亏损)后的结存余额。该账户是所有者权益类账户，按照其具体用途，它是“本年利润”账户的调整账户。“利润分配”账户的借方反映分配出去的利润，如提取的公积金、公益金等。企业当年发生亏损时，也将这部分亏损由“本年利润”账户的贷方转入本账户的借方；该账户的贷方反映本年利润的结转及用盈余公积弥补的亏损；其期末余额如果在借方，表示结存的未弥补亏损；如果在贷方，则反映历年积累的未分配利润。

按照利润的分配去向，“利润分配”设以下明细科目：

①提取法定盈余公积；

②提取任意盈余公积；

③应付现金股利或利润；

④转作股本的股利；

⑤盈余公积补亏；

⑥利润归还投资；

⑦提取储备基金；

⑧提取企业发展基金；

⑨提取职工奖励及福利基金；

⑩一般风险准备；

⑪未分配利润。

这些明细科目中，“未分配利润”核算企业全年实现的净利润(或净亏损)、利润分配和未分配利润(或未弥补亏损)。每年年末，企业将全年实现的净利润(或净亏损)从“本年利润”科目转入“利润分配——未分配利润”科目的同时，将“利润分配”科目下的其他明细科目的余额转入“未分配利润”的明细科目。年度终了后，“利润分配”科目中，除明细科目“未分配利润”外，其他明细科目无余额。这一明细科目年末余额在借方，为企业未弥补的亏损；余额在贷方，则为未分配利润。

【例 11-11】接【例 11-7】

(1)将“本年利润”账户余额转入“利润分配——未分配利润”账户：

借：本年利润　　918 972.00

　贷：利润分配——未分配利润　　918 972.00

(2)按规定从税后利润中提取 10% 的法定盈余公积金：

应提法定盈余公积 = 918 972.00 × 10% = 91 897.20(元)

借：利润分配——提取法定盈余公积　　91 897.20

　贷：盈余公积——法定盈余公积　　91 897.20

(3)按 5% 的比例从税后利润中提取公益金：

应提法定公益金 = 918 972.00 × 5% = 45 948.60(元)

借：利润分配——提取法定公益金　　45 948.60

　贷：盈余公积——法定公益金　　45 948.60

(4)根据股东大会决议，分派现金股利 576 000.00 元，提取任意盈余公积 46 000.00 元：

借：利润分配——应付现金股利或利润　　576 000.00

　　　　　　——提取任意盈余公积　　46 000.00

贷：应付股利——应付现金股利或利润　　576 000.00

　　盈余公积——任意盈余公积　　46 000.00

(5)将“利润分配”中除“未分配利润”以外的各明细科目的余额转入明细科目“未分配利润”：

借：利润分配——未分配利润　　759 845.80

贷：利润分配——提取法定盈余公积　　91 897.20

　　　　　　——提取法定公益金　　45 948.60

　　　　　　——应付现金股利或利润　　576 000.00

　　　　　　——提取任意盈余公积　　46 000.00

经过上述处理后，“本年利润”账户和“利润分配”账户中除“未分配利润”以外的所有各明细账户均无余额。假设“利润分配——未分配利润”账户无期初余额，则期末的贷方余额 159 126.20 元显示企业当年的盈利状况。其账面记录如以下“T”型账所示：

利润分配——未分配利润

借方	贷方
提取法定盈余公积：91 897.20 提取法定公益金：45 948.60 应付现金股利或利润：576 000.00 提取任意盈余公积：46 000.00	本年利润转入：918 972.00
	年末未分配利润：159 126.20

附：物业管理公司经济业务核算举例

一、资料

大华物业管理公司为股份有限公司，2007 年 12 月份发生如下经济业务：

1. 购入文件柜 10 个，单价 200.00 元，增值税额 340.00 元，支付运杂费 200.00 元，用银行存款支付款项。

2. 文件柜运到验收无误，当即发放到有关部门(该公司采用一次摊销法)。

3. 从本市购入卫浴洁具一批，价款 220 000.00 元，增值税 37 400.00 元，货款及税款已支付，材料尚未到达。

4. 对小区 C 楼公共通道进行维修，粉刷楼道，支付材料费 1 308.00 元，人工费 426.00 元。

5. 发放本月行政人员薪酬 24 300.00 元，并提取职工福利费 3 402.00 元。

6. 支付运输途中的财产保险费 240 000.00 元。

7. 将应计入本月的公共服务费收入 117 756.00 元转为收入。

8. 购入建筑装饰材料一批，价款 428 000.00 元，增值税额 72 760.00 元，总计 500 760.00元，货款及税款已支付，材料物资同时验收入库。

9. 为房屋业主和租住户代缴水、电、天然气等费用 7 700 000.00 元，按代缴款的

2%收取代办费。

10. 公司下属部门本月工资总额37 500.00元。根据“作业派工单”计算，本月总工时2 500小时，其中代办费为720小时。经计算，代办服务成本为10 800.00元。

11. 支付咨询费2 780.00元。

12. 取得服务中介代销收入50 000.00元。

13. 从本市购入的卫浴洁具到货，经验收无误后入库。

14. 按银行发来通知，支付材料装卸费1 400.00元。

15. 受业主委员会委托，将停车场维修后出租。本月支付有偿使用费15 000.00元，月收租金17 500.00元。

16. 接受房屋业主特约委托对房屋进行装修。按照装修要求，承包装修公司的预算额为800 000.00元，按照2%的比例收取服务费16 000.00元。

17. 为房屋业主提供特约维修服务，业主自备材料，公司人工支出380.00元，已完工。

18. 支付本季度短期借款利息3 200.00元(已预提2 200.00元)。

19. 计提行政部门固定资产折旧3 640.00元。

20. 本年初出包小区内的绿化项目，合同规定每月预付4 000.00元管理费，年终结算。本年度实际发生的人工及花木费共53 000.00元，已累计预付44 000.00元。

21. 据本月发料凭证汇总表，当月消耗B材料计153 400.00元。其中，管理处维修用料150 000.00元，公司行政管理部门维修用料3 400.00元。

22. 计算应缴纳的房产税4 760.00元，土地使用税5 820.00元。

23. 缴纳印花税590.00元。

24. 按照当月经营收入计算，应缴纳的营业税为15 262.80元，城市维护建设税为1 068.40元，教育费附加为457.88元。按照其他业务收入计算，应缴纳的营业税为2 500.00元，城市维护建设税为175.00元，教育费附加为75.00元。

25. 结转劳务成本。

26. 月末结转当期损益。

27. 计算并结转所得税。

28. 计算并结转本年净利润(设本年无调整项目)。

29. 按规定从税后利润中按10%的比例提取公积金，5%的比例提取公益金。

30. 分派普通股股利20 000.00元。

31. 年终，将“利润分配”除“未分配利润”外的其他明细账户的余额转入“未分配利润”。

二、编制会计分录

1. 借：周转材料　　2 540.00

　　贷：银行存款　　2 540.00

2. 借：管理费用——公司经费　　2 540.00

　　贷：周转材料　　2 540.00

3. 借：材料采购——卫浴洁具 257 400. 00
  贷：银行存款 257 400. 00
4. 借：劳务成本——物业管理成本(公共性服务成本) 1 734. 00
  贷：原材料 1 308. 00
    应付职工薪酬 426. 00
5. 借：管理费用——公司经费 27 702. 00
  贷：应付职工薪酬 27 702. 00
6. 借：销售费用 240 000. 00
  贷：银行存款 240 000. 00
7. 借：预收账款——公共性服务费收入 117 756. 00
  贷：主营业务收入——物业管理收入(公共性服务费收入) 117 756. 00
8. 借：材料采购——装饰材料 500 760. 00
  贷：银行存款 500 760. 00
 借：原材料——装饰材料 500 760. 00
  贷：材料采购——装饰材料 500 760. 00
9. 借：银行存款 7 854 000. 00
  贷：主营业务收入——物业管理收入(公众代办性服务费收入)
154 000. 00
    其他应付款——代缴水、电、天然气费用 7 700 000. 00
10. 借：劳务成本——物业管理成本(代办服务成本) 10 800. 00
  贷：应付职工薪酬 10 800. 00
11. 借：管理费用——咨询费 2 780. 00
  贷：银行存款 2 780. 00
12. 借：银行存款 50 000. 00
  贷：其他业务收入——房屋中介代销手续费收入 50 000. 00
13. 借：原材料——卫浴洁具 257 400. 00
  贷：材料采购——卫浴洁具 257 400. 00
14. 借：销售费用——装卸费 1 400. 00
  贷：银行存款 1 400. 00
15. 借：劳务成本——物业经营成本 15 000. 00
  贷：长期应付款——业主委员会 15 000. 00
 借：银行存款 17 500. 00
  贷：主营业务收入——物业经营收入 17 500. 00
16. 借：银行存款 816 000. 00
  贷：主营业务收入——物业管理收入(特约服务收入) 16 000. 00
    其他应付款——装修公司 800 000. 00
17. 借：劳务成本——物业管理成本(特约服务成本) 380. 00

贷：应付职工薪酬 380.00

18\. 借：应付利息 2 200.00

财务费用 1 000.00

贷：银行存款 3 200.00

19\. 借：管理费用——折旧费 3 640.00

贷：累计折旧 3 640.00

20\. 借：劳务成本——物业管理成本（公共服务成本） 9 000.00

贷：银行存款 9 000.00

21\. 借：劳务成本——物业管理成本（公共性服务成本） 150 000.00

管理费用 3 400.00

贷：原材料——B 153 400.00

22\. 借：管理费用——房产税 4 760.00

——土地使用税 5 820.00

贷：应交税费——应交房产税 4 760.00

——应交土地使用税 5 820.00

23\. 借：管理费用——印花税 590.00

贷：银行存款 590.00

24\. 借：营业税金及附加 15 262.80

其他业务成本 2 500.00

贷：应交税费——应交营业税 17 762.80

借：营业税金及附加 1 068.40

其他业务成本 175.00

贷：应交税费——应交城市维护建设税 1 243.40

借：营业税金及附加 457.88

其他业务成本 75.00

贷：应交税费——应交教育费附加 532.88

25\. 借：主营业务成本 186 914.00

贷：劳务成本 186 914.00

26\. 借：主营业务收入 305 256.00

其他业务收入 50 000.00

贷：本年利润 355 256.00

借：本年利润 260 085.08

贷：主营业务成本 186 914.00

营业税金及附加 16 789.08

销售费用 1 400.00

管理费用 51 232.00

财务费用 1 000.00

其他业务成本 2 750.00

27. 税前净利 = 355 256.00 - 260 085.08 = 95 170.92（元）

应纳所得税额 = 95 170.92×25% = 23 792.73(元)

借：所得税费用 23 792.73

贷：应交税费——应交所得税 23 792.73

借：本年利润 23 792.73

贷：所得税费用 23 792.73

28. 借：本年利润 71 378.19

贷：利润分配——未分配利润 71 378.19

29. 应提取的公积金 =71 378.19×10% =7 137.82（元）

应提取的公益金 =71 378.19×5% = 3 568.91（元）

借：——利润分配提取法定公积金 7 137.82

——提取法定公益金 3 568.91

贷：盈余公积 10 706.73

30. 借：利润分配——应付现金股利或利润 20 000.00

贷：应付股利 20 000.00

31. 借：利润分配——未分配利润 30 706.73

贷：利润分配——提取法定公积金 7 137.82

——提取法定公益金 3 568.91

——应付普通股股利 20 000.00

三、根据以上会计分录编制利润表。见表 11-2。

表 11-2 利润表 会企 02 表

大华物业管理公司 编制单位 单位：元

项 目	本期金额	上期金额(略)
一、营业收入	355 256.00	
减：营业成本	189 664.00	
营业税金及附加	16 789.08	
销售费用	1 400.00	
管理费用	51 232.00	
财务费用	1 000.00	
资产减值损失		
加：公允价值变动收益(损失以“-”号填列)		
投资收益(损失以“-”号填列)		

（续）

项 目	本期金额	上期金额(略)
其中：对联营企业和合营企业的投资收益		
二、营业利润	95 170.92	
加：营业外收入		
减：营业外支出		
其中：非流动资产处置损失		
三、利润总额(亏损总额以“-”号填列)	95 170.92	
减：所得税费用	23 792.73	
四、净利润(净亏损以“-”号填列)	71 378.19	
五、每股收益		
(一)基本每股收益		
(二)稀释每股收益		

思考与练习

1. 如何计算利润？
2. 营业外收入和营业外支出如何进行核算？
3. 如何确认递延所得税资产和递延所得税负债？
4. 如何进行所得税的计算和核算？
5. 如何进行本年利润的核算？
6. 练习利润总额的核算。

(1)资料：大华物业管理公司12月末各损益类账户余额如下：

账户名称	借方发生额(元)	贷方发生额(元)
主营业务收入		3 452 000
主营业务成本	1 521 000	
营业税金及附加	134 160	
其他业务收入		1 020 000
其他业务成本	625 000	
营业费用	91 000	
管理费用	68 000	
财务费用	52 440	
投资收益		150 000

（续）

账户名称	借方发生额(元)	贷方发生额(元)
营业外收入		85 000
营业外支出	72 800	
所得税	707 322	

（2）要求：根据以上资料编制结转损益类账户的会计分录。

7. 练习利润分配的核算。

（1）资料：接6题有关账户数据。

① 将“本年利润”1 435 278 元转入“利润分配——未分配利润”账户。

② 按税后利润的10%比例提取公积金。

③ 按税后利润的5%比例提取公益金。

④ 按股东大会决议分派优先股股利150 000元。

⑤ 按股东大会决议分派普通股股利300 000元。

⑥ 结转“利润分配”账户。

（2）要求：根据以上经济业务计算有关数据，并编制会计分录。

第十二章

财务会计报告

财务报告是物业管理企业对外提供的反映企业在某一特定日期财务状况和某一会计期间经营成果及现金流量等会计信息的文件，包括财务报表和其他应在财务会计报告中披露的信息。财务报表是对企业财务状况、经营成果和现金流量的结构性表述。一份完整的财务报告至少应包括下列组成部分：①资产负债表；②利润表；③现金流量表；④所有者权益(或股东权益，下同)变动表；⑤附注。

《企业会计准则第30号——财务报表》列表对报表的编制作出如下基本要求：

(1)企业不应以附注披露代替确认和计量，而应当以持续经营为基础，根据实际发生的交易或事项，按照企业会计准则的规定进行确认和计量，在此基础上编制财务报表。当以持续经营为基础编制的财务报表因某些原因不再合理时，企业应当采用其他基础编制财务报表，并在附注中披露企业财务报表未能以持续经营为基础列报，同时还应说明未能以持续经营为基础的原因和财务报表的编制基础。

(2)财务报表项目的列报应当在各个会计期间保持一致，不得随意变更，但下列情况除外：

①会计准则要求改变财务报表项目的列报。

②企业经营业务的性质发生重大变化后，变更财务报表项目的列报能够提供更可靠、更相关的会计信息。

③财务报表编制过程中，如有性质或功能类似的项目，其所属类别有重要性的，应当按其类别在报表中单独编报。所谓重要性，指财务报表某项目的省略或错报会影响使用者据此作出经济决策的，则该项目具有重要性。判断某项目在企业中是否具有重要性，应着重考虑该项目的性质是否属于企业的日常活动等因素。对企业的日常活动、财务状况或经营成果是否具有较大影响，判断项目金额大小的重要性，应当从单项金额占资产、负债、所有者

权益、收入总额、利润总额等相关项目金额的比重确定。对于性质或功能不同的项目，应当在财务报表中单独列报，但不具有重要性的项目除外。

(3)财务报表中的资产项目和负债项目的金额、收入项目和费用项目的金额不得相互抵消，但其他会计准则另有规定的除外。不属于抵消、可以用净额列示的情况包括两种：

①资产项目按扣除减值准备后的净额列示，如对资产计提减值准备，表明企业资产价值已经降低，按照扣除减值准备后的净额列示，能够反映资产给企业带来的经济利益，不应抵消。

②非日常活动产生的损益，以收入扣除费用后的净额列示，不应抵消。非日常活动的发生具有很大的偶然性，与企业的经常性活动及与经常性活动有关的其他因素无关，因此，非日常活动产生的损益以收入抵扣支出后的净额列示，更有利于财务报告使用者对未来活动作出有利的判断，故而也不在抵消的范围之内。

(4)当期财务报表的列报，至少应当提供所有列报项目上一可比会计期间的比较数据以及与理解当期财务报表相关的说明，对另有规定的除外。

财务报表项目的列报发生变更的，应当对上一期比较数据按照当期的列报要求进行调整，并在附注中披露调整的原因和性质以及调整项目的金额。对上期比较数据进行调整时，企业作出所有合理努力后仍无法采用某项规定，此时，应当在附注中披露不能调整的原因。

(5)企业应当在财务报表的显著位置至少披露以下内容：

①编报企业的名称；

②资产负债表日或财务报表涵盖的会计期间；

③人民币金额单位；

④财务报表是合并报表的，应当予以标明。

(6)企业至少应当按年度编制财务报表。年度财务报表涵盖期间短于一年的，应当披露年度财务报表的涵盖期间以及短于一年的原因。

第一节 资产负债表

一、资产负债表的含义及格式

资产负债表是反映企业某一特定日期财务状况的会计报表，它是根据资产、负债和所有者权益(或股东权益，下同)之间的相互关系，按照一定的分类标准和一定的顺序，把企业一定日期的资产、负债和所有者权益各项目予以适当排列，并对日常工作中形成的大量数据进行高度浓缩整理后编制而成的。它表明企业在某一特定日期所拥有或控制的经济资源、所承担的现时义务和所有者对净资产的要求权。资产负债表可以反映企业某一日期的负债总额以及结构，也可以反映所有者权益的构成情况。资产负债表还能够提供进行财务分析的基本资料，如通过资产负债表可以计算流动比率、速动比率等，并以此来了解企业的短期偿债能力等。

资产负债表的结构有账户式和报告式两种。我国的资产负债表按账户式反映，即报表分为左方和右方，左方列示资产各项目，反映资产的分布及存在状态；右方列示负债和所有者权益各项目，反映负债和所有者权益的内容及构成；资产各项目的合计等于负债和所有者权益各项目的合计。资产负债表反映资产、负债和所有者权益之间的内在关系，并达到资产负债表左方和右方平衡，同时，资产负债表还提供年初数和期末数的比较资料。我国资产负债表的基本格式见表 12-2。

二、资产负债表项目的排列说明

(1)资产应当按照流动资产和非流动资产两大类别在资产负债表中列示，这两大类别再进一步按照其性质分别列示。

流动资产指预计在一个正常营业周期中变现、出售或耗用，或者主要为交易目的而持有，或者预计在资产负债表日起一年内(含一年)变现的资产，以及自资产负债表日起一年内交换其他资产或清偿负债的能力不受限制的现金或现金等价物。

正常营业周期通常指企业从购买用于加工的资产起至实现现金或现金等价物的期间。正常营业周期通常短于一年。特殊情况下，也存在正常营业周期长于一年的情况。如房地产开发企业开发用于出售的房地产开发产品，往往超过一年才能变现、出售或耗用，因此仍划分为流动资产。正常营业周期不能确定的，通常以一年为正常营业周期。满足流动资产的条件为：

①预计在一个正常营业周期中变现、出售或耗用；

②主要为交易目的而持有；

③预计在资产负债表日起一年内(含一年，下同)变现；

④自资产负债表日起一年内，交换其他资产或清偿负债的能力不受限制的现金或现金等价物。

流动资产以外的资产应当归类为非流动资产，并应按其性质分类列示。

但资产负债表中的资产类至少应单独列示下列信息项目：①货币资金；②应收及预付款项；③交易性投资；④存货；⑤持有至到期投资；⑥长期股权投资；⑦ 投资性房地产；⑧固定资产；⑨生物资产；⑩递延所得税资产；⑪无形资产。

(2)负债应当按照流动负债和非流动负债两大类别在资产负债表中列示，这两大类别下再按照其性质分别列示。

流动负债指预计在一个正常营业周期中清偿，或者主要为交易目的而持有，或者自资产负债表日起一年内(含一年)到期应予清偿或企业无权自主地将清偿推迟至资产负债表日后一年以上的负债。满足流动负债的条件为：

①预计在一个正常营业周期中清偿；

②主要为交易目的而持有；

③在资产负债表日起一年内到期应予以清偿；

④企业无权自主地将清偿推迟至资产负债表日后一年以上。

此外，企业在资产负债表日或之前违反了长期借款协议，导致贷款人可以随时要求清偿的负债；不能自主地将清偿义务展期，即使在资产负债表日、财务报告批准报出日之前签订了重新安排清偿计划协议，该项负债仍应归类为流动负债。

除以上所列项目外的负债应当归类为非流动负债。但资产负债表中的负债类至少应单独列示下列信息项目：①短期借款；②应付及预收款项；③应交税金；④应付职工薪酬；⑤预计负债；⑥长期借款；⑦长期应付款；⑧应付债券；⑨递延所得税负债。

三、资产负债表的编制方法

财务报表的编制，主要是通过对日常会计核算记录的数据加以归集、整理，使之成为有用的财务信息。我国企业资产负债表各项目数据的来源主要有以下几种。

(一)“年初余额”的填列方法

“年初余额”栏内各项数字，应根据上年末资产负债表“期末余额”栏内所列数字填列。如果本年度资产负债表规定的各项目的名称和内容与上年度不一致，应对上年年末资产负债表各项目的名称和数字按本年度的规定进行相应调整，调整后的数字填入本表“年初余额”栏内。

(二)“期末余额”的填列方法

1. 根据总账科目余额直接填列

主要是根据总账科目期末余额直接填列，如“应收票据”项目，根据“应收票据”总账科目的期末余额直接填列；“短期借款”项目，根据“短期借款”总账科目的期末余额直接填列等。除此之外，需直接填列的项目还有交易性金融资产、固定资产清理、长期待摊费用、递延所得税资产、交易性金融负债、应付票据、应付职工薪酬、应交税费、应付利息、应付股利、其他应收款、递延所得税负债、实收资本、资本公积、库存股、盈余公积等项目。

2. 根据几个总账科目余额计算填列

资产负债表某些项目需要根据若干个总账科目的期末余额计算填列，如“货币资金”项目，根据“库存现金”“银行存款”“其他货币资金”科目的期末余额的合计数填列。

3. 根据有关明细科目余额计算填列

资产负债表某些项目不能根据总账科目的期末余额，或若干个总账科目的期末余额计算填列，而需要根据有关科目所属的相关明细科目的期末余额计算填列，如“应付账款”项目，根据“应付账款”“预付账款”科目的所属相关明细科目的期末贷方余额计算填列。

4. 根据总账科目和明细科目余额分析计算填列

资产负债表上某些项目不能根据有关总账科目的期末余额直接或计算填列，也不能根据有关科目所属相关明细科目的期末余额计算填列，而需要根据总账科目和明细科目余额分析计算填列，如“长期借款”项目，根据“长期借款”总账科目余额扣除“长期借款”科目所属的明细科目中反映的将于一年内到期的长期借款部分分析计算填列。“应付债券”项目，应根据应付债券总账科目余额扣除“应付债券”所属明细科目中将于一年内到期的部分填列。“长期应付款”项目，应根据“长期应付款”总账余额减去“未确认融资费用”总账科目余额，再减去所属相关明细科目中将于一年内到期的部分填列。“长期应收款”项目，应根据“长期应收款”总账科目余额减去“未实现融资收益”总账科目余额，再减去所属相关明细科目中将于一年内到期的部分填列。

5. 根据总账科目余额减去其备抵项目后的净额填列

如“存货”项目，应根据“原材料”“库存商品”“发出商品”“周转材料”等科目的期末余额，减去“存货跌价准备”科目的期末余额后的金额填列；“固定资产”项目，应根据“固定资产”的期末余额，减去“累计折旧”“固定资产减值准备”等科目的期末余额后的金额填列；“持有至到期投资”项目，应根据“持有至到期投资”科目的期末余额，减去“持有至到期投资减值准备”科目的期末余额后的金额填列。其格式见表12-2。

【例12-1】大华物业管理公司2007年12月31日有关账户余额表见表12-1。

(1)年终结账后有关账户余额如下：

表12-1　总账科目余额表　　单位：元

借方余额账户	年初数	年末数	贷方余额账户	年初数	年末数
库存现金	1 000.00	1 200.00	坏账准备	800.00	1 000.00
银行存款	152 400.00	157 000.00	短期借款	294 000.00	316 000.00
其他货币资金	20 000.00	24 800.00	应付票据	40 000.00	35 000.00
交易性金融资产	60 000.00	50 000.00	应付账款	34 480.00	36 140.00
应收票据	21 000.00	24 000.00	预收账款	10 000.00	12 000.00
应收账款	160 000.00	200 000.00	其他应付款	16 000.00	8 000.00
预付账款	16 000.00	20 000.00	应付职工薪酬	28 400.00	27 880.00
应收利息	8 400.00	7 200.00	交易性金融负债	8 200.00	4 800.00
应收股利	760.00	1 000.00	应交税费	122 202.00	139 658.00
其他应收款	10 800.00	8 800.00	应付利息	51 600.00	54 800.00
材料采购	48 000.00	72 000.00	应付股利	2 438.00	2 802.00
原材料	270 000.00	240 000.00	累计折旧	150 000.00	160 000.00
材料成本差异	5 400.00	3 600.00	长期借款	60 000.00	60 000.00
委托加工物资	24 000.00	40 000.00	应付债券	140 000.00	120 000.00
周转材料	49 340.00	51 080.00	实收资本	1 240 000.00	1 240 000.00
库存商品	182 200.00	193 000.00	资本公积	22 120.00	22 120.00
发出商品	15 300.00	19 720.00	盈余公积	69 640.00	184 200.00
生产成本	100 800.00	102 200.00	利润分配	26 320.00	42 400.00
长期债权投资	50 000.00	80 000.00			
固定资产	920 000.00	1 000 000.00			
在建工程	112 000.00	100 000.00			
无形资产	36 000.00	40 000.00			
长期待摊费用	48 000.00	24 000.00			
递延所得税资产	4 800.00	7 200.00			

（2）有关明细账户余额如下：

表 12-2　部分明细账科目余额表　　单位：元

会计科目	余额方向	年初数	年末数
(1) 应收账款	借	172 000.00	220 000.00
应收账款	贷	12 000.00	20 000.00
(2) 应付账款	借	6 000.00	8 000.00
应付账款	贷	40 480.00	44 140.00
(3)长期投资			
——一年内到期的投资	借	30 000.00	40 000.00
(4)长期借款			
——一年内到期的长期借款	贷		20 000.00
(5)应付债券			
——一年内到期的长期债券	贷	60 000.00	30 000.00
(6)应交税费			
——应交增值税	贷	52 400.00	58 480.00
——应交消费税	贷	31 400.00	35 000.00
——应交营业税	贷	800.00	1 120.00
——应交城市维护建设税		5 922.00	6 622.00
——应交所得税		31 680.00	38 436.00

第二节　利润表

一、利润表的格式

利润表是反映企业一定期间生产经营成果的会计报表。利润表把一定期间的营业收入与其同一会计期间相关的销售费用进行配比，以计算出企业一定时期的净利润（或净亏损）。通过利润表反映的收入、费用等情况，能够反映企业生产经营的收益和成本耗费情况，表明企业生产经营成果；同时，通过利润表提供的不同时期数字（本月数、本年累计数、上年数）的比较，可以分析企业未来利润的发展趋势及获利能力，了解投资者投入资本的完整性。由于利润是企业经营业绩的综合体现，又是进行利润分配的主要依据，因此，利润表是会计报表中的主要报表。利润表是通过一定的表格来反映企业的经营成果，由于不同的国家和地区对会计报表的信息要求不完全相同，利润表的结构也不完全相同。但目前比较普遍的利润表的结构有多步式和单步式两种，我国一般采用多步式利润表，见表12-3。

表12-3 大华物业管理公司资产负债表

会企01表

编制单位：大华物业管理公司　　2007年12月31日　　单位：元

资　　产	期末余额	年初余额	负债和股东权益	期末余额	年初余额
流动资产			流动负债		
货币资金	183 000.00	173 460.00	短期借款	316 000.00	294 000.00
交易性金融资产	50 000.00	60 000.00	交易性金融负债	4 800.00	8 200.00
应收票据	24 000.00	21 000.00	应付票据	35 000.00	40 000.00
应收账款	219 000.00	171 200.00	应付账款	44 140.00	40 480.00
预付款项	28 000.00	22 000.00	预收款项	32 000.00	22 000.00
应收利息	7 200.00	8 400.00	应付职工薪酬	27 880.00	28 400.00
应收股利	1 000.00	760.00	应交税费	139 658.00	122 202.00
其他应收款	8 800.00	10 800.00	应付利息	54 800.00	51 600.00
存货	721 600.00	695 040.00	应付股利	2 802.00	2 438.00
一年内到期的非流动资产	40 000.00	30 000.00	其他应付款	8 000.00	16 000.00
其他流动资产			一年内到期的非流动负债	50 000.00	60 000.00
流动资产合计	1 282 600.00	1 192 600.00	其他流动负债		
非流动资产			流动负债合计	715 080.00	685 320.00
可供出售金融资产			非流动负债		
持有至到期投资			长期借款	40 000.00	60 000.00
长期应收款			应付债券	90 000.00	80 000.00
长期股权投资	40 000.00	20 000.00	长期应付款		
投资性房地产			专项应付款		
固定资产	840 000.00	770 000.00	预计负债		
在建工程	100 000.00	112 000.00	递延所得税负债		
工程物资			其他非流动负债		
固定资产清理			非流动负债合计	130 000.00	140 000.00
生物性生物资产			负债合计	845 080.00	825 320.00
油气资产			股东权益		
无形资产	40 000.00	36 000.00	股本	1 240 000.00	1 240 000.00

（续）

资　　产	期末余额	年初余额	负债和股东权益	期末余额	年初余额
开发支出			资本公积	22 120.00	22 120.00
商誉			减：库存股		
长期待摊费用	24 000.00	48 000.00	盈余公积	184 200.00	69 640.00
递延所得税资产	7 200.00	4 800.00	未分配利润	42 400.00	26 320.00
其他非流动资产			股东权益合计	1 488 720.00	1 358 080.00
非流动资产合计	1 051 200.00	990 800.00			
资产总计	2 333 800.00	2 183 400.00	负债和股东权益总计	2 333 800.00	2 183 400.00

在利润表中，费用按照其功能主要分为从事经营业务发生的成本、管理费用、销售费用、财务费用等几类。

利润表主要反映以下几个方面的内容。

1. 构成营业收入的各项要素

营业收入由主营业务收入和其他业务收入构成。

2. 构成营业利润的各项要素

营业利润由营业收入减去营业成本（主营业务成本和其他业务支出）、营业税金及附加、销售费用、管理费用、财务费用和资产减值损失，再加上公允价值变动收益及投资收益后的金额确认。

3. 构成利润总额（或亏损总额）的各项要素

利润总额是在营业利润的基础上，加上营业外收入减去营业外支出后的金额。

4. 构成净利润的各项要素

净利润（或净亏损）在利润总额（或亏损总额）的基础上，减去本期计入损益的所得税费用后得出。

5. 构成每股收益的各项要素

每股收益包括基本每股收益和稀释每股收益两项内容。

二、利润表的编制方法

按照我国企业利润表的格式及内容，利润表中一般设有“本期金额”和“上期金额”两栏。利润表中的“上年金额”栏各项数字，应根据上年度利润表“本年金额”栏所列数字填列。如果上年度利润表的项目名称和内容与本年度利润表不一致，应对上年度利润表项目的名称和数字按本年度的规定进行调整，以调整后的数字填入报表的“上期金额”栏。“本年金额”栏内各项数字反映各项目本期实际发生数，主要根据损益类科目的发生额分析填列。

三、利润表编制举例

【例 12-2】大华物业管理公司 2007 年 1 月份有关资料如下。

(1)大华物业管理公司 2007 年 1 月份各有关账户余额如下：

主营业务收入	18 000.00
主营业务成本	5 700.00
营业税金及附加	4 000.00
销售费用	1 000.00
其他业务收入	2 000.00
管理费用	1 200.00
财务费用	800.00
投资收益	1 200.00
营业外收入	1 000.00
营业外支出	500.00
所得税费用	2 250.00
净利润	6 750.00

(2)编制利润表如表 12-4：

表 12-4　利润表

编报单位：大华物业管理公司　　2007 年 1 月　　单位：元

项　目	本期金额	上期金额(略)
一、营业收入	20 000.00	
减：营业成本	5 700.00	
营业税金及附加	4 000.00	
销售费用	1 000.00	
管理费用	1 200.00	
财务费用	800.00	
资产减值损失	—	
加：公允价值变动收益(损失以“-”号填列)	—	
投资收益(损失以“-”号填列)	1 200.00	
其中：对联营企业和合营企业的投资收益	—	
二、营业利润	8 500.00	

（续）

项　目	本期金额	上期金额(略)
加：营业外收入	1 000.00	
减：营业外支出	500.00	
其中：非流动资产处置损失	—	
三、利润总额(亏损总额以"－"号填列)	9 000.00	
减：所得税费用	2 250.00	
四、净利润(净亏损以"－"号填列)	6 750.00	
五、每股收益	—	
(一)基本每股收益	—	
(二)稀释每股收益	—	

第三节 所有者权益变动表

一、所有者权益变动表

所有者权益(或股东权益，下同)变动表是指反映构成所有者权益各部分当期增减变动情况的报表，包含最终属于所有者权益变动的净利润，构成了企业的综合收益。当期损益直接计入所有者权益的利得和损失，与所有者权益的资本交易导致的所有者权益的变动应当分别列示。

所有者权益变动表全面反映了一定时期所有者权益变动的情况，它不仅反映了所有者权益总量的增减变动，而且反映了所有者权益增减变动的重要结构性信息。编制该报表的主要目的是使报表的使用者了解所有者权益增减变动的根源。

所有者权益变动表至少应当单独列示反映以下信息的项目：

(1)净利润；

(2)直接计入所有者权益的利得和损失项目及其金额；

(3)会计政策变更和差错更正的累积影响金额；

(4)所有者投入资本和向所有者分配利润等；

(5)按照规定提取的盈余公积；

(6)实收资本(或股本)、资本公积、盈余公积、未分配利润的期初和期末余额及其调节情况。

《企业会计准则第30号——财务报表列报》应用指南规定的一般企业所

有者权益变动表的格式和内容见表12-5。

二、所有者权益变动表的编制方法

所有者权益变动表(表12-5)各项目应当根据当期净利润、直接计入所有者权益的利得和损失项目、所有者投入资本和向所有者权分配利润、提取盈余公积等情况分析填列。

(1)"上年年末余额"项目，反映企业上年资产负债表中实收资本(或股本)、资本公积、库存股、盈余公积、未分配利润的年末余额。

(2)"会计政策变更"项目，反映企业采用追溯调整法处理的会计政策的累积影响金额。

(3)"前期差错更正"项目，反映企业采用追溯重述法处理的会计差错更正的累积影响金额。

(4)"本年增减变动额"项目，包括如下几个方面。

①"净利润"项目，反映企业当年实现的净利润(或净亏损)金额。

②"直接计入所有者权益的利得和损失"项目，反映企业当年直接计入所有者权益的利得和损失金额。主要包括可供出售金融资产公允价值变动净额、权益法下被投资单位其他所有者权益变动的影响等，应单独列项反映。

③"所有者投入和减少资本"项目，反映企业当年所有者投入的资本和减少的资本。包括：所有者投入资本和股份支付计入所有者权益的金额，应单独列项反映。

④"利润分配"项目，反映企业当年实现的利润分配金额。包括提取盈余公积及对所有者(或股东)的分配，应单独列项反映。

⑤"所有者权益内部结转"项目，反映企业构成所有者权益的组成部分之间的增减变动情况。包括资本公积转增资本(或股本)、盈余公积转增资本(或股本)及盈余公积补亏的金额，应单独列项反映。

第四节 现金流量表

现金流量表是反映企业在一定会计期间的现金和现金等价物的流入和流出的会计报表。现金流量表反映企业一定会计期间内现金及现金等价物流入和流出的信息，表明企业获得现金和现金等价物(除特别说明外，以下所称的现金均包括现金等价物)的能力。

现金流量表提供的信息可以使报表使用者了解和评价企业获取现金和现

表 12-5 所有者权益变动表

会企 04 表
编制单位：× ×单位　　　　2007 年度　　　　单位：元

项　　目	行次	本年金额						上年金额					
		实收资本（或股本）	资本公积	减：库存股	盈余公积	未分配利润	所有者权益合计	实收资本（或股本）	资本公积	减：库存股	盈余公积	未分配利润	所有者权益合计
一、上年年末余额													
加：会计政策变更													
前期差错更正													
二、本年年初余额													
三、本年增减变动金额（减少以“－”号填列）													
（一）净利润													
（二）直接计入所有者权益的利得和损失													
1. 可供出售金融资产公允价值变动净额													
2. 权益法下被投资单位其他所有者权益变动的影响													
3. 与计入所有者权益项目相关的所得税影响													
4. 其他													
上述（一）和（二）小计													

（续）

项　目	行次	本年金额						上年金额					
		实收资本（或股本）	资本公积	减：库存股	盈余公积	未分配利润	所有者权益合计	实收资本（或股本）	资本公积	减：库存股	盈余公积	未分配利润	所有者权益合计
（三）所有者投入和减少资本													
1. 所有者投入资本													
2. 股份支付计入所有者权益的金额													
3. 其他													
（四）利润分配													
1. 提取盈余公积													
2. 对所有者（或股东）的分配													
3. 其他													
（五）所有者权益内部结转													
1. 资本公积转增资本（或股本）													
2. 盈余公积转增资本（或股本）													
3. 盈余公积弥补亏损													
4. 其他													
四、本年年末余额													

金等价物的能力，并据以预测企业未来现金流量。现金流量表能够说明企业一定期间内现金流入和流出的原因，说明企业的偿债能力和支付股利的能力；也能够用以分析企业未来获取现金的能力，分析企业投资和理财活动对经营成果和财务状况的影响，有助于对企业的整体财务状况作出客观评价。

一、现金流量含义及分类

现金流量表以现金及现金等价物为基础编制。这里的现金是指企业库存现金以及可以随时用于支付的存款和现金等价物。

1. 库存现金

库存现金是指企业持有可随时用于支付的现金限额，即与会计核算中“库存现金”科目所包括的内容一致。

2. 银行存款

银行存款是指企业存放于金融企业随时可以用于支付的存款。即与会计核算中“银行存款”科目所包括的内容基本一致。其区别在于：存在金融企业的款项中不能随时用于支付的存款，如不能随时支取的定期存款，不作为现金流量表中的现金，但提前通知金融企业便可支取的定期存款，则包括在现金流量表中的现金范围内。

3. 其他货币资金

其他货币资金是指企业存在金融企业有特定用途的资金，如外埠存款、银行汇票存款、银行本票存款、信用证保证金存款、信用卡存款等，与目前企业会计核算中“其他货币资金”科目核算的内容一致。

4. 现金等价物

现金等价物是指企业持有的期限短、流动性强、易于转换为已知金额的现金、价值变动风险很小的投资。期限短，一般是指从购买日起三个月内到期。现金等价物通常包括三个月内到期的短期债券投资。权益性投资变现的金额通常不确定，因而一般不属于现金等价物。企业应当根据具体情况，确定现金等价物的范围，一经确定不得随意变更；如改变划分标准，应视为会计政策的变更。企业确定现金等价物的原则及其变更，应在会计报表附注中披露。

现金流量表首先要对企业各项经营业务产生或运用的现金流量进行合理的分类。通常按照企业经营业务发生的性质将企业一定期间内产生的现金流量归为三类：①经营活动产生的现金流量。经营活动是指企业投资活动和筹资活动以外的所有交易和事项，包括销售商品或提供劳务、经营性租赁、购买货物、接受劳务、制造产品、广告宣传、推销产品、交纳税款等。②投资活动产生的现金流量。投资活动是指企业长期资产的购建和不包括在现金等价物范围内的投资及其处置活动。③筹资活动产生的现金流量。筹资活动是指导致企业资本及债务规模和构成发生变化的活动，包括吸收投资、发行股票、分配利润等。对于企业日常活动之外的，不经常发生的特殊项目，如自然灾害损失、保险赔款、损赠等，应当在现金流量表中归并到相关类别中，并单独反映。

二、现金流量表的基本格式和编制方法

(一)现金流量表的基本格式

《企业会计准则第 31 号——现金流量表》应用指南规定的一般企业现金流量表基本格式见表 12-6。

表 12-6　现金流量表

会企 03 表

编制单位：××单位　　2007 年度　　单位：元

项　　目	行次	本期金额	上期金额
一、经营活动产生的现金流量：			
销售商品、提供劳务收到的现金			
收到的税费返还			
收到其他与经营活动有关的现金			
经营活动现金流入小计			
购买商品、接受劳务支付的现金			
支付给职工以及为职工支付的现金			
支付的各项税费			
支付其他与经营活动有关的现金			
经营活动现金流出小计			
经营活动产生的现金流量净额			
二、投资活动产生的现金流量：			
收回投资收到的现金			
取得投资收益收到的现金			
处置固定资产、无形资产和其他长期资产收回的现金净额			
处置子公司及其他营业单位收到的现金净额			

（续）

项　　目	行次	本期金额	上期金额
收到其他与投资活动有关的现金			
投资活动现金流入小计			
购建固定资产、无形资产和其他长期资产支付的现金			
投资支付的现金			
取得子公司及其他营业单位支付的现金净额			
支付其他与投资活动有关的现金			
投资活动现金流出小计			
投资活动产生的现金流量净额			
三、筹资活动产生的现金流量：			
吸收投资收到的现金			
取得借款收到的现金			
收到其他与筹资活动有关的现金			
筹资活动现金流入小计			
偿还债务支付的现金			
分配股利、利润或偿付利息支付的现金			
支付其他与筹资活动有关的现金			
筹资活动现金流出小计			
筹资活动产生的现金流量净额			
四、汇率变动对现金及现金等价物的影响			
五、现金及现金等价物净增加额			
加：期初现金及现金等价物余额			
六、期末现金及现金等价物余额			

（二）现金流量表的编制方法

1. 经营活动产生的现金流量的编制方法

经营活动产生的现金流量是一项重要的指标，它可以说明企业在不动用企业外部筹得资金的情况下，通过经营活动产生的现金流量是否足以偿还负债、支付股利和对外投资。经营活动产生的现金流量通常可以采用间接法和直接法两种方法反映。

（1）直接法。直接法是通过现金收入和现金支出的主要类别反映来自企业经营活动的现金流量。采用直接法编制经营活动的现金流量时，一般以利润表中的营业收入为起算点，调整与经营活动有关的项目的增减变动，然后计算出经营活动的现金流量。直接法能显示经营活动现金流量的各项流入流出的内容，体现现金流量表的目的，提供的信息有助于评价企业未来的现金流量。

(2)间接法。间接法是以本期净利润为起算点，调整不涉及现金的收入、费用、营业外收支等有关项目的增减变动，据此计算出经营活动的现金流量。间接法确定的经营活动现金流量，有助于分析影响现金流量的原因以及从现金流量角度分析企业净利润的质量。我国《企业会计准则第31号——现金流量表》要求企业按直接法编制现金流量表，进一步在附注中提供按间接法将净利润调节为经营活动现金流量的信息。

上述现金流量表(表12-5)中的经营活动现金流入和流出各项目，其编制方法分别说明如下。

①“销售商品、提供劳务收到的现金”项目，反映企业销售商品、提供劳务实际收到的现金(含销售收入和应向购买者收取的增值税额)，包括本期销售商品、提供劳务收到的现金，以及前期销售和前期提供劳务本期收到的现金和本期预收的账款，扣除本期退回本期销售的商品和前期销售本期退回的商品支付的现金。

②“收到的税费返还”项目，反映企业收到返还的各种税费，如收到的增值税、消费税、营业税、所得税、教育费附加返还等。

③“收到其他与经营活动有关的现金”项目，反映企业经营租赁收到的租金等其他与经营活动有关的现金流入，其他现金流入如价值较大的，应单列项目反映。

④“购买商品、接受劳务支付的现金”项目，反映企业本期购买商品、接受劳务实际支付的现金(包括增值税进项税额)，以及本期支付前期购买商品、接受劳务的未付款项和本期预付款项，减去本期发生的购货退回收到的现金。

⑤“支付给职工以及为职工支付的现金”项目，反映企业本期实际支付给职工的工资、奖金、各种津贴和补贴等职工薪酬(包括代扣代缴的职工个人所得税)，以及为职工支付的其他费用。不包括支付的离退休人员的各项费用和支付给在建工程人员的工资等。企业支付给离退休人员的各项费用，包括支付的统筹退休金以及未参加统筹的退休人员的费用，在“支付的其他与经营活动有关的现金”项目中反映；支付的在建工程人员的工资，在“购建固定资产、无形资产和其他长期资产所支付的现金”项目反映。

企业为职工支付的养老、失业等社会保险基金、补充养老保险、住房公积金、支付给职工的住房困难补助、企业为职工交纳的商业保险金，以及企业支付给职工或为职工支付的其他福利费用等，应按职工的工作性质和服务对象，分别在本项目和“购建固定资产、无形资产和其他长期资产所支付的现金”项目反映。

⑥“支付的各项税费”项目，反映企业本期发生并支付、以前各期发生本期支付以及预交的各项税费，包括增值税、营业税、消费税、所得税、印花税、房产税、土地增值税、车船使用税、预交的营业税以及支付的教育费附加、矿产资源补偿费。不包括计入固定资产价值的实际支付的耕地占用税等。

⑦“支付的其他与经营活动有关的现金”项目，反映企业除上述各项目外，支付的其他与经营活动有关的现金流出，如罚款支出、支付的差旅费、业务招待费现金支出、支付的保险费等，其他与经营活动有关的现金流出如价值较大的，应单独列项反映。

2. 投资活动产生的现金流量的编制方法

现金流量表中的投资活动比通常所指的短期投资和长期投资范围要广，包括非现金等价物的短期投资和长期投资的购买与处置、固定资产的购建与处置、无形资产的购置与处置等。通过单独反映投资活动产生的现金流量，可以了解为获得未来收益和现金流量而导致资源转出的程度，以及以前资源转出带来的现金流入的信息。

现金流量表中投资活动现金流入和流出各项目的编制方法如下：

(1)“收回投资所收到的现金”项目，反映企业出售、转让或到期收回除现金等价物以外的对其他企业的权益工具、债务工具和合营中的权益。包括短期投资、长期股权投资而收到的现金、收回长期债权投资本金而收到的现金，但不包括长期债权投资收回的利息、收回的非现金资产等。

(2)“取得投资收益收到的现金”项目，反映企业除现金等价物以外的对其他企业的权益工具、债务工具和合营中的权益投资分得的现金股利和利息等。

(3)“处置固定资产、无形资产和其他长期资产收回的现金净额”项目，反映企业处置固定资产、无形资产和其他长期资产所取得的现金(包括因资产毁损而收到的保险赔偿收入)，扣除为处置这些资产而支付的有关费用后的净额。由于自然灾害所造成的固定资产等长期资产损失而收到的保险赔偿收入，也在本项目反映。

(4)“处置子公司及其他营业单位收到的现金净额”项目，反映企业处置子公司及其他营业单位所取得的现金减去相关处置费用以及子公司及其他营业单位持有的现金和现金等价物后的净额。

(5)“购建固定资产、无形资产和其他长期资产支付的现金”项目，反映企业购买、建造固定资产、取得无形资产和其他长期资产所支付的现金(含增值税款等)，以及用现金支付的应由在建工程和无形资产负担的职工薪酬。不包括为购建固定资产而发生的借款利息资本化的部分，以及融资租入固定资产支付的租赁费、借款利息及融资租入固定资产支付的租赁费，在筹资活动产生的现金流量中单独反映。企业以分期付款方式购建的固定资产，其首次付款支付的现金作为投资活动的现金流出，以后各期支付的现金作为筹资活动的现金流出。

(6)“投资支付的现金”项目，反映企业取得除现金等价物以外的对其他企业的权益工具、债务工具和合营中的权益所支付的现金以及支付的佣金、手续费等附加费用。

值得注意的是：企业购买股票和债券时，实际支付的价款中包含的已宣告但尚未领取的现金股利或已到付息期但尚未领取的债券的利息，应在投资活动的“支付的其他与投资活动有关的现金”项目反映；收回购买股票和债券时支付的已宣告但尚未领取的现金股利或已到付息期但尚未领取的债券的利息，在投资活动的“收到的其他与投资活动有关的现金”项目反映。

(7)“取得子公司及其他营业单位支付的现金净额”项目，反映企业购买子公司及其他营业单位购买出价中以现金支付的部分，减去子公司及其他营业单位持有的现金和现金等价物后的净额。

(8)“收到其他与投资活动有关的现金”“支付其他与投资活动有关的现金”项目，反映企业除上述(1)至(7)项目外收到或支付的其他与投资活动有关的现金流入或流出，金额较大的应当单独列示。

3. 筹资活动产生的现金流量的编制方法

现金流量表需要单独反映筹资活动产生的现金流量，通过现金流量表中反映的筹资活动的现金流量，可以帮助投资者和债权人预计对企业未来现金流量的要求权，以及获得前期现金流入而付出的代价。现金流量表中筹资活动现金流入和流出各项目的编制方法如下：

(1)“吸收投资收到的现金”项目，反映企业以发行股票、债券等方式筹集资金实际收到的款项，减去直接支付给金融企业的佣金、手续费、宣传费、咨询费、印刷费等发行费用后的净额。以发行股票方式筹集资金而由企业直接支付的审计、咨询等费用，以及发行债券支付的发行费用在“支付的其他与筹资活动有关的现金”项目反映，不从本项目内扣除。

(2)“取得借款收到的现金”项目，反映企业举借各种短期、长期借款而收到的现金。

(3)“偿还债务支付的现金”项目，反映企业以现金偿还债务的本金。包括偿还金融企业的借款本金、偿还债券本金等。企业偿还的借款利息、债券利息，应在“偿付利息所支付的现金”项目反映，不包括在本项目内。

(4)“分配股利、利润或偿付利息支付的现金”项目，反映企业实际支付的现金股利、支付给其他投资单位的利润或用现金支付的借款利息、债券利息。

(5)“收到其他与筹资活动有关的现金”“支付其他与筹资活动有关的现金”项目，反映企业除上述(1)至(4)项目外，收到或支付的其他与筹资活动有关的现金流入或流出，如接受现金捐赠等。其他金额较大的应当单独列示。

此外，“汇率变动对现金及现金等价物的影响”项目，反映下列之间项目的差额：

(1)企业外币现金流量折算为记账本位币时，所采用的现金流量发生日的即期汇率或按照系统合理的方法确定的、与现金流量发生日即期汇率近似的汇率折算的金额(编制合并现金流量表时还包括折算境外子公司的现金流量，应当比照处理)；

(2)“现金及现金等价物净增加额”中外币现金净增加额按期末汇率折算的金额。

4. 现金流量表补充资料有关内容说明

补充资料中的“将净利润调节为经营活动的现金流量”，实际上是以间接法编制的经营活动的现金流量。采用间接法将净利润调节为经营活动的现金流量时，需要调整的项目可分为四大类：一是实际没有支付现金的费用，二是实际没有收到现金的收益，三是不属于经营活动的损益，四是经营性应收应付项目的增减变动。“将净利润调节为经营活动的现金流量”各项目的填列方法如下：

(1)“将净利润调节为经营活动的现金流量”。

①“资产减值准备”项目，反映企业本期计提的坏账准备、存货跌价准备、短期投资跌价准备、长期股权投资减值准备、持有至到期投资减值准备、投资性房地产减值准备、固定资产减值准备、在建工程减值准备、无形资产减值准备、商誉减值准备、生产性生物资产减值准备、油气资产减值准备等资产减值准备。

②“固定资产折旧”“油气资产折耗”“生产性生物资产折旧”项目，分别反映企业本期计提的固定资产折旧、油气资产折耗、生产性生物资产折旧。

③“无形资产推销”“长期待摊费用摊销”项目，分别反映企业本期计提

的无形资产摊销、长期待摊费用摊销。

④“处置固定资产、无形资产和其他长期资产的损失”项目，反映企业本期处置固定资产、无形资产和其他长期资产发生的损益。

⑤“公允价值变动损失”项目，反映企业持有的金融资产、金融负债以及采用公允价值计量模式的投资性房地产的公允价值变动损益。

⑥“财务费用”项目，反映企业利润表“财务费用”项目的金额。

⑦“投资损失”项目，反映企业利润表“投资收益”项目的金额。

⑧“递延所得税资产减少”项目，反映企业资产负债表“递延所得税资产”项目的期初余额与期末余额的差额。

⑨“递延所得税负债增加”项目，反映企业资产负债表“递延所得税负债”项目的期初余额与期末余额的差额。

⑩“存货的减少”项目，反映企业资产负债表“存货”项目的期初余额与期末余额的差额。

⑪“经营性应收项目的减少”项目，反映企业本期经营性应收项目(包括应收票据、应收账款、预付款项、长期应收款和其他应收款中与经营活动有关的部分及应收的增值税销项税额等)的期初余额与期末余额的差额。

⑫“经营性应付项目的增加”项目，反映企业本期经营性应付项目(包括应付票据、应付账款、预收款项、应付职工薪酬、应交税费、应付利息、应付股利、长期应付款、其他应付款中与经营活动有关的部分及应付的增值税进项税额等)的期初余额与期末余额的差额。

(2)“不涉及现金收支的投资和筹资活动”，反映企业一定期间内影响资产或负债但不形成该期现金收支的所有投资和筹资活动的信息。

①“债务转为资本”项目，反映企业本期转为资本的债务金额。

②“一年内到期的可转换公司债券”项目，反映企业一年内到期的可转换公司债券的本息。

③“融资租入固定资产”项目，反映企业本期融资租入固定资产的最低租赁付款额扣除应分期计入利息费用的未确认融资费用的净额。

(3)“现金及现金等价物净增加额”与现金流量表中的“现金及现金等价物净增加额”项目的金额应当相等。

第五节　财务报表附注

财务报表中所规定的内容具有一定的固定性和规定性，只能提供定量的会计信息，其所能反映的会计信息受到一定的限制。

财务报表附注是对在资产负债表、利润表、现金流量表及所有者权益变动表等报表中列示项目的文字描述或明细资料，以及对未能在这些报表中列示项目的说明等。

财务报表附注是财务报表的重要组成部分，它所提供的相关信息应当与资产负债表、利润表、现金流量表和所有者权益变动表等报表中列示的项目相互参照。

按照《企业会计准则第30号——财务报表列报》规定，财务报表附注至少应当按照顺序披露下列内容，但非重要项目除外。

一、企业的基本情况

(1)企业注册地、组织形式和总部地址。

(2)企业的业务性质和主要经营活动。

(3)母公司以及集团最终母公司的名称。

(4)财务报告的批准报出者和财务报告批准报出日。按照有关法律、行政法规等的规定，企业所有者或其他方面有权对报出的财务报告进行相应修改。

二、财务报表的编制基础

财务报表的编制基础是持续经营。因此，企业会计准则规范的是在持续经营条件下企业对所发生的交易或事项进行确认，计量和列表列报。在编制报表过程中，企业管理层也对企业的持续经营能力进行评价。

三、遵循企业会计准则的声明

企业应当明确说明编制的财务报表符合企业会计准则体系的要求，真实、公允、完整地反映企业的财务状况、经营成果和现金流量等有关信息。

四、重要会计政策和会计估计

企业应当披露重要的会计政策和会计估计，不重要的会计政策和会计估计可以不披露。在披露重要会计政策和会计估计时，应当披露重要会计政策的确定依据和财务报表项目的计量基础，以及会计估计中所采用的关键假设和不确定因素。

(1)企业应当披露会计政策的确定依据。如判断持有的金融资产为持有至到期的投资而不是交易性投资的依据；对于拥有的股份不足50%的企业，如何判断企业拥有控制权并因此将其纳入合并范围以及与租赁资产相关的所有风险和报酬已转移给企业的判断标准等。这些判断对报表中确认的项目金额具有重要影响。

(2)企业应当披露会计估计中的关键假设和不确定因素的确定依据。如在计算资产预计未来现金流量的现值时，首先应对未来现金流量进行预测，选择适当的折现率，并应当在附注中披露未来现金流量预测所采用的假设及其依据、折现率的选择等。

(3)企业应当披露重要的会计政策和会计估计，不具有重要性的会计政策和会计估计可以不披露。每期期末，企业至少应当披露的重要会计政策包括存货、长期股权投资、投资性房地产、固定资产、生物资产、无形资产、非货币性资产交换、资产减值、职工薪酬、企业年金基金、股份支付、债务重组、或有事项、收入、建造合同、政府补助、借款费用、所得税、外币折算、企业合并、租赁、金融工具确认和计量、金融资产转移、套期保值、石油天然气开采、合并财务报表、每股收益、分部报告、金融工具列报等。判断会计政策和会计估计是否重要，应当充分考虑与会计政策或会计估计相关项目的性质和金额。

五、会计政策和会计估计变更以及差错更正的说明

企业应当按照《企业会计准则第28号——会计政策、会计估计变更和差错更正》及其应用指南的规定披露会计政策及会计估计变更的有关情况。应披露的内容包括：

(1)会计政策变更的性质、内容和原因。

(2)当期和各个列报前期财务报表中受影响的项目名称和调整金额。

(3)会计政策变更无法进行追溯调整的事实和原因以及开始应用变更后的会计政策的时点、具体应用情况。

(4)会计估计变更的内容和原因。

(5)会计估计变更对当期和未来期间的影响金额。

(6)会计估计变更的影响数不能确定的事实和原因。

(7)前期差错的性质。

(8)各个列报前期财务报表中受影响的项目名称和更正金额；若前期差

错影响到当期财务报表时，还应当披露当期财务报表中受影响的项目名称和金额。

(9)前期差错无法进行追溯重述的事实和原因以及对前期差错开始进行更正的时点、具体更正情况。

六、财务报表重要项目的说明

企业应当尽可能以列表形式披露重要报表项目的构成或当期增减变动情况。企业对报表重要项目的说明，应当按照资产负债表、利润表、现金流量表、所有者权益变动表的顺序以及报表项目列示的顺序进行披露。披露有关信息时，应当采用文字和数字描述相结合的方式，并应与报表项目相互参照。

财务报表应披露的部分至少应包括以下内容：

①交易性金融资产；②应收款项；③存货；④可供出售金融资产；⑤持有至到期投资；⑥长期股权投资；⑦投资性房地产；⑧固定资产；⑨无形资产；⑩交易性金融负债；⑪应付职工薪酬；⑫应交税费；⑬短期借款和长期借款；⑭应付债券；⑮长期应付款；⑯营业收入；⑰公允价值变动收益；⑱投资收益；⑲资产减值损失；⑳营业外收入；㉑营业外支出；㉒所得税；㉓政府补助；㉔非货币性资产交换；㉕股份支付；㉖债务重组；㉗借款费用；㉘外币折算；㉙企业合并；㉚或有事项；㉛资产负债表日后事项。

除以上内容外，资产减值准备明细表、分部报表、现金流量表补充资料应当在附注中单独披露，不作为报表的附表内容。

企业可以在附注中选择披露费用按照性质分类的利润表补充资料。在披露利润表重要项目明细说明的同时，还应当披露终止经营税后利润的金额及其计算过程，包括终止经营的收入、费用、利润总额、所得税费用等，并且提供上一可比会计期间的相关比较数据。

终止经营，是指企业已被处置或被划归为持有待售的、在经营和编制财务报表时能够单独区分的组成部分，该组成部分代表一个独立的主要业务范围或一个主要经营地区，按照企业一项单独计划将整体或部分进行处置(仅仅为了再出售而取得的子公司也属于终止经营)。

同时满足下列条件的企业组成部分应当确认为持有待售：企业已经就处置该组成部分作出决议；企业已经与受让方签订了不可撤销的转让协议；该项转让将在一年内完成。

七、或有事项的说明

(1)预计负债的种类、形成原因以及经济利益流出不确定性的说明。

(2)与预计负债有关的预期补偿金额和本期已确认的预期补偿金额。

(3)或有负债的种类、形成原因及经济利益流出不确定性的说明。

(4)或有负债预计产生的财务影响以及获得补偿的可能性；无法预计的，应当说明原因。

(5)或有资产很可能会给企业带来经济利益的，其形成的原因、预计产生的财务影响等。

(6)在涉及未决诉讼、未决仲裁的情况下，披露全部或部分信息预期对企业造成重大不利影响的，该未决诉讼、未决仲裁的性质以及没有披露这些信息的事实和原因。

八、资产负债表日后事项的说明

每期期末，企业应当披露下列信息：

(1)每项重要的资产负债表日后非调整事项的性质、内容及其对财务状况和经营成果的影响。无法作出估计的，应当说明原因。

(2)资产负债表日后，企业利润分配方案中拟分配的以及经审议批准宣告发放的现金股利或利润。

九、关联方关系及其交易的说明

(1)母公司和子公司的名称。母公司不是该企业最终控制方的，说明最终控制方名称。

(2)母公司和子公司的业务性质、注册地、注册资本(或实收资本、股本)及其当期发生的变化。

(3)母公司对该企业或者该企业对子公司的持股比例和表决权比例。

(4)企业与关联方发生关联方交易的，应说明关联方关系的性质、交易类型及交易要素。交易要素至少应当包括以下内容：

①交易的金额。

②未结算项目的金额、条款和条件，以及有关提供或取得担保的信息。

③未结算应收项目的坏账准备金额。

④定价政策。

(5)企业应分关联方以及交易类型披露关联方交易。

➢ 思考与练习

1. 编制财务会计报告应遵循哪些基本要求?
2. 如何划分企业的流动资产?主要的流动资产项目有哪些?
3. 什么是非流动资产?非流动资产包括哪些项目?
4. 如何划分企业的流动负债?主要的流动负债项目有哪些?
5. 什么是非流动负债?非流动负债包括哪些项目?
6. 编制多步式利润表分为哪几个步骤?
7. 利润表各项目的编制方法与资产负债表在编制上的差别有哪些?
8. 财务报表附注应披露哪些内容?
9. 练习资产负债表的编制。

(1)资料:大华物业管理公司 2007 年 12 月 31 日的账户余额如下。

单位:元

账户名称	借方余额	贷方余额	账户名称	借方余额	贷方余额
库存现金	3 000		短期借款		100 000
银行存款	15 300		应付账款		65 000
应收账款	60 000		交易性金融负债		10 000
坏账准备		300	长期借款		210 000
预付账款	10 000		实收资本		250 000
其他应收款	6 000		资本公积		53 000
原材料	100 000		盈余公积		40 000
库存商品	70 000				
长期投资	160 000				
固定资产	350 000				
累计折旧		46 000			
合 计	774 300	46 300	合 计		728 000

(2)2008 年 1 月该公司发生如下经济业务:

①购进维修用材料计 20 000 元,增值税 3 400 元用预付账款抵付,不足部分尚未支付。

②上述购进材料已验收入库。

③上期已核销的应收账款又收回 3 000 元。

④提取管理部门固定资产折旧费 15 000 元。

⑤本月经营收入 100 000 元,款项已存入银行。销售成本为收入的 70%,不考虑城

市维护建设税和教育费附加。

⑥发生固定资产大修理费 20 000 元。

⑦归还长期借款 70 000 元。

⑧预缴所得税 10 000 元(要求通过“所得税费用”“应交税费”账户核算)。

(3)要求：

①根据以上经济业务编制会计分录。

②编制 2008 年 1 月 31 日的资产负债表。

10. 练习利润表的编制。

(1)资料：2007 年 1 月 1 日至 11 月 30 日有关损益类账户的累计发生额如下表所示：

项　　目	借方发生额	贷方发生额
主营业务收入		1 200 000
主营业务成本	840 000	
主营业务税金及附加	18 000	
管理费用	50 000	
财务费用	120 000	
营业费用	20 000	
其他业务收入		68 000
其他业务成本	20 000	
营业外收入		12 000
营业外支出	17 000	
所得税费用	64 350	

1 月 1 日至 11 月 30 日已预缴所得税 60 000 元。

(2)该公司 2007 年 12 月发生如下经济业务：

①购进维修用原材料一批，增值税专用发票上注明的材料价款为 50 000 元，增值税额 8 500 元，该款项已用银行存款支付，材料已验收入库。

②维修领用原材料一批，实际成本为 23 000 元。

③本月物业经营收入为 351 000 元，款项尚未收到。

④结转本月物业成本 210 000 元。

⑤出售旧设备一台，取得收入 5 000 元；该设备原值为 8 000 元，已提折旧 5 000 元，发生清理费用 500 元，有关款项均已通过银行结算。

⑥用银行存款支付本月发生的销售费用 4 000 元。

⑦用银行存款支付本月发生的管理费用 15 130 元。

⑧计提应由在建工程负担的长期借款利息 10 000 元，支付当期短期借款利息 2 000元。

⑨向希望工程捐款 2 000 元。

⑩收到兑付的三年期公司债券本息合计52 000元。其中：本金40 000元，利息收入12 000元(收到时一次计入当期损益)。

⑪本期主营业务应缴纳的城市维护建设税为1 169元，应缴纳的教育费附加为501元，款项已通过银行划转。

⑫按25%的税率计算月应纳所得税费用，用银行存款缴纳全年应交未交所得税费用。

(3)要求：

①编制有关经济业务的会计分录。

②编制该公司12月份的利润表。

下　篇

物业管理
企业财务管理

第十三章

筹资管理

第一节　企业筹资概述

一、企业筹资的含义

企业筹资是企业根据生产经营活动的需要，通过一定的渠道，采用适当的方式，获取所需资金的财务活动。

企业设立时需要大量的资金，用于购置生产资料、支付各项费用并维持日常业务活动的顺利开展；已经建立并处于经营中的企业，由于扩大生产经营规模、增加对外投资，或为调整现有资本结构，都有筹集资金的需要。筹资渠道是指资金的来源，我国企业目前的筹资渠道主要包括银行信贷资金、其他金融机构资金、其他企业资金、居民个人资金、国家财政资金、企业自留资金等。筹资方式是指筹资的具体形式，一般有吸收直接投资、发行股票、利用留存收益、向银行借款、利用商业信用、发行公司债券、融资租赁等。物业管理企业可以根据使用资金的不同需要，通过适宜的渠道和方式来进行其资金筹集活动。例如，有限责任公司性质的物业管理公司初创时主要通过吸收房地产开发商直接投资和向银行借款的方式来筹措资金，发展到一定规模后，可以考虑通过面向公众发行普通股和公司债券的方式来追加筹资。

二、企业筹资管理的要求

筹资管理是企业财务管理的重要组成部分，物业管理企业筹资管理的主要要求是：

(1)合理确定资金的需要量和筹资时间。物业管理企业应根据未来经营的需要，预测资金的需要量，并按照未来资金的使用时间，适时地筹措资金，使资金筹集与资金使用在时间上紧密地衔接起来，做到既确保企业生产经营的使用需要，又防止筹资数量过大、时间过早。

(2)合理规划资金结构，力求降低资本成本。物业管理企业应先根据生产经营活动对资金的需要，结合资产的特性，确定短期资金与长期资金的比例关系，再从提高企业经济效益和保证投资者收益的目的出发，研究各种资本来源的渠道、方式，运用科学的方法确定一个使资本成本达到最低的目标资本结构，为企业有效地筹集资本提供依据。

(3)监督筹资活动的合法性，维护相关各方利益。物业管理企业根据确定的长、短期资金结构与资本结构以及选择的筹资来源和方式，制订融资计划，落实筹资的金额、时间以及涉及的部门和责任人等，使筹资活动有计划、有组织，并应在筹资过程中，遵守国家有关法规制度，注意维护企业的投资者、债权人和国家及其他利益方面的合法权益。

三、筹资的分类

掌握筹资的基本分类，有利于我们认识不同种类筹资对企业筹资成本和筹资风险的影响，合理进行筹资决策。

1. 按所筹资金的权益性质不同，分为权益筹资和负债筹资

权益筹资是属于企业所有者权益的筹资，如吸收直接投资、发行普通股等，筹得的资金是企业的自有资金，列入资产负债表所有者权益部分；负债筹资是属于债权人权益的筹资，如发行公司债券、向银行借款等，筹得的资金是企业的负债，列入资产负债表的负债部分。相对而言，权益筹资成本高，财务风险小；负债筹资成本低，但财务风险大。

2. 按所筹资金使用期限的长短，分为短期筹资和长期筹资

短期筹资筹得的资金可供企业在一年内使用，通常可采取利用商业信用、向银行短期借款等方式；长期筹资筹得的资金可供企业在超过一年的期限内使用，可以采用发行普通股、企业债券等方式。一般地说，短期筹资成本较低，但财务风险大；长期筹资成本较高，但财务风险相对偏小。

3. 按所筹资金的取得方式，分为内源筹资和外源筹资

内源筹资是从企业内部筹集资金，如利用留存收益的方式；外源筹资是从企业外部筹集资金，如向银行借款、向社会公众发行普通股等方式。比较而言，内源筹资成本相对低，抗风险性强。

第二节 权益筹资

物业管理企业筹集权益资本时，外源筹资方式主要有吸收直接投资、发行普通股等，内源筹资方式主要是利用企业留存收益。内源筹资是企业自主进行的，不需要实际对外支付股息，与企业利润分配过程联系在一起，因而，在此节不作讨论。

一、吸收直接投资

吸收直接投资是指企业按照“共同投资、共同经营、共担风险、共享利润”的原则直接吸收国家、法人、个人投入资金的筹资方式。所谓直接，就是指不以发行证券为媒介，企业直接面对投资者。对有限责任公司性质的物业管理企业而言，因其不能发行股票，吸收直接投资就成为最重要的权益资本外源筹资方式。投资者一旦出资，就是企业的所有者，就依法享有经营管理的权利，其收益状况也与企业经营状况紧密相关，企业经营得好，投资各方都可按出资额的比例分享利润；反之，企业经营不善，投资各方也按出资额的比例承担相应的损失。

(一)吸收直接投资中的出资方式

根据2006年新修订的《企业财务通则》的规定，企业可以接受投资者以货币资金、实物、无形资产、股权、特定债权等形式的出资。现分别说明如下：

(1)以货币资金出资。以货币资金出资是吸收直接投资中一种最重要的出资方式。货币资金一旦成为企业的资产，无疑是流动性最强的，因此，物业管理企业应尽量动员投资者采用货币资金方式出资。

(2)以实物出资。投资者可以以厂房、建筑物、设备等固定资产和原材料、商品等流动资产进行投资，即以实物出资。企业吸收的实物应确实为企业所需，技术性能较好，并且作价公平合理。现实生活中，房地产开发公司作为物业管理企业的投资者，往往会提供少量房产作为物业用房，这就是物业管理企业接受实物投资的例子。物业管理企业接受投资者实物出资时，应严格执行相关法律、行政法规对出资形式、程序和评估作价等方面的规定。

(3)以无形资产出资。物业管理企业也可以接受投资者以商标权、著作权、专利权及其他专有技术等无形资产的出资。以无形资产出资时，同样存在评估作价的问题。我国《公司法》规定，以工业产权、非专利技术作价出资的金额不得超过注册资本的20%。

(4)以股权出资。以股权出资是指投资者以其所持有的其他企业的股权作为设立新企业的出资形式。这是修订后的《企业财务通则》新明确的。在实践中，股东以其持有的其他公司的股权作为出资的情形并不罕见，虽然我国现行《公司法》以列举方式规定的出资形式中没有明确提及股权，但将股权视为可以用货币估价、并可以依法转让的非货币财产，以股权出资，应该没有疑义。

新的《企业财务通则》提到，特定债权是指企业依法发行的可转换债券、符合有关规定转作股权的债权等。特定债权可以在条件具备时转化为对企业的股权。根据一般的理解，特定债权被包括在可以作价出资的非货币财产当中，但不是吸收直接投资中的出资方式。

(二)吸收直接投资筹资方式的优缺点

吸收直接投资筹资方式的优点主要是:

(1)有利于增强企业信誉。吸收直接投资所筹集的资金属于企业自有资金，自有资金的扩充对于增强企业信誉、扩大企业实力具有重要意义。

(2)有利于尽快形成生产能力。从投资者处直接获取固定资产、无形资产等，可以尽快形成生产能力，参与市场竞争。

(3)有利于降低财务风险。与筹集的债务资本相比，吸收直接投资筹集的资金没有固定的利息负担，也没有按期还本付息的压力，企业可以根据经营状况的好坏向投资者分配利润，因而财务风险较小。

吸收直接投资筹资方式的缺点主要是:

(1)筹资成本较高。一般而言，投资者以直接投资方式对企业注资，无法取得固定的收益，投资风险较高，高风险就要求有高报酬，所以，对收益率要求较高。与此对应，企业筹资成本较高。

(2)容易分散企业控制权。采用吸收直接投资方式筹资，投资者会要求获得与投资金额相应的经营管理权。如果投资者投入金额多，占全部投资的份额大，则拥有的经营管理权也会很大，甚至会对企业实行完全控制，这对企业是不利的。

二、发行股份

我国《公司法》第一百二十六条规定，股份有限公司的资本划分为股份，每一股的金额相等。公司的股份采取股票的形式。股票是公司签发的证明股东所持股份的凭证。

股票按股东享有权利和承担义务的不同，可分为普通股票(简称普通股)和优先股票(简称优先股)。股份有限公司通过发行普通股和优先股，都能筹集权益资本。

(一)发行普通股

普通股是股份有限公司依法发行的具有管理权、股利不固定的股票。普通股具有股票的最一般特征，是股份有限公司资本的最基本部分。

1. 普通股股东的权利义务

普通股的持有人是股份有限公司的基本股东，一般具有如下权利：

(1)公司管理权。普通股股东具有对公司的管理权。对大公司而言，普通股股东数目较大，不可能每位股东都直接对公司进行管理。普通股股东的管理权主要体现为其在董事会选举中有选举权和被选举权，通过选举出的董事会来代表所有股东对企业进行管理。具体来说，普通股股东的管理权主要表现为：

①普通股股东有权投票选举公司董事会成员，并有权就修改公司章程、改变公司资本结构、批准出售公司重要资产、吸收或兼并其他公司等重大问题进行投票表决。

②普通股股东有权查阅公司章程、股东名册、公司债券存根、股东大会会议记录、董事会会议决议、监事会会议决议、财务会计报告，对公司的经营提出建议或者质询。

③普通股股东有阻止公司管理当局越权进行经营的权利。

(2)分享盈余权。分享盈余也是普通股股东的一项基本权利。每一会计年度，由董事会根据公司的盈利状况和发展前景来拟订盈余的分配方案，并由股东大会批准通过。

(3)出让股份权。我国现行《公司法》第一百三十八条明确规定，股东持有的股份可以依法转让。普通股股东出于资金方面或报酬方面的考虑，可能会选择出让股份，这是普通股股东的一项基本权利。

(4)优先认股权。优先认股权是指普通股股东可优先于其他投资者购买公司增发新股票的权利。当公司增发普通股时，原有普通股股东有权按持有公司股票的比例，在一定期限内以低于市价的认购价格购买新股。这既可以作为发行普通股的一种促销手段，又能维持原股东在公司的控制权。

(5)剩余财产要求权。当公司解散、清算时，普通股股东对剩余财产有要求权。但公司在破产清算时，财产的变价收入首先要用来清偿债务，其次支付优先股股东，最后才能轮到普通股股东。因此，公司一旦破产清算，普通股股东分得的剩余财产非常有限。

普通股股东在享有权利的同时，也对公司承担义务。我国现行公司法中规定了普通股股东有遵守公司章程、缴纳股款、对公司负有限责任等义务。

2. 普通股的发行

我国现行《公司法》规定，股份的发行，实行公平、公正的原则，同种类的每一股份应当具有同等权利。同次发行的同种类股票，每股的发行条件和价格应当相同；任何单位或者个人所认购的股份，每股应当支付相同价额。

根据我国《证券法》的规定，股票的发行价格由发行人与承销的证券公司协商确定，并报中国证监会核准。发行公司应当参考公司经营业绩、净资产、发展潜力、发行数量、行业特点、股市状态等，提供定价分析报告，说明确定发行价格的依据。虽然从理论上说，股票发行价格是由未来股利的现值决定的，可以等于票面金额，也可以高于票面金额或低于票面金额。但我国《公司法》第一百二十八条规定，不允许股票折价发行。

3. 发行普通股筹资方式的优缺点

发行普通股，是股份有限公司性质的物业管理企业筹资的一种基本方式，其优点主要有：

(1)筹措的资本具有永久性，不用偿还。利用普通股筹集的资金没有到期日，对公司而言是永久性的资金，除非公司清算才需偿还。这对保证公司对资本的最低需要、维持公司的长期稳定发展极为重要。

(2)没有固定的股利负担。公司普通股股利支付与否和支付多少，视公司有无盈利和经营需要而定，没有支付固定股利的负担，经营波动带给公司的债务负担相对较小。

(3)筹资风险小。由于没有固定还本付息的压力，普通股筹资实际上不存在不能偿付的风险，因此，筹资风险最小。

(4)能增加公司信誉。发行普通股筹集的资本是公司最基本的资本来源，是公司的自有资本。这反映了公司的实力，是其他筹资方式的基础。特别是在债务筹资时，发行普通股筹集的资本可为债权人提供保障，有利于增强公司的举债能力。

(5)对筹集资金使用的限制较少。与发行优先股和债券相比，对普通股筹资的使用限制较少。

(6)易于投资者接受。由于普通股的预期收益较高并可以在一定程度上抵消通货膨胀的影响，因此，比较容易吸引投资者。

发行普通股筹资的缺点主要体现在：

(1)筹资成本较高。这是基于三方面的原因。一是普通股股利从税后支付，不像债务利息可以作为费用在税前扣除，因而不具有抵税作用；二是投资于普通股风险较高，投资者要求有较高的投资报酬率，这就要求保证较高的股利支付率；三是普通股的发行费用也较高。

(2)控制权易分散。发行普通股筹资，会增加新的股东，这可能会削弱原有股东对公司的控制，造成公司控制权分散。此外，新股东分享公司未发行新股前积累的盈余，会降低普通股的每股净收益，使公司股价下跌。

(二)发行优先股

优先股是相对于普通股而言的，是股份有限公司发行的在分配股利和剩余财产时比普通股具有优先权的股份。优先股也是一种没有期限的有权凭证，优先股股东一般不能在中途向公司要求退股。优先股是公司的权益资本，股利不得从税前扣除，必须从净利润中支付。但优先股通常事先确定固定的股利收益率，这一点又与债券类似。

1．优先股股东的权利义务

优先股股东的权利主要有：

(1)优先分配股利权。优先分配股利的权利，是优先股的最主要特征。股份公司分派股利的顺序是优先股在前、普通股在后。优先股通常有固定股利，一般按面值的一定百分比来计算。股份公司不论盈利多少，优先股股东都可以取得事先确定的股利。

(2)优先分配剩余财产权。股份公司在解散、破产清算时，优先股股东具有公司剩余财产的优先分配权。不过，优先股的优先分配权是在债权人之后、在普通股之前。公司在偿还了债权人债务后有剩余财产时，优先股股东才具有剩余财产的分配权。而只有优先股受偿后，普通股才参与分配剩余财产。

(3)部分管理权。优先股股东的管理权限是有严格限制的。通常，优先股股东没有选举权和被选举权，对股份公司的重大经营也没有投票权，但当公司研究与优先股有关的问题时有权参加表决。例如，讨论推迟优先股股利的支付时，或将一般优先股改为可转换优先股时，优先股股东都有权参加股东大会并有表决权。

同普通股股东一样，优先股股东的义务主要体现为遵守公司章程、缴纳股款、对公司负有限责任等。

2．发行优先股筹资方式的优缺点

股份有限公司利用优先股筹资有许多有利条件，其优点主要表现为：

(1)没有固定的到期日，不用偿还本金。通过发行优先股筹集到的资本，相当于一笔无期限的贷款，没有偿还本金的义务，也不需要做再筹资计划。大多数优先股又附有收回条款，这就使得使用这种资金更有灵活性。当财务状况较差时发行，而财务状况转强时收回，有利于结合资金需要，同时也能控制公司的资本结构。

(2)股利支付，既固定又有一定弹性。虽然优先股一般都有固定股利，但固定股利的支付并不构成公司的法定义务。公司一旦财务状况不佳，就可推迟支付优先股股利，优先股股东也不能像债权人一样迫使公司破产。

(3)筹资风险较小。正因为没有还本的压力，固定股利的支付也有一定的弹性，优先股的筹资风险虽然高于普通股的筹资风险，但与其他筹资方式相比，还是比较小的。

(4)有利于增强公司信誉。从法律上讲，优先股属于自有资本，发行优先股筹资扩大了权益基础，可在一定程度上增加公司信誉，加强公司的借款能力。

发行优先股筹资也有一定的缺点，主要是：

(1)筹资成本较高。优先股股利与普通股股利一样，都是从税后支付，不具有抵税作用，不同于债务利息可在税前扣除。因此，相对发行债券而言，筹资成本较高。

(2)筹资限制多。发行优先股，往往有许多限制条款，诸如限制公司借债、限制普通股股利支付等。

(3)财务负担较重。虽然优先股股利的支付不是公司的法定义务，但多数公司会选择按期支付固定股利，这在公司财务状况不佳时，会给公司造成较重的财务负担。

第三节　负债筹资

负债筹资是权益筹资的重要补充，是物业管理企业筹资中不可或缺的形式。负债筹资可分为短期负债筹资和长期负债筹资两类。短期负债筹资的方式主要有利用商业信用、向银行借款等，长期负债筹资的方式主要包括向银行借款、发行企业债券、融资租赁等。下面就各种筹资方式作逐一介绍。

一、利用商业信用

商业信用是指在商品交易中由于延期付款或预收账款所形成的企业间的借贷关系。利用商业信用，又称为商业信用融资，是一种在商品交易中自然产生的、适用范围很广的短期负债筹资方式。物业管理企业可充分利用商业信用满足自身对短期资金融通的需要。

(一)可利用的商业信用的形式

利用商业信用融资，主要有以下三种形式。

1. 应付账款

应付账款是企业购买货物暂未付款而形成的欠账，即卖方允许买方在购货后一定时期内支付货款的一种形式。卖方是利用这种赊销方式促销，而对买方来说，延期付款就相当于向卖方借用资金购进商品，是一种短期的资金融通。

应付账款的信用条件是指供应商给予企业赊销信用的条件，具体可分为付款期限和现金折扣两类。付款期限，也称为信用期，是指供应商允许企业从购货到付款之间的时间，或者说是推迟付款的时间。现金折扣是供应商为鼓励企业及早付款而在商品价格上所作的扣减。通常见到的应付账款的信用条件有两种：一种是不涉及现金折扣的，如“n/45”是指在45天内按发票金额付款；另一种是涉及现金折扣的，如“2/10，n/30”是表示如企业在10天内付款，可按发票金额给予2%的折扣，如未能在10天内付款，则必须在折扣期结束后的20天内付款，且不享受现金折扣。

在不涉及现金折扣的信用条件下，企业可以选择在付款期限的最后一天付款，可起到短期融资的目的，并不需要付出任何代价。在涉及现金折扣的信用条件下，如若企业在卖方规定的折扣期内付款，既可以享受现金折扣，也短期融通了资金；如若企业选择放弃现金折扣而在付款期结束前付款，会承担放弃现金折扣的成本，但也使获得的资金使用权得到延长。

放弃现金折扣的成本是一种隐含的利息成本，其计算公式为

$$放弃现金折扣成本=\frac{现金折扣率}{1-现金折扣率}\times\frac{360}{信用期-折扣期}$$

【例 13-1】大华物业管理公司按“2/10，n/30”的条件购入价值10万元的货物，假设该公司在折扣期结束时仍缺乏支付货款的现金，但随时能从银行借得年利率为18%的借款，该公司是否应放弃享受现金折扣?

$$放弃现金折扣成本=\frac{2\%}{1-2\%}\times\frac{360}{30-10}\approx 36.73\% >18\%$$

因此，该公司不应该放弃享受现金折扣，应采用从银行借入资金在折扣期内偿还应付账款的方法。

2. 应付票据

应付票据是企业进行延期付款商品交易时开具的反映债权债务关系的票据。应付票据也属于延期付款，因而是企业短期资金融通的一种形式。应付

票据的支付期最长不超过6个月，可以带息，也可以不带息。应付票据的利率一般比银行借款的利率要低，且不用保持相应的补偿性余额和支付协议费，所以，其筹资成本低于银行借款成本。但应付票据到期必须归还，如若延期便要支付罚金，筹资风险较大。

3. 预收账款

预收账款是卖方企业在交付货物之前向买方预先收取部分或全部货款的信用形式。对于卖方而言，预收账款相当于向买方借用资金后用货物抵偿，也可起到短期资金融通的效果。预收账款一般用于生产周期长、资金需要量大的货物销售，这种形式的筹资适用范围较为有限。

(二)利用商业信用筹资的优缺点

利用商业信用筹资方式的优点在于：

(1)容易取得。商业信用是在商品交易中自然形成的，无需正式办理筹资手续，并且处于不断持续的状态，筹资相对容易。

(2)筹资成本偏低。在没有现金折扣或使用不带息票据的情况下，利用商业信用筹资不负担成本，即便是使用带息票据，票据的利率也低于借款利率。因此，就整体而言，利用商业信用筹资的成本是偏低的。

利用商业信用筹资方式的缺点在于：

(1)范围较为有限。商业信用是在有购销关系的企业之间形成的，范围比较有限。

(2)期限较短。不论是赊销，还是预收账款，期限都不会很长。

(3)放弃现金折扣时所付出的资金成本较高。

二、向银行借款

向银行借款是指企业根据借款合同从有关银行借入所需资金的一种筹资方式。这是物业管理企业频繁使用的负债筹资方式。

(一)银行借款的分类

银行借款按借款的期限，可分为短期借款、中期借款和长期借款。短期借款是指借款期限在1年内(含1年)的借款；中期借款是指借款期限在1年以上(不含1年)5年以下(含5年)的借款；长期借款是指借款期限在5年以上(不含5年)的借款。企业向银行借得短期借款属于短期负债筹资，而向银行借得中期贷款和长期贷款属于长期负债筹资。

银行借款按借款是否需要担保，可分为信用贷款和抵押贷款。信用贷款是指企业不需要提供抵押品，仅凭其信用或担保人信誉而发放的贷款；抵押贷款是指要求企业以抵押品作为担保的贷款。近年来，银行为控制贷款风险，发放的多数是抵押贷款。

(二)银行借款的还本付息

长期借款通常可采用期末一次还本付息、期末还本分次付息、分期等额还本付息等偿还方式。在分期等额还本付息方式下，若不考虑其他限制性条款，可将借款金额视为年金现值，每期等额还本付息额视为年金。这种分期等额还本付息方式会提高贷款的实际利率，从而加大筹资成本。

【例13-2】大华物业管理公司2007年1月1日向银行借款20万元，借款期限为6年，借款年利率12%，从2007年年末起每年年末等额还本付息，则每次还本付息的金额为多少？

每年还本付息额 = 借款本金 ÷ (P/A, i, n)

= 20 ÷ (P/A, 12%, 6) = 20 ÷ 4.1114 ≈ 4.8645(万元)

短期借款一般采用期末一次还本付息的方法，但其计息方法有收款法和贴现法两种。收款法是在借款到期时向银行支付按名义利率计算的利息的方法。银行放贷通常采用收款法，借款的实际利率与名义利率是一致的。贴现法是银行向企业发放贷款时，先从本金中扣除利息部分，到期时借款企业再偿还全部本金的方法。采用贴现法，企业可利用的借款额是本金减除利息的差额部分，借款的实际利率高于名义利率。

贴现贷款的实际利率 = 贷款利息 ÷ (贷款本金 − 贷款利息) × 100%

= 名义利率 ÷ (1 − 名义利率) × 100%

【例13-3】大华物业管理公司向银行借款10万元，借款期限为1年，借款年利率为8%，则就该笔借款而言，该公司实际可用的款项有多少？该借款的实际利率为多少？

实际可用的款项 = 10 − 10 × 8% = 9.2(万元)

借款的实际利率 = 8% ÷ (1 − 8%) ≈ 8.70%

(三)向银行借款筹资方式的优缺点

通过向银行借款的方式筹资，其优点主要表现在：

(1)筹资速度快。与发行普通股、发行企业债券等筹资方式相比，向银行借款不需要通过申请发行、印刷证券等准备工作，也不需要一定的发行时间就能筹集到所需的资金。只要借款企业与银行双方直接谈判，在筹资金额和期限等问题上达成一致意见后，资金即可迅速到位。因而，通过向银行借款的方式筹资，速度是最快的。

(2)筹资成本低。通过向银行借款方式筹资，筹资成本主要是借款的利息费用，利息费用可在税前扣除，可以起到抵税作用，比权益筹资方式的筹资成本要低得多。即便是与同样属于负债筹资的发行企业债券相比，因为没有发行费用，筹资成本也会偏低。

(3)筹资弹性较大。采用发行普通股或企业债券方式筹资时，由于企业面对的是社会广大的投资者，协商改善筹资条件的可能性很小。而向银行借款时，企业与银行是一对一的，在借款前和借款期间，企业有跟银行协商期限、利率等具体事项的可能，诸如在企业财务状况面临暂时困难时，要求贷款展期等。因此，对企业而言，借款筹资弹性较大。

(4)有利于保持企业控制权。借款筹资属于负债筹资，不会改变企业的股东结构，也不会影响企业控制权。

通过向银行借款筹资方式的缺点表现在：

(1)财务风险大。向银行借款，必然要承担按期还本付息的义务，在企业经营状况不佳时，有可能会出现不能偿付的情况，严重时甚至会导致企业破产，财务风险较大。

(2)限制条款多。长期借款合同对借款用途有明确的规定，对企业资本支出额度、再融资、股利支付等行为有严格的约束，这可能会限制企业的经营活动或影响今后的筹资能力。

(3)筹资金额有限。银行借款通常会受到银行本身贷款能力的制约，银行也不愿意承担过高的风险，所以，与发行普通股和企业债券相比，筹资金额较为有限。

三、发行公司债券

债券是指债务人向社会公众筹集资金而向出资者出具的债务凭证。公司债券是公司按照法律程序发行的、约定在一定期限还本付息的有价证券。债券包括面值、期限、利率、价格等几项基本要素。

原《公司法》规定，公司债券的发行主体只限于股份有限公司、国有独资公司和两个以上的国有企业或者两个以上的国有投资主体设立的有限责任公司，其他公司不能发行公司债券。修订后的《公司法》取消了这方面的限制，所有公司都可作为发行公司债券的主体，因此，物业管理企业均具有发债主体资格。发行公司债券的筹资方式是物业管理企业融资的重要选择。

(一)公司债券的分类

公司债券按有无抵押担保，可分为信用债券、抵押债券和担保债券。信用债券是指没有特定财产作为抵押品，也没有担保人，仅凭信用和契约规定发行的债券；抵押债券是指用特定资产作为抵押品所发行的债券；担保债券是指由一定保证人作担保而发行的债券。

公司债券按票面上是否记名，可分为记名债券和无记名债券。记名债券是指在券面上注明债权人姓名或名称，同时在发行公司的债权人名册上进行登记的债券；无记名债券是指债券票面未注明债权人姓名或名称，也不用在公司债权人名册上登记的债券。

公司债券按能否转换为公司股票，可分为可转换债券和不可转换债券。可转换债券是指可以转换成公司股票的债券；不可转换债券是指不能转换为公司股票的债券。可转换债券在发行时规定了转换为公司股票的条件和办法，当条件具备时，债券持有人拥有将债券转换为公司股票的选择权。我国《可转换公司债券管理暂行办法》规定，目前我国只有上市公司和重点国有企业具有发行可转换债券的资格。因为多数物业管理企业不属于此类情况，在此不再展开介绍。而凡在发行债券时未作出转换约定的，均为不可转换债券。

（二）公司债券的发行

尽管所有的公司都具有发行公司债券的主体资格，但我国《证券法》第十六条规定，公开发行公司债券，应当符合下列条件：①股份有限公司的净资产不低于人民币 3 000 万元，有限责任公司的净资产不低于人民币 6 000 万元；②累计债券余额不超过公司净资产的 40%；③最近 3 年平均可分配利润足以支付公司债券 1 年的利息；④筹集的资金投向符合国家产业政策；⑤债券的利率不超过国务院限定的利率水平；⑥国务院规定的其他条件。此外，上市公司发行可转换为股票的公司债券，除应当符合上述规定的条件外，还应当符合证券法关于公开发行股票的条件，并报国务院证券监督管理机构核准。

公司债券的发行价格有等价发行、溢价发行和折价发行三种。等价发行又称为按面值发行，是指按债券的面值发行；溢价发行是指按高于债券面值的价格发行；折价发行是指按低于面值的价格发行。公司债券在发行中之所以会出现溢价或折价，缘于债券的票面利率与发行债券时的市场利率往往是不一致的。债券从开始印刷到正式发行，需要经过一段时间，多数情况下市场利率在这期间会发生变化，而票面利率已经无法变动了，只能通过调整发行价格的方法使债券顺利发行。当票面利率高于市场利率时，溢价发行债券，而将来按票面利率支付的利息会高于按市场利率计算的利息费用；反之，当票面利率低于市场利率时，折价发行债券，将来按票面利率支付的利息就会低于按市场利率计算的利息费用。

从货币时间价值角度，债券发行价格是未来还本付息额的现值之和。在

不考虑发行费用的情况下，按期付息、到期一次还本的债券发行价格的计算公式为

$$债券发行价格 = \frac{票面金额}{(1+市场利率)^n} + \sum_{t=1}^{n} \frac{票面金额 \times 票面利率}{(1+市场利率)^t}$$

或　　债券发行价格 = 票面金额 ×（P/F，i，n）+ 票面金额 × 票面利率 ×（P/A，i，n）

式中：n 为债券的期限；t 为债券付息的期数；i 为市场利率即债券发行时的市场利率。

【例 13-4】大华物业管理公司拟公开发行公司债券，债券面值 1 000 元，票面利率 8%，期限 5 年，债券采用每年付息、到期一次还本的方式。假设债券正式发行时市场利率有 10%、8% 和 6% 三种情况，请分别计算这三种情况下发行价格应为多少？分别属于何种发行价格？

(1) 假设债券正式发行时市场利率为 10%，此时债券的发行价格计算如下：

1 000 ×（P/F，10%，5）+ 1 000 × 8% ×（P/A，10%，5）

= 1 000 × 0.620 9 + 80 × 3.790 8 ≈ 924.16（元）

发行价格低于票面金额，属于折价发行。

(2) 假设债券正式发行时市场利率为 8%，此时债券的发行价格应计算如下：

1 000 ×（P/F，8%，5）+ 1 000 × 8% ×（P/A，8%，5）

= 1 000 × 0.680 6 + 80 × 3.992 7 = 1 000（元）

发行价格等于票面金额，属于平价发行。

(3) 假设债券正式发行时市场利率为 6%，此时债券的发行价格计算如下：

1 000 ×（P/F，6%，5）+ 1 000 × 8% ×（P/A，6%，5）

= 1 000 × 0.747 3 + 80 × 4.212 4 ≈ 1 084.29（元）

发行价格高于票面金额，属于溢价发行。

（三）发行公司债券筹资方式的优缺点

以发行公司债券的方式筹资，优点主要有：

(1) 筹资成本低。发行债券筹资的利息费用，属于企业的财务费用，可以在缴纳所得税前扣除，相对于发行普通股，其筹资成本是较低的。

(2) 企业控制权不易分散。债券持有者不能参与公司经营管理，企业的控制权不会因债券的发行而受影响。

(3) 可以发挥财务杠杆作用。不论公司盈利多少，债券持有者只获取固

定的利息，公司经营状况良好时有更多的收益可以分配给股东，或留归企业以扩大经营。

(4)筹资金额相对较多。与同属于负债筹资的向银行借款方式相比，发行公司债券面向社会公众，对象广、市场大。

以发行公司债券的方式筹资，缺点主要有：

(1)筹资风险大。公司债券有固定的到期日和固定的利息费用，在企业生产经营不景气时，也要偿付固定的款项，易使企业陷入财务困境，而且没有与债权人协商改善还款条件的可能，因而筹资风险较大。

(2)限制条款多。发行债券的契约书中往往有一些限制性的条款，可能会对企业财务的灵活性和再融资能力产生不良影响。

第四节　资本成本与资本结构

物业管理企业在进行筹资决策时，必然要考虑各种筹资方式的筹资成本，进行企业资本结构的最优选择。

一、资本成本

(一)资本成本的概念

企业筹集和使用任何资金，不论是长期的还是短期的，都是需要付出代价的。相对于短期资金而言，长期资金的成本是财务管理人员更加关注的。长期资金也被称为资本，在此我们主要研究资本的成本问题。

资本成本是物业管理企业财务管理活动中广泛应用的财务指标。在筹资决策时，资本成本是财务人员选择筹资方式、确定筹资方案的主要依据；在投资决策时，资本成本是企业评价投资项目可行性、决定项目取舍的重要标准；在评价企业经营成果时，资本成本是企业资产收益率的基本要求。

资本成本是企业为筹集和使用长期资金而付出的代价。资本成本包括筹集资本的费用和使用资本的费用两部分。筹集资本的费用是指在资本筹集过程中发生的各项费用，如发行股票和债券支付的印刷费、发行手续费、律师费、资信评估费、公证费、担保费等；使用资本的费用是指在资本占用过程中发生的各项费用，如股票的股利、债券和银行借款的利息等。筹集资本的费用通常是在筹集资本是一次性发生的，而使用资本的费用是在占用资本期间持续发生的。

资本成本可用绝对数表示，也可用相对数表示，但在财务管理中，一般

用相对数表示，即表示为使用资本的费用与实际筹得资本(即筹资总额扣除筹集资本的费用后的净额)的比率。用公式表示为

$$资本成本=\frac{使用资本的费用}{筹资总额-筹集资本的费用}\times 100\%$$

$$=\frac{使用资本的费用}{筹资总额\times(1-筹资费率)}\times 100\%$$

(二)个别资本成本

个别资本成本是指各种资本筹集方式下的成本。其中主要包括长期借款成本、债券成本、普通股成本、留存收益成本和优先股成本，下面逐一介绍相关内容。

1. 长期借款成本

长期借款的成本包括借款利息和筹资费用。借款利息计入财务费用，可在税前扣除，具有抵税作用。因此，长期借款成本的计算公式为

$$K_l=\frac{I_l\times(1-T)}{L\times(1-f_l)}\times 100\%=\frac{i_l\times(1-T)}{1-f_l}\times 100\%$$

式中：K_l 为长期借款成本；I_l为长期借款年利息；T 为所得税税率；L 为长期借款筹资总额；f_l为长期借款筹资费率；i_l为长期借款年利率。

【例 13-5】大华物业管理公司拟从银行借款 100 万元，手续费率0.1%，年利率6%，期限 5 年，每年付息一次，到期一次还本。企业所得税税率25%，则该笔银行借款的资本成本为多少？

$$K_l=\frac{i_l\times(1-T)}{1-f_l}\times 100\%=\frac{6\%\times(1-25\%)}{1-0.1\%}\times 100\%=5\%$$

长期借款的筹资费率很低时，也可忽略不计。公式简化为

$$K_l=i_l\times(1-T)\times 100\%$$

2. 债券成本

发行债券的成本主要指债券利息和筹资费用。债券利息的处理与长期借款利息的处理相同，应以税后成本为计算依据。与长期借款不同，债券的筹资费用由申请发行的手续费、债券注册费、印刷费、上市费以及推销费用等构成，一般比较高，不可在计算资本成本时省略。债券成本的计算公式为

$$K_b=\frac{I_b\times(1-T)}{B\times(1-f_b)}\times 100\%=\frac{i_b\times(1-T)}{1-f_b}\times 100\%$$

式中：K_b 为债券成本；I_b为债券年利息；T 为所得税税率；B 为债券筹资总额；f_b为债券筹资费率；i_b为债券年利率。

【例 13-6】大华物业管理公司发行一笔期限为 10 年的债券，债券面值2 000万元，票面利率12%，每年付息一次，到期一次还本。假设债券按面

值发行，发行费率3%，企业所得税税率25%，则发行该笔债券的资本成本为多少？

$$K_b = \frac{i_b \times (1-T)}{1-f_b} \times 100\% = \frac{12\% \times (1-25\%)}{1-3\%} \times 100\% \approx 9.28\%$$

若债券溢价或折价发行，在计算资本成本时，应将实际发行价格作为债券筹资总额。

3. 普通股成本

发行普通股的成本主要考虑普通股股利和筹资费用两个因素。与其他筹资方式一样，筹资费用的发生同样是使实际筹得资本减少。但与前述两种负债筹资方式不同的是，股利是以缴纳完所得税以后的净利支付的，没有抵减所得税的效用。

一般我们采用股利折现模型来推导普通股成本的计算公式。在此模型中，将普通股成本视为未来股利支出的现值与实际筹得资本相等时所用到的折现率。即

$$P_c \times (1-f_c) = \sum_{t=1}^{n} \frac{D_t}{(1+K_c)^t}$$

式中：P_c为普通股的发行价格；f_c为普通股筹资费率；D_t为普通股第 t 年的股利；K_c为普通股成本。

如果发行普通股的公司采用固定股利政策，则普通股成本的计算公式为

$$K_c = \frac{D}{P_c \times (1-f_c)} \times 100\%$$

如果公司采用固定股利增长率政策，则相应的计算公式为

$$K_c = \frac{D_1}{P_c \times (1-f_c)} \times 100\% + g$$

式中：D_1为普通股第 1 年的预期股利；g 为股利固定增长率。

当然，固定股利也可视为增长率为 0 的固定增长股利。因此，后一个公式可以作为普通股成本的计算公式。

【例 13-7】大华物业管理公司拟通过发行普通股筹资，每股发行价格 15 元，筹资费率为 8%，预期第 1 年分派现金股利每股 1.2 元，以后每年股利增长 2%。请计算普通股的资本成本。

$$K_c = \frac{D_1}{P_c \times (1-f_c)} \times 100\% + g = \frac{1.2}{15 \times (1-8\%)} \times 100\% + 2\% \approx 10.70\%$$

4. 留存收益成本

留存收益是缴纳所得税后形成的，其所有权属于公司股东，实质上相当

于股东对公司的追加投资。股东将收益留存在公司，是想从中取得投资报酬。因此，留存收益也有资本成本。留存收益的成本是股东失去向外投资可能的机会成本。留存收益成本与普通股成本基本相同，只是不需要考虑筹资费用。所以，留存收益成本的计算公式为

$$K_r = \frac{D_1}{P_c} \times 100\% + g$$

式中：K_r为留存收益成本。

【例 13-8】根据【例 13-7】的资料，大华物业管理公司留存收益成本为多少？

$$K_r = \frac{D_1}{P_c} \times 100\% + g = \frac{1.2}{15} \times 100\% + 2\% = 10\%$$

5. 优先股成本

发行优先股的成本包括优先股股利和筹资费用两部分。优先股股利是在缴纳所得税后支付的，不具有抵税作用。优先股一般都有固定的股利，且没有固定的到期日。因此，优先股的股利支付可视为一种永续年金。优先股成本的计算公式为

$$K_p = \frac{D}{P_p \times (1 - f_p)} \times 100\%$$

式中：K_p为优先股成本；D 为优先股每年股利；P_p为优先股的发行价格；f_p为优先股筹资费率。

（三）综合资本成本

通常情况下，物业管理企业不可能只使用某种单一的筹资方式，而会通过多种方式筹集所需的资本。为满足筹资决策的需要，企业需要计算确定企业全部资本的总成本即综合资本成本。

综合资本成本一般是以企业各种资本占全部资本的比重为权数，对个别资本成本进行加权平均确定的，所以，又称为加权平均资本成本。其计算公式为

$$K_w = \sum_{j=1}^{n} K_j W_j$$

式中：K_w为综合资本成本；K_j为第 j 种个别资本成本；W_j为第 j 种个别资本占全部资本的比重。

个别资本占全部资本的权数可以按账面价值确定，也可以按市场价值或目标价值确定，我们一般出于资料取得方面的原因采用账面价值权数。

【例 13-9】大华物业管理公司账面反映的资本共有 500 万元，其中长期

借款50万元，应付债券100万元，普通股250万元，优先股30万元，留存收益70万元，其资本成本分别为5%、7.5%、15%、12%和14%。试计算该公司的综合资本成本。

$$K_w = \sum_{j=1}^{n} K_j W_j$$

$$= 5\% \times \frac{50}{500} + 7.5\% \times \frac{100}{500} + 15\% \times \frac{250}{500} + 12\% \times \frac{30}{500} + 14\% \times \frac{70}{500}$$

$$= 12.18\%$$

二、杠杆效应

人们一般将利用杠杆用较小的力量移动较重物体的现象称为杠杆效应。财务管理中也存在着类似的杠杆效应，即由于特定费用的存在而导致的某一财务变量较小幅度的变动会引发另一相关财务变量较大幅度的变动。财务管理中的杠杆效应有三种形式：经营杠杆、财务杠杆和复合杠杆。恰当运用杠杆原理，有助于物业管理企业合理规避筹资风险，提高资金营运效率。

（一）经营杠杆

1. 经营杠杆的含义

经营杠杆是指由于固定成本的存在而导致的息税前利润变动率大于业务量变动率的杠杆效应。

经营杠杆的概念中涉及成本习性和成本分类问题。成本习性是指成本总额与业务量之间在数量上的依存关系，即成本总额是如何随着业务量的变化而变化的。按成本习性的不同，全部成本可划分为固定成本、变动成本和混合成本三类。固定成本是指其总额在一定时期和一定业务量范围内不随业务量的变动而变动的那部分成本，如企业管理人员工资、折旧费等；变动成本是指其总额随着业务量呈正比例变动的那部分成本，如直接材料、直接人工等；混合成本是指其总额虽然随业务量的变动而变动，但不呈正比例变动的那部分成本，如企业的电话费等。混合成本可以按一定的方法分解成变动部分和固定部分。因此，我们可将营业成本分成固定成本和变动成本两部分，用公式表示为

营业成本 = 固定成本 + 单位变动成本 × 业务量

息税前利润是营业收入减去营业成本后的余额，用公式表示为

$$EBIT = S - VC - F = (P - V) \times Q - F$$

式中：$EBIT$ 为息税前利润；S 为营业收入；VC 为变动成本总额；F 为固定成

本总额；P 为单价；V 为单位变动成本；Q 为业务量。

在其他条件不变的情况下，业务量增加时，单位固定成本会下降，单位业务量所产生的利润会提高，这使得息税前利润的增长率大于业务量的增长率；反之，业务量减少时，单位固定成本上升，单位利润降低，使得息税前利润的下降率也大于业务量的下降率。这就是经营杠杆效应。

2. 经营杠杆的计量

经营杠杆的计量指标是经营杠杆系数。经营杠杆系数是企业息税前利润变动率相当于业务量变动率的倍数。其计算公式为

$$DOL = \frac{\Delta EBIT/EBIT}{\Delta Q/Q}$$

式中：DOL 为经营杠杆系数；$EBIT$ 为基期的息税前利润；$\Delta EBIT$ 为息税前利润的变动额；Q 为基期的业务量；ΔQ 为业务量的变动额。

将息税前利润与固定成本之间的公式代入，经营杠杆系数的公式也可写为

$$DOL = \frac{S - VC}{S - VC - F}$$

或

$$DOL = \frac{(P - V) \times Q}{(P - V) \times Q - F}$$

式中：S 为基期的营业收入；VC 为基期的变动成本总额；F 为固定成本总额；P 为单价；V 为单位变动成本。

【例 13-10】大华物业管理公司 2008 年的营业收入为 200 万元，变动成本率为 40%，固定成本为 60 万元，请计算 2008 年的经营杠杆系数。

$$DOL = \frac{S - VC}{S - VC - F} = \frac{200 - 200 \times 40\%}{200 - 200 \times 40\% - 60} = 2$$

经营杠杆系数为 2，说明业务量增加，将引起息税前利润 2 倍的增长；业务量减少，会使息税前利润以 2 倍的幅度减少。

3. 经营杠杆与经营风险的关系

经营杠杆本身并不是导致利润不稳定的根源，但经营杠杆扩大了市场和生产等不确定因素对利润变动的影响。经营杠杆系数越大，会导致利润的变动越剧烈，而利润越不确定，经营风险就越大。所以，可以用经营杠杆系数来衡量经营风险的大小。

通过对经营杠杆系数计算公式的分析，可以看到，经营杠杆系数与固定成本、单位变动成本呈同方向变化，与单价、业务量呈反方向变化。一般而言，在其他因素不变的情况下，固定成本越高，或单位变动成本越高，经营杠杆系数越大，经营风险越大；而业务量越大，或单价越高，经营杠杆系数

越小，经营风险越小。

物业管理企业可以通过增加业务量、提高单价、降低固定成本、降低单位变动成本的措施使经营杠杆系数下降，经营风险降低。

(二)财务杠杆

1. 财务杠杆的含义

财务杠杆是指由于固定财务费用的存在而导致每股利润变动率大于息税前利润变动率的杠杆效应。

普通股每股利润是通过如下公式计算得到的，即

$$EPS=\frac{(EBIT-I)\times(1-T)-D}{N}$$

式中：EPS 为普通股每股利润；$EBIT$ 为息税前利润；I 为债务利息；T 为所得税税率；D 为优先股股利；N 为普通股股数。

通常情况下，企业的债务利息和优先股股利等财务费用是固定不变的。在息税前利润增加时，单位利润所负担的固定财务费用会相对减少，这能使普通股每股利润增长率大于息税前利润的增长率；反之，息税前利润减少时，单位利润所负担的固定财务费用相对增加，使得普通股每股利润的减少也快于息税前利润的下降速度。这就是财务杠杆效应。

2. 财务杠杆的计量

计量财务杠杆的指标是财务杠杆系数。财务杠杆系数是企业普通股每股利润的变动率相当于息税前利润变动率的倍数。其计算公式为

$$DFL=\frac{\Delta EPS/EPS}{\Delta EBIT/EBIT}$$

式中：DFL 为财务杠杆系数；EPS 为基期的普通股每股利润；ΔEPS 为普通股每股利润的变动额。

将前述普通股每股利润与息税前利润之间的公式代入，财务杠杆系数的公式也可写为

$$DFL=\frac{EBIT}{EBIT-I-D/(1-T)}$$

式中：$EBIT$ 为基期的息税前利润。

【例13-11】根据【例13-10】的资料，并已知大华物业管理公司2008年的债务利息为10万元，优先股股利7万元，所得税税率30%，请计算该公司2008年的财务杠杆系数。

$$DFL=\frac{EBIT}{EBIT-I-D/(1-T)}=\frac{60}{60-10-7/(1-30\%)}=1.5$$

财务杠杆系数为1.5，说明息税前利润增加，会使普通股每股利润以1.5倍

的幅度增长；息税前利润减少，将引起普通股每股利润 1.5 倍的减少。

3. 财务杠杆与财务风险的关系

财务风险是企业为取得财务杠杆利益而利用固定成本的资金时，增加了普通股利润大幅度变动的机会所带来的风险。财务风险可以用财务杠杆系数来计量。

从财务杠杆系数计算公式可见，影响财务杠杆系数的因素包括息税前利润、资本规模、资本结构、固定财务费用等因素。财务杠杆系数随固定财务费用的变化呈同方向变化，即在其他因素不变的情况下，固定财务费用越高，财务杠杆系数越大，财务风险越大；反之，固定财务费用越低，财务杠杆系数越小，财务风险也越小。

（三）复合杠杆

1. 复合杠杆的含义

如前所述，由于存在固定成本，产生经营杠杆效应，使息税前利润的变动率大于业务量的变动率；同样，由于存在固定财务费用，产生财务杠杆效应，使每股利润变动率大于息税前利润的变动率。这两种杠杆共同作用，业务量的较小变动就会使普通股每股利润产生较大变动。这就是复合杠杆。复合杠杆是指由于固定成本和固定财务费用的共同存在而导致每股利润变动率大于业务量变动率的杠杆效应。

2. 复合杠杆的计量

计量复合杠杆的指标是复合杠杆系数，也称为总杠杆系数。总杠杆系数是企业普通股每股利润的变动率相当于业务量变动率的倍数，通常用 *DTL* 表示。其计算公式为

$$DTL=\frac{\Delta EPS/EPS}{\Delta Q/Q}$$

复合杠杆系数与经营杠杆系数、财务杠杆系数之间的关系用公式表示为

$$DTL=DOL\times DFL$$

将经营杠杆系数与财务杠杆系数的公式展开代入，复合杠杆系数的计算公式为

$$DTL=\frac{S-VC}{S-VC-F-I-D/(1-T)}=\frac{(P-V)\times Q}{(P-V)\times Q-F-I-D/(1-T)}$$

【例 13-12】根据【例 13-10】和【例 13-11】的资料，计算大华物业管理公司 2006 年的复合杠杆系数。

$$DTL=DOL\times DFL=2\times 1.5=3$$

或
$$DTL=\frac{S-VC}{S-VC-F-I-D/(1-T)}$$

$$=\frac{200-200\times40\%}{200-200\times40\%-60-10-7/(1-30\%)}$$

$$=3$$

复合杠杆系数为3，说明业务量每增减1%，普通股每股利润就会相应增减3%。

3. 复合杠杆与企业风险的关系

在复合杠杆的作用下，当企业经济效益好时，每股利润会大幅度上升，当企业经济效益差时，每股利润会大幅度下降。企业复合杠杆系数越大，每股利润的波动幅度越大。由于复合杠杆作用使每股利润大幅度波动的风险，称为复合风险。在其他因素不变的情况下，复合杠杆系数越大，企业风险越大；复合杠杆系数越小，企业风险越小。为保持一定的企业风险水平，企业可以有不同的组合：经营风险比较小的企业可选择较大的财务杠杆效应；经营风险比较大的企业则要选择较小的财务风险。企业应根据自身的具体情况，作出合理安排。

三、资本结构

资本结构是企业各种长期资金筹集来源的构成和比例关系。通常情况下，企业的资本结构由长期债务资本和权益资本构成，资本比例关系指的就是长期债务资本和权益资本各占多大比例。

利用债务资本具有双重作用，债务资本成本低，可使企业资本成本降低，但企业负债比例太大会导致较高的财务风险。因此，物业管理企业在筹资决策中，应权衡财务风险与资本成本的关系，谋求最佳资本结构。所谓最佳资本结构，是指企业在一定时期使其综合资本成本最低，同时企业价值最大的资本结构。从理论上说，最佳资本结构是存在的，但在实际财务工作中，我们采用的是比较的方法，在既定的条件下寻求相对合理的资本结构。

（一）每股利润无差别点法

企业投资者最关心的是自身的收益，即每股利润。每股利润无差别点法就是从这个角度来看待资本结构问题的。在这种方法下，判断资本结构合理与否，是通过分析每股利润的变化来衡量的，能提高每股利润的资本结构是合理的，反之是不合理的。

每股利润无差别点，是指每股利润不受筹资方式影响的营业收入水平或息税前利润水平。在每股利润无差别点，采用不同筹资方案获得的每股利润是相等的。根据每股利润无差别点，可以分析判断在什么营业收入水平或息税前利润水平下适合采用何种筹资方式。

前面述及，每股利润的计算公式为

$$EPS=\frac{(S-VC-F-I)\times(1-T)-D}{N}=\frac{(EBIT-I)\times(1-T)-D}{N}$$

在每股利润无差别点上，采用负债筹资与采用权益筹资得到的每股利润是相等的。若以 EPS_1 表示负债筹资，以 EPS_2 表示权益筹资，则

$$EPS_1=EPS_2$$

即 $$\frac{(\bar{S}-VC_1-F_1-I_1)\times(1-T)-D_1}{N_1}=\frac{(\bar{S}-VC_2-F_2-I_2)\times(1-T)-D_2}{N_2}$$

或 $$\frac{(\overline{EBIT}-I_1)\times(1-T)-D_1}{N_1}=\frac{(\overline{EBIT}-I_2)\times(1-T)-D_2}{N_2}$$

使上述公式成立的营业收入 $\bar{S}$ 或息税前利润 $\overline{EBIT}$ 为每股利润无差别点营业收入额或息税前利润额。

【例 13-13】大华物业管理公司原有资本 1 000 万元，其中债务资本 300 万元(每年负担利息 30 万元)，普通股资本 600 万元(发行普通股 6 万股，每股面值 100 元)，优先股资本 100 万元(每年支付优先股股利 12 万元)。由于扩大业务，需要追加筹资 600 万元，有两个方案可供选择：一是全部发行企业债券，债券按面值发行，每年支付利息 70 万元；二是全部发行普通股，每股面值 100 元，增发普通股 6 万股。大华物业管理公司的变动成本率为 60%，固定成本总额为 200 万元，所得税税率 40%，该公司应如何进行筹资决策?

$$\frac{(\bar{S}-VC_1-F_1-I_1)\times(1-T)-D_1}{N_1}=\frac{(\bar{S}-VC_2-F_2-I_2)\times(1-T)-D_2}{N_2}$$

即 $$\frac{(\bar{S}-\bar{S}\times0.6-200-30-70)\times(1-40\%)-12}{6}=$$

$$\frac{(\bar{S}-\bar{S}\times0.6-200-30)\times(1-40\%)-12}{6+6}$$

解得 $\bar{S}=975$ (万元)

此时，$EPS_1=EPS_2=7$ (元)

或 $$\frac{(\overline{EBIT}-I_1)\times(1-T)-D_1}{N_1}=\frac{(\overline{EBIT}-I_2)\times(1-T)-D_2}{N_2}$$

即 $$\frac{(\overline{EBIT}-30-70)\times(1-40\%)-12}{6}=\frac{(\overline{EBIT}-30)\times(1-40\%)-12}{6+6}$$

解得 $\overline{EBIT}=190$ (万元)

此时，$EPS_1=EPS_2=7$ (元)

用图 13-1 表示每股利润无差别点分析情况。

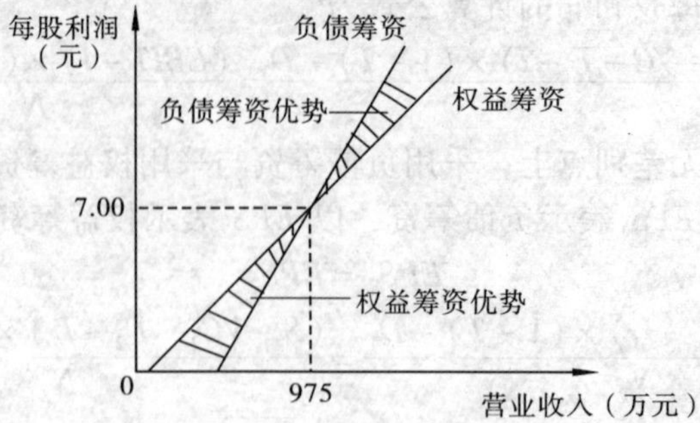

图 13-1　每股利润无差别点分析

从图 13-1 中可以看出，当营业收入高于 975 万元或息税前利润高于 190 万元时，运用负债筹资可获得较高的每股利润；当营业收入低于 975 万元或息税前利润低于 190 万元时，运用权益筹资可获得较高的每股利润。

每股利润无差别点法的缺陷在于没有考虑风险因素，随着债务规模的扩大，投资者风险增大，股票价格和企业价值也会有下降的趋势，因而，追求每股利润的最大化也不是绝对的。

（二）比较资本成本法

比较资本成本法，是通过计算和比较各筹资方案的综合资本成本，从而将综合资本成本最低的资本结构确定为最佳资本结构的方法。

比较资本成本法通俗易懂，是企业用以确定最佳资本结构的常用方法。由于拟定的筹资方案是有限的，选出的方案在提供比较的方案中是最佳的，但不等同于最佳资本结构就在选出的方案中。

（三）公司价值分析法

公司价值分析法，是通过计算和比较各种资本结构下公司的市场总价值进而确定最佳资本结构的方法。

这种方法下，以公司股票总价值与债券总价值之和计量公司市场总价值。随着债务规模增大，权益资本风险会增大、权益资本成本会上升，随债务规模扩大而发生的权益资本收益增加与权益资本成本上升的联合作用，会使公司总价值有一个先上升后下降的过程。最佳资本结构就应该出现在公司总价值由上升转为下降的转折点，此时，公司总价值最大，综合资本成本也是最低的。

公司价值分析法是理论上最准确的资本结构管理方法，但运用于实际财务管理有一定难度。

因此，物业管理企业在筹资管理中，应根据实际情况，将几种方法结合起来加以灵活运用，以便合理确定资本结构。

➤ 思考与练习

1. 企业筹资管理的要求有哪些？

2. 简述我国资本金制度的主要内容。

3. 吸收直接投资中的出资方式有哪些？

4. 试比较普通股股东与优先股股东的权利义务。

5. 发行普通股筹资有哪些优点和缺点？

6. 利用商业信用融资有哪些形式？

7. 如何认识银行借款中的信用条件，它们对企业筹资会带来什么影响？

8. 发行公司债券筹资方式与向银行借款筹资方式相比，有何优缺点？

9. 融资租赁有哪些特征？

10. 什么是经营杠杆效应？什么是财务杠杆效应？什么是复合杠杆效应？

11. 某物业管理公司购买一价值为50 000元的固定资产，对方企业开出的信用条件为“3/10，n/60”，市场利率为12%。若物业管理公司享受这一现金折扣，要支付多少货款？若公司放弃这一信用条件，是否划算？

12. 某物业管理公司发行一种5年期债券，发行面值为1 000元，年利息为90元，到期一次还本付息。

要求：

(1)债券的票面利率是多少？

(2)假定债券发行时市场利率分别为6%、8%和10%，请计算债券的发行价格分别为多少？

13. 某公司拟通过发行普通股筹资，每股发行价格22元，筹资费率为10%，预期第1年分派现金股利每股1.5元，以后每年股利增长1%。请计算该普通股的资本成本。

14. 某公司2008年销售产品10万件，单价50元，单位变动成本30元，固定成本总额100万元。公司负债60万元，年利息率为12%，另需每年支付优先股股利10万元，所得税税率33%。请计算该公司2008年的经营杠杆系数、财务杠杆系数和总杠杆系数。

15. 某公司目前拥有资本500万元，其中：普通股25万股，每股价格10元，每股股利2元；债券150万元，年利率8%；优先股100万元，年股利率15%。目前公司的税后净利润为67万元，所得税税率25%。该公司准备新开发一投资项目，项目所需投资为500万元，预计项目投产后可使企业的息税前利润增加50万元。投资所需资金有下列两种方案可供选择：一是发行债券500万元，年利率10%；二是发行普通股500万元，每股发行价格20元。

要求：

(1)计算两种筹资方案的每股利润无差别点；

(2)若不考虑其他因素，进行筹资方案决策；

(3)计算选中筹资方案下的财务杠杆系数与每股利润。

16. 某公司目前拥有资本 2 000 万元，其中：长期借款 800 万元，年利率 10%；普通股 1 200 万元，上年支付的每股股利 2 元，预计股利增长率为 5%，发行价格 20 元，股票目前市价也为 20 元。该公司计划筹集资本 100 万元，企业所得税税率为 25%，有两种筹资方案：方案 1 是增加长期借款 100 万元，新借款部分利率 12%，股价下跌到 18 元，假设公司其他条件不变；方案 2 是增发普通股 4 万股，普通股市价上升到 25 元，假设公司其他条件不变。

要求：

(1)计算该公司筹资前的综合资本成本；

(2)计算采用方案 1 的综合资本成本；

(3)计算采用方案 2 的综合资本成本；

(4)用比较资本成本法确定该公司的最佳资本结构。

第十四章

资金运用管理

第一节 流动资产管理

企业流动资产是指在一年以内或超过一年的一个营业周期内变现或耗用的资产，包括现金、应收及预付款项、存货等。流动资产具有流动性强的特点，其变现时间短、周转速度快。物业管理企业科学地进行流动资产管理，对于降低企业财务风险、提高企业盈利水平具有重要意义。

一、现金管理

现金是流动性最强的资产。财务管理中提及的现金，其外延要大于财务会计中的现金，包括库存现金、银行存款、银行本票和银行汇票等。

(一) 现金管理的目标

现金是企业资产中流动性最强的资产，持有一定数量的现金是企业开展正常生产活动的基础，是保证企业避免支付危机的必要条件；同时，现金也是获利能力最弱的一项资产，过多地持有现金会降低资产的获利能力。由于预防性动机和投机性动机持有的现金对于企业来讲不易确定，现金管理主要是指交易性现金的管理。物业管理企业现金管理的目标，是在满足企业需要的基础上尽量减少现金的持有量，既控制风险又保证收益。

(二) 现金管理的方法

物业管理企业现金管理的方法，主要有以下几方面。

1. 制度管理

中国人民银行规定的现金管理办法和财政部关于各单位货币资金管理和控制的规定，对现金的使用范围、库存现金的限额和现金的存取等都有规定。物业管理企业的现金管理，一方面要遵守国家关于现金的管理规定，另一方面要建立企业内部关于现金管理的制度，如专人管理制度、现金登记制度、内部审计制度等。

2．预算管理

物业管理企业要进行现金预算，以现金预算作为管理现金活动的标准。现金预算包括现金收入管理、现金支出管理和现金余额管理等内容。物业管理企业利用现金预算能够提高其现金管理的水平。

3．收支管理

物业管理企业现金收支管理主要包括两方面：一是加速收款，采取一些技术手段使现金回收的时间缩短；二是控制现金支出，在不影响企业信誉的情况下，尽可能推迟款项的支付，并合理利用银行存款的浮游量。

二、应收账款管理

应收账款是企业因对外赊销产品、材料、提供劳务等而应向购货或接受劳务的单位和个人收取的款项。

(一) 应收账款管理的目标

应收账款对企业的有利影响是增强企业的竞争力，促进收入增长。但应收账款占用企业的资金，对其进行管理会增加相应的管理成本，部分应收账款可能会出现坏账损失，这也表现出对企业不利的一面。因此，物业管理企业应收账款管理的目标应该是，适当利用赊销，使赊销增加的企业营业收入尽可能大于因赊销而付出的成本。

(二) 企业信用政策

物业管理企业为加强应收账款管理、提高应收账款效益，应制定合理的信用政策。信用政策是企业管理和控制应收账款的政策，由信用标准、信用条件和收账政策组成。

1．信用标准

信用标准是企业用来衡量客户是否有资格享受商业信用所具备的基本条件。客户达到信用标准，就可采用赊销方式；反之，客户达不到信用标准，只能采用现销方式。企业信用标准定得过于严格，虽然能减少坏账损失和收账成本，但将很多信用条件一般的客户排除在外，也影响了企业营业收入的增长。而企业信用标准过于宽松，大量信用品质较差的客户享受到信用利益，在营业收入增长的同时，也面临较多的坏账和超信用期限还款的情况的发生。

2. 信用条件

信用条件是指企业要求客户支付赊销款的条件，包括信用期限和现金折扣。信用期限是企业赊销商品或劳务时向客户提供的延迟付款的宽限期；现金折扣是为鼓励客户及早付款而给予的价格上的优惠。

信用期限长，对企业营业收入增长的促进作用大，但会使企业资金被应收账款占用时间增加，同时也增大了企业发生坏账损失的风险。延长信用期限所带来的利益，可能会被增加的机会成本和坏账成本所抵消，甚至造成企业利润减少。考虑应收账款信用期限是否延长时，应以延长信用期限获取的边际收益大于其边际成本为标准。

企业提供现金折扣，可以提高营业收入并加速应收账款的周转、减少应收账款的机会成本，但也使企业营业收入减少了相应的折扣部分。企业应选择合适的现金折扣，使提供现金折扣减少应收账款所带来的收益大于提供现金折扣所付出的代价。

3. 收账政策

收账政策是指信用条件被违反时企业采取的收账策略。收账策略有积极型和消极型两种。积极型收账政策是对超过信用期限的客户通过派人催收等措施加紧收款，必要时行使法律程序；消极型收账政策是对超过信用期限的客户通过发函催收或等待客户主动偿还。企业采用积极型收账政策，就有可能减少应收账款的机会成本和坏账成本，但却会增加收账的成本；而采用消极型收账政策，有利于减少收账的成本，但可能会使应收账款的机会成本和坏账成本增大。

三、存货管理

存货是企业在生产经营过程中为销售或耗用而储存的各种资产。物业管理企业不涉及生产过程，因此，物业管理企业的存货是指为满足物业管理业务中耗用需要而储备的材料和物料，包括各类材料、修理用备件、低值易耗品、物料用品等。

(一)存货管理的目标

物业管理企业增加存货会占用企业的资金，使利息支出增加并导致利润的损失，订货、仓储等各项开支增加更直接使成本费用上升；但减少存货就可能会影响企业正常经营活动的顺利进行。所以，物业管理企业存货管理的目标是：合理确定存货量，在保证经营的前提下尽量减少存货，并加强存货的日常控制。

(二)存货的日常管理

物业管理企业对存货进行日常管理的方法主要有以下两种。

1. 存货归口分级管理

存货归口分级管理是集中统一领导和分级管理相结合、专业管理和群众管理相结合的一种存货日常管理制度。这种管理方法的好处在于：有利于调动各职能部门、各级单位和职工群众管好用好存货的积极性和主动性，把存货管理同经营管理结合在一起；有利于财务部门面向经营，深入实际，调查研究，总结经验，把存货的集中统一管理与分级管理紧密结合起来，使企业存货管理水平不断提高。

2. 存货 ABC 分类管理

存货 ABC 分类管理是按照一定标准，将企业的存货分为 A、B、C 三类，分重点进行的存货管理方法。分类的标准主要有两个：一是金额标准，二是品种数量标准。金额巨大但品种数量较少的归为 A 类存货，进行分品种重点管理；金额一般品种数量相对较多的归为 B 类存货，进行分类别一般管理；品种数量繁多但价值金额很小的归为 C 类存货，按总额进行灵活管理。ABC 分类管理的目的在于使企业分清主次、突出重点，以提高存货资金管理的整体效果。

第二节 固定资产投资管理

固定资产是物业管理企业经营的重要基础，固定资产投资金额大、回收时间长，对企业影响深远。所以，物业管理企业在进行固定资产投资管理时必须非常谨慎，要采取科学的方法进行决策。

一、固定资产投资中的现金流量

物业管理企业在进行固定资产投资时，会涉及一个重要的概念——现金流量。所谓现金流量，在投资决策中是指一个项目所引起的企业现金支出和现金收入增加的数量。此处的“现金”是广义的现金，不仅包括各种货币资金，而且还包括投资项目需要投入的企业现有非货币资源的变现价值。

现金流量包括现金流出量、现金流入量和现金净流量三个具体概念。

(一)现金流出量

固定资产投资中的现金流出量主要包括以下内容：

(1)固定资产投资。固定资产投资是指按一定生产经营规模和建设内容进行的固定资产投资的总和，如房屋和建筑物、机器设备等的购入或建造、运输、安装成本。

(2)垫支营运资金。由于新增固定资产，引起对流动资产需求的增加。固定资产投资中往往需要在期初垫支营运资金。

(3)付现成本。付现成本是指固定资产在投产后的生产经营期间发生的成本费用，等于当年的总成本费用扣除该年折旧额、无形资产摊销额等非付现支出后的余额。

(4)所得税支出。只有缴纳过所得税后的现金剩余才是属于投资者的，因此所得税支出是现金流出量中的重要内容。

(5)其他现金流出。其他现金流出是指没有包括在以上内容中的现金流出项目。

(二)现金流入量

固定资产投资形成的现金流入量主要包括以下内容：

(1)营业收入。营业收入是指固定资产投资后每年实现的营业收入。虽然存在赊销的情况，但为简化核算，可假定正常经营年度内每期发生的赊销额与回收的应收账款大体相当，各期营业收入与现金收入也基本相等。

(2)回收固定资产余值。固定资产余值是指投资项目的固定资产在终结点报废清理或中途变价转让处理时所回收的价值，即处理固定资产净收益。

(3)回收营运资金。在投资项目终结点，因不再发生新投资而回收的原垫付的营运资金额。

(4)其他现金流入。其他现金流入是指以上三项之外的现金流入项目。

(三)现金净流量

现金净流量是指一定期间现金流入量和现金流出量的差额。流入量大于流出量时，净流量为正值；反之，流入量小于流出量时，净流量为负值。分阶段计算现金净流量如下。

1. 初始点现金净流量

初始点现金流量一般包括固定资产投资和垫支营运资金两项现金流出，如果是固定资产更新投资，可能会有原有固定资产变现形成的现金收入。一般情况下，初始点现金流出量大于现金流入量，现金净流量为负值。

2. 经营期现金净流量

经营期现金流量主要有营业收入、付现成本和所得税支出三项。经营期现金净流量的计算有三种方法：

(1)根据现金流量的定义计算。

$$经营期现金净流量 = 营业收入 - 付现成本 - 所得税$$

(2)根据营业成果计算。

$$经营期现金净流量=净利润+折旧$$

(3)根据所得税对现金流量的影响计算。

$$\begin{aligned}经营期现金净流量&=税后收入-税后成本+税负减少\\&=营业收入\times(1-所得税税率)-付现成本\times\\&\quad(1-所得税税率)+折旧\times所得税税率\end{aligned}$$

后两个公式都可以根据第一个公式推导出来，在此不再赘述。在计算经营期现金净流量时，可以根据使用公式的便捷程度选用。

【例 14-1】大华物业管理公司计划投资购买 1 台设备，设备价值为 35 万元，使用寿命 5 年，直线法计提折旧，期末无残值，使用该设备每年给企业带来销售收入 38 万元，付现成本 15 万元，若企业所得税税率 40%，请计算该设备投资经营期现金净流量。

$$年折旧额=\frac{设备原值-预计净殖值}{使用年限}=\frac{35-0}{5}=7(万元)$$

按三种方法分别计算如下：

(1)根据现金流量的定义计算。

$$\begin{aligned}所得税&=(营业收入-付现成本-折旧)\times所得税税率\\&=(38-15-7)\times40\%=6.4(万元)\end{aligned}$$

$$\begin{aligned}经营期现金净流量&=营业收入-付现成本-所得税\\&=38-15-6.4=16.6(万元)\end{aligned}$$

(2)根据营业成果计算。

$$\begin{aligned}税后利润&=(营业收入-付现成本-折旧)\times(1-所得税税率)\\&=(38-15-7)\times(1-40\%)=9.6(万元)\end{aligned}$$

$$经营期现金净流量=净利润+折旧=9.6+7=16.6(万元)$$

(3)根据所得税对现金流量的影响计算。

$$\begin{aligned}经营期现金净流量&=税后收入-税后成本+税负减少\\&=营业收入\times(1-所得税税率)-付现成本\times\\&\quad(1-所得税税率)+折旧\times所得税税率\\&=38\times(1-40\%)-15\times(1-40\%)+7\times40\%\\&=16.6(万元)\end{aligned}$$

可见，用三种方法计算的结果是一致的，但根据所给数据，用第三种方法是最直接的。

3. 终结点现金净流量

终结点现金流量主要是回收固定资产余值和回收营运资金两项现金流

入，净流量为正值。

二、固定资产投资决策方法

固定资产投资决策方法按是否考虑货币时间价值，可分为静态决策方法和动态决策方法两大类。

(一)静态决策方法

静态决策方法是指不考虑货币时间价值因素的决策方法。这类方法只依据固定资产投资支出和预计的现金净流量对方案进行决策。静态决策方法主要有投资回收期法和投资收益率法两种。

1. 投资回收期法

投资回收期是指以投资项目经营现金净流量抵偿原始总投资所需要的全部时间，一般用年表示。

根据各年的经营现金净流量是否相等，投资回收期的计算方法如下：

(1)各年的经营现金净流量相等。其计算公式为

$$投资回收期=固定资产投资额\div年经营现金净流量$$

(2)各年的经营现金净流量不相等。

考虑各年年末累计的经营现金净流量与固定资产投资额的关系。若固定资产投资额是在第 n 年和第 $n+1$ 年之间收回的，投资回收期的计算公式为

$$投资回收期=n+\frac{第\,n\,年末尚未收回的投资额}{第\,n+1\,年的现金净流量}$$

投资回收期是投资方案决策的重要标准。它是以绝对量反指标的形式来体现的，单个方案决策时，一般不超过固定资产使用期限的一半；多个方案决策时，以投资回收期最短者为优。

【例 14-2】大华物业管理公司准备进行一项固定资产投资，提出甲、乙两个互斥方案：甲方案计划投资 45 000 元，预计投产后每年现金净流量为 20 000 元；乙方案计划投资 100 000 元，预计投产后各年现金净流量不等。甲、乙两方案的各年现金净流量等情况见表 14-1，请分别计算甲、乙两个方案的投资回收期并进行方案决策。

甲方案：

$$\begin{aligned}投资回收期&=固定资产投资额\div年经营现金净流量\\&=45\ 000\div20\ 000=2.25(年)\end{aligned}$$

乙方案：

在第二年末累计现金净流量为 75 000 元，少于固定资产投资额 100 000

元；在第三年末累计现金净流量为125 000元，多于固定资产投资额100 000元。这说明固定资产投资额是在第二年和第三年之间收回的。

表 14-1 各年现金净流量及累计现金净流量 单位：元

使用期间（年）	甲方案		乙方案	
	各年现金净流量	年末累计现金净流量	各年现金净流量	年末累计现金净流量
1	20 000	20 000	35 000	35 000
2	20 000	40 000	40 000	75 000
3	20 000	60 000	50 000	125 000
4	20 000	80 000	55 000	180 000
5	—	—	60 000	240 000

$$投资回收期 = n + \frac{第\ n\ 年末尚未收回的投资额}{第\ n+1\ 年的现金净流量}$$

$$= 2 + \frac{100\ 000 - 75\ 000}{50\ 000} = 2.5(年)$$

由于甲、乙两个方案为互斥方案，只能选择其一，因此应选投资回收期短的，即甲方案。

2．投资收益率法

投资收益率是年均经营现金净流量与固定资产投资额的比率。其计算公式为

投资收益率＝年均经营净现金流量÷固定资产投资额

投资收益率是进行投资方案决策时用到的相对量正指标。单个方案决策时，通常要超过投资者要求的报酬率；多个方案决策时，选择投资收益率高的方案。

【例 14-3】沿用【例 14-2】的资料，请分别计算甲、乙两个方案的投资收益率并进行方案决策。

甲方案：

投资收益率＝年均经营净现金流量÷固定资产投资额

＝20 000÷45 000≈44.44%

乙方案：

年均经营净现金流量＝累计现金净流量÷投资年限

＝240 000÷5＝48 000(元)

投资收益率＝年均经营净现金流量÷固定资产投资额

＝48 000÷100 000＝48%

按投资收益率指标进行决策，应该选择投资收益率高的乙方案。

从上述两个例题中发现，采用投资收益率法与采用投资回收期法可能会得出不一致的结论。选用投资回收期法可能会使决策者忽略那些投资后期经营现金净流量比较高的方案。在实际工作中，这两种方法往往结合使用，彼此之间相互弥补，使固定资产投资决策更加合理。

上述两种静态决策方法计算简单、直观，便于理解，较易为投资者接受。但由于评价投资方案时没有考虑到货币时间价值带来的机会成本，所以决策结果不一定准确，只能作为动态决策方法的补充。

(二) 动态决策方法

动态决策方法是指考虑货币时间价值因素的决策方法。这类方法要依据固定资产投资过程中形成的全部现金流量情况对方案进行决策。动态决策方法主要分为净现值法、现值指数法和内含收益率法三种。

1．净现值法

净现值是指投资项目现金流入量的现值抵减现金流出量的现值后的差额，一般表示为 NPV。其计算公式为

$$NPV = \sum_{t=0}^{n} \frac{I_t}{(1+i)^t} - \sum_{t=0}^{n} \frac{O_t}{(1+i)^t} = \sum_{t=0}^{n} \frac{NCF_t}{(1+i)^t}$$

式中：NPV 为净现值；I_t为第 t 年的现金流入量；O_t为第 t 年的现金流出量；i 为贴现率；n 为项目预计使用年限；NCF_t为第 t 年的现金净流量，即（I_t-O_t）。

如果 $NPV \geqslant 0$，说明投资项目未来现金流入超出或等于未来现金流出；如果 $NPV<0$，说明投资项目未来现金流入少于未来现金流出。

净现值是一个绝对量正指标，单个方案决策时，只有 $NPV \geqslant 0$ 的方案才是可行的方案；多个方案决策时，选择 NPV 最大的方案。

【例 14-4】大华物业管理公司准备购入一台设备以扩充经营能力。现有甲、乙两种方案可供选择：甲方案需投资 100 000 元，使用寿命 5 年，采用直线法计提折旧，5 年后设备无残值，5 年中每年营业收入为 60 000 元，每年付现成本为 20 000 元；乙方案需投资 120 000 元，使用寿命 5 年，采用直线法计提折旧，5 年后有残值收入 20 000 元，5 年中每年营业收入 80 000 元，付现成本第一年为 30 000 元，以后随着设备陈旧，逐年增加修理费 4 000元，另需垫支营运资金 30 000 元。假设所得税税率 40%，资金成本率 10%，试比较两个方案的优劣。

先计算两个方案下的各年经营现金净流量。

甲方案：

$$每年折旧=\frac{固定资产原值-预计残值}{使用年限}=\frac{100\,000-0}{5}=20\,000(元)$$

每年经营现金净流量＝营业收入×（1－所得税税率）－付现成本×（1－所得税税率）＋折旧×所得税税率＝60 000×（1－40%）－20 000×（1－40%）＋20 000×40%＝32 000(元)

乙方案：

$$每年折旧=\frac{固定资产原值-预计残值}{使用年限}=\frac{120\,000-20\,000}{5}=20\,000(元)$$

按公式计算各年经营现金净流量

各年经营现金净流量＝各年营业收入×（1－所得税税率）－各年付现成本×（1－所得税税率）＋各年折旧×所得税税率

第一年经营现金净流量＝80 000×（1－40%）－30 000×（1－40%）＋20 000×40%＝38 000(元)

第二年经营现金净流量＝80 000×（1－40%）－（30 000＋4 000）×（1－40%）＋20 000×40%＝35 600(元)

第三年经营现金净流量＝80 000×（1－40%）－（30 000＋8 000）×（1－40%）＋20 000×40%＝33 200(元)

第四年经营现金净流量＝80 000×（1－40%）－（30 000＋12 000）×（1－40%）＋20 000×40%＝30 800(元)

第五年经营现金净流量＝80 000×（1－40%）－（30 000＋16 000）×（1－40%）＋20 000×40%＝28 400(元)

再结合初始点和终结点现金流量的情况，汇集两个方案全部现金流量的资料见表14-2。

计算两个方案的净现值如下：

$$NPV_{甲}=\sum_{t=0}^{n}\frac{NCF_t}{(1+i)^t}=32\,000\times(P/A,\ 10\%,5)-100\,000$$
$$=32\,000\times3.790\,8-100\,000=21\,305.6(元)$$

$$NPV_{乙}=\sum_{t=0}^{n}\frac{NCF_t}{(1+i)^t}=38\,000\times(P/F,\ 10\%,1)+35\,600\times(P/F,10\%,2)+33\,200\times(P/F,10\%,3)+30\,800\times(P/F,10\%,4)+78\,400\times(P/F,10\%,5)-150\,000$$
$$=38\,000\times0.909\,1+35\,600\times0.826\,4+33\,200\times0.751\,3+30\,800\times0.683\,0+78\,400\times0.620\,9-150\,000$$
$$=8\,623.76(元)$$

甲、乙两个方案净现值都大于零，单个方案本身都是可行的，但如果两个方案只能选择其一，甲方案的净现值大于乙方案的净现值，所以应选择甲方案。

表 14-2 投资方案现金流量汇总表 单位：元

项目 \ 时点	0	1	2	3	4	5
甲方案：						
固定资产投资	(100 000)					
经营现金净流量		32 000	32 000	32 000	32 000	32 000
现金净流量	(100 000)	32 000	32 000	32 000	32 000	32 000
乙方案：						
固定资产投资	(120 000)					
垫支营运资金	(30 000)					
经营现金净流量		38 000	35 600	33 200	30 800	28 400
回收固定资产残值						20 000
回收营运资金						30 000
现金净流量	(150 000)	38 000	35 600	33 200	30 800	78 400

2. 现值指数法

现值指数又称获利指数，是指投资项目现金流入量现值与现金流出量现值的比值，一般用 PI 表示。其计算公式为

$$PI = \frac{\sum_{t=0}^{n} \frac{I_t}{(1+i)^t}}{\sum_{t=0}^{n} \frac{O_t}{(1+i)^t}}$$

式中：PI 为现值指数；I_t为第 t 年的现金流入量；O_t为第 t 年的现金流出量；i 为贴现率；n 为项目预计使用年限。

现值指数是一个相对量正指标，若 $PI \geqslant 1$，说明投资项目未来现金流入超出或等于未来现金流出，方案具有财务可行性；若 $PI < 1$，说明投资项目未来现金流入少于未来现金流出，方案将被否定。如果是多个方案进行决策，PI 大者为优。

【例 14-5】沿用【例 14-4】的资料，计算甲、乙两个方案的现值指数。

$$PI_{甲} = \frac{\sum_{t=0}^{n} \frac{I_t}{(1+i)^t}}{\sum_{t=0}^{n} \frac{O_t}{(1+i)^t}} = \frac{121\ 305.6}{100\ 000} \approx 1.21$$

$$PI_{乙}=\frac{\sum_{t=0}^{n}\frac{I_t}{(1+i)^t}}{\sum_{t=0}^{n}\frac{O_t}{(1+i)^t}}=\frac{158\ 623.76}{150\ 000}\approx 1.06$$

甲、乙两个方案现值指数均大于1，都可选择，但甲方案优于乙方案。

净现值法与现值指数法都存在一个明显的缺点：无法直接反映投资项目的实际收益率。内含收益率法就可以弥补这一不足。

3. 内含收益率法

内含收益率又称内含报酬率，是指投资项目实际可望达到的收益率，即使投资项目净现值等于零时的折现率。内含收益率一般用 *IRR* 表示，其计算公式为

$$\sum_{t=0}^{n}\frac{NCF_t}{(1+IRR)^t}=0$$

或

$$\sum_{t=0}^{n}\frac{I_t}{(1+IRR)^t}=\sum_{t=0}^{n}\frac{O_t}{(1+IRR)^t}$$

式中：NCF_t为第 t 年的现金净流量；*IRR* 为内含收益率；n 为项目预计使用年限；I_t为第 t 年的现金流入量；O_t为第 t 年的现金流出量。

内含收益率是一个相对量正指标，对独立方案而言，*IRR* ≥资金成本（或项目必要报酬率）的方案是可行方案；对互斥方案而言，选择 *IRR* 最高者。

内含收益率能直接反映投资项目各方案的预期收益率，但计算过程比较烦琐，一般要采用逐次测试法和插值法。

【例 14-6】沿用【例 14-4】的资料，计算甲、乙两个方案的内含收益率。

甲方案：

$$\sum_{t=0}^{n}\frac{NCF_t}{(1+IRR_{甲})^t}=0$$

即 $32\ 000\times(P/A,\ IRR_{甲},\ 5)-100\ 000=0$

则$(P/A,\ IRR_{甲},\ 5)=3.125$

查表，5 年期与 3.125 最相近的年金现值系数为 3.127 2 和 2.990 6，相对应的折现率为 18% 和 20%。说明 *IRR* 在 18% 与 20% 之间，可利用插值法计算。

$$IRR_{甲}=18\%+\frac{3.127\ 2-3.125}{3.127\ 2-2.990\ 6}\times(20\%-18\%)\approx 18.03\%$$

乙方案：

内含收益率的计算过程比较复杂，将测试过程用表 14-3 表示。

表 14-3　内含收益率逐次测试情况　　单位：元

时间（t）	NCF_t	测试 10%		测试 12%	
		（P/F，10%，t）	现值	（P/F，12%，t）	现值
0	（150 000）	1.00	（150 000）	1.00	（150 000）
1	38 000	0.909 1	34545.8	0.892 9	33 930.2
2	35 600	0.826 4	29 419.84	0.797 2	28 380.32
3	33 200	0.751 3	24 943.16	0.711 8	23 631.76
4	30 800	0.683 0	21 036.4	0.635 5	19 573.4
5	78 400	0.620 9	48 678.56	0.567 4	44 484.16
NPV	—	—	8 623.76	—	−0.16

通过测试发现，在按 10% 和 12% 折现时，*NPV* 分别在 0 的两边，可见 *IRR* 在 10% 与 12% 之间，可利用插值法计算。

$$IRR_{乙} = 12\% - \frac{0-(-0.16)}{8\,623.76-(-0.16)} \times (12\% - 10\%) \approx 12\%$$

两个方案的内含收益率均大于必要报酬率 10%，所以都是可行方案，但甲方案的内含收益率高于乙方案的内含收益率，应选择甲方案。

三种动态决策方法是紧密相关的，在独立方案决策时，它们的决策结果是一样的：当 $NPV \geq 0$，$PI \geq 1$，$IRR \geq$ 资金成本（或项目必要报酬率）时，方案可行；当 $NPV < 0$，$PI < 1$，$IRR <$ 资金成本（或项目必要报酬率）时，方案不可行。但在互斥方案决策时，三种动态决策方法可能会得到不一致的结论，一般在资本有限量的情况下，应以净现值法为准。

三、固定资产更新投资决策

新增固定资产投资决策可以按照上述方法进行，如【例 14-6】至【例 14-10】。固定资产投资决策中另有一类固定资产更新投资决策，即现有固定资产是否立即更新问题的决策。

固定资产更新投资决策中，通常假设固定资产的更新不会改变企业的生产能力，不会影响企业产品方面的现金流量，只会改变固定资产运行的相关费用。在决策时，采用差量的分析方法，主要考虑的是与固定资产有关的现金流出，比较新旧固定资产平均年成本，选择平均年成本较低的方案。

要说明的是，计算平均年成本时是将继续使用旧设备和购置新设备看成两个互斥方案，并假定将来设备更换时可以按原来的平均年成本找到可替代设备。

第三节　有价证券投资管理

为达到增加企业收益、降低投资风险等目的，物业管理企业可充分利用企业闲置资金进行有价证券投资。有价证券投资主要是股票投资和债券投资两种。

一、股票投资

股票是股份有限公司为筹集自有资金而发行的有价证券，是投资者投资入股并据以取得股利的凭证。物业管理企业可以选择股票作为投资对象，形成的投资即为股票投资。

(一) 股票的估价模型

进行股票投资的关键是确定股票的投资价值，根据股票价值和股票价格的对比情况，确定是否应该进行该项投资。下面根据几种情况分别建立股票的估价模型。

1. 基本模型

进行股票投资，能获得的是各期的预期股利和出售时得到的价格收入。这两部分预期未来现金流入量的现值就是股票的内在价值，也称理论价值。

对永久持有的普通股票，其估价模型为

$$V=\frac{D_1}{1+K}+\frac{D_2}{(1+K)^2}+\cdots+\frac{D_t}{(1+K)^t}+\cdots=\sum_{t=1}^{\infty}\frac{D_t}{(1+K)^t}$$

式中：V为普通股票的内在价值；D_t为第t年的预期股利；K为投资者要求的必要资金收益率。

若投资者只持有n期，在第n期末将股票出售，则估价模型为

$$V=\left[\frac{D_1}{1+K}+\frac{D_2}{(1+K)^2}+\cdots+\frac{D_t}{(1+K)^t}\right]+\frac{P_n}{(1+K)^n}$$

$$=\sum_{t=1}^{n}\frac{D_t}{(1+K)^t}+\frac{P_n}{(1+K)^n}$$

式中：P_n为未来出售时股票的预期价格。

如果不考虑影响价格的其他因素，P_n与未来出售股票时的股票价值V_n应该是相等的。

$$P_n = V_n = \frac{D_{n+1}}{1+K} + \frac{D_{n+2}}{(1+K)^2} + \cdots + \frac{D_{n+m}}{(1+K)^m} + \cdots$$

将上式代入，永久持有与持有一段时期后出售的普通股票价值公式得到了统一，均可表示为

$$V = \sum_{t=1}^{\infty} \frac{D_t}{(1+K)^t}$$

2. 零增长模型

零增长股票是普通股的股利增长速度为零，即每年股利保持不变的股票。零增长股票的估价模型为

$$V = \sum_{t=1}^{\infty} \frac{D}{(1+K)^t} = \frac{D}{K}$$

式中：V 为零增长股票的内在价值；D 为每年的固定股利；K 为投资者要求的必要资金收益率。

【例 14-7】 大华物业管理公司购入一种普通股，预计每年股利为 2 元，公司要求的报酬率为 10%，则该股票的价值为多少？

$$V = \frac{D}{K} = \frac{2}{10\%} = 20 \text{（元）}$$

3. 固定增长模型

固定增长股票是指股利每年都在增长，并且增长的速度相等的普通股票。固定增长股票的估价模型为

$$V = \sum_{t=1}^{\infty} \frac{D_t}{(1+K)^t} = \sum_{t=1}^{\infty} \frac{D_0 \times (1+g)^t}{(1+K)^t} = \frac{D_0 \times (1+g)}{K-g} = \frac{D_1}{K-g}$$

式中：V 为固定增长股票的内在价值；D_0 为上年支付的股利；D_1 为第 1 年的预期股利；K 为投资者要求的必要资金收益率；g 为股利的增长速度。

【例 14-8】 大华物业管理公司拟进行股票投资，要求的必要资金收益率为 10%，某股票现在市场价格 40 元，上年支付的股利为 2.4 元，预计未来股利将以 4% 的速度增长，是否应该进行此项股票投资？

$$V = \frac{D_0 \times (1+g)}{K-g} = \frac{2.4 \times (1+4\%)}{10\% - 4\%} = 41.6 \text{（元）}$$

由于股票市场价格 40 元低于股票价值 41.6 元，应该进行此项股票投资。

（二）股票投资的收益率

股票投资过程中的现金流出是股票的购买价格，现金流入是未来股利和出售股票的所得。股票投资的收益率就是使股票的未来现金流入量的现值等

于股票购买价格的折现率。

股票投资收益率的计算是与股票估价模型联系在一起的，按三种情况分别说明如下。

1. 零增长股票的投资收益率

零增长股票投资收益率的计算公式为

$$P_0 = \sum_{t=1}^{\infty} \frac{D}{(1+K)^t} = \frac{D}{K}$$

式中：P_0为零增长股票的购买价格；D为每年的固定股利；K为零增长股票的投资收益率。

进行移项处理，得到

$$K = \frac{D}{P_0}$$

2. 固定增长股票的投资收益率

固定增长股票投资收益率的计算公式为

$$P_0 = \sum_{t=1}^{\infty} \frac{D_t}{(1+K)^t} = \sum_{t=1}^{\infty} \frac{D_0 \times (1+g)^t}{(1+K)^t} = \frac{D_0 \times (1+g)}{K-g} = \frac{D_1}{K-g}$$

式中：P_0为固定增长股票的购买价格；D_0为上年支付的股利；D_1为第一年的预期股利；K为固定增长股票的投资收益率；g为股利的增长速度。

移项后，可以得到

$$K = \frac{D_1}{P_0} + g$$

【例 14-9】大华物业管理公司以 20 元的价格购买某股票，该股票上年支付的股利为 1.8 元，预计未来股利将以 5% 的速度增长，求购买该股票的投资收益率。

$$K = \frac{D_1}{P_0} + g = \frac{1.8 \times (1+5\%)}{20} + 5\% = 14.45\%$$

3. 其他股票的投资收益率

其他股票投资收益率的计算公式为

$$P_0 = \sum_{t=1}^{\infty} \frac{D_t}{(1+K)^t} = \sum_{t=1}^{n} \frac{D_t}{(1+K)^t} + \frac{P_n}{(1+K)^n}$$

式中：P_0为股票的购买价格；D_t为第 t 年的预期股利；K为股票的投资收益率；P_n为未来出售时股票的预期价格。

在股利变化规律不明显的情况下，计算股票投资收益率，就要采用逐次测试法和插值法。

(三)股票投资的优缺点

物业管理企业选择股票投资，在于股票投资有债券投资不具有的优点，主要表现在：

(1)投资收益较高。虽然普通股票的价格变动频繁，但优质股票的价格总是呈上涨趋势的。随着股份公司的发展，股东获得的股利也会不断增加。所以，只要投资决策正确，股票投资的收益是比较高的。

(2)能适当降低购买力风险。普通股的股利是不固定的，一般会随着股份公司盈利的增长而增长。在通货膨胀率期间，股份公司的盈利增长率通常仍大于通货膨胀率，股利支付会增加。因此，与获得固定收益的债券相比，股票投资能有效地降低购买力风险。

(3)能达到控制股份公司的目的。普通股股东是股份公司的所有者，有权参与和监督公司的生产经营活动。当投资者拥有的股份达到一定比例时，就能实现控制股份公司的目的。

但进行股票投资，风险是比较高的，这是因为：

(1)股票价格不稳定。普通股的价格受政治因素、宏观经济因素、市场因素、投资人心理因素、企业个体因素等影响，波动较大，这使股票投资具有较高的风险。

(2)股利收入不稳定。进行股票投资获得股利的多少，取决于股份公司的财务状况、经营成果和股利分配政策，是不固定的。

(3)求偿权居后。普通股对企业资产和盈利的求偿权均居于最后。在股份公司经营不善而破产时，投资者的投资很可能得不到全额补偿。

二、债券投资

债券是政府、企业、金融机构发行的到期还本付息的固定收益证券。物业管理企业以取得收益为目的，购买债券形成的投资即为债券投资。

(一)债券的估价模型

进行债券投资同样需要确定债券的价值，债券价值是债券持有者未来获得的还本付息收入的价值。下面介绍几种最常见的债券估价模型。

1. 一般情况债券的估价模型

一般情况债券是指按复利方式计算的、按年付息的债券。债券持有者在每年底都会得到当年的利息，在债券到期日可收回债券的本金。这种债券的估价模型为

$$P = \sum_{t=1}^{n} \frac{i \times M}{(1+K)^t} + \frac{M}{(1+K)^n} = \sum_{t=1}^{n} \frac{I}{(1+K)^t} + \frac{M}{(1+K)^n}$$

或

$$P = i \times M \times (P/A, K, n) + M \times (P/F, K, n)$$
$$= I \times (P/A, K, n) + M \times (P/F, K, n)$$

式中：P 为债券的价值；i 为债券的票面利率；M 为债券的面值；I 为债券的年利息；K 为市场利率或投资者要求的必要资金收益率；n 为债券距到期日的时间。

【例 14-10】大华物业管理公司投资购入一种债券，该债券的面值为1 000元，期限10年，票面利率8%，每年末付息一次。若市场利率为10%，则该债券的价值为多少？若市场利率为6%，则该债券的价值又为多少？

在市场利率为10%时：

$$P = i \times M \times (P/A, K, n) + M \times (P/F, K, n)$$
$$= 8\% \times 1\,000 \times (P/A, 10\%, 10) + 1\,000 \times (P/F, 10\%, 10)$$
$$= 80 \times 6.144\,6 + 1\,000 \times 0.385\,5 \approx 877.07\text{(元)}$$

在市场利率为6%时：

$$P = i \times M \times (P/A, K, n) + M \times (P/F, K, n)$$
$$= 8\% \times 1\,000 \times (P/A, 6\%, 10) + 1\,000 \times (P/F, 6\%, 10)$$
$$= 80 \times 7.360\,1 + 1\,000 \times 0.558\,4 \approx 1\,147.21\text{(元)}$$

从【例 14-10】中看出，当市场利率发生变化时，债券的价值也会发生变化。一般而言，当市场利率高于票面利率时，债券价值低于债券面值，且市场利率越高，债券价值越低；当市场利率低于票面利率时，债券价值高于债券面值，且市场利率越低，债券价值越高。

2. 一次还本付息且不计复利债券的估价模型

一次还本付息且不计复利的债券是在未到期之前不支付利息，到期时一次支付全部的本金和单利计算利息的债券。其估价模型为

$$P = \frac{M \times (1 + i \times n)}{(1+K)^n}$$

或

$$P = M \times (1 + i \times n) \times (P/F, K, n)$$

公式中各符号的含义同前式。

【例 14-11】大华物业管理公司拟购买某公司债券，该债券面值100元，期限5年，票面利率10%，单利计息，到期一次还本付息。大华物业管理公司要求的必要资金收益率为8%，则该债券发行价格为多少时，才能购买？

$$P = M \times (1 + i \times n) \times (P/F, K, n)$$

$$=100\times(1+10\%\times5)\times(P/F,\ 8\%,\ 5)$$
$$=150\times0.6806=102.09(\text{元})$$

该债券发行价格必须低于102.09元时，大华物业管理公司才能购买。

(二)债券投资的收益率

债券投资的收益水平通常用到期收益率来衡量。到期收益率是指以特定价格购买证券并持有至到期日所能获得的收益率。债券投资到期收益率就是使债券未来现金流入量的现值等于债券购买价格的折现率。

按最常见的债券类型，债券投资到期收益率的计算分别说明如下。

1. 一般情况债券到期收益率

一般情况债券到期收益率的计算公式为

$$PV=\sum_{t=1}^{n}\frac{i\times M}{(1+R)^t}+\frac{M}{(1+R)^n}=\sum_{t=1}^{n}\frac{I}{(1+R)^t}+\frac{M}{(1+R)^n}$$

或
$$PV=i\times M\times(P/A,\ R,\ n)+M\times(P/F,\ R,\ n)$$
$$=I\times(P/A,\ R,\ n)+M\times(P/F,\ R,\ n)$$

式中：PV为债券的购买价格；i为债券的票面利率；M为债券的面值；I为债券的年利息；R为债券到期收益率；n为债券购买日距到期日的时间即债券的剩余流通期限。

计算到期收益率的方法就是求解这个方程。一般采用逐次测试法和插值法确定。

2. 一次还本付息且不计复利债券的到期收益率

与一般情况债券不同的是，若投资者在债券存续期间购买这种债券，债券到期获得的同样是整个债券期限的全部利息。一次还本付息且不计复利债券到期收益率的计算公式为

$$R=\sqrt[t]{\frac{M\times(1+i\times n)}{PV}}-1$$

式中：PV为债券的购买价格；i为债券的票面利率；M为债券的面值；R为债券到期收益率；n为债券的期限；t为债券的剩余流通期限。

【例14-12】大华物业管理公司于2007年1月1日以1 020元的价格购买了某公司于2004年1月1日发行的面值为1 000元、票面利率为10%的5年期债券。若该债券为每年年末偿付当年利息、期末一次还本的债券，计算债券到期收益率；若该债券为一次还本付息且不计复利的债券，其到期收益率又为多少？

(1)每年年末偿付当年利息、期末一次还本的债券：

$$1\ 020=10\%\times1\ 000\times(P/A,\ R,\ 2)+1\ 000\times(P/F,\ R,\ 2)$$

先按 $R=10\%$ 进行测试，

未来现金流入的现值 $=10\%\times1\ 000\times(P/A,\ 10\%,\ 2)+1\ 000\times(P/F,\ 10\%,\ 2)=1\ 000$(元)

未来现金流入的现值 1 000 元低于债券购买价格 1 020 元，说明 R 要低于10%。

再按 $R=9\%$ 进行测试，

未来现金流入的现值 $=10\%\times1\ 000\times(P/A,\ 9\%,\ 2)+1\ 000\times(P/F,\ 9\%,\ 2)=1\ 017.61$(元)

未来现金流入的现值 1 017.61 元仍低于债券购买价格 1 020 元，说明 R 比 9%还要低。

继续按 $R=8\%$ 进行测试，

未来现金流入的现值 $=10\%\times1\ 000\times(P/A,\ 8\%,\ 2)+1\ 000\times(P/F,\ 8\%,\ 2)=1\ 035.63$(元)

未来现金流入的现值 1 035.63 元高于债券购买价格 1 020 元，说明 R 比 8%要高。

这说明 R 在 8%与 9%之间，采用差值法计算如下：

$$R=8\%+\frac{1\ 035.63-1\ 020}{1\ 035.63-1\ 017.61}\times(9\%-8\%)\approx8.87\%$$

(2)一次还本付息且不计复利的债券：

$$R=\sqrt[t]{\frac{M\times(1+i\times n)}{PV}}-1=\sqrt[2]{\frac{1\ 000\times(1+10\%\times5)}{1\ 020}}-1\approx21.27\%$$

(三)债券投资的风险

物业管理企业进行债券投资，同样要考虑其投资风险。债券投资的风险主要包括以下五方面。

1. 违约风险

违约风险是指债券发行者无法按时偿付债券利息和本金的风险。除政府债券外，其他债券都存在违约风险。信用评级机构一般要对债券进行评级，以反映其违约风险。按照国际惯例，债券等级一般分为 AAA、AA、A、BBB、BB、B、CCC、CC、C 九级。AAA 级为最高级，其违约风险最小；C 级为最低级，其违约风险最高。

2. 利率风险

利率风险是指由于市场利率变动而使投资者遭受损失的风险。利率风险是系统风险，所有的债券都会面临。一般而言，债券期限越长，利率风险越高，即长期债券的利率风险通常比短期债券高。

3. 购买力风险

购买力风险是指由于通货膨胀而使债券到期收回本息购买力下降的风险。购买力风险也属于系统风险，固定利率的长期债券，其购买力风险是很高的。

4. 变现力风险

变现力风险是指无法在短期内以合理价格出售资产的风险。债券的变现力风险是与债券的流动性联系在一起的，政府、金融机构及大企业发行的债券一般都可在金融市场上迅速出售，其变现力风险较低。

5. 再投资风险

再投资风险是指由于购买了短期债券而没有购买长期债券，在债券到期需要进行再投资时面临的市场利率下降而导致再投资收益下降的风险。再投资风险是与利率风险相对应的风险，一般短期债券的再投资风险高于长期债券。

(四)债券投资的优缺点

债券投资的优点主要包括：

(1)投资安全性好。与股票投资相比，债券投资的整体风险比较小。若选择政府债券作为投资对象，有国家财政收入作后盾，通常可视为无风险债券；若选择金融债券进行投资，其风险是相对较低的；若选择企业债券进行投资，债券持有者拥有优先求偿权，债券投资的风险也会明显低于股票投资。

(2)投资收益比较稳定。债券投资收益主要是利息收入。债券票面一般都标有固定利率，债券发行人又有按时支付利息的法定义务，所以在正常情况下，债券的利息收入是稳定的。

(3)市场流动性好。多数债券都具有较好的流动性，政府债券、金融债券以及信誉较好的企业债券都能在金融市场上迅速出售。

进行债券投资的缺点也是比较明显的，主要包括：

(1)购买力风险比较高。债券的面值和利率在发行时就已经确定，如果在债券持有期间发生通货膨胀，到期偿付的本金和利息也不像普通股股利一样会相应增加，本金和利息的购买力将受到侵蚀。

(2)达不到参与经营管理的目的。投资者进行债券投资，只享有到期获取本金和利息的权利，无权参与和控制债券发行者的生产经营活动。

第四节　利润分配管理

利润分配过程中，部分资金退出资金循环和周转，因此，这里将利润分配管理也归入资金运用管理的范畴。利润分配不仅会影响企业的筹资和投资决策，而且波及企业的未来发展前景。因此，物业管理企业财务管理中应充分重视利润分配问题。

一、股利分配政策

股利分配政策是指在法律允许的范围内，可供企业管理当局选择的有关净利润分配事项的方针及政策，其核心是正确处理公司与股东之间、当前利益与长远利益之间的关系。在企业税后利润既定的情况下，选择股利分配政策就是要寻求股利与企业留存收益之间的最佳比例关系。

物业管理企业应在国家法律规定的条件下，综合考虑企业经营情况、未来投资机会、举债能力和投资者要求等诸多因素的影响，选择企业的股利分配政策。企业经常采用的股利分配政策主要有以下几种。

(一)剩余股利政策

剩余股利政策是指企业生产经营所获得的税后利润分配应较多地考虑满足企业未来投资项目的需要，先最大限度地使用留存收益来满足目标资本结构下投资项目所需的股东权益资本，然后将剩余的部分作为股利发放给投资者。

采用剩余股利政策，有利于企业充分利用留存收益这一资金来源，保持理想的资本结构，使综合资本成本降至最低，实现企业价值的最大化。但剩余股利政策会使每年股利发放额随投资机会和盈利水平的波动而变化，甚至可能在相当一段时期内不发放股利，这不利于投资者安排收入和支出，也容易造成企业股票价格波动。剩余股利政策一般适用于企业初创阶段。

【例 14-13】大华物业管理公司 2008 年度净利润为 60 万元，2009 年度投资计划所需资金 100 万元，公司的目标资本结构为权益资本占 40%、债务资本占 60%，若公司采用剩余股利政策，则 2008 年度可发放的股利额为多少?

公司投资计划所需权益资本数额 = 100 × 40% = 40(万元)

2008 年度可发放的股利额 = 60 − 40 = 20(万元)

（二）固定股利政策

固定股利政策是指企业将每年发放的股利额固定在一定水平上，并在一定时期内，不论企业财务状况和经营前景如何，派发的股利额都保持不变。只有当企业认为未来盈余将会显著地、不可逆转地增长时，才会提高股利发放额。

采用固定股利政策，有利于向市场传递企业正常发展的信息，树立企业良好形象，稳定企业股票价格，也有利于投资者特别是那些对股利有很强依赖性的投资者安排股利收入和支出。但固定股利政策会造成股利的支付与企业的盈利相脱节，在企业盈利状况不好时仍要支付固定股利，可能导致企业资金短缺，使财务状况恶化，同时也不能像剩余股利政策那样保持较低的资本成本。一般来说，那些经营比较稳定或正处于成长期、信誉一般的企业可以在较短的期限内采用固定股利政策。

（三）固定股利支付率政策

固定股利支付率政策是指企业确定一个固定的股利支付率，并长期按此比率从净利润中支付股利的政策。

采用固定股利支付率政策，可以使发放的股利随着企业经营业绩的好坏而上下波动，盈余较多的年份发放的股利也较多，盈余较少的年份发放的股利也较少，体现了“多盈多分、少盈少分、不盈不分”的原则。但采用固定股利支付率政策，各年的股利随盈利状况波动，容易使投资者产生企业发展不稳定的感觉，不利于稳定股票价格，而且企业要确定合理的股利支付率也较有难度。固定股利支付率政策只能适用于稳定发展的企业财务状况比较稳定的阶段。

（四）低正常股利加额外股利政策

低正常股利加额外股利政策是指企业事先设定一个较低的经常性股利额，一般情况下，企业每年都按此金额支付正常股利，只有企业盈利较多时，再根据实际情况发放额外股利。

采用低正常股利加额外股利政策，使企业具有较大的灵活性，在盈利状况不佳或需要相当多的利润留存下来用于再投资时，企业仍可以维持既定的股利发放水平，而一旦企业拥有充裕的现金，就可以通过发放额外股利的方式分配股利；同时可以在一定程度上维持股利的稳定，增强投资者对企业的信心，也吸引那些希望得到固定股利收入的投资者。

但是低正常股利加额外股利政策也有其缺陷：额外股利不固定，使股利发放仍不够稳定，而且发放的额外股利一旦比以往减少，容易使投资者产生企业财务状况不佳的错觉，造成股票价格下跌。

上述几种股利分配政策中，固定股利政策和低正常股利加额外股利政策是被企业普遍采用并为广大投资者所认可的两种基本政策。物业管理企业应结合自身实际情况，权衡各种股利分配政策的利弊得失，从中选择适宜的股利分配政策。

二、股利分配形式

物业管理企业向投资者分配股利时，除了要确定股利分配政策外，还需要考虑股利分配形式问题。股利分配的基本形式主要有现金股利和股票股利两种。

(一)现金股利

发放现金是企业向投资者分配股利最常见的形式。这种形式满足了大多数投资者希望得到现金投资收益的需求，但企业发放这种形式的股利，必须要有足够的未指明用途的留存收益和足够的现金。在企业营运资金和现金较多而又不需要增加投资的情况下，采用现金分配形式会有利于企业改善长短期资产结构。当企业现金头寸吃紧时，企业往往出于控制财务风险的目的不会发放现金股利。

(二)股票股利

股票股利是指企业以股票的形式发放股利。通常，有的企业增资发行新股时，预先扣除当年应分配股利，减价销售给老股东；也有的企业发行新股时进行无偿增资配股。发放股票股利又称为送股或送红股。

采用股票股利的形式，优点主要在于：一是可以避免由于采用现金分配股利而导致企业支付能力下降、财务风险加大；二是当企业现金紧缺时，发放股票股利可以起到稳定股价的作用，从而维护企业的市场形象；三是可以节约发放现金股利后再筹集资本所发生的筹资费用；四是可增加股票的发行量和流动性，提高企业知名度。但采用股票股利形式，有时会被认为是企业现金短缺的象征，可能导致企业股票价格下跌。

除上述两种基本形式外，股利分配还有财产股利(如实物股利、证券股利)、负债股利和股票回购等形式。

➤ 思考与练习

1. 企业加强现金管理的方法主要包括哪些？
2. 何谓信用政策？信用政策是由哪些内容构成的？
3. 固定资产投资中的现金流量包括哪些？

4. 固定资产投资决策方法具体有哪些？

5. 股票投资价值如何确定？股票投资收益率如何计算？

6. 股票投资与债券投资相比，有何优缺点？

7. 如何计算债券投资的收益？债券投资的风险有哪些？

8. 股利分配政策有哪几种？各有什么利弊？

9. 股利分配的基本形式有哪些？

10. 某企业投资 15 500 元购入一台设备，该设备预计残值为 500 元，可使用 3 年，折旧按直线法计算。设备投产后每年销售收入增加额分别为 10 000 元、20 000 元和 15 000元，除折旧外的费用增加额分别为 4 000 元、12 000 元和 5 000 元。企业适用的所得税税率为 40%，要求的最低投资报酬率为 10%。请分别利用净现值法和现值指数法进行方案决策，并计算该投资方案的内含收益率。

11. 甲公司计划利用一笔长期资金投资购买股票。现有 A 公司股票和 B 公司股票可供选择，甲公司只准备投资一家公司股票。A 公司股票现行市价为每股 9 元，上年每股股利为 0.15 元，预计以后每年以 6% 的增长率增长；B 公司股票现行市价为每股 7 元，上年每股股利为 0.60 元，B 公司实行固定股利政策。假设甲公司所要求的投资必要收益率为 8%。

要求：

(1)利用股票估价模型，分别计算 A、B 公司股票价值；

(2)帮助甲公司进行股票投资决策；

(3)计算按决策结果进行股票投资的收益率。

12. 某公司 2008 年度实现的净利润为 160 万元，发放的股利为 40 万元，预计 2009 年度实现的净利润为 250 万元，预计投资所需资金 100 万元。

要求：

(1)若公司采用固定股利政策，计算 2009 年发放的股利额；

(2)若公司采用固定股利支付率政策，计算 2009 年发放的股利额；

(3)若公司采用剩余股利政策，其目标资本结构是负债占 40%，计算 2009 年发放的股利额。

第十五章

财务预测与财务预算

第一节　财务预测

一、财务预测的含义

财务预测是指根据财务活动的历史资料，考虑现实的要求和条件，对企业未来的财务活动和财务成果作出科学的预计和测算。财务预测既是财务决策的基础，又是财务预算的前提。在市场竞争日趋激烈的环境中，物业管理企业为谋求更好的经营和发展，就需要对未来时期企业的经营前景、影响企业财务活动的各种因素及其变化进行科学的预测，以便企业把握未来，应对可能出现的各种变化。财务预测可以为企业财务决策提供信息和依据，使企业在未来时期的经营过程中尽可能地减少风险和避免失误，最大限度地利用有限的资源获得经济效益；财务预测可以通过对财务指标的计算和分析，为企业财务预算的编制和预算指标的分解提供必要的数据。

二、财务预测方法

近年来，财务预测越来越受到企业重视，财务预测方法也呈多样化发展。在进行财务预测时，企业应根据具体情况有选择地利用这些方法。财务预测方法可以分为定性预测法和定量预测法两大类。

(一)定性预测法

定性预测法主要是利用直观材料，依靠预测者经验的主观判断和综合分析能力，对事物未来的状况和趋势作出预测的一种方法。这种方法一般是在企业缺乏完备、准确的历史资料，难以进行定量分析的情况下采用的。采用定性预测法时，首先是由熟悉企业财务状况和生产经营情况的专家，根据过去所积累的经验，进行分析判断，提出预测初步意见；然后，再通过召开座谈会或发出调查信等形式，对预测初步意见进行修正补充。

（二）定量预测法

定量预测法是根据变量之间存在的数量关系建立数学模型来进行预测的方法。定量预测法又可分为以下两种。

1. 趋势预测法

趋势预测法是指按时间顺序排列历史资料，根据事物发展的连续性来预测今后一段时间的发展趋向和可能达到水平的方法。这种方法简单易行，只要确定了时间及数量就可进行预测。例如简单平均法、加权平均法、移动平均法、平滑指数法等都属于这种类型。

2. 因果关系法

因果关系法是指通过对历史资料的认真分析，找出预测变量与其他变量之间明确的因果关系，建立数学模型来进行预测的方法。例如本量利预测法、投入产出法、经济计量法等都属于这种类型。这种方法相对比较复杂，只有准确找出变量之间的因果关系，才能科学地知因测果或知果测因。

定性预测法和定量预测法各有优缺点，物业管理企业在实际工作中，应把二者有机地结合起来使用。

三、财务预测的内容

企业财务预测的主要内容包括收入预测、利润预测、资金需求量预测、现金流量预测、成本费用预测等等。在这里，我们只根据物业管理企业的经营特点，重点讲述营业收入预测、成本费用预测和利润预测。

（一）营业收入预测

营业收入是企业生存之本，物业管理企业营业收入预测就是以企业历史资料为基础，结合物业管理服务市场需要情况和服务价格变化趋势，运用一定的方法对未来一定时期的营业收入进行预计和测算。

营业收入预测的方法有很多，常用的主要有以下几种。

1. 加权平均法

采用加权平均法进行营业收入预测，就是利用过去若干个按照时间顺序排列起来的营业收入额，以时间顺序数为权数，计算出营业收入额的加权平均数，以这一数字作为预测期营业收入。用公式表示为

$$\text{营业收入预测值}=\frac{\sum_{i=1}^{n}(\text{第}\,i\,\text{期营业收入}\times\text{第}\,i\,\text{期营业收入的权数})}{\sum_{i=1}^{n}\text{第}\,i\,\text{期营业收入的权数}}$$

【例 15-1】大华物业管理公司 2001 年度至 2007 年度的营业收入见表 15-1。

表 15-1 2001 年度～2007 年度营业收入统计表 单位：万元

年度	2001	2002	2003	2004	2005	2006	2007
营业收入	212	216	220	222	230	235	240

根据上述资料，采用加权平均法预测该公司 2008 年度营业收入。

我们将 2001 年度至 2007 年度的营业收入对应的权数分别设定为 1、2、3、4、5、6、7。

2008 年度营业收入预测值

$$=\frac{212\times1+216\times2+220\times3+222\times4+230\times5+235\times6+240\times7}{1+2+3+4+5+6+7}$$

≈ 229.71(万元)

由于随时间序列推移，离预测期越近的期间营业收入对预测期营业收入的影响越大，所以一般要适当扩大近期营业收入的权数。应该注意的是，使用加权平均法得到的预测值往往是偏低的。

2. 指数平滑法

采用指数平滑法进行营业收入预测，就是以加权因子(即平滑系数)以及“1－平滑系数”分别作为上期实际营业收入和上期营业收入预测值的权数，计算出二者的加权平均数，以这一数字作为本期营业收入预测值。用公式表示为

$$\begin{aligned}\text{营业收入预测值}&=\text{平滑系数}\times\text{上期实际营业收入}+\\&\quad(1-\text{平滑系数})\times\text{上期营业收入预测值}\end{aligned}$$

通常平滑系数值根据以往的实际营业收入与营业收入预测值之间的差异大小而定，一般在 0.1～0.4 选定。如果实际营业收入与营业收入预测值之间的差距较大，可采用较高的平滑系数，以相应提高实际营业收入对预测值的影响作用；反之，如果二者差距较小，可采用较低的平滑系数，以降低实际营业收入对预测值的影响作用。

【例 15-2】大华物业管理公司预测的 2007 年度营业收入为 236 万元，2007 年度实际营业收入为 240 万元，根据公司以往实际营业收入与营业收入预测值之间的差距情况，平滑系数确定为 0.2，采用指数平滑法预测该公

司2008年度营业收入。

2008年度营业收入预测值 $=0.2\times240+(1-0.2)\times236=236.8$（万元）

采用指数平滑法预测营业收入，可以排除偶然因素对实际营业收入的影响，使预测结果比较符合客观实际。其难点在于如何精确地确定平滑系数值。

3. 直线回归分析法

采用直线回归分析法预测营业收入，就是根据数学中的最小二乘法原理，在由时间变量和营业收入构成的坐标系中找到一条直线，使该直线与各历史数据形成的散点之间的垂直距离最小，然后依据这条直线即回归线来预测企业未来时期的营业收入。

营业收入与时间变量之间的线性关系，可用公式表示为

$$y=a+b\cdot t$$

式中：y 为营业收入；a 为常数；b 为直线的斜率；t 为时间变量。

a 和 b 的值可用回归方程式计算求得，即

$$a=\frac{\sum y-b\cdot\sum t}{n}$$

$$b=\frac{\sum t\cdot\sum y-n\cdot\sum(t\cdot y)}{(\sum t)^2-n\cdot\sum t^2}$$

式中：n 为实际观测的期数。

为简便计算，可使 $\sum t=0$，若实际观测的期数 n 为奇数时，则设处于中央的观测期的时间变量为0，其余前后各观测期的时间变量均以1递增或递减，即各观测期的时间变量 t 应为：…，-2，-1，0，1，2，…；若期数 n 为偶数时，则设处于中央的相邻两个观测期的时间变量分别为 -1 和1，而其余前后各观测期的时间变量均以2递增或递减，即各观测期的时间变量 t 应为：…，-3，-1，1，3，…。此时，计算 a、b 值的公式简化为

$$a=\frac{\sum y}{n}$$

$$b=\frac{\sum(t\cdot y)}{\sum t^2}$$

预测营业收入时，使用直线回归分析法的基本前提是营业收入与时间序列线性相关。直线回归分析法推导严密，计算比较精确。

（二）成本费用预测

在企业营业收入既定的情况下，成本费用的多少将直接决定企业的经营成果。物业管理企业进行成本费用预测，是以企业历史资料为基础，运用一

定的方法预计和测算未来一定时期的营业成本和销售及管理费用。

成本按照成本习性的不同，可分为固定成本、变动成本和混合成本三类。由于混合成本可分解为固定成本和变动成本两部分，所以，通常我们假设成本费用总额或某项成本费用额与业务量之间的关系可用直线方程式来反映，即

$$y = a + b \cdot x$$

式中：y 为成本费用总额或某项成本费用额；a 为固定成本；b 为单位变动成本；x 为业务量。

进行成本费用预测时，可以运用高低点法、散布图法、直线回归分析法、工业工程法、契约检查法和账户分析法等方法求得 a 和 b 的值，根据该方程式就可预测某一业务量下的成本费用总额或某项成本费用额。

在此，主要介绍物业管理企业常用的几种方法。

1. 高低点法

高低点法是根据历史资料中最高业务量和最低业务量下成本与业务量之间的方程式，求得固定成本和单位变动成本的大小。即

$$y_{高} = a + b \cdot x_{高}$$

$$y_{低} = a + b \cdot x_{低}$$

根据上述两个方程式，解得

$$b = \frac{y_{高} - y_{低}}{x_{高} - x_{低}}$$

$$a = y_{低} - b \cdot x_{低}，或 a = y_{高} - b \cdot x_{高}$$

【例 15-3】大华物业管理公司 2001 年度至 2007 年度的管理物业建筑面积和营业成本见表 15-2。

表 15-2　2001 年度至 2007 年度管理物业建筑面积和营业成本统计表

年度	2001	2002	2003	2004	2005	2006	2007
管理物业建筑面积（万 m^2）	1.00	0.97	1.10	1.11	1.12	1.20	1.22
营业成本（万元）	96	100	102	111	114	116	120

已知 2008 年度管理物业建筑面积增加到 1.25 万 m^2，采用高低点法预测该公司 2008 年度营业成本。

根据上述资料，找到业务量最大的是 2007 年度，业务量最小的是 2002 年度。则建立方程式为

$$120 = a + b \cdot 1.22$$

$$100 = a + b \cdot 0.98$$

解得 $b=\dfrac{120-100}{1.22-0.97}=80$（元/$m^2$）

$a=100-80\times0.97=22.4$（万元）

营业成本和管理物业建筑面积之间的线性关系为

$$y=22.4+80\cdot x$$

将2008年度管理物业建筑面积1.25万平方米代入，可以得到

2008年度营业成本预测值 $=22.4+80\times1.25=122.4$（万元）

2. 直线回归分析法

直线回归分析法不仅可以用于营业收入预测，也可以用于成本费用预测，所不同的是，运用于营业收入预测时，将营业收入视为时间变量的因变量，运用于成本费用预测时，将成本费用看作业务量的因变量。

（三）利润预测

利润预测是企业按照经营目标的要求，通过对影响利润变动的成本费用、业务量等因素的综合分析，对未来一定时期可能达到的利润水平及其变动趋势所进行的科学预计和推测。利润预测是在营业收入预测和成本费用预测的基础上进行的。物业管理企业通过利润预测，可以合理确定目标利润，使企业的努力方向更加科学、可靠。

利润预测的方法有本量利分析法、销售利润率预测法、资产报酬率预测法、目标利润因素测算法等多种，其中应用最广泛的是本量利分析法，下面就此做重点介绍。

本量利分析法是在将成本划分为固定成本和变动成本，并假定产量销量一致的基础上，根据成本、业务量、利润三者之间的相互关系进行预测和分析的一种方法。本量利分析法不仅可用于利润预测，也可用于短期经营决策。

1. 本量利分析法中的基本概念

（1）利润。应该明确的是，本量利分析法中的“利润”，指的是未扣除利息和所得税的营业利润即息税前利润。本书在第十三章已经提及息税前利润的计算公式，即

$$\begin{aligned}\text{利润}&=\text{营业收入}-\text{变动成本总额}-\text{固定成本总额}\\&=(\text{单价}-\text{单位变动成本})\times\text{业务量}-\text{固定成本总额}\end{aligned}$$

（2）边际贡献。边际贡献也称为贡献毛益，是指营业收入超过变动成本的金额。边际贡献有两种表现形式：一种是单位概念，另一种是总括概念。分别用公式表示为

$$\text{单位边际贡献}=\text{单价}-\text{单位变动成本}$$

$$\text{边际贡献总额}=\text{单位边际贡献}\times\text{业务量}$$

$$=\text{营业收入}-\text{变动成本总额}$$

$$=(\text{单价}-\text{单位变动成本})\times\text{业务量}$$

企业得到的边际贡献总额，先要用来补偿固定成本总额，如果补偿后还有多余，才能为企业提供利润，否则，就会出现亏损。用公式表示利润与边际贡献总额之间的关系为

$$\text{利润}=\text{边际贡献总额}-\text{固定成本总额}$$

还有两个与边际贡献有关的比率：边际贡献率和变动成本率。边际贡献率是单位边际贡献与单价的比率（或边际贡献总额与营业收入的比率）；变动成本率是单位变动成本与单价的比率（或变动成本总额与营业收入的比率）。用公式表示为

$$\text{边际贡献率}=\frac{\text{单位边际贡献}}{\text{单价}}\times100\%$$

或

$$=\frac{\text{边际贡献总额}}{\text{营业收入}}\times100\%$$

$$\text{变动成本率}=\frac{\text{单位变动成本}}{\text{单价}}\times100\%$$

或

$$=\frac{\text{变动成本总额}}{\text{营业收入}}\times100\%$$

显然，这两个比率之间的关系用公式表示为

$$\text{边际贡献率}+\text{变动成本率}=1$$

（3）保本点。保本点也称为盈亏临界点，是指企业在这一点上处于不盈不亏即利润为零的状态。保本点有两种表现形式：一种是用实物量表现，称为保本点业务量；另一种是用货币金额表现，称为保本点营业收入。用公式表示为

$$\text{保本点业务量}=\frac{\text{固定成本总额}}{\text{单价}-\text{单位变动成本}}=\frac{\text{固定成本总额}}{\text{单位边际贡献}}$$

$$\text{保本点营业收入}=\text{保本点业务量}\times\text{单价}=\frac{\text{固定成本总额}}{1-\text{变动成本率}}=\frac{\text{固定成本总额}}{\text{边际贡献率}}$$

（4）安全边际。安全边际是指实际（或预计）业务量超过保本点业务量的差额。此差额说明实际或预计的业务量降低多少，企业会发生损失。差额越大，则企业发生亏损的可能性就越小，企业的经营就越安全。与保本点有两种表现形式相对应，安全边际同样也有两种表现形式：一种是用实物量表示，称为安全边际量；另一种是用货币金额表示，称为安全边际额。其计算公式为

$$\text{安全边际量}=\text{实际(或预计)业务量}-\text{保本点业务量}$$

$$\text{安全边际额}=\text{实际(或预计)营业收入}-\text{保本点营业收入}$$

安全边际还有相对数表现形式，即安全边际率，它是用安全边际量除以实际(或预计)业务量，或安全边际额除以实际(或预计)营业收入所得的比率。其计算公式为

$$安全边际率=\frac{安全边际量}{实际(或预计)业务量}\times 100\%$$

或

$$=\frac{安全边际额}{实际(或预计)营业收入}\times 100\%$$

同样的，安全边际率越大，说明企业发生亏损的可能性就越小，企业的经营也就越安全。

只有安全边际才能为企业提供利润。利润与安全边际之间的关系用公式表示为

$$利润=边际贡献率\times 安全边际额$$

2. 利用本量利分析法预测利润

综合上述内容，物业管理企业可以根据营业收入预测和成本费用预测的结果，进行利润预测。

$$\begin{aligned}预计利润&=营业收入-成本总额\\&=(单价-单位变动成本)\times 业务量-固定成本总额\\&=单位边际贡献\times 业务量-固定成本总额\\&=边际贡献总额-固定成本总额\\&=营业收入\times 边际贡献率-固定成本总额\\&=营业收入\times(1-变动成本率)-固定成本总额\\&=单位边际贡献\times 安全边际量\\&=边际贡献率\times 安全边际额\end{aligned}$$

【例 15-4】大华物业管理公司预测 2008 年度的营业收入为 280 万元，变动成本率为 60%，固定成本总额为 50 万元，请就该公司 2008 年度的利润进行预测。

$$\begin{aligned}2008\text{ 年度利润预测值}&=营业收入\times(1-变动成本率)-固定成本总额\\&=280\times(1-60\%)-50=62(万元)\end{aligned}$$

$$\begin{aligned}2008\text{ 年度利润预测值}&=边际贡献率\times 安全边际额\\&=(1-变动成本率)\times(营业收入-保本点营业收入)\\&=(1-变动成本率)\times\left(营业收入-\frac{固定成本总额}{1-变动成本率}\right)\\&=(1-60\%)\times\left(280-\frac{50}{1-60\%}\right)\\&=62(万元)\end{aligned}$$

第二节 财务预算

一、财务预算的含义

财务预算是一系列专门反映企业未来一定预算期内预计财务状况和经营成果以及现金收支等价值目标的各种预算的总称。财务预算是财务决策的具体化，又是财务控制的依据，是企业财务管理的重要环节。物业管理企业财务预算，就是采用财务计划的形式将物业管理企业未来一定时期内生产经营的具体目标表现出来，是衔接物业管理企业财务决策和财务控制的重要管理活动。

二、财务预算在全面预算体系中的地位

全面预算是根据企业目标所编制的经营、资本、财务等年度收支总体计划，包括特种决策预算、日常业务预算与财务预算三大类内容。特种决策预算又称专门决策预算，是指企业不经常发生的、需要根据特定决策临时编制的一次性预算；日常业务预算又称经营预算，是指与企业日常经营活动直接相关的经营业务的各种预算，一般包括销售预算、生产预算、直接材料预算、直接人工预算、制造费用预算、产品成本预算、期末存货预算、销售费用预算、管理费用预算等，预算同时反映实物量指标和价值量指标；财务预算是关于资金筹措和使用的预算，是从价值量指标反映特种决策预算和日常业务预算的结果，包括现金预算、资本支出预算以及预计财务报表等。可见，财务预算与其他预算相关联，并且是其他预算的汇总，在全面预算体系中居于核心地位。

物业管理企业是以提供物业经营服务为主的企业，不涉及生产活动，因而全面预算体系的内容相对简单，如图 15-1 所示。

三、预算编制方法

采用不同方法编制的预算，实现的结果会有明显的不同。预算编制的方法主要有以下分类：

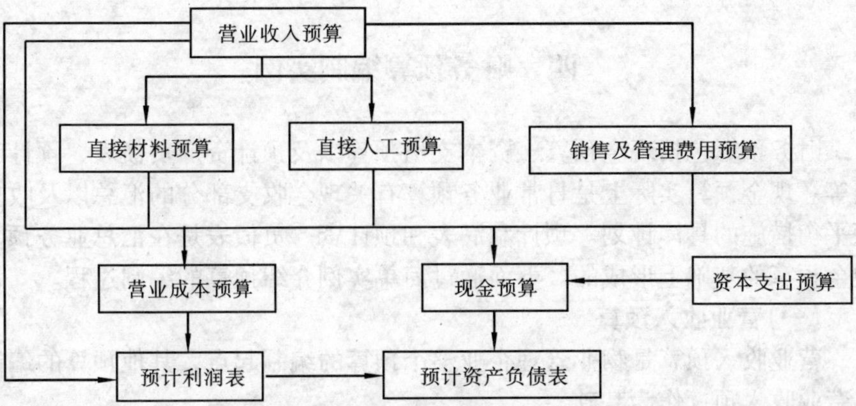

图 15-1　物业管理企业全面预算体系

(1)按编制预算的业务量基础数量特征的不同，预算可分为固定预算和弹性预算。固定预算又称静态预算，是指以预算期内正常的、可实现的某一固定业务量水平为唯一基础编制预算的方法；弹性预算又称变动预算，是指以业务量、成本和利润之间的依存关系为依据，以预算期可预见的各种业务量水平为基础编制预算的方法。相对于固定预算，弹性预算范围宽、可比性强，但编制的工作量也相应较大。

(2)按编制费用预算的出发点特征的不同，预算可分为增量预算和零基预算。增量预算又称调整预算，是指根据预算期业务量水平及有关影响成本因素的未来变动情况对基期成本费用水平进行调整而成的预算编制方法；零基预算又称零底预算，是指不考虑以往会计期间所发生的费用项目或费用数额，所有的预算支出均以零为出发点，一切从实际需要与可能出发，通过逐项审议预算期内各项费用的内容及开支标准而编制预算的方法。显然，零基预算不受现有费用项目和开支水平的限制，有利于调动企业各部门降低费用的积极性，但编制难度大。

(3)按预算期时间特征的不同，预算可分为定期预算和滚动预算。定期预算，是指以不变的会计期间(如会计年度)作为预算期的预算编制方法；滚动预算又称连续预算，是指以与会计年度脱离的、会随着预算的执行不断延伸补充并永远保持一个固定期间的时间段为预算期的预算编制方法。滚动预算及时性强、连续性好，有利于确保财务管理工作的完整性与稳定性，但预算编制工作量增大了很多。

四、财务预算编制实例

财务预算包括现金预算、资本支出预算以及预计资产负债表、预计利润表等。现金预算实际上是日常业务预算有关现金收支部分的汇总以及收支差额平衡措施的具体计划。预计利润表和预计资产负债表是在汇总业务预算与现金预算的基础上形成的。下面通过简单实例介绍预算的编制过程。

(一) 营业收入预算

营业收入预算是物业管理企业整个预算的编制起点，其他预算的编制都以营业收入预算作为基础。

【例 15-5】大华物业管理公司是单纯提供物业管理服务的企业，只有物业管理收入。2009 年，该公司管理物业的建筑面积 1 万 m^2，每平方米每月收取 1. 80 元；每季度为住户代缴水费 200 000 元，按代缴款的 2% 收取代办服务费；每季度提供特约服务可获得收入 6 000 元。根据以往的经验，公共性服务费收入有 80% 的部分当季可收到现金，余额在下一季度可收回；公众代办性服务费收入和特约服务收入当季可全部收到。另外，年初尚有 7 800元的公共性服务费应收账款，预计在 2009 年 1 季度收回。表 15-3 是该公司 2009 年度的营业收入预算。

表 15-3　2009 年度营业收入预算　　　　单位：元

季度	一	二	三	四	全年
物业管理收入：					
公共性服务费收入	54 000	54 000	54 000	54 000	216 000
公众代办性服务费收入	4 000	4 000	4 000	4 000	16 000
特约服务收入	6 000	6 000	6 000	6 000	24 000
收入合计	64 000	64 000	64 000	64 000	256 000
预计现金收入					
上年应收账款	7 800				7 800
第一季度	53 200	10 800			64 000
第二季度		53 200	10 800		64 000
第三季度			53 200	10 800	64 000
第四季度				53 200	53 200
现金收入合计	61 000	64 000	64 000	64 000	253 000

(二) 营业成本预算

在营业收入预算的基础上，编制直接材料预算、直接人工预算及相应的营业成本预算。

续【例15-5】2009年，大华物业管理公司提供公共性服务项目每月每平方米定额耗用材料0.6元；提供特约服务和公众代办性服务没有直接材料支出。各季度的期末库存是下季度预计耗用材料的20%，年初库存材料为2 000元，年末库存材料为3 600元。根据以往的经验，采购材料的货款有60%的部分在当季度付清，剩余40%在下一季度付清。年初有材料采购的应付账款5 800元，需要在一季度付清。表15-4是该公司2009年度的直接材料预算。

表15-4 2009年度直接材料预算 单位：元

季度	一	二	三	四	全年
预计耗用材料	18 000	18 000	18 000	18 000	72 000
加：期末库存	3 600	3 600	3 600	3 600	3 600
减：期初库存	2 000	3 600	3 600	3 600	2 000
预计采购材料	19 600	18 000	18 000	18 000	73 600
预计现金支出					
上年应付账款	5 800				5 800
第一季度	11 760	7 840			19 600
第二季度		10 800	7 200		18 000
第三季度			10 800	7 200	18 000
第四季度				10 800	10 800
现金支出合计	17 560	18 640	18 000	18 000	72 200

续【例15-5】2009年，大华物业管理公司提供公共性服务项目每月每平方米定额耗用人工0.4元；每季度为住户代缴水费，定额耗用人工为代缴款的1%；每季度提供特约服务费定额耗用人工2 500元。所有人工均需要在当季度付清，因而不需另外预计现金支出，可直接汇总到现金预算。表15-5是该公司2009年度的直接人工预算。

表15-5 2009年度直接人工预算 单位：元

季度	一	二	三	四	全年
公共性服务人工成本	12 000	12 000	12 000	12 000	48 000
公众代办性服务人工成本	2 000	2 000	2 000	2 000	8 000
特约服务人工成本	2 500	2 500	2 500	2 500	10 000
人工成本合计	16 500	16 500	16 500	16 500	66 000

物业管理企业没有制造费用，所以，营业成本预算可以仅根据直接材料预算和直接人工预算编制。表15-6是该公司2009年度的营业成本预算。

表 15-6 2009 年度营业成本预算 单位：元

季度	一	二	三	四	全年
公共性服务成本	30 000	30 000	30 000	30 000	120 000
公众代办性服务成本	2 000	2 000	2 000	2 000	8 000
特约服务成本	2 500	2 500	2 500	2 500	10 000
合计	34 500	34 500	34 500	34 500	138 000

(三)销售及管理费用预算

根据营业收入预算，分析企业经营业绩和一般经济状况，编制销售费用和管理费用的预算，尽力做到费用合理化。

续【例 15-5】大华物业管理公司的销售费用主要由营业部门水电费和营业部门固定资产折旧费两项构成，管理费用主要包括行政管理部门人员的工资和福利费、工会经费、职工教育经费、劳动保险费等四项内容。2008 年各项费用发生情况如下：每季度营业部门发生水电费 1 000 元，计提固定资产折旧 1 500 元，行政管理部门的工资和福利费为 6 600 元，公司工会经费为 400 元，职工教育经费为 500 元，劳动保险费 1 100 元。公司计划 2009 年 4 月购置运输货车 1 辆，价款为 5 万元，预计可使用 5 年，使用后残值 2 000 元。预计 2009 年其他各项销售费用与管理费用均维持 2008 年水平。表 15-7 是该公司 2009 年度的销售及管理费用预算。

表 15-7 2009 年度销售及管理费用预算 单位：元

季度	一	二	三	四	全年
销售费用：					
营业部门水电费	1 000	1 000	1 000	1 000	4 000
营业部门固定资产折旧费	1 500	3 100	3 900	3 900	12 400
小计	2 500	4 100	4 900	4 900	16 400
管理费用：					
管理人员工资及福利费	6 600	6 600	6 600	6 600	26 400
工会经费	400	400	400	400	1 600
职工教育经费	500	500	500	500	2 000
劳动保险费	1 100	1 100	1 100	1 100	4 400
小计	8 600	8 600	8 600	8 600	34 400
销售及管理费用合计	11 100	12 700	13 500	13 500	50 800
现金支出	9 600	9 600	9 600	9 600	38 400

由于销售费用中的固定资产折旧费不涉及现金支出，计算现金支出时应将此项刨除。

(四)现金预算

现金预算由四部分组成：现金收入、现金支出、现金多余或不足、资金的筹集和运用。“现金收入”部分包括期初现金余额和预算期现金收入即营业现金收入，其数据来自营业收入预算，“可供使用现金”是期初余额与本期现金收入之和。“现金支出”部分包括预算期的各项现金支出，“直接材料”“直接人工”“销售及管理费用”的数据分别来自前述有关预算，“所得税”“购买设备”“投资分红”等现金支出的数据来自另行编制的专门预算。“现金多余或不足”部分列示现金收入与现金支出的差额，差额为正说明收大于支、现金有多余，可用于偿还过去向银行取得的借款或用于短期投资；差额为负说明支大于收、现金不足，需要向银行取得新的借款。“资金的筹集和运用”部分正是反映了多余现金运用和不足现金筹集的内容。

续【例 15-5】大华物业管理公司计划 2009 年 4 月购置价款为 5 万元的运输货车 1 辆，并计划于 2009 年第四季度进行投资分红，需要现金支出 1 万元。已知该公司年初现金余额为 5 600 元，要保留的最低现金余额 2 000 元，向银行借款的金额要求是 1 000 的倍数。

第二季度出现现金不足，应向银行借款的数额为

借款额 = 最低现金余额 + 现金不足额

$= 2\ 000 + 15\ 800 = 17\ 800 \approx 18\ 000$（元）

第三季度现金多余，可用于偿还部分借款。假定偿还本金 9 000 元，假设借款年利率 10%，按期初借入、期末归还来计算利息，第三季度偿还 18 000元的利息：$18\ 000 \times 10\% \times \frac{6}{12} = 900$（元）

第四季度现金多余，可偿还剩余借款9 000 元。第四季度偿还剩余9 000 元当季度的利息：$9\ 000 \times 10\% \times \frac{3}{12} = 225$（元）

该公司 2009 年度的现金预算见表 15-8：

表 15-8　2009 年度现金预算　　单位：元

季　度	一	二	三	四	全年
期初现金余额	5 600	18 940	2 200	8 200	5 600
加：营业现金收入（表 15-3）	61 000	64 000	64 000	64 000	253 000
可供使用现金	66 600	82 940	66 200	72 200	258 600
减：各项支出					
直接材料（表 15-4）	17 560	18 640	18 000	18 000	72 200
直接人工（表 15-5）	16 500	16 500	16 500	16 500	66 000
销售及管理费用（表 15-7）	9 600	9 600	9 600	9 600	38 400
所得税	4 000	4 000	4 000	4 000	16 000
购买设备		50 000			50 000
投资分红				10 000	10 000

（续）

季　度	一	二	三	四	全年
支出合计	47 660	98 740	48 100	58 100	252 600
现金多余或不足	18 940	（15 800）	18 100	14 100	6 000
向银行借款		18 000			18 000
还银行借款			9 000	9 000	18 000
借款利息			900	225	1 125
期末现金余额	18 940	2 200	8 200	4 875	4 875

现金预算的编制，以各项业务预算和资本预算为基础，反映各预算期的收入款项和支出款项，并作对比说明。其目的在于资金不足时筹措资金，资金多余时及时处理现金余额，并且提供现金收支的控制限额，发挥现金管理的作用。

（五）预计利润表

预计利润表与实际利润表的内容、格式相同，只是数据是面向预算期的。物业管理企业预计利润表是在汇总营业收入、营业成本、销售及管理费用、资本支出等有关预算的基础上加以编制的。

"营业收入"项目的数据，来自营业收入预算。"营业成本"项目的数据，来自营业成本预算。"营业毛利"项目的数据是前两项的差额。"销售及管理费用"项目的数据，来自销售及管理费用预算。"利息"项目的数据，来自现金预算。"利润总额"是"营业毛利"减去"销售及管理费用"和"利息"的差额。"所得税"项目的数据，不是根据预计利润和所得税税率计算出来的，是在利润规划时估计的，并已列入现金预算。"税后净收益"是"利润总额"减去"所得税"后得到的。表 15-9 为该公司 2009 年度的预计利润表。

表 15-9　2009 年度预计利润表　　单位：元

项　　目	金　　额
营业收入（表 15-3）	256 000
营业成本（表 15-6）	138 000
营业毛利	118 000
销售及管理费用（表 15-7）	50 800
利息（表 15-8）	1 125
利润总额	66 075
所得税（表 15-8）	16 000
税后净收益	50 075

（六）预计资产负债表

预计资产负债表与实际资产负债表的内容、格式相同，只是数据是反映预算期期末的财务状况。预计资产负债表是利用期初资产负债表，根据上述预算的有关数据加以调整编制的。

续【例 15-5】2009 年度，大华物业管理公司“固定资产”和“累计折旧”的年初数分别为 40 000 元和 10 000 元，“长期借款”“实收资本”和“未分配利润”的年初数分别为 8 000 元、30 000 元和 1 600 元。

“应收账款”的期末余额是根据第四季度营业收入和本期收现率计算的：

期末应收账款 = 54 000 × (1 − 80%) = 10 800(元)

“固定资产”的期末余额是期初余额加上本期新增的固定资产得到的：

期末固定资产 = 40 000 + 50 000 = 90 000(元)

“累计折旧”的期末余额是期初余额加上本期计提的折旧额计算的：

期末累计折旧 = 10 000 + 12 400 = 22 400(元)

“应付账款”的期末余额是根据第四季度材料采购金额和本期付现率计算的：

期末应收账款 = 18 000 × (1 − 60%) = 7 200(元)

“未分配利润”的期末余额计算如下：

期末未分配利润 = 期初未分配利润 + 本期利润 − 本期利润分配

= 1 600 + 50 075 − 10 000 = 41 675(元)

表 15-10 为该公司 2009 年度的预计资产负债表。

表 15-10　2009 年度预计资产负债表　　单位：元

项　目	年初数	期末数	项　目	年初数	期末数
现金(表 15-8)	5 600	4 875	应付账款(表 15-4)	5 800	7 200
应收账款(表 15-3)	7 800	10 800	长期借款	8 000	8 000
存货(表 15-4)	2 000	3 600	实收资本	30 000	30 000
固定资产(表 15-8)	40 000	90 000	未分配利润	1 600	41 675
累计折旧(表 15-7)	10 000	22 400			
固定资产净值	30 000	67 600			
资产总计	45 400	86 875	负债及所有者权益总计	45 400	86 875

➤ 思考与练习

1. 如何理解财务预测的含义？
2. 财务预测的方法有哪些？
3. 财务预测的内容包括哪些？
4. 营业收入预测的常用方法有哪些？如何运用？
5. 如何运用高低点法和直线回归分析法进行成本费用预测？
6. 本量利分析法中的基本概念有哪些？

7. 如何利用本量利分析法预测利润？如何利用本量利分析法进行目标利润分析？

8. 如何理解财务预算的含义？

9. 简述物业管理企业的全面预算体系。

10. 预算编制方法有哪些主要分类？

11. 如何编制现金预算？

12. 预计利润表和预计资产负债表是如何形成的？

13. 某物业管理公司 2001 年至 2006 年的实际营业收入如下表所示：

年　度	2001	2002	2003	2004	2005	2006
实际营业收入(万元)	240	236	280	254	260	270

又假定该公司 2006 年营业收入的原预测数为 279 万元。

要求：

(1)根据上述 6 年的实际资料，采用加权平均法预测 2007 年度的营业收入。

(2)根据 2006 年的营业收入的预测数和实际数，采用指数平滑法预测 2007 年度的营业收入(平滑系数采用 0.4)。

(3)根据上述 6 年的实际资料，采用直线回归分析法预测 2007 年度的营业收入。

14. 某物业管理公司近 5 年来的管理物业建筑面积和营业成本如下表所示：

年　度	2003	2004	2005	2006	2007
管理物业建筑面积(万平方米)	2.5	2.0	3.0	3.6	4.0
营业成本(万元)	275	240	315	350	388

2008 年度管理物业建筑面积将增加到 4.5 万平方米。

要求：

(1)采用高低点法预测该公司 2008 年度营业成本。

(2)采用直线回归分析法预测该公司 2008 年度营业成本。

15. 假定某物业管理公司 2008 年末的资产负债表如下：

资产负债表

2008 年 12 月 31 日　　单位：元

项　目	期末数	项　目	期末数
现金	10 000	应付账款	24 000
应收账款	50 000	长期借款	0
存货	20 000	实收资本	80 000
固定资产	85 000	未分配利润	52 600
累计折旧	8 400		
固定资产净值	76 600		
资产总计	156 600	负债及所有者权益总计	156 600

资料：(1)该公司 2009 年一季度预计营业收入为 90 000 元，其中有 40% 的部分当季度可获得现金收入，其余 60% 在下季度可收到；

(2)存货成本和进价均为4元，购入存货时，30%部分当季度付现，其余下季度付款；

(3)2009年一季度期末存货为4 000件；

(4)2009年一季度预计发生下列销售及管理费用：职工工资15 000元、保险费2 000元、办公费4 300元、折旧费700元、水电费5 000元、广告费3 000元；

(5)预计2009年3月购入电脑1台，单价35 000元；

(6)该公司规定现金最低库存限额为10 000元，不足时，可全额向银行借款。

假设该公司2009年一季度预缴所得税为2 000元，请编制该公司2009年一季度的现金预算，并在此基础上编制预计利润表和预计资产负债表。

第十六章

财务分析

第一节　概　　述

一、财务分析的含义

财务分析是以企业会计报表等核算资料为基础，对企业财务状况和经营成果进行研究和评价，为财务预测、决策提供依据的管理活动。财务分析是物业管理企业财务管理的重要环节，它既是对已完成财务活动的总结，也是进行财务预测、决策及开展日常财务管理的前提。物业管理企业通过财务分析，可以科学地预测未来的风险和报酬，为报表使用者提供制订计划、编制预算及进行决策所需的数据；可以客观地评价企业财务状况和经营成果的优劣程度，揭示企业经营活动中存在的矛盾和问题，为改善经营管理提供方向和线索。

二、财务分析的对象

财务分析的基础资料是企业的财务报告，包括会计报表主表、附表，会计报表附注和财务情况说明书，但最主要的依据是资产负债表、利润表、现金流量表。物业管理企业的财务分析主要在对会计报表所反映的企业财务状况和经营成果资料进行分析的基础上，对企业的整体经营情况进行综合研究和评价。

物业管理企业以资产负债表作为对象进行财务分析，可以综合评价企业资产的流动状况、负债水平、偿债能力、企业经营的风险等；以利润表为对象进行财务分析，可以分析出企业的盈利状况和经营成果，而且，即使分析企业偿债能力，也应结合利润表；以现金流量表为对象进行财务分析，可以反映企业一定时期内现金的流入、流出情况，以及企业获得现金和现金等价物的能力。

三、财务分析的方法

财务分析的方法很多，如比率分析法、趋势分析法、比较分析法、因素分析法、本量利分析法等。在此重点介绍前两种方法。

(一)比率分析法

比率分析法是把有些彼此存在关联的项目加以对比，通过计算经济指标的比率，来确定经济活动变动程度的分析方法。比率是一个相对数，因此可以把某些不可比的指标变为可比的指标来进行分析。指标比率有以下三类：

1. 相关比率

用以计算部分与总体关系、投入与产出关系之外具有相关关系的比率，反映有关经济活动的联系。例如，流动比率，即流动资产与流动负债之间的比率；资产负债率，即负债总额与资产总额之间的比率等。利用相关比率指标，可以考察有联系的相关业务安排是否合理，以保障生产经营活动能够顺利地进行。

2. 效率比率

用以计算某项经济活动中付出与所得的比例，反映投入与产出的关系。例如成本费用与营业收入之间的比率、成本费用与利润之间的比率等。利用效率比率指标，可以进行得失比较、考察经营成果、评价经济效益的水平。

3. 结构比率

用以计算某项经济指标的各个组成部分占总额的比重，反映部分与总体的关系。计算公式为：构成比率 = 部分数额/总体数额。例如计算流动资产占总资产的比例，应收账款中坏账的比例等。利用构成比率指标可以考察总体中某个部分的形式和安排是否合理，以便采取措施修订不合理的部分。

值得注意的是，首先，在使用比率指标进行分析时，比率中对比指标要有相关性，也就是要使对比有一定的意义；对比指标有内在联系，才能评价有关经济活动之间是否安排合理。其次，比率指标中对比指标的计算口径，即两个指标的计算时间、方法、标准等要一致。对于来源不同的资料应先统一计算范围、标准等。再次，采用的比率指标要有对比的标准。在计算出某企业的具体指标后，还需要采取一定的标准使之与其进行对比，以便对企业的财务活动进行评价。通常对比的标准有企业预定的目标、企业历史上达到的标准、同行业平均水平或先进水平标准、社会公认的标准等。

（二）趋势分析法

趋势分析法是将两期或多期连续的相同指标或比率进行对比，求出它们增减变动的方向、数额和幅度的一种方法。它可以揭示企业财务状况和生产经营情况的变化，分析变化的原因和性质，进而预测企业前景。趋势分析法的具体运用主要有以下三种。

1．重要财务指标的比较

它将不同时期财务报告中的相同指标或比率进行比较，直接观察其绝对额或比率的增减变动情况及变动幅度，考察有关业务的发展趋势。

对于不同时期的财务指标的比较可以计算成动态比率指标。由于选择的基期不同，又有定期指标和环比指标。定期比率 = 分析期数额/固定基期数额；环比比率 = 分析期数额/前期数额。

2．会计报表金额的比较

它将连续数期的会计报表数字并列起来，比较其相同的增减变动金额和幅度来说明企业财务状况和经营成果的发展变化情况。

3．会计报表构成的比较

它将会计报表中的某个总体指标作为100%，计算各组成指标占总体指标的百分比，比较各项百分比的增减变动，判断变化趋势。此方法可以用于同一行业不同时期财务状况的比较，还可以用于不同企业之间或与同行业平均数之间的比较。

值得注意的是，与比率分析法一样，它要求进行对比的各期指标的计算口径必须一致，而且还要将偶然因素产生的影响剔除。

四、财务分析的内容

根据报表使用者的目的和侧重点不同，财务分析的内容主要包括偿债能力分析、盈利能力分析、营运能力分析、发展趋势分析和投资价值分析。

1. 偿债能力分析

它是指企业偿还各种短期负债和长期负债能力的分析。企业偿债能力的高低是债权人非常关心的，而出于企业安全性的考虑，也受到管理者与股东的普遍关注。

2. 盈利能力分析

它是对企业获取利润的能力和盈利分配情况所做的分析，包括利润的目标分析、构成分析和质量分析等。盈利能力分析是财务分析的重要内容之一，是企业有关各方面都关注的。投资者关心能否获取最大回报；债权人关心其本金和利息的收回能否得到企业盈利的保障；企业管理者关心盈利能力并以此来衡量业绩，评价得失。

3. 营运能力分析

它是对企业总资产或部分资产的使用效率和周转情况所做的分析，常用一系列周转率来衡量。资产的周转速度快，反映企业资产流动性好、偿债能力强，受到债权人的关心；资产周转速度又与盈利能力有关，受到投资者和管理者的重视。

4. 发展趋势分析

它是通过会计报表进行多期比较、企业间比较、目标分析以及各种综合分析，来研究企业的财务状况和经营成果的发展趋势，帮助企业管理者规划未来，为投资者和债权人提供决策依据。

5. 投资价值分析

对于投资者或潜在的投资者来说，一个企业是否具有投资价值是至关重要的。短期投资者关心企业股利支付能力和股票市价，而长期投资者更关心企业的发展能力。投资价值分析就是为满足这些要求，为指导投资和评价投资行为所做的分析。

本章针对物业管理行业发展现状，主要对物业管理企业的偿债能力、盈利能力、营运能力进行分析。

为便于说明，本章各项财务分析将以大华物业管理公司为例，表 16-1 和表 16-2 为该公司的资产负债表和利润表。

表 16-1 资产负债表

单位名称：大华物业管理公司　　2007 年 12 月 31 日　　单位：元

资　产	期末余额	年初余额	负债及所有者权益	期末余额	年初余额
流动资产：			流动负债：		
货币资金	1 037 200	912 600	短期借款	250 000	300 000
交易性金融资产	20 000	30 000	交易性金融负债	0	0
应收票据	16 000	21 000	应付票据	0	50 000
应收账款	432 600	368 200	应付账款	328 000	206 000
预付款项	35 000	20 000	预收款项	224 000	132 000
应收利息	0	0	应付职工薪酬	180 000	160 000
应收股利	0	0	应交税费	157 000	136 000
其他应收款	10 000	10 000	应付利息	0	0
存货	522 000	466 000	应付股利	38 000	0
一年内到期的非流动资产	0	0	其他应付款	10 000	28 000
其他流动资产	0	0	一年内到期的非流动负债	0	0

（续）

资　　产	期末余额	年初余额	负债及所有者权益	期末余额	年初余额
流动资产合计	2 072 800	1 827 800	其他流动负债	0	0
非流动资产：			流动负债合计	1 187 000	1 012 000
可供出售金融资产	0	0	非流动负债：		
持有至到期投资	0	0	长期借款	1 300 000	1 200 000
长期应收款	0	0	应付债券	0	0
长期股权投资	600 000	600 000	长期应付款	0	0
投资性房地产	0	0	预计负债	0	0
固定资产	2 900 000	1 500 000	递延所得税负债	0	0
在建工程	0	1 200 000	其他非流动负债	0	0
工程物资	0	0	非流动负债合计	1 300 000	1 200 000
固定资产清理	0	0	负债合计	2 487 000	2 212 000
生产性生物资产	0	0	所有者权益：		
无形资产	180 000	200 000	实收资本	2 000 000	2 000 000
长期待摊费用	0	0	资本公积	100 000	100 000
递延所得税资产	0	0	盈余公积	480 000	450 000
其他非流动资产	0	0	未分配利润	685 800	565 800
非流动资产合计	3 680 000	3 500 000	所有者权益合计	3 265 800	3 115 800
资产总计	5 752 800	5 327 800	负债及所有者权益总计	5 752 800	5 327 800

表 16-2　利润表

单位名称：大华物业管理公司　　　　2007 年　　　　单位：元

项　　目	本期金额	上期金额
一、营业收入	2 250 000	2 000 000
减：营业成本	1 750 000	1 600 000
营业税金及附加	20 000	18 000
销售费用	22 000	20 000
管理费用	118 000	92 000
财务费用	25 000	26 000
资产减值损失	0	0
加：公允价值变动收益	0	0
投资收益	30 000	16 000
二、营业利润	345 000	260 000
加：营业外收入	15 000	0
减：营业外支出	20 000	22 000
其中：非流动资产处置损失	8 000	6 000
三、利润总额	340 000	238 000
减：所得税费用	152 000	106 000
四、净利润	188 000	132 000

第二节　偿债能力分析

偿债能力是指企业偿还到期债务的能力。通过对偿债能力的分析，可以考察物业管理企业持续经营的能力和抵御财务风险的能力，有助于对企业未来收益的预测。偿债能力分析一般分为短期偿债能力分析和长期偿债能力分析两方面。

一、短期偿债能力分析

短期偿债能力，就是企业以流动资产偿还流动负债的能力，它反映企业偿还日常到期债务的实力。物业管理企业能否及时偿付到期的流动负债，是反映企业财务状况好坏的重要标志。

短期偿债能力也是企业的债权人、投资者、材料供应单位等所关心的重要问题。对债权人而言，企业要具有充分的偿还能力，才能保证其债权的安全，按期取得利息，到期收回本金。对投资者而言，即使是一个盈利不错的企业，也可能由于企业的短期偿债能力发生问题，而导致破产。对供应单位而言，企业短期偿债能力的强弱关系到应收账款能否及时收取。

反映物业管理企业短期偿债能力的财务指标主要有如下几个方面。

(一)流动比率

流动比率是指流动资产与流动负债的比率，它反映企业用可在短期内转变为现金的流动资产偿还到期流动负债的能力。计算公式为

$$流动比率=\frac{流动资产}{流动负债}$$

流动比率越高，说明资产的流动性越好，短期偿债能力越强；流动比率越低，说明资产的流动性越差，短期偿债能力越弱。一般认为2∶1的流动比率比较适宜，表明企业财务状况稳定可靠，除了满足日常经营的流动资产需求外，还有足够的财力偿付到期的短期债务。但是，流动比率也不能过高，过高则表明企业流动资产占用较多，会影响资产的使用效率和企业的获利能力。物业管理企业与其他行业的企业相比较而言，存货和应收账款在流动资产中的份额都不大，流动比率略低于2∶1也应表明短期偿债能力正常。

【例16-1】根据表16-1和表16-2的资料，对大华物业管理公司2007年年初和年末的流动比率进行分析。

$$2007年年初流动比率=\frac{1\ 827\ 800}{1\ 012\ 000}\approx1.81$$

$$2007\text{年年末流动比率}=\frac{2\ 072\ 800}{1\ 187\ 000}\approx 1.75$$

该公司2007年年初和年末的流动比率均未达到一般公认标准，该公司的短期偿债能力可能存在问题，需要进行速动比率分析和现金比率分析后才能对短期偿债能力作出评价。

(二)速动比率

速动比率，又称酸性试验比率，是指企业速动资产与流动负债的比率，反映企业流动资产中可以立即用于偿付流动负债的能力。速动资产是企业在短期内可变现的资产，等于流动资产减去存货后的金额，包括货币资金、交易性金融资产、应收票据、应收账款、其他应收款等。存货是企业流动资产中流动性最差的一种，其变现不仅要经过销货和收账两道程序，而且可能还会发生一些损失。因此，在分析中将存货从流动资产中剔除，可以更好地反映企业偿还短期债务的能力。速动比率是对流动比率的补充，其计算公式为

$$\text{速动比率}=\frac{\text{速动资产}}{\text{流动负债}}=\frac{\text{流动资产}-\text{存货}}{\text{流动负债}}$$

速动比率越高，说明资产的流动性越好，短期偿债能力越强；速动比率越低，说明资产的流动性越差，短期偿债能力越弱。一般认为1:1的速动比率比较合适。如果速动比率过低，说明企业的短期偿债能力不够；如果速动比率过高，则说明企业拥有过多不能获利的货币资产和应收账款，而可能失去一些有利的投资和获利机会。

【**例16-2**】根据表16-1和表16-2的资料，对大华物业管理公司2007年年初和年末的速动比率进行分析。

$$2007\text{年年初速动比率}=\frac{1\ 827\ 800-466\ 000}{1\ 012\ 000}\approx 1.35$$

$$2007\text{年年末速动比率}=\frac{2\ 072\ 800-522\ 000}{1\ 187\ 000}\approx 1.31$$

该公司2007年年初和年末的速动比率均超过1。虽然该公司同期的流动比率低于一般公认标准，但结合速动比率分析发现，这是由于该公司存货所占比重不大造成的。该公司实际短期偿债能力还是较强的。

二、长期偿债能力分析

长期偿债能力，就是企业偿还长期负债的能力。物业管理企业的长期债权人和所有者，不仅关心企业短期偿债能力，更关心企业长期偿债能力。因此，对物业管理企业进行短期偿债能力分析的同时，还需分析企业的长期偿

债能力，以便全面了解企业的偿债能力和经营风险。

进行长期偿债能力分析，既可以从静态角度直接分析财务结构的稳健程度，也可以从动态角度通过对企业获利能力与负债状况的对比来分析负债的安全程度。反映企业长期偿债能力的指标主要包括资产负债率、产权比率和已获利息倍数等，其中前两项指标属于静态分析，后一项指标属于动态分析。现分述如下。

(一)资产负债率

资产负债率是指企业负债总额与资产总额的比率。它表明企业资产总额中债权人提供资产所占的比重，以及企业资产对债权人权益的保障程度。其计算公式为

$$资产负债率 = \frac{负债总额}{资产总额} \times 100\%$$

资产负债率越低，企业长期偿债能力越强；资产负债率越高，企业长期偿债能力越弱。资产负债率也表示企业利用债权人提供资金进行经营活动的能力强弱。如果此项比率较大，对企业的所有者来说，利用较少量的自有资本投资，形成较多的生产经营用资产，不仅扩大了生产经营规模，而且在经营状况好的情况下，还可以利用财务杠杆的原理，得到较多的投资利润。但如这一比率过大，则表明企业的债务负担重，企业资金实力不强，不仅对债权人不利，而且有濒临倒闭的危险。保守的观点认为资产负债率不应高于50%，而国际上通常认为资产负债率等于60%时是较为适宜的。

【例 16-3】根据表 16-1 和表 16-2 的资料，对大华物业管理公司 2007 年年初和年末的资产负债率进行分析。

$$2007\text{ 年年初资产负债率} = \frac{2\ 212\ 000}{5\ 327\ 800} \times 100\% \approx 41.52\%$$

$$2007\text{ 年年末资产负债率} = \frac{2\ 487\ 000}{5\ 752\ 800} \times 100\% \approx 43.23\%$$

该公司 2007 年年初和年末的资产负债率均不高，说明该公司长期偿债能力较强。

(二)产权比率

产权比率也称为权益比率，是负债总额与所有者权益总额的比率，它反映企业所有者权益对债权人权益的保障程度。其计算公式为

$$产权比率 = \frac{负债总额}{所有者权益总额} \times 100\%$$

产权比率用来表明由债权人提供的和由投资者提供的资金来源的相对关系，反映企业基本财务结构的强弱。一般来说，产权比率越高，说明企业长

期偿债能力越弱，债权人权益的保障程度越低；产权比率越低，说明企业长期偿债能力越强，债权人权益的保障程度越高。在产权比率比较低的情况下，债权人承担的风险较小，因此愿意借款给企业。

【例16-4】根据表16-1和表16-2的资料，对大华物业管理公司2007年年初和年末的产权比率进行分析。

$$2007\text{ 年年初产权比率}=\frac{2\ 212\ 000}{3\ 115\ 800}\times 100\%\approx 70.99\%$$

$$2007\text{ 年年末产权比率}=\frac{2\ 487\ 000}{3\ 265\ 800}\times 100\%\approx 76.15\%$$

该公司2007年年初和年末的产权比率均不高，同资产负债率的计算结果可相互印证，说明该公司长期偿债能力较强，债权人的保障程度较高。

(三)已获利息倍数

已获利息倍数又称利息保障倍数，是指企业息税前利润与利息费用的比率，用以衡量偿付借款利息的能力。其计算公式为

$$\text{已获利息倍数}=\frac{\text{息税前利润}}{\text{利息费用}}$$

公式中利息费用是支付给债权人的全部利息，包括财务费用中的利息和计入固定资产的利息。已获利息倍数反映企业用经营所得支付债务利息的能力。

一般而言，已获利息倍数至少应等于1。这项指标越大，说明支付债务利息的能力越强；这项指标越小，说明支付债务利息的能力越弱。就某一物业管理企业一定时期的已获利息倍数来说，应与本行业该项指标的平均水平比较，或与本企业历年来该项指标的水平比较，以评价企业目前的指标水平。

【例16-5】根据表16-1和表16-2的资料，并假定表中的财务费用全部为利息支出，其他没有计入固定资产的利息。请计算大华物业管理公司2006年度和2007年度的已获利息倍数。

$$2006\text{ 年度的已获利息倍数}=\frac{238\ 000+26\ 000}{26\ 000}\approx 10.15$$

$$2007\text{ 年度的已获利息倍数}=\frac{340\ 000+25\ 000}{25\ 000}\approx 14.6$$

从计算结果看，该公司2006年度和2007年度的已获利息倍数都较高，有较强的偿付债务利息的能力，还须进一步结合公司往年的情况和行业平均水平进行判断。

第三节 营运能力分析

营运能力是指通过企业经营资金周转速度的有关指标反映出来的企业资金利用的效率，它表明企业管理人员经营管理运用资金的能力。对物业管理企业进行营运能力分析有助于判断企业营运风险及经营业绩。企业生产经营资金运转的速度越快，表明企业资金利用的效果越好、效率越高，企业管理人员的经营能力越强；反之，企业生产经营资金运转的速度越慢，表明企业资金利用的效果越差、效率越低，企业管理人员的经营能力越弱。营运能力分析的指标有存货周转率、应收账款周转率、流动资产周转率、资产周转率等。

一、存货周转率

存货周转率是衡量和评价物业管理企业购入存货、投入经营、服务取得收入等各环节管理状况的综合性指标。存货周转率有两种表示方法：一是存货周转次数，二是存货周转天数。一般没有确指时的存货周转率是指存货周转次数。

存货周转次数是指一定时期（通常为一年）内存货平均周转的次数，用一定时期内企业营业成本除以存货平均余额得到。其计算公式为

$$存货周转次数=\frac{营业成本}{存货平均余额}$$

其中的存货平均余额一般通过对期初存货与期末存货进行简单算术平均得到，即

$$存货平均余额=\frac{期初存货+期末存货}{2}$$

存货周转天数是指一定时期（通常为一年）内存货平均周转一次所需要的天数。其计算公式为

$$存货周转天数=\frac{360}{存货周转次数}=\frac{360\times 存货平均余额}{营业成本}$$

存货周转率是反映物业管理企业生产经营各环节中存货营运效率的一个综合性指标。一般来讲，存货周转速度越快，存货的占用水平越低，存货转换为现金或应收账款的速度越快，说明流动性越强，存货的营运效率越高；反之，存货周转速度越慢，说明企业占用在存货上的资金越多，存货的营运

效率越低。提高存货周转率可以提高企业的变现能力，增强资产流动性。

【例 16-6】根据表 16-1 和表 16-2 的资料，假定大华物业管理公司 2006 年年初的存货余额为 438 000 元。请计算该公司 2006 年度和 2007 年度的存货周转次数和存货周转天数。

$$2006\text{ 年度存货周转次数}=\frac{1\ 600\ 000}{(438\ 000+466\ 000)\div 2}\approx 3.54(\text{次})$$

$$2006\text{ 年度存货周转天数}=\frac{360\times(438\ 000+466\ 000)\div 2}{1\ 600\ 000}=101.7(\text{天})$$

$$2007\text{ 年度存货周转次数}=\frac{1\ 750\ 000}{(466\ 000+522\ 000)\div 2}\approx 3.54(\text{次})$$

$$2007\text{ 年度存货周转天数}=\frac{360\times(466\ 000+522\ 000)\div 2}{1\ 750\ 000}\approx 101.62(\text{天})$$

从以上计算结果看，该公司 2007 年度存货周转次数和存货周转天数维持 2006 年的水平，反映出 2007 年存货营运效率没有变化。

二、应收账款周转率

应收账款周转率是反映应收账款周转速度的指标。与存货周转率一样，应收账款周转率也有两种表示方法：一是应收账款周转次数，二是应收账款周转天数。通常，没有确指时的应收账款周转率是指应收账款周转次数。

应收账款周转次数是指一定时期（通常为一年）内应收账款转为现金的平均次数，用一定时期内企业营业收入除以应收账款平均余额得到。其计算公式为

$$\text{应收账款周转次数}=\frac{\text{营业收入}}{\text{应收账款平均余额}}$$

$$\text{应收账款平均余额}=\frac{\text{期初应收账款}+\text{期末应收账款}}{2}$$

应收账款周转天数是指一定时期（通常为一年）内应收账款平均变现一次所需要的天数。其计算公式为

$$\text{应收账款周转天数}=\frac{360}{\text{应收账款周转次数}}=\frac{360\times\text{应收账款平均余额}}{\text{营业收入}}$$

要说明的是，应收账款周转率计算公式中的“营业收入”，来自利润表，是指扣除折扣和折让后的营业收入净额。有的观点认为，为与应收账款余额计算口径一致，分子应为“赊销收入净额”。但赊销收入净额属于企业的商业机密，是企业外部的财务分析人员无法得到的，另外，也可以将现销视为

收账时间为零的赊销，因此，计算应收账款周转率时一般就用营业收入净额。

应收账款周转率是反映物业管理企业应收账款变现速度快慢及管理效率高低的重要指标。一般而言，在一定时期内应收账款周转次数越多，表明应收账款回收速度越快，企业管理工作的效率越高。这不仅有利于企业及时收回货款，减少或避免发生坏账损失的可能性，而且有利于提高企业资产的流动性，提高企业短期债务的偿还能力。应收账款周转天数越少，说明应收账款变现的速度越快，企业资产被外单位占用的时间越短，管理工作的效率越高。提高应收账款周转率，不仅能提升企业的营运能力，还能增强企业的短期偿债能力。

【**例 16-7**】根据表 16-1 和表 16-2 的资料，假定大华物业管理公司 2006 年年初的应收账款余额为 379 300 元。请计算该公司 2006 年度和 2007 年度的应收账款周转次数和应收账款周转天数。

$$2006\text{ 年度应收账款周转次数}=\frac{2\ 000\ 000}{(379\ 300+368\ 200)\div 2}\approx 5.35(\text{次})$$

$$2006\text{ 年度应收账款周转天数}=\frac{360\times(379\ 300+368\ 200)\div 2}{2\ 000\ 000}=67.275(\text{天})$$

$$2007\text{ 年度应收账款周转次数}=\frac{2\ 250\ 000}{(368\ 200+432\ 600)\div 2}\approx 5.62(\text{次})$$

$$2007\text{ 年度应收账款周转天数}=\frac{360\times(368\ 200+432\ 600)\div 2}{2\ 250\ 000}=64.064(\text{天})$$

从以上计算结果看，与 2006 年度相比，该公司 2007 年度应收账款周转次数增大，应收账款周转天数减少，反映出 2007 年应收账款营运效率有所提高。

三、流动资产周转率

流动资产周转率是反映企业流动资产周转速度的指标。流动资产周转率既可用流动资产周转次数表示，也可用流动资产周转天数表示。一般所说的流动资产周转率是用次数来表示的。

流动资产周转率是流动资产的平均余额与流动资产在一定时期（通常为一年）所完成的周转额（即营业收入）之间的比率。其计算公式为

$$\text{流动资产周转次数}=\frac{\text{营业收入}}{\text{流动资产平均余额}}$$

$$流动资产周转天数=\frac{360}{流动资产周转次数}=\frac{360\times 流动资产平均余额}{营业收入}$$

$$流动资产平均余额=\frac{期初流动资产+期末流动资产}{2}$$

流动资产周转率是反映物业管理企业流动资产管理效率的指标。在一定时期内流动资产周转次数越多，表明以相同流动资产完成的周转额(即营业收入)越多，流动资产的管理效率越高。流动资产周转天数越少，表明流动资产的变现时间越短。提高流动资产周转率，相当于扩大了资金投入，增强企业资金的流动能力。物业管理企业任何一个经营环节的改善，都会体现到流动资产周转率上来。

【例 16-8】根据表 16-1 和表 16-2 的资料，假定大华物业管理公司 2006 年年初的流动资产合计为 1 863 400 元。请计算该公司 2006 年度和 2007 年度的流动资产周转率。

$$2006\text{ 年度流动资产周转次数}=\frac{2\ 000\ 000}{(1\ 863\ 400+1\ 827\ 800)\div 2}\approx 1.08(次)$$

$$\begin{aligned}2006\text{ 年度流动资产周转天数}&=\frac{360\times(1\ 863\ 400+1\ 827\ 800)\div 2}{2\ 000\ 000}\\&=332.208(天)\end{aligned}$$

$$2007\text{ 年度流动资产周转次数}=\frac{2\ 250\ 000}{(1\ 827\ 800+2\ 072\ 800)\div 2}\approx 1.15(次)$$

$$\begin{aligned}2007\text{ 年度流动资产周转天数}&=\frac{360\times(1\ 827\ 800+2\ 072\ 800)\div 2}{2\ 250\ 000}\\&=312.048(天)\end{aligned}$$

从以上计算结果看，该公司 2007 年度流动资产营运效率比 2006 年度有所提高。

四、总资产周转率

总资产周转率是反映企业总资产周转情况及利用效率的指标，它是企业营业收入与平均资产总额的比率。用周转次数和周转天数表示的总资产周转率的计算公式为

$$总资产周转次数=\frac{营业收入}{平均资产总额}$$

$$总资产周转天数=\frac{360}{总资产周转次数}=\frac{360\times 平均资产总额}{营业收入}$$

$$平均资产总额=\frac{期初资产总额+期末资产总额}{2}$$

一般情况下，总资产周转率越高，表明物业管理企业全部资产的使用效率越好；反之，总资产周转率越低，则说明企业利用全部资产进行经营的效率越差。企业资产经营效率的优劣最终会影响到企业的盈利能力。因此，物业管理企业应采取各项措施来提高企业整体资产的利用程度。

【例16-9】根据表16-1和表16-2的资料，并假定大华物业管理公司2006年年初的资产总计为5 134 600元。请计算该公司2006年度和2007年度的总资产周转率。

$$2006年度总资产周转次数=\frac{2\ 000\ 000}{(5\ 134\ 600+5\ 327\ 800)\div 2}\approx 0.38(次)$$

$$2006年度总资产周转天数=\frac{360\times(5\ 134\ 600+5\ 327\ 800)\div 2}{2\ 000\ 000}$$

$$=941.616(天)$$

$$2007年度总资产周转次数=\frac{2\ 250\ 000}{(5\ 327\ 800+5\ 752\ 800)\div 2}\approx 0.41(次)$$

$$2007年度总资产周转天数=\frac{360\times(5\ 327\ 800+5\ 752\ 800)\div 2}{2\ 250\ 000}$$

$$=886.448(天)$$

从以上计算结果看，该公司2007年度总资产营运效率比2006年度有所提高。

第四节 盈利能力分析

盈利能力是指企业获取利润的能力。盈利是企业的根本经营目标，是企业生存和发展的物质基础。它不仅关系到企业所有者的利益，而且是企业偿还债务的主要来源。因此，企业的所有者、债权人以及管理者都十分关心企业的盈利能力。盈利能力分析是物业管理企业财务分析的重要组成部分，也是评价物业管理企业经营管理水平的重要依据。企业的各项经营活动都会影响到企业的盈利水平，财务管理人员通过对企业盈利能力的分析，可为企业经营决策提供重要财务信息。

盈利能力分析主要是通过盈利能力比率来反映的。盈利能力比率是反映企业一定期间获取利润能力的比率。盈利能力比率主要有营业净利率、资产净利率、资产报酬率、净资产收益率、资本收益率、资本保值增值率等。

一、营业净利率

营业净利率是指企业净利润与营业收入的比率，反映企业营业收入的获利能力，即每一元营业收入可以获得的净利润。其计算公式为

$$营业净利率 = \frac{净利润}{营业收入} \times 100\%$$

营业净利率能够反映物业管理企业营业收入所提供的净利润水平。一般来讲，营业净利率越高，说明单位营业收入中转化为净利润的部分越大，企业的经营效果越好；反之，营业净利率越低，说明单位营业收入中转化为净利润的部分越小，企业的经营效果越差。

【**例 16-10**】根据表 16-1 和表 16-2 的资料，请计算该公司 2006 年度和 2007 年度的营业净利率。

$$2006\text{ 年度营业净利率} = \frac{132\ 000}{2\ 000\ 000} \times 100\% = 6.6\%$$

$$2007\text{ 年度营业净利率} = \frac{188\ 000}{2\ 250\ 000} \times 100\% \approx 8.36\%$$

从以上计算结果看，该公司 2007 年度的营业净利率比 2006 年度明显上升，企业经营效果变好。进一步分析成本费用状况可知，是相应成本费用比率降低的结果。

二、资产净利率

资产净利率也称资产收益率，是指企业一定时期的净利润与平均资产总额的比率。其计算公式为

$$资产净利率 = \frac{净利润}{平均资产总额} \times 100\%$$

其中的平均资产总额与总资产周转率中提及的一样，是对期初资产总额与期末资产总额进行简单算术平均的结果。

资产净利率主要用于衡量物业管理企业利用资产获取利润的能力，它反映了企业总资产的利用效果。在市场经济比较发达、各行业竞争比较充分的情况下，各行业的资产净利率将趋于一致。如果某企业的资产净利率偏低，说明该企业资产利用效率较低，经营管理存在问题，应调整经营方针，加强经营管理。

资产净利率还可以进一步分解为营业净利率和总资产周转率两个指

标。即

$$资产净利率=\frac{净利润}{平均资产总额}\times 100\%=\frac{净利润}{营业收入}\times\frac{营业收入}{平均资产总额}\times 100\%$$

$$=营业净利率\times 总资产周转率$$

资产净利率能够将企业经营情况与资产周转情况结合起来，综合反映企业的盈利能力。企业管理者可以通过指标的分解，进一步分析影响盈利水平的原因，从而寻找经营管理的薄弱环节，制定出有针对性的改进措施。

【例 16-11】根据表 16-1 和表 16-2 以及【例 16-9】的资料，请计算该公司 2006 年度和 2007 年度的资产净利率。

$$2006\ 年度资产净利率=\frac{132\ 000}{(5\ 134\ 600+5\ 327\ 800)\div 2}\times 100\%\approx 2.52\%$$

$$2007\ 年度资产净利率=\frac{188\ 000}{(5\ 327\ 800+5\ 752\ 800)\div 2}\times 100\%\approx 3.39\%$$

从以上计算结果看，该公司 2007 年度的资产净利率比 2006 年度有所上升。进一步分析发现，2007 年度企业经营效果和总资产营运效率均优于 2006 年度。

三、资产报酬率

资产报酬率，也称为基本盈利能力比率，是用来衡量和评价企业运用全部经济资源创造利润基本能力的指标。资产报酬率是企业一定时期息税前利润与平均资产总额的比率。其计算公式为

$$资产报酬率=\frac{息税前利润}{平均资产总额}\times 100\%=\frac{利润总额+利息费用}{平均资产总额}\times 100\%$$

其中，利息费用的定义和平均资产总额的计算同上两节提及的内容一致。

对资产报酬率进行分析的目的，在于排除所得税税金和财务杠杆的影响，仅考察资产本身的运用效率。物业管理企业的资产报酬率越高，说明资产的运用效率越好，企业盈利能力越强。

【例 16-12】根据表 16-1、表 16-2 以及【例 16-5】和【例 16-9】的资料，请计算该公司 2006 年度和 2007 年度的资产报酬率。

$$2006\ 年度资产报酬率=\frac{238\ 000+26\ 000}{(5\ 134\ 600+5\ 327\ 800)\div 2}\times 100\%\approx 5.05\%$$

$$2007\ 年度资产报酬率=\frac{340\ 000+25\ 000}{(5\ 327\ 800+5\ 752\ 800)\div 2}\times 100\%\approx 6.59\%$$

从以上计算结果看，该公司 2007 年度全部资产的运用效率比 2006 年度

有明显提高。

四、净资产收益率

净资产收益率，也称为净值报酬率或权益报酬率，是指企业在一定时期内的净利润与平均净资产的比率。其计算公式为

$$净资产收益率=\frac{净利润}{平均净资产}\times 100\%$$

平均净资产=(期初净资产总额+期末净资产总额)÷2

投资者进行投资，其基本目的都是为获取较高的投资报酬，因此，为投资者赚取利润并不断增加所有者的财富是企业生产经营的主要目标。净资产收益率是衡量企业利用资源增加所有者财富的重要指标，是分析和评价物业管理企业经营成败的核心标准。净资产收益率越高，说明企业所有者权益的利润率越高，企业所有者财富增加越多；反之，净资产收益率越低，说明企业所有者权益的利润率越低，企业所有者财富增加越少。

【例 16-13】根据表 16-1 和表 16-2 的资料，并假定大华物业管理公司 2006 年年初的所有者权益合计为 3 061 200 元。请计算该公司 2006 年度和 2007 年度的净资产收益率。

$$2006\text{ 年度净资产收益率}=\frac{132\ 000}{(3\ 061\ 200+3\ 115\ 800)\div 2}\times 100\%\approx 4.27\%$$

$$2007\text{ 年度净资产收益率}=\frac{188\ 000}{(3\ 115\ 800+3\ 265\ 800)\div 2}\times 100\%\approx 5.89\%$$

从以上计算结果看，该公司 2007 年度的净资产收益率比 2006 年度上升了 1 个多百分点。这是净利润的增长(42.42%)快于净资产的增长(3.31%)导致的。

五、资本收益率

实收资本是企业所有者分享或承担风险的基础。资本收益率是企业净利润与实收资本的比率。其计算公式为

$$资本收益率=\frac{净利润}{实收资本}\times 100\%$$

对资本收益率进行分析，是反映企业运用投资者投入资本获取收益的能力。资本收益率，一般应是越高越好，资本收益率越高，说明单位资本金获得的利润越多，投资者投入资本的效益越好。但该指标没有绝对的评价的标

准，因企业的具体情况而异。

【例 16-14】根据表 16-1、表 16-2 的资料，并假定大华物业管理公司开业至今资本金没有变化。请计算该公司 2006 年度和 2007 年度的资本收益率。

$$2006\text{ 年度资本收益率}=\frac{132\ 000}{2\ 000\ 000}\times 100\%=6.6\%$$

$$2007\text{ 年度资本收益率}=\frac{188\ 000}{2\ 000\ 000}\times 100\%=9.4\%$$

六、资本保值增值率

资本保值增值率是指期末所有者权益总额与期初所有者权益总额的比值。其计算公式为

$$\text{资本保值增值率}=\frac{\text{期末所有者权益总额}}{\text{期初所有者权益总额}}$$

资本保值增值率是衡量投资者投入企业资本的完整性、保全性及增值性的重要指标。当该指标等于 1 时，说明资本保值；当该指标小于 1 时，说明资本减值；当该指标大于 1 时，说明资本增值，而且指标越大越好。

【例 16-15】根据表 16-1 和表 16-2 的资料，请计算大华物业管理公司 2007 年度的资本保值增值率。

$$2007\text{ 年度资本保值增值率}=\frac{\text{期末所有者权益总额}}{\text{期初所有者权益总额}}=\frac{3\ 265\ 800}{3\ 115\ 800}\approx 1.05$$

从计算结果看，2007 年度，该公司所有者权益增加，资本得到增值。

➢ 思考与练习

1. 如何理解财务分析的含义？
2. 财务分析的对象是什么？
3. 财务分析的方法有哪些？
4. 财务分析的内容包括哪些方面？
5. 企业短期偿债能力分析的指标有哪些？如何运用这些指标进行分析？
6. 反映企业长期偿债能力的指标有哪些？这些指标在财务分析中如何运用？
7. 企业营运能力分析的指标有哪些？如何运用这些指标进行分析？
8. 反映企业盈利能力的指标有哪些？这些指标在财务分析中如何运用？
9. 某物业管理公司 2008 年度的有关报表如下所示：

资产负债表

2008 年 12 月 31 日　　单位：元

资　产	期末余额	年初余额	负债及所有者权益	期末余额	年初余额
流动资产：			流动负债：		
货币资金	139 000	128 000	短期借款	50 000	25 000
交易性金融资产	5 800	10 800	交易性金融负债	0	0
应收票据	10 300	12 300	应付票据	16 000	33 500
应收账款	226 400	203 200	应付账款	167 000	195 000
预付款项	9 500	8 000	预收款项	236 000	218 000
应收利息	0	0	应付职工薪酬	37 000	35 000
应收股利	0	0	应交税费	11 600	9 800
其他应收款	5 000	5 000	应付利息	0	0
存货	478 000	456 000	应付股利	170 000	120 000
一年内到期的非流动资产	0	0	其他应付款	8 000	50 000
其他流动资产	0	0	一年内到期的非流动负债	0	0
流动资产合计	874 000	823 300	其他流动负债	0	0
非流动资产：			流动负债合计	695 600	686 300
可供出售金融资产	0	0	非流动负债：		
持有至到期投资	0	0	长期借款	80 000	100 000
长期应收款	0	0	应付债券	0	0
长期股权投资	60 000	50 000	长期应付款	0	0
投资性房地产	0	0	预计负债	0	0
固定资产	758 000	761 000	递延所得税负债	0	0
在建工程	0	0	其他非流动负债	0	0
工程物资	0	0	非流动负债合计	80 000	100 000
固定资产清理	0	0	负债合计	775 600	786 300
生产性生物资产	0	0	所有者权益：		
无形资产	38 600	42 000	实收资本	500 000	500 000
长期待摊费用	0	0	资本公积	20 000	20 000
递延所得税资产	0	0	盈余公积	75 000	50 000
其他非流动资产	0	0	未分配利润	360 000	320 000
非流动资产合计	856 600	853 000	所有者权益合计	955 000	890 000
资产总计	1 730 600	1 676 300	负债及所有者权益总计	1 730 600	1 676 300

利润表

2008 年　　　　　　　　　　　　　　　　单位：元

项　　目	本期金额	上期金额
一、营业收入	2 000 000	1 600 000
减：营业成本	1 400 000	1 100 000
营业税金及附加	20 000	18 000
销售费用	20 000	16 000
管理费用	120 000	96 000
财务费用	8 000	7 000
资产减值损失	0	0
加：公允价值变动收益	0	0
投资收益	18 000	27 000
二、营业利润	450 000	390 000
加：营业外收入	30 000	0
减：营业外支出	20 000	22 000
其中：非流动资产处置损失	9 500	11 000
三、利润总额	460 000	368 000
减：所得税费用	225 000	178 000
四、净利润	235 000	190 000

要求：

(1)计算该公司2008年年初和年末的流动比率、速动比率，评价其短期偿债能力的变化；

(2)计算该公司2008年年初和年末的资产负债率、产权比率以及2008年度的已获利息倍数(假定利润表中的财务费用全部为利息支出，其他没有计入固定资产的利息)；

(3)计算该公司2008年度的存货周转率、应收账款周转率、流动资产周转率和总资产周转率；

(4)已知该公司2007年年初资产总额为1 642 800元，计算该公司2007年度和2008年度的资产净利率，并分析资产净利率变化的原因。

参考文献

于小镭，徐兴恩. 2007. 新企业会计准则实务指南与讲解[M]. 北京：机械工业出版社.

王文华. 2001. 物业会计与财务管理[M]. 上海：立信会计出版社.

王青兰，齐坚. 1998. 物业管理实务[M]. 北京：高等教育出版社.

王林生. 2005. 物业管理企业财务基础[M]. 重庆：重庆大学出版社.

王明吉，牛建高，等. 2005. 物业管理企业会计[M]. 北京：清华大学出版社.

中华人民共和国财政部制定. 2001. 企业会计制度(2001)[M]. 北京：经济科学出版社.

中华人民共和国财政部制定. 2006. 企业会计准则2006[M]. 北京：经济科学出版社.

中华人民共和国国务院. 2007. 中华人民共和国企业所得税法[M]. 北京：法律出版社.

全国注册资产评估师考试辅导教材编写组. 1999. 财务会计学[M]. 北京：中国财政经济出版社.

企业会计准则编委会. 2007. 企业会计准则讲解2006[M]. 北京：企业管理出版社.

李敏. 1998. 物业会计[M]. 上海：立信会计出版社.

吴兆旋. 2001. 物业管理公司会计[M]. 北京：中国审计出版社.

财政部会计资格评价中心. 2005. 财务管理：中级会计资格[M]. 北京：中国财政经济出版社.

张家伦. 1999. 财务管理[M]. 北京：首都经济贸易大学出版社.

陆富彬. 2004. 物业管理公司财务管理[M]. 北京：中国电力出版社.

赵绍鸿，艾白璐，谭善勇. 2005. 物业管理实务[M]. 北京：中国林业出版社.

胡志勇. 1998. 物业管理财务基础[M]. 广州：中山大学出版社.

俞文青. 1999. 房地产开发企业会计[M]. 上海：立信会计出版社.

耿建新，郭建华，等. 2001. 2001企业会计制度讲解与操作实务[M]. 北京：中国市场出版社.

梁美健. 1999. 旅游饮服企业会计实务[M]. 杭州：浙江人民出版社.

缪立勤，史晓芬. 2004. 物业管理企业会计与财务[M]. 南京：东南大学出版社.